儒家文明协同创新中心后期资助项目

宋代浙东学派经学思想研究

姜海军 著

齊魯書社

图书在版编目(CIP)数据

宋代浙东学派经学思想研究/姜海军著. --济南:齐鲁书社,2017.11
ISBN 978-7-5333-3426-0

Ⅰ.①宋… Ⅱ.①姜… Ⅲ.①浙东学派-经学-思想史-研究-宋代 Ⅳ.①B244.99

中国版本图书馆CIP数据核字(2017)第277706号

宋代浙东学派经学思想研究
SONGDAI ZHEDONG XUEPAI JINGXUE SIXIANG YANJIU
姜海军 著

主管单位	山东出版传媒股份有限公司
出版发行	齐鲁书社
社　　址	济南市英雄山路189号
邮　　编	250002
网　　址	www.qlss.com.cn
电子邮箱	qilupress@126.com
营销中心	(0531)82098521　82098519
印　　刷	山东德州新华印务有限责任公司
开　　本	880mm×1230mm　1/32
印　　张	13.75
插　　页	3
字　　数	370千
版　　次	2017年11月第1版
印　　次	2017年11月第1次印刷
印　　数	1—1000
标准书号	ISBN 978-7-5333-3426-0
定　　价	**58.00**元

儒家文明协同创新中心
学 术 委 员 会 组 成 名 单

目　录

绪　言

关于“浙东学派”一词，至今还没有一个统一的界定，历来对此有多种称谓，在《宋元学案》中就有“浙学”“婺学”①“永嘉之学”等说法。近人何炳松在其《浙东学派溯源》一书中认为章学诚所定的“浙东学术”②更为恰当一些③。其实，在宋代，当时儒学大家朱熹也没有说“浙东学派”，只是称之为“浙学”，浙学是与当时的濂学、关学、洛学、闽学、湖湘学、陆九渊江西之学等相并存的学派。“浙学”或说“浙东学派”，就地域而言，根据清乾隆《浙江通志》卷一的记载：“元至正二十六年，置浙江等处行中书省，而两浙始以省称，领府九。明洪武九年，改浙江承宣布政使司。十五年，割嘉兴、湖州二府属焉，领府十一。国朝因之，省会曰杭州，次嘉兴、次湖州，凡三府，在大江之右，是为浙西。次宁波、次绍兴、台州、金华、衢州、严州、温州、处州，凡八府，皆大江之左，是为浙东。”在宋代，浙东主要指金华、永嘉、永康、四明四个地方，就代表性的人物而言，便是庆历时期的王开祖，元丰时期的周行己、许景衡等九先生，鼎盛时期的典型代表则是郑伯熊、吕祖谦、唐仲友、薛季宣、陈傅亮、叶适、陈亮、杨简等人，后期则有北山

---

① 主要是吕祖谦属于婺之金华，叶适属于婺之永嘉，陈亮属于婺之永康。

② ［清］章学诚：《文史通义》内篇五《浙东学术》，北京：中华书局，2014年版，第606页。

③ 何炳松：《浙东学派溯源》，桂林：广西师范大学出版社，2004年版。

四先生、黄震、陈埴、王应麟等人。

长期以来,有关浙东学派的研究论著非常多,但实际上学者们多集中于史学、哲学等思想的研究,而鲜有对浙东学派诸家学者的经学渊源、传承、思想及与当时社会政治、思想文化之间的内在关联进行深入分析探讨,这就使得我们对于浙东学派的理解多集中于其事功、史学及思想方面,而对他们思想的内在基础及其根源的经学、理学了解还不够深入、系统。实际上,浙东诸派及其思想家们作为广义上的儒家,他们一般都基于对儒家经典及思想的理解与认知,进而对当时社会文化问题提出了很多自己的看法,甚至建构了异于程朱理学家们的思想体系。鉴于此,我们希望从他们的经学及思想出发,深入探讨分析浙东各派及思想家们的思想传承、特征,深入分析当时浙东学派的思想内涵及其学术体系的建构。可以说,经学是浙东学派学术思想的基石与核心,了解了其经学便能深入理解浙东学派思想的特征、特质,了解了其经学传承、发展与演进的历史,自然也就可以了解宋代浙东诸儒在学术思想方面发展、演进的基本脉络。尽管近现代以来,研究浙东学派的论著甚多,但几乎没有一部专门研究浙东学派经学思想的著作,这不能不说是个遗憾。所以,研究浙东学派经学及思想具有重要的学术意义,也是研究浙东学派不可或缺的重要组成部分。

一、问题的提出与研究价值及意义

在朱熹的眼中,浙东学派注重事功之学,所谓“江西之学只是禅,浙学却专是功利”①。朱熹这里所说的“浙学”,指的是当时的

① [宋]黎靖德编:《朱子语类》卷一百二十三,北京:中华书局,1986年版,第2967页。

金华学派(又称婺学)、永嘉学派、永康学派,因为他们皆注重事功,且对史学非常关注①,这与朱熹性命道德之学有所不同。就具体而言,彼此亦有所不同,金华学派侧重性理之学,永嘉学派侧重经制之学,而永康学派则注重事功之学。作为南宋时期"浙学"的代表人物,吕祖谦、叶适、陈亮等人为宋王朝的治国安邦提出了一系列有效的政策,他们通过儒家经典诠释的形式,将这些观点表达出来,并借此来建构自己的学术思想体系与朱熹、陆九渊等人形成鼎足之势。关于浙东学术的发展脉络,元人刘壎有云:

> 宋乾、淳间,浙学兴,推东莱吕氏为宗。然前是已有周恭叔、郑景望、薛士龙出矣,继是又有陈止斋出,有徐子宜、叶水心诸公出,而龙川陈同父亮则出于其间者也。当是时性命之说盛,鼓动一世,皆为微言高论而以事功为不足道,独龙川俊豪开扩,务建实绩。②

刘壎认为在两宋之际先有周行己、许景衡、薛季宣等人倡导事功之学,随后在乾淳之际,浙学开始兴起,著者如吕祖谦、陈傅良、叶适、陈亮等人,他们注重事功之学,与当时朱学、湘学、陆学并存,盛极一时。刘壎所言浙东学派发展脉络基本确实。关于浙东学派的经学思想渊源,《宋元学案》及何炳松《浙东学派溯源》一书都将溯源

① 这一点如章学诚所说:"浙东之学,言性命者必究于史。"([清]章学诚:《文史通义》内篇卷五《浙东学术》,北京:中华书局,2014年版,第606页。)清人钱仪吉也说:"南宋以来,浙东儒者,讲性命者,多攻史学,历有师承。"([清]钱仪吉:《碑传集》卷五十,清道光刻本,第1021页。)

② [元]刘壎:《隐居通议》卷二《龙川功名之士》,影印文渊阁《四库全书》本,台北:台湾商务印书馆,1986年版,第36页。

于二程,特别是程颐。尽管也有很多学者有异议①,但就宋代浙东学派而言,二程的经学及其思想在浙学的传承和发展过程中扮演着重要的角色,后来浙学诸儒如周行己、袁溉、吕祖谦等在经学解释、思想旨趣上和二程颇为相似,这些无疑是他们最为重要的思想源头之一。其中,二程作为宋代婺学最为重要的思想源头,他们的经学观、经解内容、经学思想、理学体系以及注重史学的态度②都直接影响到了当时浙东的一些学者。同样,婺学作为浙东学派中重要的组成部分,诸儒基于宋廷"内忧外患"的现实,较湖湘学、闽学、陆九渊江西之学等学派更加注重事功、经制,这自然对后世浙东一带的学术产生了深远的历史影响。

当然,二程作为浙东学派的思想源头之一毋庸置疑,但在北宋庆历之际浙东学派作为一个相对比较独立的学派已经有了自己的学术积淀与发展萌芽,这一点《宋元学案》记载云:

---

① 如王凤贤、丁国顺两先生就认为"何炳松先生只注意到了浙东早期学者师友关系这一点,而忽略了他们实际上多宗孔孟,以及后来的心学倾向这一主要事实"。(王凤贤、丁国顺:《浙东学派研究》,杭州:浙江人民出版社,1993 年版,第 6 页。)此观点肯定了全祖望、何炳松关于浙东早期思想的观点,也就是宋代浙东学派的学者在学术渊源上多宗二程的事实。而王、丁两先生所说的心学倾向,主要是将后来的王阳明及其弟子、刘宗周等心学倾向的学者列入到浙东学派中,故如此说。退一步讲,二程中的程颢也有心学倾向,并被冯友兰等学者视为宋明心学派理学的开创者,所以程颢也可以被视为浙东学派中心学派学者的源头。邓广铭先生也在《浙东学派探源——兼评何炳松〈浙东学派溯源〉》一文中对何先生的观点有所质疑。(参见邓广铭:《邓广铭全集》(第十卷),石家庄:河北教育出版社,2005 年版,第 18 ~28 页。)

② 何炳松先生在其《通史新义》中说:"程氏学说本以无妄与怀疑为主,此与史学之根本原理最为相近。加以程氏教人多读古书,多识前言往行,并实行所知,此实由经入史之枢纽。传其学者多为浙东人,故程氏虽非浙人,而浙学实渊源于程氏。"(何炳松:《浙东学派溯源》,桂林:广西师范大学出版社,2004 年版,自序,第 3 页。)

庆历之际，学统四起。齐鲁则有士建中、刘颜夹辅泰山而兴。浙东则有明州杨、杜五子，永嘉之儒志、经行二子，浙西则有杭之吴存仁，皆与安定湖学相应。闽中又有章望之、黄晞，亦古灵一辈人也。关中之申、侯二子，实开横渠之先。蜀有宇文止止，实开范正献公之先。①

从上我们可以看出，在二程之前的庆历之际，当时浙东地区已经有"明州杨、杜五子，永嘉之儒志、经行二子"，即杨适、杜醇、王致、楼郁、王说、王开祖、丁昌期等人在浙东一带传承儒学，而他们与同时代的欧阳修、范仲淹、宋初三先生等人一样，都积极倡导义理经学，强调经世致用。就庆历之际浙东学者们的经学及思想而言，虽然没有二程那种理学化经学的产生，但已经开始注重思想义理之学，强调经世致用之旨，这对于后来他们的后学吸收二程之学并以此为基础，实现学术思想的范式转换奠定了基础。

另外，作为金华的吕氏经学，他们的经学渊源也非常深远，最早可以追溯到早于二程时代的吕公著。根据《宋元学案》的记载，庆历之后便有吕公著等人在当时学术界有一定的影响力，这对于当时经学的义理化有重要的推动作用：

庆历以后，尚有诸魁儒焉，于学统或未豫，而未尝不于学术有功者，范蜀公、吕申公、韩持国，一辈也；吕汲公、王彦霖，又一辈也；丰相之、李君行，又一辈也。尚论者其敢忽诸！②

庆历之后，经学开始慢慢进入了义理化的阶段，这一时期周敦颐、邵雍、张载、二程等理学家还没有形成影响。但在此期间的范镇、

① ［清］黄宗羲原著，全祖望补修：《宋元学案》卷六《士刘诸儒学案序录》，北京：中华书局，1986 年版，第 251 ~ 252 页。

② ［清］黄宗羲原著，全祖望补修：《宋元学案》卷十九《范吕诸儒学案序录》，北京：中华书局，1986 年版，第 783 页。

吕公著、韩维、王岩叟、吕大防、丰稷、李潜等人在宋代经学史上起到了承上启下的重要作用。其中,吕公著作为金华学派的重要人物之一,对当时吕氏家族的经学传承起到了重要的推动作用。

在南宋时期,浙东学派开始兴起,其影响范围很广①。尤其在乾道、淳熙年间,在浙东出现了以叶适为代表的“永嘉学派”、陈亮为代表的“永康学派”,吕祖谦为代表的“金华学派”,杨简为代表的“四明学派”,等等,它们被时人统称为浙学,进而与当时朱熹闽学、陆九渊江西之学相并立,在当时学术思想、社会政治领域都影响甚大。宋代之后,浙东学派传承不绝,比如元代胡三省、吴师道、程端礼、程端学等人,明代以王守仁为代表的“姚江学派”,还有黄宗羲、万斯同、全祖望等前后相继的史学流派,这些派别后来多被称为“浙学”“浙东学派”,这对于中国古代后期经学、史学的发展做出了不可估量的贡献。

以往学者无论是何炳松、吕思勉,还是其他学者都没有否认浙东学派与宋代理学诸派之间的学术渊源关系,并甚至认为两者之间是一种同源异流的关系。的确,无论是南宋时期的张栻、朱熹、陆九渊,还是吕祖谦、陈傅良、陈亮、叶适等人,他们都是儒家学者,他们所代表的学派也基本上是儒家的不同流派,只不过彼此在面对同样的社会政治问题时,由于他们解决问题的思路与方法不同,进而直接影响了他们对儒家经典的认知与诠释,亦即形成了不同的经学流派、儒学流派。既然都是儒家,他们出于不同的问题意识,造就了不同的经学诠释的路径与方法,而这些不同的经学诠释既是他们不同思想的展

① 浙东作为一个重要的地理范围,清乾隆年间编的《浙江通志》说明了它的沿革与范围:“元至正二十六年,置浙江等处行中书省,而两浙始以省称,领府九。明洪武九年,改浙江承宣布政使司。十五年,割嘉兴、湖州二府属焉,领府十一。国朝因之,省会曰杭州,次嘉兴、次湖州,凡三府,在大江之右,是为浙西。次宁波、次绍兴、台州、金华、衢州、严州、温州、处州,凡八府,皆大江之左,是为浙东。”

现,更是他们表达自己政治理念的重要路径与态度。毕竟,在宋代经学依旧是理学、史学与儒学的基础,浙东诸儒在表达自己的思想、观念的时候,也多引经据典,也多借助经学解释的形式来展示自己的思想。所以,研究浙东诸儒的经学及思想对于理解浙东学派的思想内涵、特质与发展脉络有重要的学术意义和思想价值。

二、浙东学派经学研究成果综述及不足

对于宋代浙东学派的经学及思想,海内外已经有很多学者进行了关注,并对其做了一定的分析和总结,这对于我们进一步理解、揭示浙东学派的学术思想及其特质,以及浙东学派的历史意义都有极为重要的学术价值。当然,对于宋代浙东学派的经学研究相对于宋代朱熹闽学、二程洛学、王安石新学等学派来说,无论是在研究数量上,还是方法上,还有很多的不足和欠缺。所以,我们希望在前贤时哲的基础上,进一步分析、研究宋代浙东学派的经学及其思想,希望从多个角度出发,采用多种研究方法,对之进行更加系统而深入的分析和研究,从而使我们对浙东学派的经学乃至学术思想有深入而清晰的理解、认知。

(一)海内外学者对宋代浙东学派经学的研究综述

1. 宋代浙东学派思想渊源与诸儒的经学研究

古人谈论经学,必讲学术门户与师承渊源,浙东学派作为宋代颇为知名的儒学一派自然也是如此。比如作为浙东学派中颇为重要的一支——永嘉学派的思想渊源问题,自古及今很多学者对之都有所探讨①。如南宋陈振孙《直斋书录解题》就认为周行己是

① 参见周梦江:《叶适与永嘉学派》,杭州:浙江古籍出版社,1992 年版,第 35 页。

“永嘉学问所从出也”。后来黄宗羲《宋元学案》将周行己、许景衡等人也视为永嘉之学的开创者。总之,从宋代开始,明清以至近现代的很多学者都认为周行己、许景衡等人是永嘉学派乃至浙东学派的学术源头所在。当然,也有相当一部分学者将浙东学派的渊源与二程联系起来,如清人邓实就将浙东学派的思想追溯到二程。他在其《永嘉学派述》一文中说道:

> (永嘉)自古无学术。宋元丰间,九先生起于其乡,曰蒋元中、沈躬行、刘安节、刘安上、戴述、赵霄、张煇、周行己、许景衡,是为元丰九先生。……溯其师法,皆导源于伊洛,得其传以归,以教授于乡里。①

邓实将二程视为浙东学派中永嘉一派的学术源头,由于永嘉学派乃浙东学派中颇为重要的一支。邓实如此认为,至少可以得出二程是浙东学派经学思想的重要源头之一。近人何炳松在其《浙东学派溯源》②也将浙东各个学派的源头统一到二程之学,并认为他们都是同源异流的关系。不过,现在很多学者都跳出以往的思想观念,一般都将王开祖视为永嘉学派乃至浙东学派的学术源头所在。

对浙东学派经学思想渊源的分析除了有学者进行专门分析探讨之外,很多学者将更多的精力和注意力放在了浙东诸儒经学及思想的分析之上,尤其是对浙东学派中非常有影响的薛季宣③、

---

① 邓实:《国粹学报》第11、12期,光绪三十二年版。

② 何炳松:《浙东学派溯源》,桂林:广西师范大学出版社,2004年版。

③ 任锋:《南宋儒者薛季宣的中庸观》,《深圳大学学报》(人文社科版),2007年第4期。王宇:《薛季宣和永嘉制度新学的开创》,《中国哲学史》,2005年第2期。任峰:《薛季宣思想渊源新探》,《中国哲学史》,2006年第2期。陈安金:《薛季宣学术思想及其事功特质》,《浙江社会科学》,2011年第8期。

陈傅良[①]、叶适[②]、吕祖谦[③]、唐仲友[④]、陈亮[⑤]、

---

① 高威:《陈傅良思想研究》,暨南大学硕士学位论文,2008年5月。朱晓鹏:《从陈傅良的思想特质看永嘉学派的思想史地位和学派归属》,《浙江学刊》,2011年第5期。俞兆鹏:《论陈傅良的民本思想》,《南昌大学学报》(人文社科版),2009年第2期。

② 周梦江:《叶适与朱熹道学》,《温州师专学报》(社科版),1986年第1期。周梦江:《叶适与永嘉学派》,杭州:浙江古籍出版社,1992年版。陈安金、王宇:《贯通内圣外王的努力——评永嘉学派的思想历程》,《哲学研究》,2002年第8期。董平:《叶适对道统的批判及其知识论》,《孔子研究》,1994年第1期。张洁:《叶适思想研究概述》,《温州师范学院学报》(哲社版),1999年第4期。张家成:《叶适暨永嘉学派与儒家传统的重建》,《哲学动态》,2001年第1期。陈远平、肖永明:《论叶适经制事功之学的渊源及其与理学的分歧》,《湖南大学学报》(社科版),2001年第4期。

③ 李之鉴:《吕祖谦〈易说〉浅论》,《河南师范大学学报》(哲社版),1997年第1期。张卫中:《吕祖谦〈左传〉研究论析》,《绍兴师专学报》,1992年第1期。蔡方鹿:《吕祖谦的经学思想及其方法论原则》,《中国哲学史》,2008年第2期。肖永明、张长明:《吕祖谦的思想学术渊源与治学特点》,《湖南大学学报》(社科版),2003年第3期。姚永辉:《朱熹、吕祖谦关于〈诗经〉的四大论辩平议》,《诗经研究丛刊》,2008年第1期。

④ 任锋:《南宋唐仲友的经制思想》,《南开学报》(哲社版),2006年第4期。刘连开:《唐仲友的史学思想》,《史学史研究》,2000年第1期。方如金、方国伟:《唐仲友学术思想初探》,《浙江师范大学学报》(社科版),2001年第5期。

⑤ 萧公权:《中国政治思想史》,北京:新星出版社,2005年版。侯外庐主编:《中国思想通史》(第四卷下),北京:人民出版社,1960年版,第692~739页。李泽厚:《中国古代思想史论》,北京:生活·读书·新知三联书店,2008年版。漆侠:《宋学的发展和演变》,石家庄:河北人民出版社,2002年版,第554~583页。[美]田浩:《陈亮论公与法》,载田浩编,杨立华、吴艳红等译:《宋代思想史论》,北京:社会科学文献出版社,2003年版,第518~567页。

杨简①、袁燮②、北山四先生③、黄震④、王应麟⑤等人做了比较深入和全面的个案式分析，而这些研究对于我们继续研究他们的经学及思想奠定了基础。

2. 浙东学派诸儒的儒学、哲学思想

对于浙东学派儒学、哲学的性质、内涵与定位问题，从晚清之后，很多学者都开始认为浙东学派注重经制事功之学，而与朱熹、陆九渊等理学思想水火不相容。在中华人民共和国成立以后，学者们更是普遍用唯物主义与唯心主义来界定当时的学派，将浙东

---

① 刘宗贤：《杨简与陆九渊》，《中国哲学史》，1996 年第 4 期。曾凡朝：《杨简“心”本体阐释》，《孔子研究》，2008 年第 6 期。徐建勇：《杨简哲学思想研究》，湘潭大学硕士学位论文，2002 年 5 月。叶文举：《杨简〈诗经〉研究的心学特色》，《孔子研究》，2009 年第 2 期。蔡方鹿：《杨简的心学思想及其在心学史上的地位》，《中共宁波市委党校学报》，2004 年第 4 期。曹亚美：《杨简四书学思想研究》，华中师范大学硕士学位论文，2008 年 5 月。

② 陈良中：《袁燮〈絜斋家塾书钞〉学术价值探析》，《重庆工商大学学报》（社科版），2013 年第 4 期。郝桂敏：《袁燮〈絜斋毛诗经筵讲义〉的特点及成因》，《辽宁教育行政学院学报》，2007 年第 7 期。娄璐琦：《论袁燮〈絜斋毛诗经筵讲义〉的阐释特点》，《中共宁波市委党校学报》，2012 年第 4 期。

③ 高云萍：《北山学派研究》，浙江大学博士学位论文，2007 年 11 月。周春健：《金履祥与〈论孟集注考证〉》，《中国典籍与文化》，2009 年第 1 期。陈战峰：《王柏的〈诗经〉观与拟删诗》，《中国文化研究》，2010 年秋之卷。周春健：《许谦与〈读四书丛说〉》，《中国典籍与文化》，2007 年第 4 期。刘海泉：《许谦与金华学派》，湖南大学硕士学位论文，2009 年 5 月。

④ 张伟：《黄震与东发学派》，北京：人民出版社，2003 年版。卢萍：《黄震的史学思想研究》，四川大学硕士学位论文，2003 年 5 月。

⑤ 魏殿金、杨渭生：《论王应麟的学术成就及其特点》，《浙江学刊》，1995 年第 3 期。马丽丽：《王应麟学术思想研究》，南开大学博士学位论文，2009 年 5 月。李凌：《论王应麟的〈诗经〉学成就》，山东大学硕士学位论文，2009 年 5 月。李刚：《从〈困学纪闻〉看王应麟的经学特点》，《四川文理学院学报》（社科版），2007 年第 4 期。

学派与程朱理学、陆王心学对立起来。不过，到了20世纪80年代，学者们开始将浙东学派与程朱理学、心学等流派都作为儒家进行客观分析，如陈玉森在其《陈亮、叶适学派性研究》①一文中认为，陈亮是理学之一支。他们与朱熹一样都是在面对社会政治需要时发表自己应有的看法。进入20世纪90年代，开始注重浙东学派作为儒学一派的客观存在及其内涵。② 换句话说，学者都从不同的角度，来分析浙东学派在“内圣外王”方面的贡献。何俊先生注重分析浙东学派中叶适与程朱理学的分歧与统一，并认为他们之间的不同主要是侧重与落脚点之不同，“如果将这种思想对照于孔孟的整个思想，我们只能说浙东事功学偏重于儒家传统中政治思想的传承，从而表现出与程朱哲学的兴奋点的相异，而无法下事功学的思想背离了整个儒家传统的论断”。③ 随后，他也进一步认定浙东学派中的重要一支——永嘉学派继承了儒家“开物成务”的传统。浙东学派既然继承了儒家“开物成务”的传统，那么自然是儒家无疑。这一点杨太辛于1996年在其《浙东学派的涵义及浙东学术精神》一文中就明确地指出：

> 值得注意的是永嘉诸儒发轫于伊洛理学，致力于《周礼》制度，由虚返实，通经致用，而非一无傍依的事功之学。因此，“事功”不足以赅浙学。……浙学与朱学异中有同：浙学重经制事功而归于性命义理，朱学重理气心性而不忘制度名物。

---

① 陈玉森：《陈亮、叶适学派性研究》，《论中国哲学史》(论文集)，杭州：浙江人民出版社，1983年版。

② 对此可参考陈金安：《从对立到整合：永嘉学派研究的基本路向》，《哲学动态》，2004年第5期。

③ 何俊：《南宋浙东事功学与儒家的传统》，《徐规教授从事教学科研工作五十周年纪念文集》，杭州：杭州大学出版社，1995年版，第385页。

> 概言之,浙学言事不离理,朱学言理不离事;浙学重事功而不能以事功限浙学,朱学崇性理而不能以虚无留朱子。这就是所谓天下一致而百虑,殊途而同归。①

杨太辛肯定了浙东永嘉学派源出于二程,不过他们更强调经制、事功之学。不过,永嘉诸儒并没有放弃对《四书》《五经》的关注,也没有彻底摒弃性命道德之学。换言之,与当时的朱学侧重性命之理不同,浙东学派更强调事功、外王事业,彼此有交叉,彼此也有侧重,"浙学言事不离理,朱学言理不离事;浙学重事功而不能以事功限浙学,朱学崇性理而不能以虚无留朱子"。可以说,浙东学派、闽学只不过从不同的角度来探究治国之道,而其学术性质自然都是儒家无疑。

总的来说,就浙东学派的学术源流、思想内涵及属性问题,历朝历代都是见仁见智,尤其是近代以来表现得尤为显著。不过,从 20 世纪 80 年代开始,学者开始注重浙东学派与当时理学诸派的内在统一性,并普遍认为经学、理学尽管是当时张栻、朱熹、陆九渊等人为政论道的基础与核心,也是吕祖谦、陈傅良、陈亮、叶适等人论学、为政的重要组成部分。即使浙东学派极力反对理学诸派的思想,他们本身也对理学颇为关注,并发表了不同的看法,所以既不能单纯以事功之学来限定浙东学派,也不能以性理之学来限定宋代理学诸派,他们都是儒家,只是学术侧重点不同而已。

与浙东学派经学研究相关的哲学,很多学者也做了相当的探讨。如任锋《南宋儒者薛季宣的中庸观》一文对薛季宣对中庸的诠

---

① 杨太辛:《浙东学派的涵义及浙东学术精神》,《浙江社会科学》,1996 年第 1 期。

释及思想做了哲学探讨①。高云萍《宋元北山四先生研究》②一书，对何基、王柏、金履祥、许谦等北山四先生的生平与哲学思想做了一定的分析。潘富恩、徐余庆《吕祖谦思想初探》③一书对吕祖谦的哲学、教育、政治思想做了分析。王宇《道行天地：南宋浙东学派论》④一书，则对南宋时期浙东学派的重要学者如吕祖谦、叶适、陈亮等人的哲学思想做了一定的探讨，同时也对南宋时期理学诸派之间的分歧与争论做了一定的梳理和分析，为我们深入理解浙东学派的学术思想做了进一步的铺垫。总之，有关浙东学派的哲学分析，也为我们研究分析浙东学派的经学及思想提供了一定的启发和借鉴意义。

3. 浙东学派的学术思想及其影响

对于浙东学派的关注，学术界也从学术思想的角度进行分析，其中也涉及了部分经学及思想的分析，比如吕思勉《理学纲要》一书⑤，对浙学的理学、哲学思想做了较为粗略的梳理和总结，其中对诸儒经学的源流有一定的涉及。台湾学者杜保瑞在其《叶水心事功进路的儒学建构》⑥一文中，对叶适的经学及其思想做了一定的分析，认为叶适对当时程朱经学、理学的批判，包括他对《易传》、四

① 任锋：《南宋儒者薛季宣的中庸观》，《深圳大学学报》（人文社科版），2007 年第 4 期。

② 高云萍：《宋元北山四先生研究》，杭州：浙江大学出版社，2012 年版。

③ 潘富恩、徐余庆：《吕祖谦思想初探》，杭州：浙江人民出版社，1984 年版。

④ 王宇：《道行天地：南宋浙东学派论》，北京：中国社会科学出版社，2012 年版。

⑤ 吕思勉：《理学纲要》，北京：东方出版社，1996 年版。

⑥ 杜保瑞：《叶水心事功进路的儒学建构》，载《南宋儒学》，台北：台湾商务印书馆，2010 年版，第 708 页。

书等的批判，暗含了他对儒家正统地位的渴求，故也多次表明了自己继承孔孟思想的正统性，以此获得更多的话语权。另外，周梦江先生在其《叶适与永嘉学派》一书中，就叶适与永嘉学派诸儒如王开祖、周行己、薛季宣、陈傅良等人的思想渊源做了一定的分析，为下一步我们继续从经学的角度来探讨浙东学派尤其是永嘉诸子的学术思想渊源提供了重要的借鉴。另外，范立舟、於剑山《南宋“甬上四先生”研究》①一书对甬上四先生的生平事迹及思想做了系统的分析和总结，这对了解他们的经学渊源提供了帮助。刘玉敏《心学源流：张九成心学与浙东学派》②一书对浙东学派中的吕祖谦及婺学派的一些思想做了探析。周梦江先生在其《叶适与永嘉学派》③一书中，不仅对叶适的学术活动、经济思想、政治思想、哲学思想、史学思想、教育思想等做了系统研究，阐明了叶适的事功思想及其内涵；他还对永嘉学派的薛季宣、陈傅良等人的思想做了一定的分析和研究，这对于我们进一步借助经学研究来探讨浙东学派尤其是永嘉学派的事功思想提供了重要的基础与铺垫。另外，还有一些学者对浙东学派的史学思想做了分析④，这对于理解浙东学派的学术思想、经学有一定的辅助意义，当然就史学谈史学也是其不足之处。

---

① 范立舟、於剑山：《南宋“甬上四先生”研究》，北京：人民出版社，2014年版。

② 刘玉敏：《心学源流：张九成心学与浙东学派》，北京：人民出版社，2013年版。

③ 周梦江：《叶适与永嘉学派》，杭州：浙江古籍出版社，1992年版。

④ 鲍永军：《论永嘉事功学派的史学思想》，《史学史研究》，2003年第2期。方如金等：《论南宋浙东事功学派的史学思想》，《温州大学学报》，2004年第6期。

(二)海内外有关宋代浙东学派经学研究的不足

以往学者就浙东学派的学术思想渊源、事功理念以及部分学者的经学传承及思想做了一定的分析,为我们进一步研究浙东学派的经学渊源、传承及其思想提供了重要的铺垫。但也存在一些不足,比如:

1. 对宋代浙东学派经学及思想缺乏系统而全面的研究

以往对于宋代浙东学派的经学,一般都会关注"重要"人物,如吕祖谦、陈傅良、叶适、陈亮、杨简、王应麟等人的经学,但很少关注其他"不重要"的人物。但实际上,在浙东学派经学的发展历程中,很多"不重要"的学者比如周行己、许景衡、高闶、郑伯熊、袁溉、薛季宣、袁甫、北山四先生、袁桷等人也扮演着至关重要的角色。

即使如此,学者们对于"重要"人物的经学及思想也关注不够,很多对于他们经学的研究,只是将经学视为浙东诸儒事功思想的辅助或铺垫,而并没有将之作为其思想的基础或核心来看待。实际上,尽管浙东学派诸儒反复强调事功思想,但他们对于经学、理学颇为重视,并将之作为其事功理论的基础和思想出发点,比如陈亮在其学术思想体系中,经学、性理之学扮演着至关重要的角色,也正是这些经学思想支配、决定着他对现实问题的理解和对待。又如作为南宋后期浙东学派的北山四先生尽管对朱熹之学颇为推崇,并严格继承了朱熹对《四书》之学的关注与诠释,但实际上他们在经学传承、诠释上将重点放在对朱熹《四书》学、经学的全面梳理、考辨,但这并非"背离"朱熹之学,而是由于朱熹之学在南宋后期被确立为官方之学之后,士子们多记诵朱熹章句、语录与理学,程朱理学开始教条化,而鲜有士子对其经学、理学进行深入分析,故作为朱熹传承弟子的何基、王柏、金履祥等人在继承理学的同时,对朱熹经学进行了系统的梳理、考辨与完善,以期进一步丰富完善程朱理学,并在此基础上就现实社会政治问题提出自己的见解和思想。

此外,学者们对于宋代浙东学派经学及思想的研究,一般只会关注其经学解释的思想,亦即事功理念或哲学建构,而很少关注他们的经学思想渊源、思想内涵、传承演变以及他们的经学解释的思想与方法,而这些却是宋代浙东学派经学研究应当关注的重中之重。毕竟,在宋代,经学的传承、诠释尽管凸显义理之学、思想文化的建构,但实际上儒者们依旧注重师承、门户,而这些不仅构成了其学派思想的重要内容,更是研究探讨儒者们思想内涵的重要依据。换言之,探究浙东诸儒的师承、学术思想渊源与解释思想方法,不仅对于深入分析浙东学派经学及其思想至关重要,而且对分析浙东学派诸派的经学分歧、思想演进与学派特征也有十分重要的学术价值。更为主要的是,学者们对浙东学派的经学及思想做个案化的分析,而鲜有从整体上分析永嘉学派、婺学、永康学派乃至浙东学派的经学共性及特征;分析其思想传承演变的规律及方法,更是缺乏对之进行客观而确实的时代与历史定位。而这些都是我们要面对和思考的,更是我们研究浙东学派经学及思想时需要解决的问题。

2. 过分注重浙东学派哲学、事功思想及政治理念而忽于经学探究

浙东学派作为两宋时期非常重要的学派,他们尽管在哲学、事功思想及政治理念上有自己独特的认知和建构,但实际上他们在表达或者建构自己的思想之时,无一例外地都对经学有深刻的认知和强烈的关注,并将之视为其思想的基础或源泉。即使是陈亮、陈傅良、唐仲友、叶适等强烈关注事功、经制之学的儒者也没有例外。毕竟,经学是当时的基本话语,也是一种基本的意识形态,他

们要想获得众儒、士子们的社会认同感,就不得不借助这种流行的形式来表达自己的思想和理论。不仅如此,性命道德之学在当时也是众儒关注的对象,在这种语境之下,浙东学派就不得不面对天理、道德、心性等概念和命题,并对之予以积极回应,并在此基础上提出自己的学说和思想。何况,从整体上来看,浙东学派与闽学、江西之学等都同属儒家,他们基于传统的身份意识,也不断地借助经学传承、诠释的形式来实现对"道"的理解、传承和践行。进而言之,浙东诸儒与二程、朱熹等理学家一样,他们尽管反复论说自己的事功、经制之学,但他们并没有放弃借助"寓作于述"的经学形式来表达自己的政治理念。

所以,前贤时哲对于浙东学派哲学、政治等的学术研究,自然为我们进一步深入研究浙东学派的经学及思想提供了扎实的学术基础和重要启示。换言之,尽管前贤时哲对浙东诸儒的学术思想做了深入分析,但我们不能否认,经学在他们学术思想中所扮演的角色,更不能否认经学与政治、事功之间所存在的内在关联性。为此,将经学作为探究浙东诸儒的哲学、政治理念的基础极为必要。

3. 缺乏探讨经学解释与社会政治、思想文化之间的关联

以往学者对于宋代浙东学派的重要儒者如陈亮、吕祖谦、陈傅良、王应麟、杨简等人的经学做了一定的分析,也会关注他们借助经学诠释所建构的理学、哲学体系。由于浙东诸儒很多都身处于面临着"内忧外患"的南宋王朝,他们更加关注社会政治、思想文化的建设。毕竟,在宋代浙东学派诸儒看来,建构理学、哲学体系固然重要,但他们作为传统的儒士大夫基于明道、传道、行道的身份意识,当面对北宋王朝经历了覆灭、朝廷南迁的"耻辱"之后,他们较南宋时期颇有影响的朱熹、陆九渊等人相比,更加注重现实政治秩序、制度规范的重建,而非一味强调性命之学、道德伦理的强化。

浙东诸儒对社会政治、思想文化的关注表现在经学及思想上，他们在积极回应性命之理的同时，将更多的精力转向对六经之学、礼学的关注，而不是二程、朱熹等理学家所倡导的《四书》学、理学。不仅如此，他们对于六经，更强调三礼学，希望积极阐发其中所蕴含的制度规范、经制事功之学，从而为当时社会政治、思想文化建设提供切实可行的建议。即使是南宋时期朱熹正传的北山四先生亦是如此，他们除了推崇朱熹之学之外，也积极吸收了当时浙东诸儒的事功之学及其思想，强调经世致用，以此服务于当时的社会文化建设。

三、本书研究的思路、思想与方法

浙东学派是宋代学术思想领域的重要板块，长期以来已经有诸多的学者给予高度关注并深入研究之。但由于每个人的学术旨趣与方法不同，对浙东学派的学术及思想认知也千差万别。本文希望在前贤时哲研究的基础上，从经学传承、诠释与思想的角度出发，全面深入地研究浙东学派的经学及其思想，这为进一步研究浙东学派提供全新的铺垫。

（一）全面而系统地研究浙东学派的经学及思想

以往学者多注重某一学者、某一单独学派如金华学派、永嘉学派的研究，而鲜有将它们都作为一个整体——浙东学派进行经学及思想的研究，所以本文鉴于前人研究方面的不足，全面而系统地梳理浙东学派之各派、诸儒的经学渊源、内容及思想。这样一来，我们不仅可以全面而系统地理解了永嘉、永康、金华等经学流派的传承、诠释与思想情况，也深入地理解了浙东经学诸派的经学发展、演进的历史，更是了解了他们的经学解释与学派建构、政治观点之间的内在关联，更是借此了解有宋一代经学与政治文化之间的互动关系。可以说,浙东学派作为宋代及中国近世颇为影响的学派之一,经学作为该学派的思想基石,始终影响并左右着该学派的思想、倾向与旨趣。换言之,全面而系统地理解浙东学派的经学对于理解浙东学派的宗旨、特征有着至关重要的意义。

(二)扎实的古文献资料与翔实的史实考证相结合

改变以往就经学言经学、就史学言史学的思路,希望从大量的经学、史学等原始文献出发,将经学、史学相结合,对各派学者的经学渊源、经典诠释及思想表达做实证化的梳理。之所以这样讲,就是因为浙东学派诸儒对于《四书》《五经》的理解、诠释,主要是基于章句训诂、注疏及考据的形式进行,浙东诸儒一般都有影响后世的经学著述产生,如吕祖谦有《吕氏家塾读诗记》《春秋左氏传说》《春秋左氏续说》《东莱博议》等多种,杨简有《杨氏易传》《五诰解》《慈湖诗传》等,黄震有《春秋集解》《礼记集解》等。这些经学著述是研究浙东学派儒学、事功之学的重要基础。

总之,尽管浙东诸儒畅谈事功、经制之学,但对于经学本身也颇为重视,他们不仅注重师承源流、广征博引,并在经学传承、解释的过程中,对于章句训诂、注疏考辨之学也颇为重视,这样一来,我们在梳理、分析浙东诸儒经学的时候,就不得不面对浙东诸儒经学著述的内容、字词解释、思想分析等。另外,在分析浙东诸派之间经学解释思想与方法异同的时候,更需要对经学文本进行考辨、分析,以此总结他们的特征、分析其经学内涵,而这些都离不开文献学、历史考证的工作。可以说,古文献学、史学的方法是研究浙东学派经学及思想的基础与前提。

(三)经学史、学术思想史与社会政治史的全面结合

经学作为宋代思想文化的主导存在,对浙东学派的思想建构

与当时政治文化的发展具有重要的基础意义。此外，随着宋王朝的南迁，以服务于政治秩序重建、承传于二程洛学的浙东学派，在思想观念上也随之发生了重要变化，亦即从性理之学转向了经制事功之学，而他们的事功之学又多与经学有着不可分割的内在关联性。

以往学者多单纯研究经学，或单纯研究学术思想，或者单纯探讨南宋时期的社会政治，本文将注重三者的结合。尤其是将经学及思想的研究放在整个宋代学术思想史、社会政治发展变迁之中，发掘他们之间的内在关联性，以期更加深入地分析各派各家的经学及其内涵。毕竟，尽管浙东学派强调经制、事功，但他们基本上都建立在经学传承、诠释的基础之上，而非就社会问题来谈制度、事功本身。所以，从经学传承、诠释的角度来分析他们的思想内涵，然后以此为基础，深入分析他们在面对南宋时期社会政治颓势的时候，是如何借助经学诠释来表达自己的政治理念的。与此同时，我们也积极探究浙东学派中不同学者在经学解释、思想建构之间的异同，进而探究浙东学派思想的传承与演变。

第一章　浙东永嘉经学的渊源、传承及思想转向

浙东学派在宋代开始崭露头角一般是在庆历之际。庆历之际，浙东明州（今宁波）出现了世称的“四明五先生”，即杨适、杜醇、王致、楼郁、王说五人。还有永嘉（今温州）的王开祖、丁昌期等人，即“儒志、经行二子”。正如《宋元学案》所言：“庆历之际，学统四起。齐、鲁则有士建中、刘颜夹辅泰山而兴。浙东则有明州杨、杜五子，永嘉之儒志、经行二子，浙西则有杭之吴存仁，皆与安定湖学相应。”①“四明五先生”“儒志、经行二子”是浙东学派兴起的先驱。不仅如此，在当时的瑞安，还有林石的讲学授徒。总体来说，在庆历之际，浙东学派中的明州、永嘉、瑞安等地，诸儒开始谈经论道，注重思想义理，他们与当时有名的“宋初三先生”一样成为北宋“经学变古”的重要推动力量。

不过，浙东学派真正兴发是在北宋中后期的熙宁、元丰之际。这一时期，作为浙东学派“永嘉九先生”，他们多为二程弟子，学成后在浙东一带开始大力传播二程之学，促成了二程性命之学在浙东的传承和发展。全祖望在《宋元学案·周许诸儒序录》中就称：

---

① ［清］黄宗羲原著，全祖望补修：《宋元学案》卷六《士刘诸儒学案序录》，北京：中华书局，1986年版，第251页。

"考所谓'九先生'者,其六人及程门,其三则私淑也。"①他们九人在元丰年间传承二程之学,并在当时已经产生了一定的影响,据周行己的记载:"元丰作新太学,四方游士,岁常数千百人。温海郡,去京师阻远,居太学不满十人,然而学行修明,颇为学官先生称道。一时士大夫语其子弟,以为矜式。四方学者,皆所服从而师友焉。"②元丰九先生在浙东一带传播洛学,他们对于二程洛学在浙东的发展起到了至关重要的作用。

浙东学派学术思想从性理之学转向经制、事功,主要发生在两宋之际。随着袁溉、吕祖谦、郑伯熊、薛季宣等人的努力,浙东之学的发展开始摆脱其前期对性理经学的关注,转向了经制、事功经学,并以此在南宋中期成为与湖湘学、闽学相并立的最重要的学派之一。

第一节 庆历之际浙东永嘉经学的兴起与传承

庆历之际,"儒志、经行二子"在永嘉地区开始传播经学、儒学,尤其强调义理之学,异于宋初经传注疏之学,这在一定程度上和庆历之际其他学派的经学风格保持一致,是北宋经学转型时期最为关键的人物之一。

儒志,指的是王开祖,儒志是他的号,传世有《儒志编》一卷,《宋史》无传。王开祖闭门讲学,"从学者常数百人"。经行,是丁昌期的号。哲宗元祐三年(1088),举进士不第,归隐筑堂讲学。相比

---

① [清]黄宗羲原著,全祖望补修:《宋元学案》卷三十二《周许诸儒学案》,北京:中华书局,1986年版,第1131页。

② [宋]周行己:《浮沚集》卷七《赵彦昭墓志铭》,影印文渊阁《四库全书》本,台北:台湾商务印书馆,1986年版,第665页。

较而言，两人在讲学传道上的贡献，王开祖对后世影响更大，“永嘉师道之立，始于儒志先生王氏”。① 南宋永嘉学者陈谦视王开祖为“永嘉理学开山祖”②。明人苏伯衡甚至说：“宋时永嘉人物之盛，道术之懿，固莫加于乾淳之际。尚论其所由来，实出皇祐贤良王公景山。”③

在王开祖之后是林石、丁昌期等人，如《宋元学案》所言：“永嘉师道之立，始于儒志先生王氏；继之者为塘奥先生林氏（林石），安定、古灵之再传也；而先生（丁昌期）参之。”④从此可以看出，王开祖作为永嘉学派的开创者，而林石、丁昌期则属于第二代学者。他们在王开祖的基础上继续传承、发展浙东经学。在庆历之际，浙东学派中的一支——永嘉学派开始兴发，其中王开祖、丁昌期具有开创之功。他们在经学上开始强调义理之学，直接开启了浙东经学注重义理之学的传统，随后经由四明五先生、金华诸儒的传承，最终将浙东义理经学发扬光大。

一、永嘉“儒志、经行二子”的经学奠基之功

王开祖于皇祐五年（1053）进士，卒时仅三十二岁。王开祖的著述今所存着唯有《儒志编》一书。王开祖中进士后，曾在温州收徒讲学，对永嘉之学的兴起奠定了一定的基础，也成为永嘉地区私

---

① ［清］黄宗羲原著，全祖望补修：《宋元学案》卷六《士刘诸儒学案》，北京：中华书局，1986 年版，第 255 页。

② ［宋］王开祖：《儒志编 · 儒志学业传》，影印文渊阁《四库全书》本，台北：台湾商务印书馆，1986 年版，第 803 页。

③ ［明］苏伯衡：《儒志编 · 永嘉贤良王公遗书跋》，影印文渊阁《四库全书》本，台北：台湾商务印书馆，1986 年版，第 804 页。

④ ［清］黄宗羲原著，全祖望补修：《宋元学案》卷六《十刘诸儒学案》，北京：中华书局，1986 年版，第 255 页。

人讲学的代表。全祖望曾说：

是时，伊洛（二程）未出，安定（胡瑗）、泰山（孙复）、徂徕（石介）、古灵（陈襄）诸公甫起。而先生（王开祖）之言，实遥与相应。永嘉后来问学之盛，盖始基之。①

王开祖在庆历之际倡导义理之学，这一时期，属于仁宗中期，二程还没有在当时崭露头角，而王开祖则已经与当时较有影响的胡瑗、孙复、石介、陈襄等人一样收徒讲学，在学术思想界已经有一定的影响。王开祖的文章曾得到王安石的欣赏，王安石说："闻足下之名，亦欲得足下之文章以观。"②实际上，在永嘉学派的经学传承中，王开祖不仅扮演着先驱这个重要角色，不仅倡导义理之学，而且在"性与天道"方面也有自己的见解，并发表了自己的深刻认识，这对于永嘉后儒重视性命道德之学来说有一定的启示意义③。

在经学思想方面，王开祖尊崇孔子与《六经》，他说：

孔子之道见乎《六经》，以至于今。为君臣、父子、兄弟、夫妇者，尊卑上下各有分，服而修之者，循循如也。其用如水火，人非水火不生，其功无穷，又岂止一时得位，而谓之道大用哉？……孔子章章乎《六经》，万世之人饮食、衣服之所以生，是岂不得其用也耶？微孔子，吾其失道左衽矣！④

① ［清］黄宗羲原著，全祖望补修：《宋元学案》卷六《士刘诸儒学案》，北京：中华书局，1986年版，第253页。

② ［宋］王安石：《临川先生文集》卷七十七《答王景山书》，宋刻元明递修本，第475页。

③ 周梦江：《永嘉学术开创者王开祖——宋代浙学通论之一》，《杭州师范学院学报》（社科版），1990年第2期。陆敏珍：《王开祖及其观念：濂洛未起前的道学思想》，《中国哲学史》，2009年第3期。

④ ［宋］王开祖：《儒志编》，影印文渊阁《四库全书》本，台北：台湾商务印书馆，1986年版，第786页。

王开祖认为孔子讲君臣、父子、兄弟、夫妇等礼仪制度及其治国安邦之说著于《六经》，正是因为孔子及其《六经》，才有了后世有序的社会秩序与社会生产的正常发展。

王开祖非常注重礼制，肯定《周礼》中的思想，他说“吾读《周礼》终始，其间名有经礼，有方者，周公之志为不少矣”。他非常重视历史，在其《儒志编》中援引了大量春秋、战国时期的历史史实，来论证儒家经典中的治国安邦之道，此法与后来永嘉诸子所常用的“经史互证”方法颇一脉相承。对于历史事实，王开祖注重用礼的思想进行评判，认为春秋战国的史实多为“非礼”。他由此认为，只有“正名”才是治理天下的根本，所谓：

> 尝闻名者，治之本也。据天下之会，定天下之民，莫先乎正名。名不正，虽圣不能为也。有周之盛王，先是具矣。及其衰也，慢之，是乱之由兴也。①

他认为正名是社会治理根本所在，所谓“正名”就是要推行礼制，只有礼仪的确定，天下才可以兴旺，这种思想其实是对周、孔以礼治国理念的继承和发扬。他的这种重礼思想与同时代的司马光非常相似，司马光也曾说：

> 臣闻天子之职，莫大于礼；礼莫大于分，分莫大于名。……何谓礼？纪纲是也；何谓分？君臣是也；何谓名？公侯、卿大夫是也。②

司马光也非常注重以礼治国，他希望以礼来确定君臣之名分，巩固君尊臣卑的等级秩序，由此体现了司马光对三代礼制社会的向往，

① ［宋］王开祖：《儒志编》，影印文渊阁《四库全书》本，台北：台湾商务印书馆，1986 年版，第 789 页。

② ［宋］司马光：《资治通鉴》卷一，北京：中华书局，1956 年版，第 2 页。

他还根据《春秋》编年的形式撰述《资治通鉴》,并在其书中大力宣扬礼制思想。王开祖与司马光一样,他盛赞三代之治,希望恢复井田、分封等制度,他说:"田不井画,国不封建,使民病也久矣。无济天下之心者,莫能复也!嗟乎!吾读其书矣,未行其志也。"①王开祖对礼制的重视,这与后来南宋永嘉学者注重三礼、经制之学可谓是殊途同归。

王开祖对于儒家经典持较为客观公正的评议,他对于当时欧阳修等人非议《系辞》《春秋》等不是孔子所作的说法,提出了自己的看法,他说:

> 或曰:"今之所谓《系辞》,果非圣人之书乎?"曰:"其源出于孔子,而后相传于《易》师,其来也远,其传也久。其间失坠而增加者,不能无也,故有圣人之言焉,有非圣人之言焉。其曰'《易》之兴也,其于中古乎?作《易》者,其有忧患乎?'当文王与纣之事邪?商之末世,周之盛德邪?若此者,虽欲曰非圣人之言可乎?其曰'河出图,洛出书,圣人则之''幽赞神明而生蓍',若此者,虽欲曰圣人之言可乎?凡学不通者,惑此者也;知此然后知《易》矣。"②
>
> 《春秋》之义有饰诈逃恶者,圣人从而覆之,覆之滋见之耳。齐侯灭纪,纪侯未有闻焉,患诸侯之谨也,葬伯姬以文之。《春秋》书曰:"齐侯葬纪伯姬。"欺也。一室之中不可欺,孰谓

① [宋]王开组:《儒志编》,影印文渊阁《四库全书》本,台北:台湾商务印书馆,1986年版,第795页。

② [宋]王开祖:《儒志编》,影印文渊阁《四库全书》本,台北:台湾商务印书馆,1986年版,第801页。

天下可欺乎哉?①

他认为,《系辞》不完全是出于孔子,其中有圣人的原话,也有后来经师的叙述之言。所以要客观理性地看待,"知此然后知《易》矣"。对于《春秋》,他认为《春秋》之义,有"饰诈逃恶者",即其所记载的历史史实有真伪问题,不能全信。所以,后来孔子"覆之"。在这里,王开祖将《春秋》视为了鲁国史书,而不是孔子所作:因为有"饰诈"的成分,所以孔子对鲁史书《春秋》修正之。这种对《系辞》《春秋》的怀疑与理性分析,其实也是庆历之际"疑经惑传"经学思潮影响的必然结果。其中,王开祖对《春秋》的怀疑,周梦江先生认为这与其同门孙觉"尊崇"《春秋》不同,其缘故在于王开祖对于史学的重视,所谓"《春秋》原是鲁国史书,王开祖也将它视作史书,不像孙觉等学者那样尊为经书,寻求所谓的'微言大义'。这对叶适将《五经》视作史籍产生影响外,同时,也是王开祖本人重视史学思想的结果"②。

王开祖对于儒家经典中"性与天道"的思想也作了一定的阐发。他认为性与情是辩证统一的关系,没有所谓性善情恶的说法:

学者之言,曰"性善也,情恶也;莫善于性,莫恶于情",此贼夫情者之言,不知圣人之统也。夫情本于性则正,离于性则邪,学者不求其本,离性而言之,奚情之不恶?今有人入于放辟邪侈之途,指之曰"情恶也"。不原乎放辟邪侈,在我则本无

① [宋]王开祖:《儒志编》,影印文渊阁《四库全书》本,台北:台湾商务印书馆,1986年版,第791页。

② 周梦江:《叶适与永嘉学派》,杭州:浙江古籍出版社,1992年版,第40页。

有焉。执心不正而后入也，贤者之于情非不动也，能动而不乱耳。①

他认为有的学者所说“性善也，情恶也；莫善于性，莫恶于情”的说法是“贼夫情者”，其实性、情是统一的关系，性是情的根本，这与其友人王安石的人性论思想“性情一也，世有论者曰性善情恶，是徒识性情之名，而不知性情之实也”“性者，情之本；情者，性之用，故吾曰性情一也”②比较一致。王开祖还提出了自己的“复性”的思想，认为读《诗》可以知情尽性，“知夫《诗》者，则知人之情；知人之情，则知人之性；知人之性，则知物之性；知物之性，则知天地之情矣。”他还肯定《中庸》中“诚”的思想，“君子之德，莫原于诚，诚则物之来也”“诚者，成也，所以成人也。人而不诚，禽兽奚择焉。君子处则其身安，出则其道尊，无他，不欺而已矣”③。王开祖虽就宋代中前期流行的“性与天道”的思想提出了自己的看法，强调性本、情用的观点，以及“性情一也”，性与情是辩证统一的关系，这对后来王安石有一定的影响。但总体来看，王开祖在人性论方面的理论水平还无法与之后张载、二程等人所建构的理气、人性论思想相比拟，这一点四库馆臣也说道：“在濂、洛未出以前，其学在于修己治人，无所谓理气心性之微妙也。其说不过诵法圣人，未尝别尊一先生号召天下也。”④尽管如此，王开祖之学可以看成是后来永嘉性

---

① ［宋］王开祖：《儒志编》，影印文渊阁《四库全书》本，台北：台湾商务印书馆，1986 年版，第 785 页。

② ［宋］王安石：《临川先生文集》卷六十七《性情》，宋刻元明递修本，第 402 页。

③ ［宋］王开祖：《儒志编》，影印文渊阁《四库全书》本，台北：台湾商务印书馆，1986 年版，第 783 页。

④ ［清］纪昀等：《四库全书总目》卷九十一《儒志编》解题，北京：中华书局，1997 年版，第 1203 页。

理之学的一个重要起源。

此外，王开祖还对当时儒学复兴产生重大威胁的佛老之学进行了批判，他说："世有佛老者，乃夷貊之道，其为法拂吾君臣之礼，渎吾父子之亲，乱吾治天下国家之法，其祀遍天下，而其徒伍乎民而上之人，乃率天下之人祀之益，严以恭又何反也？""庄周之为道，一物也，一物则天下未尝有理焉。不仁者，庄生也"①。王开祖对佛老之学的批判，其实是在推崇儒家学说及其思想，同时旨在继承韩愈之遗志，继续弘扬孔孟未传之学，这一点王开祖在《儒志编》中云："由孟子以来道学不明，我欲述尧、舜之道，论文、武之治，杜淫邪之路，辟皇极之门，吾畏诸天者也，吾何敢已哉？"②王开祖对孟子学说的重视，这对于北宋中期思孟学派的兴起及理学道统谱系的建构有重要的推动作用。当然，王开祖虽然主动积极地批判佛老之学、注重"性与天道"的思想，极力弘扬儒家圣人之道，但是并没有像周、张、二程那样从理论层面上系统地重建新的儒学思想体系，完成新儒学的重构工作。这正如朱熹后来所言："国初人便已崇礼义，尊经术，欲复二帝三代，已自胜如唐人，但说未透。"③

在王开祖之后，是林石、丁昌期等浙东诸儒，他们对当时经学义理之学的兴起起到了重要的推动作用。其中，林石与经行先生丁昌期相并行，如《宋元学案》所言："永嘉师道之立，始于儒志先生王氏；继之者为塘奥先生林氏（林石），安定、古灵之再传也；而先生

---

① ［宋］工开祖：《儒志编》，影印文渊阁《四库全书》本，台北：台湾商务印书馆，1986年版，第802页。

② ［宋］王开祖：《儒志编》，影印文渊阁《四库全书》本，台北：台湾商务印书馆，1986年版，第802页。

③ ［宋］黎靖德编：《朱子语类》卷一百二十九，北京：中华书局，1986年版，第3085页。

(丁昌期)参之。”①从此可以看出,王开祖作为永嘉学派的开创者,而林石、丁昌期则属于第二代学者。林石(字介夫,学者称之为塘奥先生),为胡瑗、陈襄的再传弟子。林石重《春秋》之学,反对王安石之学,据史书记载,“临川王氏(安石)《三经》行,先生独不趋新学,以《春秋》教授乡里”②。林石对《春秋》学的重视,对当时永嘉之学的传承有一定推动意义,对此陈傅良曾说:

是时《三经新义》行,天下学者非王氏(安石)不道,《春秋》且废弗讲。先生少从管师常学,师常与孙觉莘老为“经社”者也,先生故不为新学。以其说窃教授乡诸生,龚原深之尝以《易》学行世,比见先生,乃矍然顾恨,识《春秋》之晚也,于是永嘉之学不专趋王氏。其后《春秋》既为世禁,先生竟不复仕。而周公恭叔(行己)、刘公元承(安节)、元礼(安上)兄弟,许公少伊(景衡)相继起,益务古学,名声益盛,而先生居然为丈人行。恭叔之铭沈子正也,曰:“河南程正叔(颐)、关中吕与叔(大临)与介夫同为世宗师。”少伊(许景衡)亦云尔。且曰:“非诗书勿谈,非孔孟勿为者,以二公所同尊诵如此,然而海内之士知有程、吕,而先生独教行于其乡,人以其所居里称之,不敢以姓字,他无所概见焉,岂非其居势使然欤?要之,永嘉之师友渊源,不曰先生之力哉!③

林石对于当时王安石新经学的推行,并不认同。所以,他师从陈襄

① [清]黄宗羲原著,全祖望补修:《宋元学案》卷六《士刘诸儒学案》,北京:中华书局,1986年版,第255页。

② [明]徐象梅:《两浙名贤录》卷三《理学·奥塘林介夫先生》,明天启刻本,第55页。

③ [宋]陈傅良:《止斋集》卷四十八《新归墓表》,影印文渊阁《四库全书》本,台北:台湾商务印书馆,1986年版,第881页。

的弟子管师常为学，并与当时同门、擅长《春秋》之学的孙觉组织了“经社”，一同抵制王安石之学。盖受到孙觉影响，林石对《春秋》之学也颇为重视，并与孙觉等人一同倡导旧学（与王安石新学不同）。这对当时永嘉之学有很大影响，“于是永嘉之学不专趋王氏”。随后兴起的周行己、刘安节、刘安上、徐景衡等人也都推崇《春秋》等古学，而不习王安石新学。到了元祐时期，程颐等人上台，永嘉诸子多师从程颐，于是性理之学开始在永嘉地区传播开来。

与王开祖、林石同时代的永嘉人丁昌期，也是当地重要的学者。丁昌期为永嘉人，“其家世以笃行称，至先生，尤明经术”①，他尊崇古礼，极力排击佛老之学。由于他科举考试不第，后隐居于乡，聚众讲学，学者称之为经行先生，但其学术影响整体上不及王开祖。

总体而言，作为皇祐年间的王开祖、丁昌期、林石等人，其贡献主要在于永嘉之学的启蒙上。就王开祖对永嘉经学思想的影响而言，他对于《周礼》礼制思想的推崇对永嘉之学的发展路径影响非常深远，后来永嘉诸儒如薛季宣、陈傅良、叶适等人都对《周礼》非常推崇，并将之作为他们思想理论的重要经典依据，这不能不说受到了王开祖等人的深远影响。而林石作为当时抵制王安石新学的永嘉学者，他对《春秋》等古学的重视，对永嘉地区的学者重视《春秋》、三礼等古学有重要的影响意义。更为重要的是，王开祖对史学的重视，以及利用史学来理解儒家经典及其思想，这对于后来永嘉学派乃至浙东学派诸儒也都有深远的影响。不过，就当时宋朝经学发展日趋深入与广博的情形而言，他的经学及其思想并没有

---

①　［清］黄宗羲原著，全祖望补修：《宋元学案》卷六《士刘诸儒学案》，北京：中华书局，1986 年版，第 255 页。

特别卓越之处，在全国范围内影响还非常有限。总之，经过王开祖、林石、丁昌期的宣扬，经学义理之学开始在浙东地区兴发，随后经由元丰九先生对二程洛学的传布，浙东义理之学开始在学术思想上由经学义理之学转向对性理之学的探究，并开始成为南宋初年比较重要的学派之一。

二、庆历之际“四明五先生”的义理经学

浙东学派在宋代开始崭露头角一般是在庆历之际，主要是浙东明州（今宁波）的四明五先生，即杨适、杜醇、王致、楼郁、王说五人。

四明五先生《宋史》无传，除了南宋宁波人楼钥、王应麟以及元人袁桷在其《延祐四明志》提及这些人之外，鲜有记载他们生平事迹的史料，这也表明了在北宋庆历时期，四明五先生的影响非常有限。后来全祖望在《宋元学案》中将浙江的王开祖（永嘉）、丁昌期（永嘉）、吴师仁（钱塘）、杨适、杜醇、王致、楼郁七人视为胡瑗的“同调”。

根据袁桷《延祐四明志》①的记载，杨适，字安道，慈溪人，隐居于大隐山，人称“大隐先生”。其为人“善言治道，究历代治乱之原”。在经学上，“不守章句，黜浮屠老子之说”。可见，杨适在经学及思想上实则与王开祖一脉相承。杨适与钱塘林逋、同郡王致、杜醇结交，当时“后进莫不师之”，在当时思想界颇有影响。后来，仁宗招纳贤隐之士，杨适力辞不就。杜醇和杨适一样，隐居于乡里，“学以为己”“经明行修，学者以为模楷”。庆历中，鄞始建学，当时

① ［元］袁桷：《延祐四明志》卷四《人物考》，清咸丰四年宋元四明六志本。以下杨适、杜醇、王致、楼郁、王说引文皆见于此书。

县令王安石延请他为教授。后慈溪亦立学，也延请他教授弟子。“二邑文风之盛，自先生始”。

杜醇喜好《诗》《书》，“谈《诗》《书》不倦。为诗质而清，当时谓学行宜，为人师者也”。

王致，鄞人，他与同郡的杨适、杜醇两人为友，他们“俱以道义，化乡里诸生，子弟师尊之，称三人皆为先生”。他与杨、杜二人关注政事，多参与当地社会文化的建设。王安石曾撰文赞曰：“无事于职，而爱民之心乃至于此，可以为仁矣。”王致一生安平乐道，乡人“莫不高其行”。

楼郁，字子文，自奉化徙鄞，卜居城南。庆历中，教授于县学数年，后又教授于郡学。“学行笃美，信于士友，一时英俊皆在席下”。

王说，字应求，鄞人。是杨适的门人。他与其弟王该教授乡里三十年左右。为人清廉正直，为乡里所称道。

由上可以看出，杨适、杜醇、王致、楼郁、王说五人当时因学高德厚为乡里人称道，他们对敦化当地的道德风尚、改变当时的学术风气起到了非常积极的促进作用。他们在经学上，也多倡导义理之学，又强调经世致用，而非单纯章句注疏之学，体现了浙东学术注重经世致用的传统。对于庆历五先生的学术地位，《宋元学案》对此曾说：“庆历之际，学统四起。齐、鲁则有士建中、刘颜夹辅泰山而兴。浙东则有明州杨、杜五子，永嘉之儒志、经行二子，浙西则有杭之吴存仁，皆与安定湖学相应。”①这说明在北宋中期义理经学兴起之际，庆历五先生是浙东地区的主要代表。不过，这五人与同时期永嘉（今温州）的王开祖、丁昌期比起来，永嘉的王开祖、丁昌

① ［清］黄宗羲原著，全祖望补修：《宋元学案》卷六《士刘诸儒学案序录》，北京：中华书局，1986年版，第251页。

期在当时的影响更大,后被视为永嘉之学(或浙东之学)的真正开创者。

第二节　元丰“永嘉九先生”对二程性理经学的传扬

浙东永嘉学派真正兴起,是在熙宁、元丰之际,其中重要的代表就是“永嘉九先生”。在神宗年间,永嘉学子共有九人先后在太学学习,他们分别是周行己、许景衡、刘安节、刘安上、沈躬行、戴述、赵霄、张辉、蒋元中,后人统称为“元丰太学九先生”,或“永嘉元丰九先生”。他们是两宋之际关、洛之学在浙东的主要传扬者,《宋元学案·范许诸儒学案》中说“顾当南北宋之交,关、洛之书盛行浙东,永嘉九先生而后,默成一辈多属杨、尹之徒”。① 可以看出,永嘉九先生尤是二程洛学在浙东传播的关键人物,更是永嘉之学的重要开启者,如叶适所言:“今永嘉徒以僻远下州,见闻最晚,而九人者乃能违志开道,蔚为之前,岂非俊豪先觉之士也哉?”②这里的“违志”当指的是“九先生在二程洛学与荆公新学之间的取舍态度与反应方式,而舍弃新学在当时的语境中也就意味着违背最初进入太学以求仕进的志向”③;“开道”即开启温州传播二程洛学的显赫,这在当时至为关键。换言之,永嘉九先生在当时独辟蹊径并没有热衷研习科场中要求的王安石新学,而是转向二程洛学,并由此

---

① [清]黄宗羲原著,全祖望补修:《宋元学案》卷四十五《范许诸儒学案》,北京:中华书局,1986年版,第1439页。

② [宋]叶适:《叶适集·水心文集》卷二十九《题二刘文集后》,北京:中华书局,1961年版,第598页。

③ 陆敏珍:《“违志开道”:洛学与永嘉元丰九先生》,《中山大学学报》(社科版),2009年第6期。

开启了永嘉之学传习二程洛学的历史，这在永嘉学派的历史上具有承前启后的重要作用。

一、周行己、许景衡与二程学的浙东传播

周行己（1067—1125?），字恭叔，世称浮沚先生，他的著述很多，有《易讲义》《礼记讲义》《浮沚文集》等。周行己深受程颐影响，究心于道德性命之学，这对浙东学派尤其是永嘉之学的形成和发展影响颇为深远，如黄百家所云：

> 伊洛之学，东南之士，龟山、定夫之外，惟许景衡、周行己亲见伊川，得其传以归。景衡之后不振；行己以躬行之学，得郑伯熊为之弟子，其后叶适继兴，经术文章，质有其文，其徒甚盛。①

周行己与当时的杨时、游酢一样都是程颐的及门弟子，随后周行己传道于东南，是二程洛学在永嘉地区最早的传扬者。同时代的永嘉人许景衡，虽然他与周行己也都是程颐的及门弟子，但他后继乏人，影响遂不显。周行己之后，其弟子郑伯熊发扬其学，其后叶适又从郑伯熊学，故其所传二程之学在东南得以传布，周行己作为肇始者，功劳可谓最大。《宋元学案》也称“永嘉诸先生从伊川者，其学多无传，独先生尚有绪言。南渡之后，郑景望私淑之，遂以重光”。② 可以说，周行己对后来浙东学派的形成与发展起到了直接的奠基作用。如四库馆臣所云：“行己早从伊川程子游，传其绪论，

---

① ［清］黄宗羲原著，全祖望补修：《宋元学案》卷三十二《周许诸儒学案》，北京：中华书局，1986 年版，第 1133 页。

② ［清］黄宗羲原著，全祖望补修：《宋元学案》卷三十二《周许诸儒学案》，北京：中华书局，1986 年版，第 1132 页。

实开永嘉学。”①

周行己为学，以传承孔孟之道为己任，在他看来，只有孟子才是孔子之后儒学的正宗嫡传。如其所言：

> 呜呼！孔子之生所谓不幸之幸者也，不幸而生于世衰道微，终以穷死。复幸而得贤弟子有颜回者师其道于当时，有孟轲者师其道于后世，而圣人之道庶几乎有传。……后世有孟轲一人而已，孟轲真知孔子者也。②

周行己认为孔子之后，真正能够传承圣人之道的只有孟子一个人，“后世有孟轲一人而已”，他将孟子视为孔子学说的正宗嫡传。由此，说明周行己对思孟学派本身的看重，这更是对二程推尊思孟之学的一种认可和尊崇。

周行己曾亲炙于程颐，并得其传以归，对此宋陈振孙《直斋书录解题》云：“（周行己）十七入太学，有盛名，师事程伊川。元祐六年进士，为太学博士，以亲老归，教授其乡，再入为馆职，复出作县，永嘉学问所从出也。”③对此，《宋元学案》也说道：

> 游太学，时《新经》之说方盛，而先生独之西京从伊川游，持身艰苦，块然一室，未尝窥牖。尝作《颜子不贰过论》曰：“过不必大，毫末萌于心，而天地为之应。悟不必久，斯须著于心，而天下归其仁。”伊川亦称之。④

---

① ［清］纪昀等：《四库全书总目》卷一百五十五《浮沚集》提要，北京：中华书局，1997年版，第2085页。

② ［宋］周行己：《浮沚集》卷二《乃所愿则学孔子也》，影印文渊阁《四库全书》本，台北：台湾商务印书馆，1986年版，第617页。

③ ［宋］陈振孙：《直斋书录解题》卷十七《浮沚先生集》提要，影印文渊阁《四库全书》本，台北：台湾商务印书馆，1986年版，第829页。

④ ［清］黄宗羲原著，全祖望补修：《宋元学案》卷四十五《范许诸儒学案》，北京：中华书局，1986年版，第1131页。

周行己在太学学习的时候，这时候正值王安石新学之《三经新义》盛行之时，而他却跟从程颐学习①，其作《颜子不贰过论》也得到了程颐的称赞。正是在程颐的影响下，周行己“早晚思古人之修德立行”②，即使晚年讲学，也极力宣扬二程洛学。

周行己在经学上，他与二程一样，将“理”或“天理”视为经学或万事万物的本源所在，其《浮沚集》中多处都有这样的记载：

> 君子所以知天者，知其性也；所以事天者，事其心也。性之不明，心之不存，则在我者与天不相似。故有长傲以悖天德，从欲以丧天性，所见者小则其志易满，天道亏矣；所慕者外则其乐易极，天理灭矣。③

周行己在解释《礼记》“傲不可长，欲不可纵，志不可满，乐不可极”条，将“天理”视为价值依据，并注重“通经穷理”。这一点与程颐推重《大学》“格物致知”的思想基本一致。可以说，周行己的学术大体上没有脱离二程洛学的理论框架。

周行己传承二程洛学的同时，也“兼传关学”，他曾向张载弟子吕大临问学，故《宋元学案》将之视为“横渠之再传”④。具体而言，

---

① 周梦江在其《叶适与永嘉学派》一书中考证认为，周行己赴洛阳从程颐受学，最早当在元祐二年八月以后，最迟亦在元祐五年六月五日以前。（周梦江：《叶适与永嘉学派》，杭州：浙江古籍出版社，1992 年版，第 48 页。）

② ［宋］周行己：《浮沚集》卷五《上祭酒书》，影印文渊阁《四库全书》本，台北：台湾商务印书馆，1986 年版，第 644 页。

③ ［宋］周行己：《浮沚集》卷二《经解 · 傲不可长欲不可纵志不可满乐不可极》，台北：台湾商务印书馆，1986 年版，第 612 页。

④ ［清］黄宗羲原著，全祖望补修：《宋元学案》卷三十二《周许诸儒学案》，北京：中华书局，1986 年版，第 1131 页。其文曰：“世知永嘉诸子之传洛学，不知其兼传关学。考所谓‘九先生’者，其六人及程门，其三则私淑也。而周浮沚、沈彬老又尝从蓝田吕氏游，非横渠之再传乎？”

周行己吸收了张载“气”学思想,他对本体的论说也提到了张载所言的“太虚”,并认为正是太虚中阴阳二气升降浮沉、动静屈伸,才有了万物的存在。同时,周行己受到张载关学重礼思想的影响,强调礼制的作用,他认为要维护社会秩序就必须推行礼制。他说:“礼治则治,礼乱则乱,礼存则存,礼亡则亡,上自古始,下逮五季,质文不同,罔不由是。”①他认为如果人人都践行礼制,那么社会就会尊卑有序、社会政治秩序自然有条不紊。

另外,周行己受到三苏蜀学弟子的影响,对词章之学也颇为擅长。四库馆臣说他:“行己之学,虽出程氏,而与曾巩、黄庭坚、晁说之、秦观、李之仪、左誉诸人皆相倡和。集中《寄鲁直学士》一诗,称当今文伯眉阳苏,新词的烁垂明珠。于苏轼亦极倾倒,绝不立洛、蜀门户之见。故耳濡目染,诗文亦皆娴雅有法,尤讲学家所难能矣。”②可以看出,周行己除了根柢二程之学、探究《四书》中的道德性命之学以外,对礼制、乐律、天文、地理、兵略、经济、辞章等兼收并蓄,可以说,周行己为学兼涉洛学、关学、蜀学三家之学,这表明了他在治学上并不拘泥于二程洛学的束缚,而是极力兼采众说,为学务实,这种思想与理路对后来浙东之学的经制、事功之学有一定的影响。

许景衡(1072—1128),字少伊,学者称横塘先生。元祐九年(1094)进士。经历哲宗、徽宗、钦宗、高宗四朝,历任监察御史、侍御史、中书舍人。有《横塘集》传世。《宋史》本传称:“景衡得程颐

① [宋]周行己:《浮沚集》卷四《礼记讲义序》,影印文渊阁《四库全书》本,台北:台湾商务印书馆,1986年版,第629页。

② [清]纪昀等:《四库全书总目》卷一百五十五《浮沚集》提要,北京:中华书局,1997年版,第2085页。

之学，志虑忠纯，议论不与时俯仰。”①“伊川讲学，浙东之士从之者自先生始”②，由此可以说，许景衡与周行己作为程颐的亲炙弟子，都是浙东之学的先驱人物，也是二程之学在浙东地区的最早传扬者。另外，许景衡的弟子林光朝也算是二程之三传弟子，其学注重本心，“亦颇启象山一派”③，可以说，林光朝算是陆九渊心学的一个重要思想渊源。此外，由于许景衡也曾师从关学弟子吕大临为学，陈傅良曾说：“徐公（景衡）与沈公（躬行）、谢公佃，偕同郡诸儒，又尝越数千里外，窃从程（颐）、吕（大临）二氏问学。”④所以，许景衡经学思想也有很多关学的痕迹。

许景衡为学注重格物致知、正心诚意，他曾在《先生论学诗》中所说：“咨尔学者，学古之道。惟古善教，有伦有要，其学维何？致知格物。反身而诚，物我为一。匪曰我私，推之斯行。亲亲长长，而天下平。”⑤他不仅重视为学，也将这种为学的思想与理念贯注于为官理政之中。许景衡一生为官，希望朝廷多实行仁政，关注人民的生活，以期建立三代王道政治。由于受到二程之学的影响，他在政治理念上也倡导“正心诚意”“格君心之非”之旨，他说“臣窃睹三代之王，所以治天下国家者，必本于正心诚意，其次

---

① ［元］脱脱等：《宋史》卷三百六十三《许景衡传》，北京：中华书局，1977 年版，第 11346 页。

② ［清］黄宗羲原著，全祖望补修：《宋元学案》卷三十二《周许诸儒学案》，北京：中华书局，1986 年版，第 1134 页。

③ ［清］黄宗羲原著，全祖望补修：《宋元学案》卷三十二《周许诸儒学案》，北京：中华书局，1986 年版，第 1131 页。

④ ［宋］陈傅良：《止斋文集》卷三十九《重修瑞安县学记》，《四部丛刊》本，第 253 页。

⑤ ［清］黄宗羲原著，全祖望补修：《宋元学案》卷三十二《周许诸儒学案》，北京：中华书局，1986 年版，第 1136 页。

莫如多闻”①。他认为治国的根本在于“正心诚意”，其次要多闻，以作为处理行政事务的案例积累。许景衡对社会政治的关注以及对“正君心”的强调，这既是对二程洛学的继承与发挥，也是浙东事功学派为学注重经世致用优良传统的自然展现。

许景衡对永嘉之学的影响也很大，清代永嘉学者孙诒让就曾说：“盖元丰九先生，惟忠简（许景衡的谥号）独后卒，名德亦最显。厥后永嘉学者后先辈出，多于忠简为后进，或奉手受业其门，靖康、建炎之际，永嘉之学几坠而复振，于忠简诚有赖哉！”②对于当时社会政治而言，许景衡也颇有贡献，他执政忠直，遇事敢言，批判童贯、黄潜善等人，极力维系宋政权的稳定。

总体而言，在永嘉九先生之中，周行己、许景衡的影响最大，他们在经学理念上大体上基于二程之学，但也对同时代的张载关学、王安石新学、三苏蜀学等都有所汲取。毕竟，在当时二程洛学并非一家独大，相比较而言，王安石之学则影响甚大、甚深。正是因为如此，周行己、许景衡在传承二程洛学的同时，也积极结合当时社会的具体情况，积极探究全新的治国理念，而这些思想较二程显得“博杂”或者更加多元。所以，就此来说，他们相对于后来的浙东永嘉诸儒而言，他们的思想整体属于过渡性质，亦即游离于义理之学、二程性理之学、事功之学、蜀学之间，缺乏应有的特色。不过，他们在永嘉经学史上的开启、奠基之功却不可抹杀。

二、刘安节等人对二程学的传承、发展

在永嘉九先生之中，除了周行己、许景衡之外，其余诸儒对于

① ［宋］许景衡：《横塘集》卷十一《乞涓日讲读劄子》，影印文渊阁《四库全书》本，台北：台湾商务印书馆，1986年版，第261页。

② 《横塘集·后跋》。

浙东永嘉经学的传承、发展也做出了突出贡献。他们都不同程度地传习二程洛学，并以二程洛学派经学为基础，结合当时社会政治文化的需要，对儒经做了新的诠释，并进而形成了自己的思想体系，由此奠定了浙东永嘉经学思想体系的根基。

刘安节（1068—1116），字元承，永嘉人。元符三年（1100）进士。历官监察御史、起居郎、太常少卿。刘安节撰有《刘左史集》四卷传世，《四库全书》有著录。刘安节与徒弟刘安上曾师事程颐，以学行高为时人所推重，号称“二刘”。二刘是北宋末年二程之学在永嘉传播的倡导者之一。南宋人留元刚对此就称：“元祐、绍圣间，程先生讲道伊洛，东南之士多从之游，而为永嘉倡者，太学博士周公，起居郎、给事中二刘公也。”①刘安节为学基本上遵循程颐之学，“从事于致知格物、存心养性之说，久而有得。遇人无贵无贱，一以至诚，未尝见其有恚辞怒色”②。他的很多思想与二程一脉相承，如“致知甚难”“至诚可以蹈水火”“作文害道”等等③。

刘安节与周行己、许景衡等永嘉学者一样，对礼学、正名的思想颇为重视，他说：“先王之正名，宾礼岂苟然哉？因时以制礼，因礼以定名，如斯而已矣”④“古之王者，考实而定名，缘名而授器。

① ［宋］刘安节：《刘左史集·原序》，影印文渊阁《四库全书》本，台北：台湾商务印书馆，1986年版，第59页。

② ［清］黄宗羲原著，全祖望补修：《宋元学案》卷三十二《周许诸儒学案》，北京：中华书局，1986年版，第1138页。

③ ［清］黄宗羲原著，全祖望补修：《宋元学案》卷三十二《周许诸儒学案》，北京：中华书局，1986年版，第1139页。

④ ［宋］刘安节：《刘左史集》卷二《时见曰会》，影印文渊阁《四库全书》本，台北：台湾商务印书馆，1986年版，第78页。

立之纪律，载之典策，信以是出，礼以是藏，使天下之人不敢犯”①，等等，他曾撰有多篇关于礼制的文章来探究礼制在维护秩序、稳定方面的意义，这对后来浙东学者注重经制事功有一定的启示和影响。

刘安上（1069—1128），字元礼，永嘉人，刘安节之从弟，二人同受业于程颐。与安节俱以学行为乡里所推，时称“二刘”。时蔡京擅政，安上抗章直言其罪数十条，不报。又与中丞石公弼率同列廷劾之，（蔡）京遂以太乙宫使罢相，致仕。安上迁右谏议大夫，知舒州。乞祠，得提举鸿庆宫。靖康初致仕，卒于家。刘安上著有诗五百首，制诰杂文三十卷。今有《给事集》五卷，《四库全书》有著录。

沈躬行（生卒年不详），字彬老，号石经，瑞安（今属浙江）人。年二十游太学，试礼部不第，即归养。好古学，初师林石，已而师程颐，兼学于同门蓝田吕氏，为学兼顾洛学、关学之长。其学以《大学》《中庸》为本，笃信力行，对三礼之学颇有体悟。事见《水心文集》卷一七《沈仲一墓志铭》、清嘉庆《瑞安县志》卷八。

戴述（1074—1110），字明仲，他是刘安上的妹婿，遂同游程门。元符三年（1100）进士。其弟戴讯，字几仲，私淑洛学于其兄，时称大小戴。周行己在墓志铭中写道：“明仲资秉刚明，少而有立。尝从洛阳程氏问学，知圣人之道。近在吾身，退而隐于心，合于圣人之言”“明仲不惑于老释阴阳之说”“守礼经而弗移”②。可见他笃

---

① ［宋］刘安节：《刘左史集》卷三《其宫室车旗衣服礼仪各眡其命之数》，影印文渊阁《四库全书》本，台北：台湾商务印书馆，1986年版，第85页。

② ［宋］周行己：《浮沚集》卷七《戴明仲墓志铭》，影印文渊阁《四库全书》本，台北：台湾商务印书馆，1986年版，第671页。

行程学，不惑于异端之说。

赵霄（1062—1109），字彦昭，曾入太学，与许景衡等同为洛学。官至太学正。周行己说他："为人博学知古今，性嫉恶，喜论天下事。"他教导从学者"以笃学力行，不专务科举士"①。

张煇（1063—1117），字子充，永嘉人，学者称草堂先生。政和二年（1112）擢进士第，三舍法行，官洪州教授。他自《六经》诸子、历代史记，下至百家之说，皆辨析精微，议论亹亹。曾与许景衡等人"从事于治气养心之术，学者从之益多"②。

蒋元中（生卒年不详），字元中，永嘉人。曾与许景衡等为洛学。《温州府志》记载说他曾作《经不可使易知论》一文，得到张九成的欣赏，并为太学诸生所盛传③。

元丰"永嘉九先生"是伊洛之学在永嘉传布的主要代表。在"永嘉九先生"之中，其中尤以周行己、刘安节、刘安上为著，叶适在《题二刘文集后》中说：

> 元丰时，永嘉同游太学者：蒋元中、沈彬老、刘元承、刘元礼、许少伊、戴明仲、赵彦昭、张子充。所谓不满十人，而皆经行修明，为四方学者敬服者也。绍兴末，州始祠周公及二刘公于学，号三先生。④

---

① ［宋］周行己：《浮沚集》卷七《赵彦昭墓志铭》，影印文渊阁《四库全书》本，台北：台湾商务印书馆，1986年版，第665页。

② ［清］黄宗羲原著，全祖望补修：《宋元学案》卷三十二《周许诸儒学案》，北京：中华书局，1986年版，第1144页。

③ ［清］曾筠：《浙江通志》卷一百七十七《温州府志》，影印文渊阁《四库全书》本，台北：台湾商务印书馆，第4296页。

④ ［宋］叶适：《水心集》卷二十九《题二刘文集后》，影印文渊阁《四库全书》本，台北：台湾商务印书馆，1986年版，第515页。

周行己、刘安节、刘安上成为浙东尤其是永嘉地区最为重要的伊洛之学传布者，这可以说是二程洛学南传的一个重要分支。当然，一般都认为早期永嘉学者，只有周行己、许景衡得以亲炙于程颐，如《宋元学案》对此就说："伊洛之学，东南之士，龟山（杨时）、定夫（游酢）之外，惟许景衡、周行己亲见伊川，得其传以归。"①

除了"永嘉九先生"在浙东传承洛学，还有其他学者，后全祖望在《宋元学案》中补充说道："（洛学）其入浙也，以永嘉周（行己）、刘（安节、安上）、许（景衡）、鲍（若雨）数君。"②"鲍敬亭辈七人，其五人及程门。"③全祖望认为除了这九位永嘉诸子传承伊洛之学外，后来又有温州鲍若雨等数人研习二程洛学。如《程氏外书》载："温州鲍若雨商霖与乡人十辈，久从伊川。"④后朱熹《伊洛渊源录》亦引述之。这就表明，早期永嘉学者曾有多人"受业于二程之门"。比如潘闵，"与敬亭诸公入洛从伊川。尝以子夏、子张之论交为问，伊川曰：'子张是成人之交，子夏是小子之交。'先生退而有得"⑤。陈经正，"与其弟经邦从伊川游。谢持正之见伊川也，贵一实介绍之。经邦成大观进士，字贵新。贵一、贵新皆有问答，见《语录》。

① ［清］黄宗羲原著，全祖望补修：《宋元学案》卷三十二《周许诸儒学案》，北京：中华书局，1986 年版，第 1133 页。

② ［清］黄宗羲原著，全祖望补修：《宋元学案》卷二十九《震泽学案》，北京：中华书局，1986 年版，第 1047 页。

③ ［清］黄宗羲原著，全祖望补修：《宋元学案》卷三十二《周许诸儒学案》，北京：中华书局，1986 年版，第 1131 页。

④ ［宋］朱熹：《伊洛渊源录》卷十一《遗事》，影印文渊阁《四库全书》本，台北：台湾商务印书馆，1986 年版，第 503 页。

⑤ ［清］黄宗羲原著，全祖望补修：《宋元学案》卷三十二《周许诸儒学案》，北京：中华书局，1986 年版，第 1143 页。

其二弟经德、经郛亦私淑洛学者”①。另外，还有一些经由“元丰九先生”介绍引导而私淑洛学的浙东学者，比如蔡元康、潘安固，“由横塘诸公私淑洛学”②，李迎，“为永嘉周浮沚先生壻（婿），因得闻伊洛之学”③，等等。

另外，需要关注的是，永嘉诸子在学习并传播洛学的同时，也“兼传关学”，如全祖望所言：“世知永嘉诸子之传洛学，不知其兼传关学。……周浮沚（行己）、沈彬老（躬行）又尝从蓝田吕氏（大临）游，非横渠（张载）之再传乎？”④周行己、沈躬行等人除了师从二程，还师从关学弟子吕大临为学，都属于并传洛、关两学。尽管他们师从吕大临兼习关学，但由于吕大临曾师从张载为学，后在张载去世后，他又转向二程问学。由此可以说，永嘉诸子所传依旧主要为伊洛之学，只不过他们所习的关学注重礼制、通经致用，这在一定程度上也促使他们对经制、事功产生一定的兴趣。

---

① ［清］黄宗羲原著，全祖望补修：《宋元学案》卷三十二《周许诸儒学案》，北京：中华书局，1986 年版，第 1143 页。清人王梓材考证认为，经德、经郛并非私淑程门，而是属于亲受业于程门。《宋元学案》载：“梓材谨案：谢山以经德、经郛为洛学私淑。然考《温州旧志》，谓经正与弟经邦、经德、经郛、永嘉鲍若雨俱受业二程之门，二程谓伊川也。《儒林宗派》亦以为程门弟子，第以经郛为经邦弟，经德为经郛弟。许横塘为其祖《宗伟墓志》云：‘男孙九人：经德、经邦、经郛、经正、经世、经言、经纶、经猷、经辨。’则经德最长，而经邦、经郛、经正皆其弟也。横塘亲见诸陈，且谓‘经德状其祖府君之行，告其所游许某’，则其同在程门而非私淑可知矣。”

② ［清］黄宗羲原著，全祖望补修：《宋元学案》卷三十二《周许诸儒学案》，北京：中华书局，1986 年版，第 1145 页。

③ ［清］黄宗羲原著，全祖望补修：《宋元学案》卷三十二《周许诸儒学案》，北京：中华书局，1986 年版，第 1146 页。

④ ［清］黄宗羲原著，全祖望补修：《宋元学案》卷三十二《周许诸儒学案》，北京：中华书局，1986 年版，第 1131 页。

由于“永嘉九先生”所处的时代也正是宋王朝“内忧外患”加剧的时期，所以他们的学术旨趣更多注重的是现实社会弊政的改革，如周行己说：“天下之治乱在于法度之善否，法度之善否在于人才之得失”“今日急先之务，在阁下益广贤路，以收实才，更定法度，以救时弊。”①许景衡则提出了朝廷十大弊政，所谓“人才未备”“法度未修”“浮费不节”“贼盗继起”等，所以他上书建议朝廷“讲明治道，兴滞补废”②。这些思想与二程积极的入世精神极为一致。不过，他们过于注重现实社会政事，而较为忽略“内圣”之学的思想倾向，这无疑为之后的学者更为关注事功之学埋下了伏笔。正是因为周、许、刘等人在学术旨趣上追求事功，遭到了朱熹后学的排斥，其后弟子也将他们视为二程别传，如真德秀所云：“二程之学，龟山得之，而南传之豫章罗氏，罗氏传之延平李氏，李氏传之朱氏，此其一派也；上蔡传之武夷胡氏，胡氏传其子五峰，五峰传之南轩张氏，此又一派也；若周恭叔、刘元承得之为永嘉之学，其源亦同自出。然惟朱、张之传最得其宗。”③在真德秀看来，只有阐扬性命道德之学的朱熹、张栻才可称得上二程之学正宗，而周行己、许景衡等人虽然也传承二程之学，但多言经制事功之学，故不得为二程正宗之传。

---

① [宋]周行己：《浮沚集》卷五《上宰相书》，影印文渊阁《四库全书》本，台北：台湾商务印书馆，1986年版，第643页。

② [明]黄淮：《历代名臣奏议》卷四十六《上十事劄子》，明永乐十四年内府刻本，第994页。

③ [宋]真德秀：《西山读书记》卷三十一《邵子之学》，影印文渊阁《四库全书》本，台北：台湾商务印书馆，1986年版，第106页。

第三节　两宋之际浙东永嘉经学的传承与思想转向

两宋之际，浙东学派开始进入了大力发展时期。“永嘉九先生”之后，伊洛之学在永嘉得到传布，经过若干年的发展，“永嘉之学，自朱子时已自为一派”①。但永嘉之学在其南宋初年的发展，周梦江先生认为又可以分为三派②：一派是以郑伯熊为首的，传其家学的为其胞弟郑伯英及从弟郑伯谦；一派是薛季宣（艮斋）的事功学派；另一派是以徐谊为首的。不过在这三派之中，郑伯熊、薛季宣所起的作用最为关键。实际上，除了郑伯雄、薛季宣之外，当时的高闶、童大定、赵敦临等人也做出了突出贡献。

一、高闶与二程之学在浙东地区的传扬

二程洛学经过杨时、尹焞、谢良佐、游酢等人的传播，研习二程经学、理学的越来越多，这对于南宋中期二程洛学的兴盛与壮大起到了至关重要的作用。二程的再传弟子中名者甚多，如胡宏、高闶、王苹、张九成、朱震、罗从彦、薛季宣等，其中值得关注的如高闶、胡安国、胡宏、薛季宣等人。下面便以高闶为例，来探讨二程再传弟子在浙东地区传承经学的情况。

（一）高闶对二程之学的传扬

高闶（1097—1153），字抑崇，号息斋，鄞县人。他曾师从杨时，高宗绍兴元年（1131）中进士，对当时的学制建设颇有功劳。高闶

---

① ［清］纪昀等：《四库全书总目》卷一百二十一《佩韦斋辑闻》提要，北京：中华书局，1997 年版，第 1624 页。

② 周梦江：《叶适与永嘉学派》，杭州：浙江古籍出版社，1992 年版，第25～32 页。

为学宗程颐,在南宋高宗时期颇为知名,《宋史》本传称:"闶少宗程颐学。宣和末,杨时为祭酒,闶为诸生。胡安国至京师,访士于时,以闶为首称,由是知名。"①

在南宋初年,王安石新学受到秦桧的支持,新学后传弟子们极力打压二程洛学,而高闶与胡安国却极力推尊二程之学,由此遭到了新学人士的诋毁。如文献记载云:

自赵鼎唱为伊川之学,高闶之徒从而和之,乃有《横渠正蒙书圣传十论》,大率务为好奇立异而流入于乖僻之域。顷缘闶为国子司业,学者争投所好,于是曲学遂行。②

当是时,伊洛之学盛行,其称程门再传弟子最有声者,上蔡之门则朱震,龟山之门则张九成、喻樗、高闶,横塘之门则振,而闽人刘子翚以私淑起。③

惟伊洛一派,家传人诵,日月争光,盖性命之学甚切而理义之味甚长也。是故一传而杨龟山、马时中,寿靖康之脉于国势缀旒之际;再传而胡安国、高闶,扶绍兴之业于权臣炙手之日;又再传而朱紫阳、张南轩,济淳熙之治于道学复燃之时。④

在南宋初年,二程之学除了受到杨时、游酢、谢良佐、尹焞等嫡传弟子的传承、宣扬之外,二程再传弟子高闶等人也做出了不可忽视的推动作用。值得一提的是,在南宋初年,科举士子多习诗赋,太学

① [元]脱脱等:《宋史》卷四百三十三《高闶传》,北京:中华书局,1977年版,第12858页。

② [宋]李心传:《建炎以来系年要录》卷一百五十二,影印文渊阁《四库全书》本,台北:台湾商务印书馆,1986年版,第124页。

③ [清]黄宗羲原著,全祖望补修:《宋元学案》卷三十二《周许诸儒学案》,北京:中华书局,1986年版,第1148页。

④ [宋]林駉:《新笺决科古今源流至论》别集卷四《儒学同异》,明嘉靖刻本,第620页。

初建,高闶建议高宗侧重以经术取士,诗赋次之,得到高宗认可。于是,《论语》《孟子》等《四书》学在太学中得到推广。

不仅如此,高闶还在浙东一带传播二程之学,这对于浙东地区二程洛学的兴发起到了重要的媒介作用。宋人楼钥在这部书所做的《序》中就说道:

> 吾乡四明庆历、皇祐间,杜、杨、二王及我高祖正议,号五先生,俱以文学行谊,表率于乡。杜先生又继之,讲明经术,名公辈起,儒风益振。厥后伊洛二程先生之兴,得其传以归者,惟故礼部侍郎高公。①

清人全祖望也说道:

> 二程倡道洛中,浙人惟永嘉九先生得登堂,而余皆私淑也。吾乡则高宪敏公(高闶)、童持之(大定)、赵庇民(敦临),皆在太学,侍杨氏(时),洛学之来甬上自此始。暨南渡,而山东焦先生(瑗)以避地至,亦伊川门下也。宪敏辈以其所得共证明之,其所言多与杨氏合,于是日益请业,而吾乡之洛学遂日盛。②

高闶作为浙东地区的儒士,他作为程颐的再传弟子,他对于二程之学在浙东地区的传扬起到了至关重要的作用,"洛学之来甬上自此始"。楼钥、全祖望就认为高闶不仅在浙东一带传扬了二程之学,更是改变了长期以来浙东偏重经术而淡化性命之学的传统。

(二)高闶《春秋》学的思想与方法

高闶的经学主要体现在其所撰写的《春秋集注》一书之中,他

---

① [宋]楼钥:《春秋集注·序》,影印文渊阁《四库全书》本,台北:台湾商务印书馆,1986年版,第253页。

② [清]全祖望:《鲒埼亭集外编》卷十六《大函焦先生书院记》,清嘉庆十六年刻本,第157页。

对于《春秋》的理解与解释不仅充分展现了二程之学的思想与方法，而且他本人还结合当时的社会政治进行了阐发与建构，形成了自己的特色，从而对当时的浙东诸儒有一定的影响①。高闶的《春秋》学主要有以下几个特点：

第一，注重《春秋》微言大义的揭示与发挥。程颐对于《春秋》的解释，多注重对关键章句的阐发，亦即借助《春秋》揭示孔子所言微言大义，而并非注重字词、训诂，高闶继承了这一点，也是重点阐发。所以，在其《春秋集注》中多是注重义理阐发，而非字词训诂、名物典制的注释，如他解释"夏五月郑伯克段于鄢"时说道：

> 此见郑伯以骨肉之故，轻动干戈，而郑亦自是用兵不息也。克者，胜之难，夫以君讨臣，以兄讨弟，而谓之克者，何其难也。以《诗》考之，郑伯不胜其母而纵段于京，段不义得众，亦不易胜。然郑伯初畏人之多言，不早为之所，卒养成其恶，乃始用兵，欲力除之，是其处心积虑，欲克段者，在郑伯而已。故圣人特改旧史，叔段出奔之文，直书郑伯克段以罪之。且段本居京，今克之于鄢，又见郑伯追胜之，是不教其弟而忍以干戈相向，又必穷追之然后已。《春秋》推见至隐，首诛其意，以正人心，为万世人君之训也。段不称弟者，恃母叛兄，圣人不以弟银之，亦见郑伯不以弟畜段，而以路人待之，若讨贼辞也。兄虽不兄，而段之不弟，又异乎卫鱄、陈招、宋辰、秦针也。圣人交讥之，见兄弟之道坏于是矣。鄢，妘姓之国，为郑武所灭。《国语》曰："鄢之亡也，由仲任特书于鄢者，存先王之建国，以

① 对于高闶的《春秋》学也有学者做了一定的探究，如戴国祥：《论高闶〈春秋集注〉的理学特色》，《宁波大学学报》（人文科学版），2004年第2期。

恶郑也。”①

在这里，高闶并没有对经文的字词、时间、地名进行训诂考据，而是探究其中所蕴含的思想义理，并借此指出郑伯玩弄权术，“处心积虑”，希望除掉自己的弟弟，由此批评郑伯；同时，他也认为正是由于共叔段“不义”，从而导致了自己的失败。总之，在高闶看来，圣人借助历史史实来叙事，目的在于“正人心，为万世人君之训”，亦即为人君立法，希望人君能够注重“兄弟之道”、关注人伦道德。

诚然，高闶对《春秋》大义的阐发，重在强调其中所蕴含的纲常名教、人伦道德及华夷之辨等方面的思想，如其曰：“《春秋》之法，尊君而卑臣，抑强而扶弱，君弱矣则扶而尊之，臣强矣则抑而卑之。岂特惩当时之变乱，盖将以明天地之义也。”②“攘夷狄救中国，此固《春秋》之所贵也。”③而这种解释的基本思路不仅高闶本人如此，宋代《春秋》学以来也基本如此。换言之，高闶《春秋》学倡导尊王攘夷、注重人伦，是对程颐、胡安国等人思想的继承和发展，由此成为二程洛学后传弟子中《春秋》学的重要学者。

第二，注重以“理”解经，取代“礼”的价值评判。高闶传承并发展了程颐“以理解经”之法，并将天理作为价值的最高标准，以此品评历史人物与事件，由此取代了汉唐之际《春秋》学将“礼”作为价值品评的标准。这样的例子，在《春秋集注》中有很多，如：

---

① ［宋］高闶：《春秋集注》卷一《隐公一》，影印文渊阁《四库全书》本，台北：台湾商务印书馆，1986 年版，第 259 页。

② ［宋］高闶：《春秋集注》卷十五《僖公二》，影印文渊阁《四库全书》本，台北：台湾商务印书馆，1986 年版，第 368 页。

③ ［宋］高闶：《春秋集注》卷二十八《襄公一》，影印文渊阁《四库全书》本，台北：台湾商务印书馆，1986 年版，第 483 页。

《春秋》因天命以正王道，称天王以奉天命，故先书春王正月，以见王与天同大。而二百四十二年之事，皆天理、王道也。①

夫王者奉若天道，故称天王，一失其道，则冠履颠倒，名器溷淆，人伦乱而天理灭矣。②

桓弑君而立，逆天理、乱人伦。天地之气，为之水旱凶变，乃其宜也。今乃降丰年以安之，使得凭厚而不忌，斯亦异矣。凡人力之所不能及者，必推之天，以天理之有常，不若人事之错乱也。今反常理，故书其异。③

今桓公内弑其君以自立，外又成人之乱，天王弗能讨，反使其宰聘之，示加尊宠，则天理灭而人道亡矣。……桓自是益无顾忌，在《洪范》为狂为豫，莫之首贞。此有春夏而无秋冬之时，盖天理既灭，天运乖矣。阴阳失序，岁功不能成矣。故不具秋冬。④

《春秋》之法，诸侯不生名，此二君何以名，曰臣而弑君，天理灭矣，宜天下所不容也。⑤

此不称天王者，以天王之尊，而成人臣之妾以为夫人，又

---

① ［宋］高闶：《春秋集注》卷一《隐公一》，影印文渊阁《四库全书》本，台北：台湾商务印书馆，1986 年版，第 258 页。

② ［宋］高闶：《春秋集注》卷一《隐公一》，影印文渊阁《四库全书》本，台北：台湾商务印书馆，1986 年版，第 258 页。

③ ［宋］高闶：《春秋集注》卷四《桓公一》，影印文渊阁《四库全书》本，台北：台湾商务印书馆，1986 年版，第 289 页。

④ ［宋］高闶：《春秋集注》卷四《桓公一》，影印文渊阁《四库全书》本，台北：台湾商务印书馆，1986 年版，第 290 页。

⑤ ［宋］高闶：《春秋集注》卷五《桓公二》，影印文渊阁《四库全书》本，台北：台湾商务印书馆，1986 年版，第 295 页。

加厚礼焉，乱天伦失天理矣，故去天以示无天道也。①

对于这些违背礼制的史实，以往《春秋》三传、杜预、孔颖达等人在价值评判上都将其视为“非礼”行为，而强调“正名”思想。由于程颐建构了理学思想体系，理、天理为其理论、价值体系的核心范畴。故程颐在其《春秋传》中将“天理”视为价值评判的核心标准。高闶亦是如此，尽管没有直接引述程颐所言，但是也将“天理”作为最高价值体系，由此可见他对程颐《春秋》学的继承与弘扬。

第三，注重发掘《春秋》经世致用的思想。高闶对于《春秋》之学，并不仅仅只是解释“《春秋》笔法”、微言大义与固守程颐以“理”解经的方法，而是在将《春秋》解释与社会政治需要紧密结合起来，发掘其中所蕴含的经世致用的思想。当然，与后来浙东诸儒注重《春秋》所宣扬的礼法、纲常名教有所不同的是，高闶更注重人伦道德，如其所言：

《春秋》之义以明微也，杀弟及出居，则睹文而见义，至于锡桓公命，则废大义、灭人伦，与葬成风同。盖臣弑君，妾僭嫡，而王尊礼之，若不异其文，则无以见其恶，且鲁桓已葬矣。因鲁之自谥而锡之，尤为非礼。②

夫妇，人伦之本，所以成孝敬也。孝敬备，然后夫人之职举，桓公见杀于齐，而庄公乃以齐女为夫人，欲责其孝，则彼尝贼我臣子之所疾也；欲责其敬，则我方仇彼鬼神之所弃也。是

---

① ［宋］高闶：《春秋集注》卷十七《文公一》，影印文渊阁《四库全书》本，台北：台湾商务印书馆，1986 年版，第 396 页。

② ［宋］高闶：《春秋集注》卷八《庄公一》，影印文渊阁《四库全书》本，台北：台湾商务印书馆，1986 年版，第 314 页。

不可以奉祭祀,不可以当夫人之职矣。①

诸侯世子皆誓于天子,不可专杀也。且父子人之大伦,非他人所得间者,今至于相杀则人伦废矣。况世子至亲,非其君自杀之,则无敢杀者。是故斥言晋侯,所以深罪其听谗,而忍杀其子也。②

刘夏何以不称使,不与天王之使夏也。婚姻者,人伦之本;王后者,天下之母。天子不亲迎,必使三公逆之。刘夏,士也。士而逆后,是不重人伦之本,不尊天下之母。礼义何由而兴,风化何由而成乎?③

高闶对《春秋》的阐发之中,多是就人伦道德进行言说,对于很多历史史实有悖人伦之处,他都说道:“废大义、灭人伦”“父子人之大伦,非他人所得间者,今至于相杀则人伦废矣”,等等。在他看来人伦道德乃是天理的客观展现,是礼义的重要内涵与存在的重要思想基础。对人伦道德的重视,甚于对礼法的关注,这与二程洛学及理学诸儒对修身明德、人伦道德的倡导有直接的关系,由此也可以说明高闶对二程之学的传承与发展。

另外,在高闶看来,《春秋》是经亦是史,它是孔子根据鲁国史书编纂而成,体现了以史为鉴的思想,如其所言:

“春秋”者,古史记事之名也。凡古史必编年,年有四时,故错举以为记事之名。盖欲后人以时思之,而不忘非独

---

① [宋]高闶:《春秋集注》卷十一《庄公四》,影印文渊阁《四库全书》本,台北:台湾商务印书馆,1986年版,第341页。

② [宋]高闶:《春秋集注》卷十五《僖公二》,影印文渊阁《四库全书》本,台北:台湾商务印书馆,1986年版,第366页。

③ [宋]高闶:《春秋集注》卷三十《襄公三》,影印文渊阁《四库全书》本,台北:台湾商务印书馆,1986年版,第496页。

鲁国然也。此书乃仲尼约鲁史而修之，观《公羊传》载："雨星不及地尺而复"，则以为不修《春秋》之辞，而晋韩宣子所见《礼记》载里克、吴孟子之事，皆谓之鲁《春秋》，则知鲁旧有是书，非仲尼作经而名之曰"春秋"也。仲尼之道既不行于天下，将损益三代之制，立为百王不易之大法，而不欲载之空言。然而之杞、之宋，其文献皆不足征，惟周监于二代而其礼尽在鲁；鲁又周公之后，吾父母之国，而旧史《春秋》乃其行事之深切著明者，故仲尼因而修之，以明王道，以正王法，非但为鲁设也。①

这种将《春秋》视为史书的思想与程颐对《春秋》的认知有一脉相承之处。同样，他也继承了程颐将《春秋》视为蕴含了百王之法的经典，所宣扬的正名思想具有普世的意义和价值。换言之，在高闶看来，《春秋》本质上尽管是史书，所言有以鲁国为主的历史史实，但孔子编纂《春秋》并非"为鲁设也"，而是宣扬具有普世意义的"王道""王法"。但另一方面，高闶将《春秋》视为经学的同时，也肯定其源于史书的客观实情，重经亦重史，这种思想对后来浙东诸儒有一定的影响意义。

总的来说，高闶对《春秋》义理的阐发，更多的是强调其中所蕴含的人伦道德、纲常名教方面的思想，希望对现实社会政治有重要的启发。由于强调《春秋》"大义"的阐发，高闶尽管尊崇程颐《春秋》学思想，但他对于《春秋》三传、汉唐以来的经注，也都是兼采众长，择善而从，从而形成一家之言，如四库馆臣所言："是书以程子《春秋传》为本，故其《序》直引伊川传《序》而无词

---

① ［宋］高闶：《春秋集注》卷一，影印文渊阁《四库全书》本，台北：台湾商务印书馆，1986年版，第256页。

组附益。其于唐、宋诸家之说,亦多择善而从,镕以己意,不载各书之名。”①不能否认的是,高闶《春秋》为了凸显经世致用的精神,所阐发的思想的确也多有穿凿之处。尽管如此,他的一些经世致用的思想对于后来《春秋》学与浙东诸儒产生了一定的影响,正如有的学者所言:“高闶《春秋集注》于‘春秋大义’的理论阐发虽然不及胡安国,他借经文以申其‘经世’之意,也不免有穿凿附会、过于深求之弊,却鲜明地体现了浙东学者治经以致用的学术进路。”②

二、郑伯熊的经学诠释与永嘉学的思想转向

尽管在南宋初年,浙东地区还没有出现具有全国性影响的学者,也没有形成自己的学派,但经过了庆历诸先生与元丰九先生的讲学和学术活动,培养了诸多的学术人才,在浙东地区已经有了丰厚的文化思想氛围,这为南宋中期浙东事功学派的出现奠定了重要的思想基础。另外,庆历与元丰之际的诸位先生在经学思想的发展上,一方面积极探究义理之学,反对佛老之学,这为之后浙东诸派注重思想义理之学指明了方向,更为主要的是,随着元丰九先生对二程性理之学的传承与研习,这不但使浙东之学开始进入主流话语的学术圈子,为其发展提供了重要的政治平台,而且也使得浙东之学在经学研究上,对性命道德之学的关注也成为浙东经学的重要内容之一。另一方面,他们在经学旨趣上,强调经世致用,注重通过制度变革来解决现实的社会政治问题,这为

① [清]纪昀等:《四库全书总目》卷二十七《春秋集注》提要,北京:中华书局,1997年版,第345页。

② 戴国祥:《论高闶〈春秋集注〉的理学特色》,《宁波大学学报》(人文科学报),2004年第2期。

后来吕祖谦、陈傅良、叶适、陈亮等人治学的旨趣也产生了一定的引导作用。

"永嘉九先生"之后，伊洛之学在浙东地区得到广泛传播，到了南宋乾淳之际，"永嘉之学，自朱子时已自为一派"①，这就表明永嘉学派在南宋初年的二程洛学的南传中，扮演着与湖湘学、道南学派一样重要的角色，由此开始进入当时主流的学术话语圈子。与此同时，也就是在南宋中期，浙东地区的学者在继承二程洛学的基础上，开始强调经制、事功之学，浙东经学思想至此开始从性理之学转向经制、事功之学，其中郑伯熊兄弟扮演着至关重要的角色，他们为浙东事功学派在乾道、淳熙年间的独立成派奠定了重要的思想基础。

郑伯熊（1124—1181），字景望，是周行己的私淑弟子，是伊洛、周行己之学在永嘉的重要传人，他曾在福建设立书院、印行二程著述，"由是永嘉之学宗郑氏"②。郑伯熊与郑伯英、郑伯谦同为乾、淳之际永嘉学者的领军人物，全祖望对此就说："乾（道）、淳（熙）之间，永嘉学者联袂成帷，然无不以先生兄弟（伯熊、伯英、伯谦）为渠率。"③由此可以看出，从"永嘉元丰九先生"到郑氏中间经历了北宋的覆亡与南宋的建立，而这一时期二程洛学能够继续在永嘉地区传承多依赖郑氏兄弟，这一点叶适也曾说：

> 方秦氏以愚擅国，人自识字外，不知有学。独景元与其兄

---

① ［清］纪昀等：《四库全书总目》卷一百二十一《佩韦斋辑闻》提要，北京：中华书局，1997 年版，第 1624 页。

② ［清］黄宗羲原著，全祖望补修：《宋元学案》卷三十二《周许诸儒学案》，北京：中华书局，1986 年版，第 1153 页。

③ ［清］黄宗羲原著，全祖望补修：《宋元学案》卷三十二《周许诸儒学案》，北京：中华书局，1986 年版，第 1153 页。

推性命微妙，酌今古要会，师友警策，惟统纪不接是忧。今天下以学名者，皆出其后也。①

两宋之际，秦桧专权，禁二程之学，而推行王安石新学，郑伯熊、郑伯英二兄弟在永嘉传播二程之学，这对于二程之学的承传无疑起到了承前启后的重要作用。

郑伯熊经学上，他和周行己一样都注重二程之学，兼及吕大临之学，而排斥王安石之学，如元人刘壎所云：

初周恭叔首闻程、吕氏微言，放新经，黜旧疏，挈其俦伦，退而自求，是千载之已绝，霍然如醉忽醒，梦方觉也，颇益衰歇。而郑景望出，明见天理，心畅气怡，笃信固守，言与行应。而后知今人之心，可印于古人之心。故永嘉之学，必兢省以御物欲者，周作于前，郑承于后也。②

周行己、郑伯熊作为南宋永嘉之学的开创者，他们所确立的治学理趣：即注重二程性命之学，“明见天理”“以御物欲”，真可谓“周作于前，郑承于后”。

郑伯熊的经学主要体现在他对《尚书》的理解与诠释上。郑伯熊与二程一样，注重以理解经，将“理”视为经学及价值规范的本源所在，如短短的《郑敷文书说》一文，其中就多次记载说到“理”“天理”：

观皋陶所言，“帝德罔愆”以下一节，便见圣人之心，涵育发生，真与天地同德。而物或自逆于理，以干天诛，则夫轻重

① ［宋］叶适：《水心集》卷二十一《郑景元墓志铭》，影印文渊阁《四库全书》本，台北：台湾商务印书馆，1986年版，第388页。

② ［元］刘壎：《隐居通议》卷二《永嘉之学》，影印文渊阁《四库全书》本，台北：台湾商务印书馆，1986年版，第34页。

取舍之间，亦自有决然不易之理。其宥过非私恩，其刑亦非私怒。①

然使太甲不明在未立之前，则汤未必以传太甲。惟其既登尊位，乍处崇高富贵而动其欲也。故曰既立不明，夫动欲于富贵，惟置之于不见可欲之地，则本心既蚀而复明，天理欲晦而复昭矣。此必然之理，而伊尹所以必太甲之能悔也。②

与周行己相比，郑伯熊在《尚书》解释中，都在强调无论是不能修德，"自逆于理"，还是劝人向善，顺应天理，"天理欲晦而复昭"，都已经非常普遍的将"理""天理"视为了经学与价值的核心范畴与终极依据。

在承认"理"具有至高无上的价值评判的同时，郑伯熊也反复强调提升德行、顺应天理，以期实现仁政的必要性。与二程一样，其《尚书》解释中，除了将理学融入其间，也突出借助《四书》的观念与思想来解读《尚书》，由此突出明德修身的重要性。比如：

先格王者，先格王心之非也。祭有常礼，谓之典祀，不可丰也，不可杀也。杀则慢神，丰则有徼福者焉，于丰杀而知心术之差也。……故祖己谓当先格此心，于是推天命之常理，降年修短，惟在乎人为，而天时应之耳。人君之职，专在于敬民，一举一动，无非继天为民者。一念之差则举动失，而天意为之变矣。③

---

① [宋]郑伯熊:《郑敷文书说·象以典刑流宥五刑》，清嘉庆刻《艺海珠尘》本，第2页。

② [宋]郑伯熊:《郑敷文书说·伊尹放太甲》，清嘉庆刻《艺海珠尘》本，第11页。

③ [宋]郑伯熊:《郑敷文书说·惟先格王正厥事》，清嘉庆刻《艺海珠尘》本，第13页。

> 呜呼！桀纣之恶极矣，汤武之举，迟疑详缓乃如此。魏晋之事，固不足道，立人之朝君未至于不可谏，而谓其君不能者。孟子谓之贼其君信不诬矣。①

郑伯熊在解释《尚书》的时候，援引《孟子》中的思想，强调君王需要“格王心之非”，敬天保民，否则就像桀、纣一样暴虐。另外，由于郑伯熊兼及张载礼制之学，对《周礼》及典章制度尤为精通，“当是时永嘉郑伯熊、薛季宣皆以学行闻，而伯熊于古人经制、治法讨论精”②。郑伯熊为学注重经制事功的这种学术旨趣无疑成为之后永嘉诸子为学的基本特征。当然，他的为学基本上没有跳出二程之学的影响，所言只不过开始更多地融入了外王的思想。

受到郑伯熊之影响，其弟郑伯英也传承二程之学，随后根据社会政治的变迁，兄弟俩开始强调经制、事功之学，这在南宋初年的永嘉地区产生了深远的影响，成为当地学术的典范，人称大郑公、小郑公。对此如《宋元学案》所说：

> 方秦桧擅国，禁人为赵鼎、胡寅之学，而永嘉乃其寓里，后进为所愚者尤多。故绍兴末，伊洛之学几息，九先生之绪言且将衰歇，吴湛然、沈元简，其晨星也。先生兄弟并起，推性命微眇，酌今古要会，师友警策，惟以统纪不接为惧，首雕程氏书于闽中，由是永嘉之学宗郑氏。大郑公臧否人物最矜慎，称为方峻。小郑公喜贤，借一介之善，虽辈行悬绝，必引进之。乾、淳

---

① [宋]郑伯熊：《郑敷文书说·书序伊尹去亳适夏既丑有夏复归于亳》，清嘉庆刻《艺海珠尘》本，第8页。

② [元]脱脱等：《宋史》卷四百三十四《陈傅良传》，北京：中华书局，1977年版，第12886页。

之间，永嘉学者连袂成帷，然无不以先生兄弟为渠率。①

南宋初年，秦桧当国，研习二程之学为朝廷所禁。以至于永丰九先生之学在永嘉之地也日渐消歇，但是郑伯熊、郑伯英二兄弟继续传承二程之学，“推性命微眇，酌今古要会，师友警策，惟以统纪不接为惧”“由是永嘉之学宗郑氏”。到了宋孝宗的乾道、淳熙年间，永嘉学者传承二程之学蔚为壮观，但“无不以先生兄弟为渠率”。

三、郑伯谦《太平经国书》及其思想旨趣

郑伯熊胞弟郑伯谦受到郑氏家学的影响，也非常注重经制之学，他撰有《太平经国书》，此书取刘歆“周公致太平之迹”之意而为，希望对当时社会政治建设有积极的帮助。全书共有细目三十，分别是教化、奉天、省官、内治、官吏、宰相、官民、官刑、揽权、养民、税赋、节财、保治、考课、宾祭、相体、内外、官制、臣职、官民、宫卫、奉养、祭享、爱物、医官、盐酒、理财、内帑、会计、内治。此书“皆以《周官》制度类聚贯通，设为问答，推明建官之所以然，多参证后代史事，以明古法之善”②，郑伯谦以《周礼》所记载的典章制度为基础，结合当时社会政治需要，同时“参证后代史事”进行详细解释，并借此提出相应的解决社会政治问题的方案，希望此书成为治国安邦的借鉴。由此可见，郑伯熊兄弟非常注重通过制度的完善来解决当下社会问题，通经致用的旨趣可见一斑。相比郑伯熊而言，郑伯谦更注重外王之学，更注重社会问题的解决，进一步推动了浙东学派经制事功的思想发展。

---

① ［清］黄宗羲原著，全祖望补修：《宋元学案》卷二十九《震泽学案》，卷三十二《周许诸儒学案》，北京：中华书局，1986 年版，第 1152 ~ 1153 页。

② ［清］纪昀等：《四库全书总目》卷十九《太平经国书》提要，北京：中华书局，1997 年版，第 238 页。

（一）以《周官》制度类聚贯通设为问答

《四库全书总目》认为《太平经国之书》的体例在于“凡论三十二篇，皆以《周官》制度类聚贯通，设为问答，推明建官之所以然”比如《奉天》条中就说道：

或问：“冢宰一官，其属六十，顾未始有一事之关乎天者，而冢宰谓之天官，何也？”曰：“此加官也。唐、虞稽古，建官惟百，凡天地之运化，四时之作讹，成易事之关于天者，羲、和职之；教化礼乐之要，兵刑财谷之司，虞工纳言之职，十有五人之职。所以分天下之万事而治之者也。至周以来，则省九官以为六卿之职，又省六子以冠六卿之号以虚名，而加实职并而授之，所以宠而尊之也。汉之官制，犹为近古大司马六卿之职，武事者彼霍光领尚书耳。内主公卿事，外掌四方章奏，于司马何与邪？而大将军之上必冠以大司马之名，此正祖天官冢宰之故意也。”或曰：“古者圣人重天道，伏羲有神龙之瑞，故以龙纪官；黄帝有庆云之瑞，故以云纪官；共工以水，神农以火，少昊以鸟，颛帝之后以民，则重黎、勾芒、祝融、后土、蓐收、玄冥是也。帝尧之兴，以天地四时，则羲、和及四子是也。帝舜之兴，以五行则益火、稷谷、禹水是也。今成王、周公之建官，考前世之制，而兼其长，必若所谓虚名加实职，则事之关乎天者，其属之谁乎？”曰：“子以为古之大臣，其所谓寅亮天地而燮理阴阳者，若历官、星翁、文史、卜祝之所为乎？凡论道经邦，以转移人主之心术，而厘正天下之万事者，皆寅亮燮理也，皆对时育物，抚五辰而熙庶绩者也。是故日月之薄，蚀百川之沸腾，诗人所以刺卿士谷洛之斗，太子晋以归咎于执政焉。和同天人之际，使之无间然者，虽圣人之能事而大臣，实辅佐之，其谁曰人事之非天理也。加天官于冢宰之上，其尊大臣也，虽至其所以责大臣也益深。”①

郑伯谦以设问的形式，自问自答，实际上他根据对《周礼》的理解设定了官职、教化、刑罚、经济、考核、祭祀、商业、会计等多个方面。他在自问自答的过程中，实际上突出了对南宋当时政治、经济等问题的关注，并由此融入了自己的政治见解。在上引文之中，他以他人的口气设问，认为天官所言都是具体的民事，而很少谈及天道。不过，在郑伯谦看来，人事便是天道，“凡天地之运化，四时之作讹，成易事之关于天者”“和同天人之际，使之无间然者，虽圣人之能事而大臣，实辅佐之，其谁曰人事之非天理也”，从这可以看出，郑伯谦的言说已经透露出了其理学思想，所谓凡天地之间都无非是天理，每一人事也都关系天理。所以，虽然天官设定官职、事务，不言天，但却都是天理的自然展现。

又如他在《奉养》中进行设问，来说明尽管君王享受天下的各种美味，但这并不是奢侈表现，而是一种客观而必需的存在，所谓：

或问：“膳夫而下，主食饮膳羞之味；甸师而下，主禽兽鱼鳖之献；酒正而下，主酒浆酰醢之物；宫人而下，主官舍幕幄供帐之仪。至于医师之中，又有食医一官，视羹酱食饮之齐，均咸、酸、辛、苦之和，会牛、羊、犬、豕、鱼、雁之宜，每一官而数人分焉，一人而数事萃焉，太宰总之，又皆一切不会矣，岂使之厉民以自养邪？何其厚口体之奉，而侈饮食服御之供也！”曰：“存我则苍生可厚，自安则国家可保。人主之于天下，总万变，财万物，而养万民，智虑以治之。非受天下之备物，则不足以养其知，仁厚以安之；非享天下之备味，则不足以养其仁，德音

① ［宋］郑伯谦：《太平经国书》卷一《奉天》，影印文渊阁《四库全书》本，台北：台湾商务印书馆，1986 年版，第 194 页。

以化之;非兼天下之备产,则不足以养其德。使其气体衰而不充,精神耗而不行,则四肢不享于安适,而耳目不足于聪明。是以太宰之佐王,将与之讲论治道而经理邦国,则内必有以养其心,外必有以养其身,以一人而治四海,则必以四海而奉一人。若夫奉养有节,而交于万物有道,则自有九式存焉,奢侈非所虑也。"①

郑伯谦在这个设问之中,表达他对君王拥有天下美味的态度,在他看来,君王享有天下美味是应该的。毕竟,君王是天地万物的主宰,他只有享受这些美味,才能让自己气血充盈,精神焕发,进而仁德显现。当然,他并非纵容君王的欲望,而是认为只要"奉养有节,而交于万物有道",那么君王的这种拥有并不是奢侈,而是自然而然的存在。

总之,从郑伯谦的《太平经国书》所设定的三十多问来看,他借助设问的形式解答了《周礼》之中的各种疑惑所在,尤其是借助这些答问,为现实社会的治理提供了颇为有意义的建议。这种经学解释的形式,既从义理的角度实现了对《周礼》的解读,更是借助经学解释的形式实现了对《周礼》精神、思想的揭示,尤为重要的是这种解释颇具有现实取向性。也正是因为郑伯谦的这种治世精神,从而与郑伯熊一起推动了浙东学派的思想转型,亦即浙东学派由以往对心性之学的关注,转向对现实制度、事功之学的关切,从而为后来浙东事功之学的继续发展提供了重要的思想基础。

(二)注重以史为证,强调经世致用的精神

郑伯谦在解读《周礼》的时候,多注重利用历史上的史实来分

---

① [宋]郑伯谦:《太平经国书》卷八《奉养》,影印文渊阁《四库全书》本,台北:台湾商务印书馆,1986 年版,第 235 页。

析《周礼》的章句、思想,进而发挥其经世致用的思想,这样的例子在《太平经国书》中有很多:

周衰,王制不明,贡税赋之法不复存成王、周公之制。鲁之宣公初税亩,是以公田之外复履私田之亩,行十一之税,虽然赋则尚无恙也。至于成公之作丘甲,则每三甸而加一乘兵车之赋,非复司马法之旧。哀公之用田赋,则受田百亩,而出赋二十亩,私田之赋,非复载师之旧,至于邦国之贡益悖谬而无统。包茅不入,王祭不共,是诸侯既不致贡于天子。子产言郑伯之男,而使从公侯之贡,是晋人责贡于诸侯者,又难给焉,此岂惟非周家之旧法哉?虞、夏贡赋之法,自三代以来所谓相承而不废者,至春秋而扫地矣。呜呼!读《周礼》见周之所以盛,读《春秋》见周之所以衰。①

郑伯谦援引周成王、周公之后,王道礼制不复存在,其中贡赋税法更是不复旧制。比如鲁国实行的初税亩、作丘甲、用田赋等赋税制度,使得百姓负担加重,王道之风不存。其他诸侯国如楚国、郑国、晋国等更是"非周家之旧法"。总之,贡赋税法从成王、周公之后发生了巨大变化,不仅不能真正遵循《周礼》的精神,还出于急功近利的需要,使得制度大坏,进而导致了社会紊乱。

又如他在《内治》中援引周公、孔明、汉武帝等人的史实来说明预防宫内外戚、宦官与小人干政的必要性,如其所言:

周公之深智远识,固有见于此,是以乱萌祸机之所,在无不究极用,见古人辅相之事业,皆格物穷理之学,要非屑屑。然乐亲群有司之细务,而后集权势以尊己也。宫中、府中俱为

① [宋]郑伯谦:《太平经国书》卷三《税赋》,影印文渊阁《四库全书》本,台北:台湾商务印书馆,1986年版,第208页。

一体,后世识此意者,诸葛孔明一人而已。汉初犹存此意,士大夫所不至者,惟后庭尔。朝夕出入禁闼,洞然无内外之限,故人主亲士大夫之时常多,而亲宦、官宫、妾之时常少,日见正事,日闻正言,心安而耳目熟,论道经邦之地,固造原立本于此也。自武帝宴游无度于是外庭,日疏内庭,日亲公卿大夫,一切隔绝不接见,而小人独在左右事趋媚矣。大臣无权,而小臣专权,异时关内侯骑都督之爵,下及于烹庖、乐工、医师之贱,至鸣玉而曳组,房闼有制政之渐,妃妾起巫诅之风,阉寺擅废立之权。夫谁得而制之微物细事,其倾祸毒国至于此烈也。①

郑伯谦认为治国理政,应当如孔明所强调的"宫中府中俱为一体",兼听则明,只有这样才能避免小人的专权。否则,就会像汉武帝时期一样,重视外庭,而忽视内庭,导致小臣专权,最终导致了宦官作乱,擅自废立太子。

郑伯谦对于《周礼》的解释重在解决现实社会问题,所以他在解读《周礼》的时候,所引的历史史实都多针对现实而发,这样做的目的也无非是证明其所言的正确性与可实践性。比如:

尝观诸夏、商与齐、鲁之事,则大异于周矣。盖夏后氏,先赏而后罚,亲而不尊。其民之敝,至于蠢而愚,骄而野,朴而不文;商人先罚而后赏,尊而不亲。其民之敝,至于荡而不静,胜而无耻;及太公治齐,举贤而尚功,周公曰"后世必有篡夺之臣";周公治鲁,亲亲而尊尊,太公曰"后世浸衰矣"。盖齐之所为,无以异于商;而鲁人之治,则夏后氏之治者矣。用必然之赏,用必然之罚,必亲亲,必尊尊,必举贤而尚功。取其一定者

① [宋]郑伯谦:《太平经国书》卷一《内治》,影印文渊阁《四库全书》本,台北:台湾商务印书馆,1986 年版,第 197 页。

而固守之，其末流固至于此，此宜周公之所惩也。为之定法以自守于其下，使人主时用其意，而操纵阖辟于其上，上下相与，出于必然、不然之中，然后可以振厉人心于无穷。①

郑伯谦对史实的引用，多注重与周代形成对比，在他看来，周代的制度设定还是运行都非常的完善，而后来制度、政策与之相比都有很大的问题。所以，他在引用历史史实的时候，凸显周代，强调孔子儒家的价值观念，进一步肯定了《周礼》在社会治理中的价值与意义。

总之，郑伯谦"以史证经"的方式完成了他对《周礼》的解读，这种解读方式无论是在永嘉学派，还是浙东其他学派而言都是非常基本的方式。之所以史学在经学解释中开始凸显，很大程度上源于宋代浙东诸儒经学旨趣的变化。进而言之，浙东诸儒多致力于现实社会政治问题的解决，并注重在经学解释中提出了很多具有建设性的建议，为了强化这些建议的可行性，他们将上古三代以来的诸多历史史实作为其理论佐证，以论证其思想、建议的可操作性和先验性。这样一来，在某种程度上，进一步彰显了史学在学术上的地位与价值，更是为南宋经学的发展注入了全新的内容，在一定程度上也弥补了程朱理学派注重性命道德之学所造成的空疏化与教条化。可以说，在南宋后期，随着理学、心学、浙东学派的多家融通，这也为程朱理学派所建构的理学思想体系提供了新的学术思想资源，进而丰富、完善了理学的传承与发展。

（三）推崇上古三代之制，希望重建王道社会

郑伯谦推崇《周礼》，认为周礼乃是周公时代秉承上古三代的

---

① ［宋］郑伯谦：《太平经国书》卷二《揽权》，影印文渊阁《四库全书》本，台北：台湾商务印书馆，1986 年版，第 204 页。

王道政治而建构的理想制度体系，如其所言：

三代圣人之纪纲法度、宪章文物，所以本诸身而布诸天下者甚设也，而尤周密详备于成王、周公之时。彼其处心积虑，上彻乎尧、舜，下及乎万世者也。外不惧天下之谤而私其迹，曰："必使我子孙相承而宗祀不绝也。"内实达天下之道而公其心，曰："必使我君臣相安而祸患不作也。"是故兼三王施四事，夜以继日，尽吾精神心术而为之。其兵农以井田，其取民以什一，其教民以乡遂，其养士以学校，其建官以三百六十，其治天下以封建，其威民以肉刑。大本既立，然后其品节条目，日夜讲求而增益之。其上则六典、八法、八则、九柄、九贡、九赋、九式之序，其次则祭祀、朝觐、冠昏、丧纪、师田、行役之详，下至于车妆圭璧之器、梓匠轮舆之度，与夫画缋刮摩砖埴之法。又其细者，则及于登鱼、取鼋、擉鳖之微，毕公所谓克勤小物者，周公尤尽心焉。①

郑伯谦认为《周礼》中所说的六官、诸法并不仅仅只是周公时代的现实，而是成王、周公对以往尧舜以来治国安邦之道术、制度与规范的继承、发展。在郑伯谦看来，上古三代以来，人们之所以未能按照《周礼》在现实中推行王道政治，很大程度上源于人们不能真正践行或明了《周礼》及其精神：

盖自有《周礼》以来，若孔子、文中子，及伊洛、横渠诸子则恨不及用，房玄龄、杜如晦、魏征则愧不能用，汉之刘氏、宋朝之王氏则又悔不善用。自汉、唐以至今日，天下之治所以驳杂而难考、弊坏而不可收者，大抵出于是三者之间也。是以时君

---

① [宋]郑伯谦：《太平经国书·原序》，影印文渊阁《四库全书》本，台北：台湾商务印书馆，1986年版，第187页。

世主厌薄儒生，姗笑王制，悉意于浅功近利，就其自私之心而姑为是目前，苟简之谋，傥可以维持一世足矣。不暇及此宏阔之谈也。嗟乎！千载之下，有能起周公之治者，学者所不能而见也，有能讲明周公之制者，学者所不能而辞也。①

郑伯谦认为，从《周礼》产生之后，尽管有孔子、文中子、二程、张载等人了悟《周礼》，但有德无位而不能真正践行周礼；房玄龄、杜如晦、魏徵等人尽管得君行道，但却不用《周礼》治国；汉代刘歆、宋代王安石尽管以《周礼》治国，但是却不能很好地利用《周礼》精神治国。总的来说，由于历史上人们对《周礼》的“恨不及用”“愧不能用”“悔不善用”，使得《周礼》被人厌弃，所以郑伯谦希望为人们阐发《周礼》之真精神，从而使人们利用《周礼》来治理国家、实现王道社会。

为此，郑伯谦在解释《周礼》的过程中，将他的政治思想融入经学解释之中，进而充分表达了他对制度建设、道德伦理、民生事业、风俗教化等治国之道的重视与建议：

治道之要，莫切于张官而置吏也，官吏不职，则治道为之不振。立国之本，莫切于爱民也，民生不遂，则国本为之不立。②

昔者，孔子、孟子以布衣匹夫而衣冠礼乐，足以师表一世，其门人弟子不远数千里而从之，虽饥寒流落滨于死而不去，此师以贤得民也。庚桑子居乎畏垒，而畏垒之人相与尸而祝之，社而稷之。阳城居于晋之鄙，人熏其德而善良者几千人，此儒

① ［宋］郑伯谦：《太平经国书 · 原序》，影印文渊阁《四库全书》本，台北：台湾商务印书馆，1986 年版，第 189 页。

② ［宋］郑伯谦：《太平经国书》卷二《官民》，影印文渊阁《四库全书》本，台北：台湾商务印书馆，1986 年版，第 201 页。

以道得民也。①

郑伯谦对王道理想的设想与孟子所言的王道政治一脉相承，换言之，郑伯谦希望社会大治不仅需要良好的制度设计，还要有以民为本的理念，更为主要的是切实解决民众的温饱、生活问题，还要选贤与能。唯有如此，才可以使实现孔孟所言的王道理想社会。

总的来说，郑伯谦比郑伯熊更强调现实问题的解决，而淡化对性命道德之学的关注。郑伯谦作为永嘉学派发展历程中的重要一环，在经学解释上继续突出思想义理，注重对《周礼》思想与精神的阐发，更是注重以此对现实问题的考察。也就是说，郑伯谦在经学旨趣上也开始转向对现实问题的关注，在经学解释上突出现实取向性，由此进一步推动了永嘉学派的思想转型，随后的永嘉诸儒也多受其影响，纷纷以经制、事功为宗旨而解经，对此如全祖望所言："乾（道）、淳（熙）之间，永嘉学者联袂成帷，然无不以先生兄弟（伯熊、伯英、伯谦）为渠率。"②

本章小结

纵观来看，永嘉之学是以"永嘉"（温州）地域命名的学派，作为浙东之学中最为重要的一支，其思想源于北宋中期社会政治、思想文化的大变革期，这一时期由于"内忧外患"的社会政治现实，激发了以义理为主的经典诠释方式的出现，这无疑掀起了宋代"经学变

① ［宋］郑伯谦：《太平经国书》卷四《保治》，影印文渊阁《四库全书》本，台北：台湾商务印书馆，1986年版，第212页。

② ［清］黄宗羲原著，全祖望补修：《宋元学案》卷三十二《周许诸儒学案》，北京：中华书局，1986年版，第1153页。

古”的新潮流。

王开祖作为永嘉之学的开山人物虽然先于后来的张载关学、二程洛学探究儒经义理，甚至是性命道德之学，但并没有建构出系统的新儒学思想体系，进而超越佛老之学，形成一种理论自觉。王开祖在经典解释上，还基本停留于思想阐发、经世致用的实践层面，这其实也是儒家学说“内圣外王之道”的自然展现。不过，相比较宋初以来，学者、士子们注重章句注疏之学而言，王开祖已经开启浙东地区经学研究的新风气，进而与欧阳修、范仲淹等人遥相呼应，并一道推动了宋代经学自注疏之学转向义理之学。

永嘉之学真正开始发生具有质的改变是在元丰九先生时期，元丰九先生思想源于二程，并受到了当时关学的影响，他们对于永嘉之学的影响就在于，开始以一种较为成熟的理论体系——理学来解释宇宙自然、人事社会，包括以理来诠释儒家经典，来指导自己如何修齐治平，即使是南宋初年的郑伯熊亦是如此。元丰九先生对于儒家经典的重新认识与解读，开始超越了庆历之际的学术框架，在学术发展规模上也开始跳出了永嘉这一地域的限制，开始走向了当时学术的中心，直接参与到话语权的争夺之中。换言之，永嘉九先生将浙东学派的义理经学推进到对性命道德之学的关注，加上师承二程之学，自然成为当时主流话语体系中的一部分，也成了当时理学传承发展过程中的重要学术力量之一。

两宋之际，随着王安石新学的式微、二程洛学的复盛，永嘉之学高闶、郑伯熊、郑伯谦等人作为二程洛学在东南的传承者，开始在经学、理学上由边缘走向核心位置，以其传承二程洛学、探究性命道德之学而备受当时学人的关注。尽管如此，他们并没有形成自己的思想体系，形成自己的独立学派，更没有在全国范围内出现有影响的学者。

永嘉之学发生思想上的转变是在袁溉时期，袁溉虽亲炙于程颐，但在治学理路上已经改变了性命道德之学的为学宗旨，而是强调经制、事功。可以说，袁溉是永嘉事功之学性质转关的最为关键的人物。袁溉之学对薛季宣产生了直接的影响，这对于薛季宣在袁溉经制事功之学的基础上，促成了永嘉之学的最终转向。《宋元学案》说他对"田赋兵制地形水利甚下功夫"①。薛季宣之后的陈傅良、叶适更是如此，他们都将主要的精力放在了与现实社会政治有关系的实务上，而这与同时代的朱熹、陆九渊、张栻等人将精力放在道德心性的体悟，着眼于"内圣"大相径庭。其实也正是袁溉、薛季宣的学术努力，浙东学派开始发生思想转向，不过这种努力也让浙东之学从学术中心位置走向了边缘，因为在当时的道学家看来，陈傅良、叶适等人的学术并不是属于理学范畴，由此遭到朱熹及其弟子注重"内圣"之学的批判。尽管如此，浙东学派和闽学在经学的根本归宿上依旧是一致的，即都为了解决南宋朝廷所面临的"内忧外患"，都是为了重建新的社会政治、道德文化秩序。

---

① ［清］黄宗羲原著，全祖望补修：《宋元学案》卷五十二《艮斋学案》，北京：中华书局，1986年版，第1696页。

第二章　浙东永嘉经学的经制、事功化及其思想

永嘉学派是南宋时期提倡事功之学的一个学术派别，其代表人物有薛季宣、陈傅良、叶适等人。但是他们学术思想溯源于北宋中期二程之学，而昌盛于南宋中期，最后由叶适集永嘉之学之大成，由此成为南宋时期与朱熹理学、陆九渊心学并立的一大学派。对于永嘉学派的源流与学术特点，楼钥曾总结说：

> 伊洛之学，东南之士，自龟山杨公时、建安游公酢之外，惟永嘉许公景衡、周公行己数公，亲见伊川先生，得其传以归。中兴以来，言理性之学者宗永嘉，惟薛氏（季宣）后出，加以考订千载，自井田、王制、司马法、八阵图，该通委曲，真可施之实用。凡今名士，得其说者，小之则擅场屋之名，大可以行于临民治军之际。惟公（指陈傅良）游从最久，造诣最深，以之研精经史。贯穿百氏，以斯文为己任。综理当世之务，考核旧闻，于治道可以兴滞补敝，复古至道，条画本末粲如也。①

永嘉诸儒在经学思想渊源于二程，经过薛季宣、陈傅良等人的发

① ［宋］楼钥：《攻媿集》卷九十五《宝谟阁待制赠通议大夫陈公神道碑》，影印文渊阁《四库全书》本，台北：台湾商务印书馆，1986 年版，第 471 页。

展，到了南宋时期形成了与朱熹理学、陆九渊心学交相呼应的永嘉学派，由此共同构成了南宋时期经学发展的绚丽图景。当然，永嘉之学并非与程朱之学对立，而是属于同源异流、殊途同归的关系，所不同的只是彼此在面对宋代社会政治、经济文化问题时所采取的态度、理路有别。这反映在经学思想上便是永嘉之学立足于事功，注重典章制度，而程朱之学则立足于道德人心，注重“性与天道”，两者不是截然不同，而是彼此思想多有交合之处，永嘉也讲性理之学，程朱亦重事功。

第一节 薛季宣的经学传承、诠释与思想

薛季宣（1134—1173），字士龙，一作士隆，号艮斋，永嘉（今浙江温州）人。其父薛徽言为二程私淑弟子胡安国的门人。薛季宣少从袁溉传二程之学。为学重事功，晚与朱熹、吕祖谦、陈傅良、叶适等人交往商榷，强调“步步着实”，注重研究田赋、兵制、水利等，对永嘉事功之学起到了直接的推动作用。薛季宣平生著书甚多，撰有《古文周易》《古诗说》《书古文训》《春秋经解》《春秋指要》《论语直解》《小学》诸书，今多不传。《四库全书总目》称其学问淹雅，持论明晰，考古详核，立说精确，卓然自成一家。薛季宣是永嘉之学由性理之学转向事功之学的关键性人物，其弟子陈傅良、叶适在其学说基础上进一步强化事功思想，最终使得永嘉之学在乾淳之际与张栻湖湘学、朱熹闽学、陆九渊心学派相并立的重要学派。

薛季宣是永嘉学派中非常关键的人物，经由他的努力永嘉之学开始由性理之学转向了事功之学，随后在陈傅良、叶适的推动下，永嘉事功之学成为南宋时期与朱熹理学、陆九渊心学相并立的

学派。薛季宣的经学虽然根柢二程之学，但是更加强调事功，注重经世致用。在经典诠释上推崇思想义理，注重儒经中的名物典制，他希望通过发扬《六经》中有关经制、政治理念来为现实社会政治服务，较朱熹、陆九渊等注重《四书》以及性理之学有很大的不同。换言之，薛季宣的经学是其事功思想的基础，也是其思想的重要体现①，所以探究薛季宣的经学思想对于深入理解薛季宣的事功思想有重要的学术意义。

一、根柢二程学，后转向经制事功之学

薛季宣为学师从二程门人袁溉，并与二程后学弟子朱熹、吕祖谦等人多有交游。对此，《宋元学案》与《四库全书总目》都有所言及：

> 季宣少师事袁溉，传河南程氏之学。晚复与朱子、吕祖谦等相往来，多所商榷。然朱子喜谈心性，而季宣则兼重事功，所见微异。其后陈傅良、叶适等递相祖述，永嘉之学遂别为一派。盖周行已开其源，而季宣导其流也。②

永嘉之学统远矣，其以程门袁氏之传为别派者，自艮斋薛文宪公始。艮斋之父学于武夷，而艮斋又自成一家，亦人门之盛也。其学主礼乐制度，以求见之事功。然观艮斋以参前倚衡言持敬，则大本

① 前人对于薛季宣的经学与思想也有一定的探究，如任锋：《南宋儒者薛季宣的中庸观》，《深圳大学学报》（人文社科版），2007 年第 4 期。王宇：《薛季宣和永嘉制度新学的开创》，《中国哲学史》，2005 年第 2 期。任锋：《薛季宣思想渊源新探》，《中国哲学史》，2006 年第 2 期。陈安金：《薛季宣学术思想及其事功特质》，《浙江社会科学》，2011 年第 8 期。

② ［清］纪昀等：《四库全书总目》卷一百六十《浪语集》提要，北京：中华书局，1997 年版，第 2141 页。

未尝不整然。①

薛季宣自幼便师从二程后学袁溉,同时受到其父薛徽言的熏陶与教诲,而薛徽言是二程私淑弟子胡安国的高徒,后薛徽言又从学于二程的再传弟子朱熹,故薛季宣便自幼研习二程之学。这样算来,薛季宣为二程的五传弟子。由于薛季宣研习二程之学,所以性理经学是薛季宣早期思想的基础。薛季宣学成之后,他便与同时代的朱熹、吕祖谦、郑伯熊、陈傅良等人相与交游、论学,受到他们的影响,开始对事功之学颇为关注,所谓"其学主礼乐制度,以求见之事功"。尽管如此,二程学始终是薛季宣之学的根柢,更是其经制、事功思想的起点。

在薛季宣的经学思想里,性命道德之学是治学根柢,而落脚点则是事功之学,有体有用,这正如黄宗羲所言"观艮斋以参前倚衡言持敬,则大本未尝不整然"。如他曾说:

> 《通鉴》《礼图》皆二册纳上。史书制度自当详考,不宜造次读过。《中庸》《大学》《系传》《论语》,却须反覆成诵,勿以心凑泊焉。久之,或当有见,自觉诸书之意不贰于己,而非平生窥测所到。有孚威如,非持敬之谓者,是为得之。理义昭然,要非学空无者,所能仿佛。以此应物,则所谓文武之政,具在方策。威仪三千,礼仪三百者,待其人然后行耳。②

> "天生烝民,有物有则,民之秉彝,好是懿德。"能明是德,则近人矣;能明是德,则知止矣。有止故不妄,不妄故能安,能安故能动。明德,本也;应物,末也。故学道贵知本,知本则知

① [清]黄宗羲原著,全祖望补修:《宋元学案》卷五十二《艮斋学案序录》,北京:中华书局,1986年版,第1690页。

② [宋]薛季宣:《浪语集》卷二十四《与君举书一》,影印文渊阁《四库全书》本,台北:台湾商务印书馆,1986年版,第381页。

缓急后先之序，而无过举之患矣。不诚未有能动者也，能安而静，物莫之扰动，而应物者盖无难矣。①

薛季宣在给陈傅良的信中提出了自己对“内圣外王”的理解，在他看来“学道贵知本”，“明德”是“应物”的根本所在，“明德，本也；应物，末也”。他认为尽管史籍、礼制非常重要，但是对于《中庸》《大学》《易传》《论语》等孔孟之道“不宜造次读过”，即不可以仓卒阅读，而是要“反覆成诵”，并且自得于心，感觉到这些书的思想转化为自己的价值判断，提升自己的道德境界，然后才可以治国安邦，否则就是“空无”之学，他认为：“自明明德以至于知所止、齐家、治国而天下平，其序端如贯珠，不可易也”②，“苟非其人道不虚行，要须自得之也”③。

薛季宣曾作《大学解》《中庸解》等，极力强调修身为本的重要性。另外，在他看来，《论语》是研习《六经》的根柢之学，“六经固妙且玄，必《论语》而后行。《论语》之于《六经》，其道学之中和、大《易》之乾坤乎？”④，孟子是孔子之后的儒学正宗，所谓“传道之序，自孔子、曾子、子思、孟轲，端若贯珠，盖无可疑者”⑤。尽管薛季宣后来为学经制事功，但他在论述经制、事功之学的时候，并没有彻

① ［宋］薛季宣：《浪语集》卷二十九《大学解》，影印文渊阁《四库全书》本，台北：台湾商务印书馆，1986 年版，第 454 页。

② ［宋］薛季宣：《浪语集》卷二十五《与沈叔晦》，影印文渊阁《四库全书》本，台北：台湾商务印书馆，1986 年版，第 398 页。

③ ［宋］薛季宣：《浪语集》卷二十三《答沈应先书》，影印文渊阁《四库全书》本，台北：台湾商务印书馆，1986 年版，第 374 页。

④ ［宋］薛季宣《浪语集》卷三十《论语直解序》，影印文渊阁《四库全书》本，台北：台湾商务印书馆，1986 年版，第 477 页。

⑤ ［宋］薛季宣：《浪语集》卷二十八《策问二十道》，影印文渊阁《四库全书》本，台北：台湾商务印书馆，1986 年版，第 439 页。

底抛弃《四书》学及性理经学。他曾多次提及《四书》及道德心性之学对经世治国的必要性，如他说：

《大学》之书曰：欲治其国者，先齐其家，欲齐其家者，先修其身，此言为天下者必由内以及外也。故君子正心诚意而加于天下国家者，必自一定之谋始，一定之谋立，则是非利害不能夺，好恶宠辱不能移，上以正君，下以明民，内以治百官，外以绥外侮者。①

道不远人，在我而已。《大学》之道，自正心诚意以至化家刑国，未有本乱而末治者也。身不行道，不行于妻子，故君子必自反也。仁之实事，亲是也，孝悌为仁之本，岂有它哉！②

在薛季宣的政治理念中，道德修心始终具有基础、核心的位置。对此，薛季宣除了以理学的观念解读《大学》之外，还曾以理学思想为指导作《中庸解》，以凸显性理之学在治国安邦中的基础价值与意义。可以说，薛季宣的治道不但是对《大学》“内圣外王”思想的重申，更是对二程理学家基于《大学》为治学框架思想的继承和发展。对此正如有的学者所言：“薛季宣把它（《中庸》）和《大学》修身以至平天下的大学之道互相参解，融会二者的超越意识与圣王理想，强调以修身为本的治道观，理学色彩十分清晰。”③可以说，在某种程度上，薛季宣对《四书》的重视超越《五经》、礼制，这与二程的观点颇为一致。因二程本人也强调要先体悟《四书》，并将其中蕴含

---

① ［宋］薛季宣：《浪语集》卷二十《再上张魏公书》，影印文渊阁《四库全书》本，台北：台湾商务印书馆，1986年版，第333页。

② ［宋］薛季宣：《浪语集》卷二十九《中庸解》，影印文渊阁《四库全书》本，台北：台湾商务印书馆，1986年版，第444页。

③ 任锋：《南宋儒者薛季宣的中庸观》，《深圳大学学报》（人文社科版），2007年第4期。

的圣人之道德观念、思想理趣转化为自己的心得,如从己出,然后再阅读《五经》,然后应物、处事。

正是因为如此,薛季宣为学强调先《四书》学而后《五经》,并在思想体系上承传了二程“体用一源,显微无间”的思想,强调道体与致用当为一体,不可分离,他说:

> 夫道之不可迩,未遽以体用论。见之时措,体用疑若可识,卒之何者为体,何者为用?即以徒善徒法为体用之别,体用固如是耶?上形下形,曰道曰器,道无形埒,舍器将安适哉?且道非器可名,然不远物,则常存乎形器之内。昧者离器于道,以为非道遗之,非但不能知器,亦不知道矣!①

在薛季宣看来,道器不可分离,它们彼此是表里如一的关系,如果强行割裂,离器言道,或离道言器,不但不能识得道器本身,反而会差之毫厘,谬以千里。薛季宣“道器合一”的主张其实是想表述日常行事离不开道德修养,道德修养应当致用,而这种思想理路与二程所言的“体用一源,显微无间”颇为近似,而其思想旨趣也与二程等人经世致用的主张一脉相承。总而言之,有体有用、内外兼备是薛季宣经学的基本特点所在。也正是因为如此,劳思光将薛氏之学看成是“程门之别传”②。

薛季宣经学思想从心性理命转向经制、事功,其师袁溉有直接的影响作用。袁溉曾经以程颐为师,得程颐真传。对此,陈亮曾记

---

① [宋]薛季宣:《浪语集》卷二十三《答陈同父书》,影印文渊阁《四库全书》本,台北:台湾商务印书馆,1986 年版,第 369 页。

② 劳思光《新编中国哲学史》云:“永嘉学派肇始于薛季宣,而薛氏受学于袁溉(道洁)。袁溉世传曾学于伊川之门,故薛氏之学可说为程门之别传。”(劳思光:《新编中国哲学史》(三上),桂林:广西师范大学出版社,2005 年版,第 263 页。

载了薛季宣弟子陈傅良的言谈之语并说道：

> 吾友陈傅良君举为余言，薛季宣士隆尝从湖襄间所谓袁道洁者游，道洁盖及事伊川，自言得伊洛《礼》书。①

这里的袁道洁即袁溉，陈傅良认为，袁溉曾师从程颐为学，精于《易》学、《礼》学，《宋元学案·刘李诸儒学案》中也称："先生（袁溉）学，自《六经》百氏，下至博弈小数，方术兵书，无所不通。"②可以看出，袁溉师从程颐为学，属于程颐再传弟子，但他为学博杂，并非专于内圣之学，且其学术旨趣已经发生了很大的变化，即对于《礼》学、经史百家、名物典制都颇有兴趣，且"无所不通"。其卒后著述颇丰，根据谢山《学案劄记》所载，袁溉撰有《书古文训义》《诗性情说》《春秋经解指要》《大学说》《论语小学约说》《伊洛礼书补亡》《伊洛遗礼》《通鉴约说》《汉兵制》《九州图志》《武昌土俗编》，校雠《阴符》《山海经》《风后握奇经》等③，这些都表明了袁溉对经史百家的精通，为学相当博杂。袁溉的"博杂"之学对弟子薛季宣关注经制、事功之学产生了最为直接的影响，《宋史》本传就称：

> 季宣既得溉（袁溉）学，于古封建、井田、乡遂、司马法之制，靡不研究讲画，皆可行于时。④

《宋元学案》亦称：

---

① ［宋］陈亮：《龙川集》卷十四《伊洛礼书补亡序》，影印文渊阁《四库全书》本，台北：台湾商务印书馆，1986年版，第622页。

② ［清］黄宗羲原著，全祖望补修：《宋元学案》卷三十《刘李诸儒学案》，北京：中华书局，1986年版，第1691页。

③ ［清］黄宗羲原著，全祖望补修：《宋元学案》卷三十《刘李诸儒学案》，北京：中华书局，1986年版，第1691页。

④ ［元］脱脱等：《宋史》卷四百三十四《薛季宣传》，北京：中华书局，1977年版，第12883页。

> 道洁(袁溉)之学，自《六经》百氏，下至博弈小数、方术兵书，无所不通。先生(薛季宣)得其所传，无不可措之用也。……季宣既得道洁(袁溉)之传，加以考订千载，凡夫礼乐兵农莫不该通委曲，真可施之实用。①

可以看出，薛季宣深得其师袁溉治学的精髓，对“古封建、井田、乡遂、司马法”等礼制、兵农等都有深入的了解，“靡不研究讲画”“加以考订”，而这些都能够满足现实社会的需要，所谓“皆可行于时”“真可施之实用”。可以说，薛季宣在经学上已经摆脱了拘泥于“格物穷理”“修身养性”的性理之学的束缚，积极根据现实的需要，兼治经史百家之学，以期经世致用。可以说，薛季宣作为永嘉之学的重要传承者，开始将注重性理之学的永嘉之学带向注重事功之学的发展路途之上，由此成为永嘉之学学术思想的转关者。其后，其弟子陈傅良、叶适在其基础上，更加强调事功之学，并最终使经制、事功之学成为永嘉之学的主要特征，与朱熹理学、陆九渊心学并立于世。

二、“当以经为据依”，精于经义考辨

薛季宣治经，强调以经文本身为主，传注、经解都只不过是辅助。在他看来，对于经典本身的理解就必须基于精确详细、实事求是的考证，既不能轻信历代传文，更不能牵强附会，如其所谓：

> 学经而他求于传，不若专意于经。传皆不同，则经学之文，不几于惑矣。②

---

① ［清］黄宗羲原著，全祖望补修：《宋元学案》卷五十二《艮斋学案》，北京：中华书局，1986 年版，第 1691 页。

② ［宋］薛季宣：《浪语集》卷二十四《答何商霖书三》，影印文渊阁《四库全书》本，台北：台湾商务印书馆，1986 年版，第 393 页。

> 圣人之道行于古，圣人之法具于经。学者不务穷经，泥夫师说，故圣人经法则晦以不明。士当以经为据依，断然不惑于习，略去众多之论，以尽其心，夫然后圣典森然无不得也。①

薛季宣认为理解圣人之道在于儒家经典，所以欲明圣人之道，就必须“专意于经”，不可拘泥于传注与师说，否则圣人之道法“晦以不明”。唯有“舍传求经”，方可以不惑于传注之学，如此经义“森然无不得也”。这一点与中唐啖助、赵匡、程颐等人所强调的“舍传求经”，注重微言大义的经学思想一脉相承。可以说，薛季宣强调治经要学会“怀疑”，唯有此才可以静心考辨，一字一义才有确切的理解与解释，不会怀疑则不善学，他说：

> 读书欲有所疑，此伊洛先生语也。吾人于学，未能了了于不疑之际，夫不疑者，盖无所自见，不然则蛙之在井，圣言天远，宁俄而可料哉？惟善学者，未能无疑。疑者，问辩之所由生也。谆谆之云，何造道之深也！②

薛季宣继承了二程为学善疑的习惯，“善学者，未能无疑”，认为善疑可以培养自己独特的见解，只要善疑，“问辩”才可以产生，才可以博览群籍，精于考证，以定是非曲直。正是因为如此，薛季宣博览经史百家之学，精于考订、自成一家。如四库馆臣所说：

> 季宣学问最为淹雅，自《六经》、诸史、天官、地理、兵农、乐律、乡遂、司马之法，以至于隐书小说、名物象数之细，靡不搜采研贯。故其持论明晰，考古详核，不必依傍儒先余绪，而立

---

① ［宋］薛季宣：《浪语集》卷二十七《书庄季绰揲蓍新谱》，影印文渊阁《四库全书》本，台北：台湾商务印书馆，1986 年版，第 420 页。

② ［宋］薛季宣：《浪语集》卷二十四《答何商霖书一》，影印文渊阁《四库全书》本，台北：台湾商务印书馆，1986 年版，第 390 页。

说精确，卓然自成一家。①

薛季宣为学“最为淹雅”，对儒经、史籍、兵农、地理，甚至小说、名物，“靡不搜采研贯”，并且对之进行考辨分析，不惑于前人所说，可谓是“立说精确，卓然自成一家”。可以看出，薛季宣注重训诂之学，并在此基础上探究名物典制、事功之学，这与当时南宋初年空谈性理之学的学者俨然不同，这为永嘉之学与性理之学鼎立并存奠定了坚实的文献基础。

薛季宣认为对于儒家经典的解读方式，他传承了二程诚敬、自得之法，认为只有如此方可以体认经典的真正意涵，他说：

文、武之道，具在方策，其人存，其政举，苟非其人，道不虚行，要须自得之也。学不至于“不识不知，顺帝之则”，竟亦何用？有如未办澡心藏密，莫若去故去智。古人读书百遍，其义自见，未易以浅近夺，信能反复涵泳，会当有得。得之大小，则系乎精诚所至。时文称于一经之内，有一言之悟，则《六经》之义粲然矣，不可以人废言也。②

在薛季宣看来，对于经典所蕴含的圣人之道，就必须反复体悟，“自得之也”。他希望阅读经典能够以至诚的心态，反复涵泳体悟，自然有得。所谓“反复涵泳，会当有得。得之大小，则系乎精诚所至”。

薛季宣的经学，注重对心性义理的自觉体悟，但对于小学考证训诂、名物典制之学也颇为重视，他说：

古人以小学训习童蒙，皆大学之具也。大学之道，但神而

---

① ［清］纪昀等：《四库全书总目》卷一百六十《浪语集》提要，北京：中华书局，1997 年版，第 2142 页。

② ［清］黄宗羲原著，全祖望补修：《宋元学案》卷五十二《艮斋学案》，北京：中华书局，1986 年版，第 1693 页。

明之尔。小学之废久矣，为大学者失其心之地，流于异数，不过空寂之归。开物成务之功，宜无望于贤者，但令良心不泯，天理岂外于人耶！反而求之，莫若存其大者，积小以成其大，是又不可忽也。①

薛季宣认为，小学考证训诂之学虽然简单，但却是体悟、践履大学之道的基础，如果只是一味地强调正心诚意、修齐治平，那么大学之道就有可能“流于异数，不过空寂之归”，在他看来，道德性命之学、开物成务之功固然重要，但小学即是大学之具，自然“不可忽也”。他希望通过小学的工夫，对儒经本身有确切的理解，方可不惑于传注与异端之学。与此同时，他还主张在解读经典时，须本着“无征不信”的原则，即对经典之内容、字句要仔细考辨，而不是信从传注之说。如关于经典中“河图”“洛书”的存在与否，薛季宣曾说：

《易·系》：“天垂象，见吉凶，圣人象之；河出图，洛出书，圣人则之。”其言盖有叙，观之以理，无晦也。说者或谓河图、洛书本皆无有，圣人为此说者，以神道设教也。是非惟不知圣人，则不达不言而化之义，乌足与较是非理道哉？或者又以为当伏羲之时，河尝出龙马负图，自神农至于周公，洛水皆出龟书，此则似是而非，无所考征；就龙龟之说，成无验之文，自汉儒启之，百世宗之，征引释经，如出一口，而圣人之道隐，巫史之说行；末世暗君，洎夫乱臣贼子据之假符命、惑非彝，为天下患害者，比比而是，圣人忧深虑远，肯为此妖伪残贼哉！盖亦有其说已，传注求其事而弗得，于是乎讬汗漫以驾其迂诬，虽

① ［宋］薛季宣：《浪语集》卷二十三《答石应之书》，影印文渊阁《四库全书》本，台北：台湾商务印书馆，1986年版，第370页。

知惑世诬人，不暇恤也。①

在薛季宣看来，河图、洛书出于经典《周易·系辞》，本是圣人之言，且史书有载，自然确有其事。如果说，河图、洛书是圣人为了神道设教而作伪，则是妄说。认为伏羲时代就出现了龙马负图，神农至于周公，“洛水皆出龟书”，则是“似是而非，无所考征”，加上汉儒的渲染，后代皆信之，以至于乱圣人之道，祸害天下。所以，薛季宣认为只有征验之言、之物，方可以信从，否则“惑世诬人”，贻害无穷。薛季宣他反对记诵之学，虽然他尊崇周敦颐、二程等人，但反对惟师说师从，其弟子陈傅良曾评价他说：“语不及功利，平生所推尊，濂溪、伊洛数先生而已。告学者则曰：‘毋为徒诵语录。’”②

三、注重《六经》之学，强调《周礼》礼法

薛季宣与当时张栻、朱熹一样注重《四书》“修身明德”，但相比之下，他对《六经》也极为关注，希望发掘《六经》经世济用的思想，他说：

> 巧匠不世出，其法具乎规矩绳墨。圣人不世出，其言在乎《礼》《易》《诗》《书》。然则《礼》《易》《诗》《书》与夫规矩绳墨，往之所以贻后，今之所以求古也。即规矩绳墨以为员方，虽非巧匠，而巧匠之制作于此乎在。由《礼》《易》《诗》《书》以趋理义，虽非圣人，而圣人之精诚备于吾身。学者为道而舍

① ［宋］薛季宣：《浪语集》卷二十七《河图洛书辨》，影印文渊阁《四库全书》本，台北：台湾商务印书馆，1986 年版，第 415 页。

② ［宋］陈傅良：《止斋集》卷五十一《右奉议郎新权发遣常州借紫薛公行状》，影印文渊阁《四库全书》本，台北：台湾商务印书馆，1986 年版，第 907 页。

经,犹工人而去其规墨也,虽有工垂之指,其能制器乎!①

在薛季宣看来,《六经》如同工匠的"规矩绳墨",它们是圣人之道的重要载体,是治国安邦的重要指南,所谓"不读《诗》《书》《易》《春秋》,则不知圣人之心"②。王道政治的理念都载于《六经》,只要真正体悟了圣人之意,就可以实现王道政治:

> 文武之道具在方册,其人存其政举,苟非其人道不虚行,要须自得之也。……古人言:"读书百遍,其义自见。"未易以浅近夺,信能反复涵泳,会当有得,得之小大,则系乎精诚所至。时文称,于一经之内有一言之悟,则《六经》之义粲然矣。③

在他看来,三代王道政治都体现在《六经》之中,所以为学一定要"反复涵泳",真正体悟经典之精髓,"自得"于心,将之转化为自己的价值理念,就可以真正实践《六经》之义,重建新的社会政治秩序。

在诸经之中,薛季宣非常重视《周易》,他认为"《六经》之义,于《易》备焉"④,薛季宣将《周易》看成是《六经》之义的渊薮,并认为天道人事、阴阳造化,"靡不备在此书":

> 圣人之道,先王之治,君子小人之事,工师卜祝之流,幽而鬼神,远而造化,凡有可推之数,可形之象,可行之事,靡不备

---

① [宋]薛季宣:《浪语集》卷三十《论语直解序》,影印文渊阁《四库全书》本,台北:台湾商务印书馆,1986年版,第476页。

② [宋]薛季宣:《浪语集》卷三十《书古文训序》,影印文渊阁《四库全书》本,台北:台湾商务印书馆,1986年版,第479页。

③ [宋]薛季宣:《浪语集》卷二十三《答沈应先书》,影印文渊阁《四库全书》本,台北:台湾商务印书馆,1986年版,第374页。

④ [清]黄宗羲原著,全祖望补修:《宋元学案》卷五十二《艮斋学案》,北京:中华书局,1986年版,第1693页。

在此书。微若《书》不可言,亦求斯得之矣。①

他经虽玄妙难拟,要皆自《易》出也。夫《礼》《乐》,王政之纪纲;《诗》《书》《春秋》其已事也。凡名数、声音、性命、事物之理,非《易》无自见也。《六经》之道,《易》为之宗,故他经亡而《易》传不殊,其书之存也。……夫《易》之为书,广大悉备,尽天地万物之道者也,辞、占、象、数皆其一物。……欲明圣人之意,舍故书,何稽乎?②

《易》,《六经》之源委也。作《易》之道,始于揲蓍。其法详著《系辞》,可按以考也。自脱于秦火,师法纷纶,而经暗不通,举世罔知攸定,士眂先儒为用,久且不疑,旅出一途而蓍法隐矣。③

他认为《周易》是《六经》的思想渊源,"《易》,《六经》之源委也","他经虽玄妙难拟,要皆自《易》出也",天地万物之理、圣人之道都体现在《易》中。他认为"名物、声音、性命、事物之理,非《易》无自见也",薛季宣对《周易》给予了高度的评价,尤其对《周易》所讲求的"通变救敝"的思想颇为关注,并将《周易》作为其政治思想的重要依据,主张变革行政,以重建新的社会政治秩序。薛季宣对《周易》的重视,并将之看成天地万物、开物成务之源头,强调通过变革当时的制度,以解决当时所面临的社会政治危机。

薛季宣除了将《易》看成天地万物的根源之外,他非常强调三

---

① [清]黄宗羲原著,全祖望补修:《宋元学案》卷五十二《艮斋学案》,北京:中华书局,1986年版,第1693页。

② [宋]薛季宣:《浪语集》卷二十七《书古文周易后》,影印文渊阁《四库全书》本,台北:台湾商务印书馆,1986年版,第419页。

③ [宋]薛季宣:《浪语集》卷二十七《书庄季绰揲蓍新谱》,影印文渊阁《四库全书》本,台北:台湾商务印书馆,1986年版,第420页。

《礼》学，尤其是《周礼》："周之礼法为天下之纪纲者，顾不大乎？虽然纪纲之于周，犹为法度而已，如其仁义，此周之所以得民。存乎其人，则《礼》《乐》《诗》《书》在也。文中子之居家，也不暂舍《周礼》。曰：先师以为王道，极是也。如有用我，则执《周礼》。曰：先师以王问礼法，其敢舍《周礼》而对？"①他认为《周礼》是周代王道政治的"纲纪""法度"，此"周之所以得民"，他认为如果实行三代王道政治，非《周礼》不行，即希望从政治制度的重建入手，从而实现社会的治理。

总之，薛季宣注重将《六经》中有关社会政治治理的思想运用到具体社会事务上，而不是空谈经义，注重"学以致用"，教导学者"求经学之正，讲明时务本末利害，必周知之，无为空言，无戾于行"②。为学主张实事实功，"教人就事上理会，步步着实。言之必使可行，足以开物成务"，主张所学要有"用处"。反对空谈义理性命，认为"自附道者，于古今事物之变，不知为何等"③，全无用处，为此薛季宣撰写了多篇有关抗金、天赋、兵制、水利等方面的文章，并直接上书朝廷，希望能够付诸实施。在薛季宣的经学思想中，研究儒经的目的在于服务于社会政治，旨在解决社会具体问题，正如黄宗羲所云："永嘉之学，教人就事上理会，步步著实，言之必使可行，足以开物成务。"④总而言之，薛季宣作为

① ［宋］薛季宣：《浪语集》卷二十八《策问 · 拟策第一道》，影印文渊阁《四库全书》本，台北：台湾商务印书馆，1986 年版，第 429 页。

② ［宋］薛季宣：《浪语集》卷二十五《答象先侄书》，影印文渊阁《四库全书》本，台北：台湾商务印书馆，1986 年版，第 395 页。

③ ［清］黄宗羲原著，全祖望补修：《宋元学案》卷五十二《艮斋学案》，北京：中华书局，1986 年版，第 1696 页。

④ ［清］黄宗羲原著，全祖望补修：《宋元学案》卷五十二《艮斋学案》，北京：中华书局，1986 年版，第 1696 页。

永嘉学派学术转型的一位关键人物，对于永嘉经学走向事功有直接的促进作用。

纵观而说，薛季宣经学思想的特征在于，薛季宣作为永嘉之学的奠基者，他注重性理之学，且博采经史百家之学，注重名物典制、历史沿革，精于考证，推崇《四书》，尤重《六经》，有体有用。他研习经学，注重思想义理，而非章句训诂之学，希望通过发掘《六经》中的政治思想以服务于现实社会政治秩序的重建。孙师旦在《浪语集·后序》中对薛季宣作了整体的评价，他说："盖伯祖（薛季宣）治学，有根有叶，有源有流，本末精粗，内外如一。不变今，不泥古，措之事业，无非实学实理也。"正是薛季宣对经制之学的重视，直接推动了陈傅良、叶适等人对事功之学的重视，也就是陈、叶等人进一步探究经制、事功之学，提倡"务实不务虚"，使事功思想进一步严密和系统化，从而形成了独具特色的永嘉学派。

宋代永嘉之学起源甚早，在庆历时期便有王开祖首开永嘉义理之学的先河，"永嘉师道之立，始于儒志先生王氏"。[①] 南宋永嘉学者陈谦视王开祖为"永嘉理学开山祖"[②]。到了神宗又有"元丰九先生"，他们以二程洛学、张载关学为宗，注重性命道德之学。南宋初年，又有郑伯熊、郑伯英等传承性理之学，不过他们也兼重事功之学。薛季宣作为"二郑"之学的传人，除了研习二程性理之学之外，更将精力集中于事功之学之上。可以说，永嘉学派在从性理之学转向事功之学的过程中，他起到了直接的推动作用。薛季宣

① ［清］黄宗羲原著，全祖望补修：《宋元学案》卷六《士刘诸儒学案》，北京：中华书局，1986 年版，第 254 页。

② ［清］孙诒让：《温州经籍志》卷十四《子部》，民国十年刻本，第 365 页。

在经学思想上，注重“内圣外王”的统一发展，不过较永嘉学派早期注重性理之学而言，他已将重心转向了事功之学。随后，其后传弟子陈傅良、叶适等人在其基础上，进一步强化了对事功之学的重视，并最终确立于南宋时期永嘉事功之学与朱熹理学、陆九渊心学相并立的思想格局。就当时的思想格局而言，薛季宣为主的永嘉学派注重事功，与吕祖谦所创的金华学派、陈亮所创的永康学派遥相呼应，并最终形成了与朱熹理学、陆九渊心学相并存的一大学派——浙东学派，对后世产生了深远的影响。

第二节　陈傅良与经制、事功经学的发展

陈傅良（1137—1203），字君举，号止斋，谥文节。温州瑞安人。出身贫民家庭，自幼奋发好学。乾道八年进士，官至中书舍人，宝谟阁待制，谥文节。陈傅良为二程后学，曾师郑伯熊，又问学于永嘉学派创始人薛季宣。他与张栻、吕祖谦交游甚多，《宋史·陈傅良传》载：“（陈傅良）及入太学，与广汉张栻、东莱吕公祖谦友善。祖谦为言本朝文献，相承条序，而主敬集义之功，得于栻为多。”①陈傅良虽然曾多次与张栻、吕祖谦论学讲道，在早期受到二人的影响甚大，“然两先生皆莫能以止斋（陈傅良）为及门”②。后人将陈傅良视为薛季宣之嫡传，为永嘉学派的中坚人物。《宋元学案》称：“永嘉诸子，皆在艮斋师友之间，其学从之处，而又各有不同。止斋

① ［元］脱脱等：《宋史》卷四百三十四《陈傅良传》，北京：中华书局，1977年版，第12886页。

② ［清］黄宗羲原著，全祖望补修：《宋元学案》卷五十三《止斋学案》，北京：中华书局，1986年版，第1711页。

最称醇恪,观其所得,似较艮斋更平实,占得地步也。”①

在陈傅良的学说体系中,与其他浙东诸儒一样,经学是其学说思想的基础。他曾撰有《诗解诂》《周礼说》《春秋后传》《左氏章指》等。但前贤时哲对其的研究实际上多就事功思想本身进行言说,而鲜有对其经学及思想进行深入探究②,这对于深入理解陈傅良的思想来说无疑是不利的,所以探讨陈傅良经学的思想渊源、诠释特征及思想显得极为必要。

一、传承二程之学,更加强调事功之学

陈傅良曾受业于国子祭酒芮烨。与此同时,他又问学于薛季宣。薛季宣卒于乾道九年(1173),陈傅良与薛的交往,当始于隆兴元年(1163),并受到了薛季宣的指导,陈傅良自己曾说:

> 一日与薛公语,恍然若有所失。乃独潜心《易》《论语》二书,求古圣贤所以穷理尽性之要,近思深探,弗造其极致弗措也。既而薛公客晋陵,公往从之。薛公与公语,合喜甚益。相与考论三代、秦汉以还兴亡否泰之故,与礼乐刑政损益同异之际。盖于书无所不观,亦无所不讲。③

---

① [清]黄宗羲原著,全祖望补修:《宋元学案》卷五十三《止斋学案序录》,北京:中华书局,1986 年版,第 1710 页。

② 学术界也有一些学者对陈傅良的经学及思想有所涉及,这对于我们继续深入研究陈傅良的经学思想提供了重要的铺垫和启示,如高威:《陈傅良思想研究》,暨南大学硕士学位论文,2008 年 5 月。朱晓鹏:《从陈傅良的思想特质看永嘉学派的思想史地位和学派归属》,《浙江学刊》,2011 年第 5 期。俞兆鹏:《论陈傅良的民本思想》,《南昌大学学报》(人文社科版),2009 年第 2 期。

③ [宋]陈傅良:《止斋集》附录《蔡幼学行状》,影印文渊阁《四库全书》本,台北:台湾商务印书馆,1986 年版,第 924 页。

可以看出，陈傅良受到薛季宣的提示，开始所学并非是治国安邦、礼乐刑政之事，而是“潜心《易》《论语》二书，求古圣贤所以穷理尽性之要”，所言皆心性道德之学。随后，陈傅良随薛季宣于常州，才与薛季宣探讨治乱兴衰、礼乐刑政之学，即着眼于“外王”之事。由此可见，其学兼具“内圣”“外王”两个方面。由于陈傅良和薛季宣一样，都曾研习二程洛学，故被视为程门之后，《宋元学案》将陈傅良视为二程三传。另外，陈傅良还曾师从郑伯熊，伯熊乃是程门周行己的弟子。但是相比较而言，陈傅良受到薛季宣的影响更多，《宋史·陈傅良传》云：“当是时，永嘉郑伯熊、薛季宣皆以学行闻，而伯熊于古人经制治法，讨论尤精，傅良皆师事之，而得季宣之学为多。”①

陈傅良受到郑伯熊、薛季宣的影响之外，还曾得到湖湘学派的张栻、金华学派的吕祖谦的启示。乾道六年(1170)，在太学的陈傅良与张栻、吕祖谦互相交游问学，蔡幼学《行状》中称：

> 过都城，始识侍讲张公栻、著作郎吕公祖谦，数请问，扣以为学大指，互相发明。二公亦喜得友，恨见公之晚。是岁，乾道六年也。②

张栻、吕祖谦皆是当时大儒，为学除了注重心性道德之学，也倡导通经致用，陈傅良见到张、吕二人，彼此问学，“互相发明”，受到张、吕的欣赏。吕祖谦曾对他说：“本朝文献相承，所以垂世立国

---

① [元]脱脱等：《宋史》卷四百三十四《陈傅良传》，北京：中华书局，1977年版，第12886页。

② [宋]陈傅良：《止斋集》附录《蔡幼学行状》，影印文渊阁《四库全书》本，台北：台湾商务印书馆，1986年版，第924页。

者，然后学之内外本末备矣。”①受到吕祖谦的教诲，着力于文献经制之学，并将之付诸现实社会政治的改造，叶适在《陈公墓志铭》中说：

> 公犹不已，年经月纬，昼验夜索，询世旧、翻吏牍、搜断简，采异闻，一事一物，必稽于极而后止。千载之上，珠贯而丝组之，若目见而身折旋其间。吕公以为其长，不独在文字也。公既实究治体，故常本原祖宗德意，欲减重征，捐末利，还之于民。省兵薄刑，期于富厚。②

陈傅良在吕祖谦的影响下，并不满足于对“内圣外王之道”的学习，还广泛搜集各种文献，格物穷理，以至于对千年以来历史、掌故、传说、制度等都有深刻的认识。不仅如此，他还希望朝廷以祖宗治国经验，古为今用，贯彻德治，以求国家中兴。所以，陈傅良之学虽然受到当时张栻、吕祖谦等人心性之学的影响，但最终还是讲求通经术以致用，故四库馆臣也说：“傅良之学终以通知成败，谙练掌故为长，不专于坐谈心性。”③可以说，陈傅良学术渊源广泛，但最终还是“得季宣之学为多”④。当然，陈傅良注重事功之学，也与同时代的陈亮交游有一定的关系，两人的交往当始于乾道六年(1170)，当时陈傅良与同在太学的陈亮拜芮烨为师，“龙川在太学，尝与陈止斋

---

① ［宋］叶适：《水心集》卷十六《宝谟阁待制中书舍人陈公墓志铭》，影印文渊阁《四库全书》本，台北：台湾商务印书馆，1986 年版，第 302 页。

② ［宋］叶适：《水心集》卷十六《宝谟阁待制中书舍人陈公墓志铭》，影印文渊阁《四库全书》本，台北：台湾商务印书馆，1986 年版，第 302 页。

③ ［清］纪昀等：《四库全书总目》卷一百五十九《止斋文集》提要，北京：中华书局，1997 年版，第 2129 页。

④ ［元］脱脱等：《宋史》卷四百三十四《陈傅良传》，北京：中华书局，1977 年版，第 12886 页。

等为芮祭酒(烨)门人"[①]。陈亮将陈傅良视为"族兄",为仅次于吕祖谦的挚友,曾有"四海相知惟伯恭一人,其次莫如君举"[②]的话。两个人经常一起论学,成为当时事功思想主张的相互援引者。不仅如此,陈傅良与晚辈的叶适交游也甚多[③],这对于其事功思想的强化也有一定的作用。

陈傅良是永嘉事功之学发展历程中的关键人物,由早期二程洛学的继承者逐渐转变事功学派的中坚。他将薛季宣注重事功的思想做了一进步的发展,使永嘉之学的学术宗旨彻底转向了事功。永嘉之学集大成者叶适在其《温州新修学记》中也曾云:

> 薛士隆愤发昭旷,独究体统,兴王远大之制。叔末寡陋之术,不随毁誉,必摭故实,如有用我,療复之方具在。至陈君举尤号精密,民病某政,国厌某法,铢称镒数,各到根穴,而后知古人之治,可措于今人之治矣。故永嘉之学,必弥纶以通世变者,薛经其始,而陈纬其终也。[④]

较薛季宣而言,陈傅良基本上继承了薛季宣探寻《六经》本义,注重经制的特点,其经学与思想更加趋向实用,"尤号精密,民病某政,国厌某法,铢称镒数,各到根穴,而后知古人之治,可措于今人之治矣",故"薛经其始,而陈纬其终也"。陈傅良的注重事功,他精通经济、税法、赋役、典制,对宋代社会问题了解颇为深刻。作为一名儒

---

① [清]黄宗羲原著,全祖望补修:《宋元学案》卷五十六《龙川学案》,北京:中华书局1986年版,第1830页。

② [宋]陈亮:《龙川集》卷二十一《与吴益恭安抚》,影印文渊阁《四库全书》本,台北:台湾商务印书馆,1986年版,第718页。

③ 陈欣、方如金:《陈傅良交游考略》,载《安徽师范大学学报》(人文社科版),2008年第3期。

④ [宋]叶适:《水心集》卷十《温州新修学记》,影印文渊阁《四库全书》本,台北:台湾商务印书馆,1986年版,第217页。

士大夫，陈傅良历仕孝宗、光宗、宁宗三朝，为统治阶层中的一员，他非常关心民生问题，认为民生问题乃是安邦定国、国家稳定的根本所在，在其《文集》中有大量关于民生问题的探讨，不仅如此，他还多次上书皇帝强调民生、民心的重要性。他在其《民论》一文中说：

天下之事，有可畏之势者易图，而无可畏之形者难见也。易图者亦易应，难见者必难支。故明智之君不畏夫方张之敌国，而深畏夫未见其隙之民心。盖民心之摇惨于敌国之变，其变之迟者其祸大，而患在于内者必不可以复为也。①

陈傅良认为，作为统治者经常注意到“可畏之势”的敌国外患，而很少关注“无可畏之形者”的民心，他认为民心动摇，其祸大要远胜过“敌国之变”，所以作为统治者一定关注民心、民生事业。陈傅良对民生的关注，来源于孟子民本思想，更是基于对南宋时期社会问题的思考。即使面临北方金国的侵扰，在陈傅良看来，解决此问题的关键在于“结民心”，而不是单纯地恢复故土，他说：

臣之所谓恢复，非论边事以希戎功之谓，而结民心以祈天命之谓也。往者渡江诸臣，僇力讨贼，大义明矣，竟无所成，陛下亦尝究其所以失欤？不鉴前辙而以重敛济师，以王、蔡之遗法，图寇、邓之高勋，一战之余，民力已屈。纵微秦桧，其势不得不出于和。后之议臣不务反此，乍和乍战，莫知攸济。臣请略陈祖宗立国深仁厚泽之意，与熙、丰、崇观以来用事者之纷，更动危邦本以致边兵之祸。迄于渡江，理财本末，陛下详览而审择焉，则兴衰之分决矣，是恢复果在此而不在

① ［宋］陈傅良：《止斋集》卷五十二《民论》，影印文渊阁《四库全书》本，台北：台湾商务印书馆，1986年版，第911页。

彼也。①

陈傅良所言的恢复中原，并非是探讨强调通过战争，而是希望通过“结民心”、注重民生的方式。否则通过“重敛济师”，只会让民生更加困顿，陷入了“乍和乍战”的恶性循环之中。他认为宋初以来的“边兵之祸”，其实就是源于对祖宗“深仁厚泽之意”的忽略，横征暴敛，导致了夷狄入侵。所以，陈傅良希望重民生、结民心，以此恢复邦本，然后再图复兴大业。由此可以看出，陈傅良与当时众多官僚士大夫的观点不同：不是单纯地强调军事决战，而是注重民本、巩固立国之基，实现了民富国强，从而最终掌握战争的主动性。相对于其师薛季宣而言，陈傅良更注重事功思想的现实落实，正如有的学者所言：“（陈傅良）对宋代的政治经济制度进行深入研究，致力于改革时政，把薛季宣的事功思想应用于实践，使之在实践中得到进一步充实和发展。”②

纵观来看，永嘉之学发展到陈傅良，已经将早期永嘉之学恪守二程之学，并以此为基础探究性命之学的旨趣彻底转向了经制、事功方向，这一点如《宋元学案》所云：

> 伊洛之学，东南之士自龟山、廌山之外，绍兴以后，言理性之学者，宗永嘉。艮斋后出，加以考订千载，自井田、王制、《司马法》《八阵图》之属，该通委曲，真可施之实用。先生既得之，而又解剥于《周官》《左史》，变通当世之治，具条画，本末粲如也。③

---

① ［宋］陈傅良：《止斋集》卷十九《赴桂阳军拟奏事劄子第二》，影印文渊阁《四库全书》本，台北：台湾商务印书馆，1986 年版，第 652 页。

② 高威：《陈傅良思想研究》，暨南大学硕士学位论文，2008 年 5 月。

③ ［清］黄宗羲原著，全祖望补修：《宋元学案》卷五十三《止斋学案》，北京：中华书局，1986 年版，第 1710 页。

由此可见，从二程开始，经由永嘉元丰九先生，尤其是许景衡、周行己将二程之学传往永嘉之后，在南宋初年，永嘉之地的郑伯熊、郑伯英等人已经成为继杨时、游酢之外，探讨性命之学的重要代表人物。但是自薛季宣受到袁溉、吕祖谦等人的影响，学术旨趣开始兼重事功之学，到陈傅良时期，永嘉之学已经彻底将经制、事功之学转变为经学的主要旨趣，随着叶适集前贤之大成，永嘉之学成为当时事功之学的代表。对于陈傅良之经制、事功之学的具体特征，后人亦有评价云：

> 公淹贯《六经》，包括百氏，洞彻天人之奥，而于历代经制大法，与夫当世制度沿革失得之故，稽验钩索，委曲该洽。①

可以说，永嘉之学发展到陈傅良，最为平实。对此，四库馆臣对永嘉之学作以总括云：

> 自周行己传程子之学，永嘉遂自为一派，而傅良及叶适尤其巨擘。本传称永嘉郑伯熊、薛季宣皆以学行闻，伯熊于古人经制、治法，讨论尤精。傅良皆师事之，而得季宣之学为多。及入太学，与广汉张栻、东莱吕祖谦友善。祖谦为言本朝文献相承，而主敬集义之功，得于栻为多。然傅良之学，终以通知成败，谙练掌故为长，不专于坐谈心性，故本传又称傅良为学，自三代、秦汉以下，靡不研究，一事一物必稽于实而后已，盖记其实也。②

四库馆臣所言，说明了陈傅良继承了郑伯熊、薛季宣的学问，将毕生的精力转向了治乱兴衰成败，治国安邦之术，而非“坐谈心性”。

---

① ［宋］陈傅良：《止斋集·序》，影印文渊阁《四库全书》本，台北：台湾商务印书馆，1986 年版，第 500 页。

② ［清］纪昀等：《四库全书总目》卷一百五十九《止斋集》提要，北京：中华书局，1997 年版，第 2129 页。

陈傅良更注重“闻见之知”,而非“德性之知”。他既不像吕祖谦那样执着于文献考订之功,也不像张栻、朱熹那样注重格物致知以求经义发挥,他更多的是从实际出发,探究政治、社会方面的治理。在陈傅良看来,圣人之道实则是寓于事功之学之中,所谓“器便有道,不是两样。须是识礼乐法度皆是道理”①。这与薛季宣道器不离的思想一脉相承。可以说,陈傅良在薛季宣的基础上,更加强调事功之学的重要性。陈傅良此种观点,与朱熹、张栻等专注于“道体”“工夫”,而鲜于论及事功思想颇有不同。

二、推尊《六经》之学,尤重《周礼》礼制

陈傅良基本上继承了薛季宣注重经制、事功的学术特点,他对于《六经》非常推崇,提出了“《六经》之义,兢业为本”②的经学宗旨,他说:

> 《六经》之义,兢业为本。《诗》可以言,《礼》可以立,玩味服行,自觉粗厉,此某近所窥见且以勉同志者。③
>
> 《六经》之教与天地并,区区特从管窥见得兢业一节,足了一生受用。④

可以看出,他对《六经》甚为推崇,并将《六经》视为修身、齐家、治国的重要法典。不仅如此,在陈傅良看来,研习《六经》的目的在于将

---

① [宋]黎靖德编:《朱子语类》卷一百二十,北京:中华书局,1986年版,第2896页。

② [宋]陈傅良:《止斋集》卷三十七《与吕子约二》,影印文渊阁《四库全书》本,台北:台湾商务印书馆,1986年版,第788页。

③ [宋]陈傅良:《止斋集》卷三十七《与吕子约二》,影印文渊阁《四库全书》本,台北:台湾商务印书馆,1986年版,第788页。

④ [宋]陈傅良:《止斋集》卷三十七《与沈叔晦》,影印文渊阁《四库全书》本,台北:台湾商务印书馆,1986年版,第793页。

圣人之道转化为自己的实际行动，“玩味服行”，如果能如此，“一生受用”。可以说，“《六经》之义，兢业为本”，反映了陈傅良通经致用的治经思想，也由此将永嘉事功之学推向新的高度。正如有的学者所言：“‘《六经》之义，兢业为本’的提出，使他的治学进入一个新境界。如果说此前，他对理学的理论观点还存有某些模糊认识的话，那么自此，他终于与理学划清了思想界线，抱定了求实致用的宗旨，把事功之学，提升到一个新阶段。”①

陈傅良注重发挥《六经》中所蕴含的经世济用的道理，这与当时程朱理学家借助儒经修身养性有所不同，其弟子曹器远就曾说：

> 自年二十从陈先生，其教人读书，但令事事理会，如读《周礼》，便理会三百六十官如何安顿；读《书》，便理会二帝三王所以区处天下之事；读《春秋》，便理会所以待伯者予夺之义。②

陈傅良对儒经的关注，并不是关注其中“格物穷理”的性理之学，而是强调《周礼》《尚书》《春秋》等儒经中有关现实需要的治国安邦、尊王攘夷的思想，以此来解决现实的社会政治问题。在陈傅良看来，这才是儒者治学的立足点所在。他自己曾明确地表示：“所贵于儒者，谓其能通世务，以其所学见之事功。”③

在《六经》之中，陈傅良尤为注重《周礼》，他说：

> 维持天下之具，莫详于周。吾尝求其制度规模矣，几纪之《书》，歌于《诗》，纤悉曲具，列之于《周礼》。所谓礼乐之本，

① 高威：《陈傅良思想研究》，暨南大学硕士学位论文，2008年5月。

② ［宋］黎靖德编：《朱子语类》卷一百二十，北京：中华书局，1986年版，第2896页。

③ ［宋］陈傅良：《止斋集》卷十四《大理寺主簿王宁新知信阳军刘崇之并除太府寺丞》，影印文渊阁《四库全书》本，台北：台湾商务印书馆，1986年版，第904页。

> 教化之端，桑农之政，任用之机，以至刑禁之条目，财货之源流，班班可考者，皆其维持天下之具也。夫文、武、周公，岂不能略为之法，简为之制，优游容与，于开端创始之初，而乃汲汲若是耶！①

陈傅良认为礼制在周代已经非常详备，其中《周礼》是周礼的集中体现。后世的典制、农桑、用人、刑罚、财用等，都可以从中找到源头，所以《周礼》是为国安邦的法典。在陈傅良看来，宋代所行便是周代政治，于是《周礼》之义得以施行：

> 王道至于周，备矣。……尝缘《诗》《书》之义，以求文、武、周公、成、康之心，考其行事，尚多见于《周礼》一书。……汉、魏而下，号为兴王，颇采《周礼》，亦无过舆服、官名、缘饰浅事，而王道缺焉尽废。恭惟本朝，纯用周政。……盖周衰且千载，而《诗》《书》之意，于是焉在，岂不盛哉！②
>
> 《周礼》一经，尚多三代经理遗迹，世无覃思之学，顾以说者谬，尝试者复大谬，乃欲一切驳尽为慊。苟得如《井田谱》与近时所传林勋《本政书》者，数十家各致其说，取其通如此者，去其泥不通如彼者，则周制可得而考矣。周制可得而考，则天下亦几于理矣。③

陈傅良认为《周礼》是治国安邦的法典，是周代礼制的集中体现。汉魏以后，虽然代有实行《周礼》，但都只是停留在舆服、官名等浅

---

① ［宋］陈傅良：《八面锋》卷五《易成之效亦易以败》，影印文渊阁《四库全书》本，台北：台湾商务印书馆，1986年版，第1024页。

② ［宋］陈傅良：《止斋集》卷四十《进周礼说序》，影印文渊阁《四库全书》本，台北：台湾商务印书馆，1986年版，第810页。

③ ［宋］陈傅良：《止斋集》卷四十《夏休井田谱序》，影印文渊阁《四库全书》本，台北：台湾商务印书馆，1986年版，第813页。

层次，并非实行《周礼》之精神——王道思想。只有宋代才真正实行《周礼》，王道由此兴盛。在熙宁年间，王安石以《周礼》进行变法，但导致了“开基立国之道断丧殆尽，而天下日益多故”①，这主要是王安石没有真正领悟《周礼》的精神所致。所以，在陈傅良看来，只有真正领悟了《周礼》的精神，天下就可以实现王道政治。他曾作《周礼说》一书，共三卷十二篇，格君心、正朝纲、均国势说各四篇，此书曾献给了光宗，并作有《进周礼说序》一文，在他看来，王道之行的根本，在于《周礼》真正的推行。当然，陈傅良对《周礼》礼制的重视，遭到了朱熹的批驳，如云“如陈君举说，天官之职，如膳羞衣服之官，皆属之，此是治人主之身，此说自是。到得中间有官属相错综处，皆谓圣人有使之相防察之意，这便不是”②。朱熹肯定了陈傅良认为《周礼》有助于修身，但对于陈傅良认为《周礼》的一些设定是为了相互约束官员的说法，则表示了不满。实际上，陈傅良此意颇有现实指向性，亦即对宋代官制的不满。毕竟，有宋代一代冗官问题严重，很多官属的设定的确有“相错综处”，目的就是为了相互牵制、相互督察，这无疑严重妨碍了办事效率。

可以说，陈傅良作为永嘉学派中的重要学者，他对《六经》最为关注，并极力发掘其中所蕴含的有关治国安邦的理论与方略，其中尤为精通《春秋》《周礼》，《四朝闻见录》说他“经义敷畅厥旨，尤长于《春秋》《周礼》”③。这主要是源于南宋时期社会政治的严重危

---

① [宋]陈傅良：《止斋集》卷四十《进周礼说序》，影印文渊阁《四库全书》本，台北：台湾商务印书馆，1986 年版，第 811 页。

② [宋]黎靖德编：《朱子语类》卷八十六，北京：中华书局，1986 年版，第 2204 页。

③ [宋]叶绍翁：《四朝闻见录》卷一《止斋陈氏》，影印文渊阁《四库全书》本，台北：台湾商务印书馆，1986 年版，第 654 页。

机，陈傅良通过《春秋》“尊王攘夷”之旨，进一步强化王权，使之在面对金的侵袭与国内社会政治问题的解决上发挥更大的作用。他对于《周礼》的探索，与其他永嘉乃是浙东学者一样，都是希望通过完善或改变南宋时期不合现实需要的制度体制，以此来直接解决当下的“危机”。所以黄宗羲评价说他在薛季宣的基础上，“解剥于《周官》《左史》，变通当世之治，具条画，本末粲如”，可谓恰如其分。

三、注重经史互证，强调“《六经》皆史”

重视史学是永嘉学派最为重要的治学特色。薛季宣作为永嘉学派的转关者，他“自《六经》、诸史、天官、地理、兵农、乐律、乡遂、司马之法，以至于隐书小说、名物象数之细，靡不搜采研贯”①。可以说，他对历史非常精通，并认为：“古之所以贻今，今之所以观古者，惟凭史籍。”②陈傅良作为薛季宣的得意弟子，得其师的治学精髓，楼钥曾高度评价说他：“游从最久，造诣最深，以之研精经史，贯穿百氏，以斯文为己任，综理当世之务，考核旧闻于治道，可以兴滞补敝，复古至道，条画本末，粲如也。”③

陈傅良重视史学，除了极力借助经典诠释来发挥其经世功能之外，还积极利用发挥史学经世济用的辅助作用。他反对程朱理学家先经后史、重经轻史的观点，而是主张经史互证、经史并重。

---

① ［清］纪昀等：《四库全书总目》卷一百六十《浪语集》提要，北京：中华书局，1997 年版，第 2142 页。

② ［宋］薛季宣：《浪语集》卷二十八《策问二十道》，影印文渊阁《四库全书》本，台北：台湾商务印书馆，1986 年版，第 438 页。

③ ［宋］楼钥：《攻媿集》卷九十五《宝谟阁待制赠通议大夫陈公神道碑》，影印文渊阁《四库全书》本，台北：台湾商务印书馆，1986 年版，第 471 页。

如他说：

> 《春秋》同是圣人经世之用，要其托史见义，以五霸为据案。而《左氏》合诸国之史，发明经所不书，以表见其所书，因五霸之兴衰，究观王道之缺，则战国之事起，周亡而秦汉出矣，此其大略。若夫精详非面莫究太史公书，又以接《尚书》《春秋》之统绪，而下逮秦汉，其用功略与《左氏》同。①

陈傅良认为，《春秋》是圣人之道在现实中的运用，不过它“讬史见义，以五霸为据案”，即《春秋》尽管是经书，反映圣人之道，但并没有离开具体的历史史实作为依托。不仅《春秋》如此，《左传》也是如此，它通过叙述历史史实来发明“经所不书”，通过五霸的兴衰历史，来观“王道之缺”。他甚至认为《史记》虽然是史书，但是却也是上接《尚书》《春秋》，并通过历史史实的表述，来表达圣人之道，也发挥着经学经世的功能，“其用功略与《左氏》同”。

陈傅良注重史学，甚至也提出了“六经皆史”的思想。“六经皆史”的观念出现甚早，最早可以追溯到西汉古文经学。在古文经学家看来，《六经》皆是先王之政典，后经过孔子删定而成为儒家经典。后隋代王通、唐代刘知几等人也都有《六经》皆史的观念，但比较而言，陈傅良的表述更加明确。他在其《春秋后传》中有云：

> 舍中军从祀，先公皆善辞也，微国史无以知舍中军为季氏，专鲁从祀先公，为阳虎专季氏也。然则《春秋》固不可以无史欤？岂惟《春秋》，孔氏之述《六经》也，则以万世之史笔削之焉。尔于《书》，录《康诰》，不录《唐诰》；于《诗》，录《鹊巢》

---

① ［宋］陈傅良：《止斋集》卷三十五《答贾端老五》，影印文渊阁《四库全书》本，台北：台湾商务印书馆，1986年版，第779页。

《驺虞》,不录《狸首》,其甚彰彰者也。史行于天下,《六经》修于圣人,万世之后,史与经并衡焉。有以考吾之所去取者矣,是孔子之意也。《春秋》固东迁之史也,史曰:晋侯召王以诸侯见。吾曰天王狩,史曰卫宁殖孙林父出其君,吾曰卫侯奔向微。国史亦无以见修,《春秋》之辞也。舍中军从祀先公,是季孙宿阳虎之事,鲁史云:"然我何加损焉,不没其实焉尔矣。"苟其文不可以不是正,则有笔削,苟不必是正,虽无笔削可也。①

陈傅良认为,《春秋》的编纂离不开国史作为史料,否则后人就无法凭借国史知道"舍中军为季氏,专鲁从祀先公"等具体的历史史实。不仅《春秋》这样,孔子所述《六经》都是笔削"万世之史"的结果。所以,有了"史行于天下",方有了圣人修《六经》,"万世之后,史与经并衡"。在他看来,《六经》就是圣人笔削、编纂史书而成,史学与经学有着共同的功能,都是圣人之道的体现,都有经世济用的功能。正是因为史学与经学一样有经世济用的功能,所以他认为为学需要重视史学,而反对理学家空谈性理。他的学生曹器远曾对朱熹云:"少时好读伊洛诸书。后来见陈先生,却说只就事上理会,较著实。若只管去理会道理,少间恐流于空虚。"②"乡间诸先生所以要教人就事上理会教著实,缘是向时诸公多是清谈,终于败事。"③陈傅良注重发挥史学的经世功能,他除了以经证史之外,还专门撰写史学著述《建隆编》,"每至立国规模,必历叙累朝因革利

① [宋]陈傅良:《春秋后传》卷十《昭公》,影印文渊阁《四库全书》本,台北:台湾商务印书馆,1986年版,第697页。

② [宋]黎靖德编:《朱子语类》卷一百二十,北京:中华书局,1986年版,第2896页。

③ [宋]黎靖德编:《朱子语类》卷一百二十三,北京:中华书局,1986年版,第2963页。

害，附见其下，本末粲然，如示诸掌”①，通过叙述历朝治国利弊，以服务于现实政治，以至于李心传称之为“最为知今”②的学者。

陈傅良强调经史兼重，反对离经言史，也反对言经而弃史，故不论在其经学注解中，还是史学叙述中，都是经史互见、经史并重，这种经学特点在其《春秋后传》《左氏章指》中体现得尤为典型，他大量援引春秋五霸之历史及其盛衰，来揭示圣人之道义。陈傅良弟子高度评价了其学，说：“公深于《春秋》，其于王霸尊卑、盛衰消长之际，及乱臣贼子之所由来，发明独至。又以为《左氏》最有功于经，能存其所不书，以实其所书，故作《章指》，以明笔削之义。楼钥为之序曰：‘自有《春秋》以来，盖未有此书也。’”③四库馆臣亦云：“宋人说《春秋》者，最推傅良。称其以《公》《谷》之说，参之《左氏》，以其所不书，实其所书，以其所书，推其所不书，得学《春秋》之要。在三传后，卓然名家。……傅良于臆说蜂起之日，独能根据旧文，研求圣人之微旨。”④

陈傅良对史学的重视，其实也是对事功之学重视的一个突出体现，他希望借助史学来弥补经学在经世致用思想阐发上的不足，他希望从历代文献中汲取治国安邦之策，进而强调史学对现实社会政治的关注与解决，可以说，陈傅良是永嘉学派中继薛季宣之后继续推进事功之学的又一个关键性人物，“薛经其始，陈纬其终”，

---

① ［宋］陈傅良：《止斋集》附录《蔡幼学行状》，影印文渊阁《四库全书》本，台北：台湾商务印书馆，1986 年版，第 926 页。

② ［宋］李心传：《建炎以来朝野杂记·乙集》卷十二《昔人著书多或差误》，清《武英殿聚珍版丛书》本，第 284 页。

③ ［宋］陈傅良：《止斋集》附录《蔡幼学行状》，影印文渊阁《四库全书》本，台北：台湾商务印书馆，1986 年版，第 930 页。

④ ［清］纪昀等：《四库全书总目》卷二十七《春秋后传》提要，北京：中华书局，1997 年版，第 346 页。

这也为叶适集永嘉事功学之大成奠定了重要的文献与理论基础。总之,陈傅良在经典诠释上,进一步抛弃了性命之学,不再强调因经明理、据经修身,而是专言事功之学,并极力强调经学在现实中的经世功能,而这与朱熹强调将史学作为经学的附庸完全不同。陈傅良之后,其弟子如蔡幼学、曹叔远、沈有开、吴汉英、高松等人继续传扬其学。另外,由于陈傅良曾经与张栻交游,并到岳麓书院讲学,传播其事功学说,这对湖湘学派也产生了很大的影响,张栻去世之后,湖湘弟子多转而学习事功之学,包括湖湘学的领袖、张栻女婿胡大时,以至于朱熹曾说:"君举到湘中一收,收尽南轩门人,胡季随亦从之问学。"①可以看出,陈傅良在南宋中期的影响已经开始促使永嘉之学成为独立于朱熹理学、陆九渊心学之外又一个重要的学派,对当时的经学、学术思想都产生了极大的影响。

总的来说,陈傅良对于经学的认知与诠释,与永嘉诸子如薛季宣、叶适等人没有本质的区别,只是他较其师薛季宣更注重事功之学及社会实践,如其所言:"所贵于儒者,谓其能通世务,以其所学见之事功。"②陈傅良不仅能够主持社会公道,积极于民生事业,而且他在薛季宣的基础上,进一步丰富完善了其学说体系。可以说,陈傅良的思想在当时独成一派,与朱熹、陆九渊、陈亮等人的学说并行于世,正如黄震所言:"乾、淳间,正国家一昌明之会,诸儒彬彬辈出而说各不同。晦翁本《大学》致知格物,以极于治国、平天下,

---

① [宋]黎靖德编:《朱子语类》卷一百二十三,北京:中华书局,1986年版,第2961页。

② [宋]陈傅良《止斋集》卷十四《大理寺主簿王宁新知信阳军刘崇之并除太府寺丞》,影印文渊阁《四库全书》本,台北:台湾商务印书馆,1986年版,第604页。

工夫细密，而象山斥其支离，直谓即心是道。陈同甫修皇帝王霸之学，欲前承后续，力拄乾坤，成事业，而不问纯驳。至陈傅良则又精史学，欲专修汉唐制度吏治之功。其余亦各纷纷，而大要不出此四者：不归朱，则归陆；不陆则又二陈之归。”①在陈傅良的时代，为学方法不外四派，“大要不出此四者”。也就是说，朱熹倡导格物明理，陆九渊强调即心即道，而陈亮则直言事功，与之相并立的陈傅良则兼采众长，性理、事功兼重，独成一家。正是因为如此，陈傅良使得永嘉学派在南宋中期独树一帜，与朱熹理学、陆九渊心学、陈亮事功之学并立于世。

此外，陈傅良对于《周礼》、六经的重视，实则是对经制、制度的重视，他希望基于性理之学，通过外在的规范与约束，解决南宋社会政治中的一些弊政，实现社会政治秩序的重建，最终以周制为模式的王道社会，这自然有别于朱熹、陆九渊等人的治国理念。毕竟，朱、陆等理学家希望从人本身出发，提升人的道德境界，通过将外在的社会政治规范内化为个人的行为，从而实现对礼的自觉践履。陈傅良与朱熹等理学家在道德伦理、礼乐制度上态度的分歧，从而造成了对经典重视、经学诠释上的不同。进而言之，这也是两种治国理念上的差异，陈傅良对经制事功的重视，既源于浙东郑伯熊、薛季宣等人，也基于他对现实社会政治问题的认知与解决之道，从而折中诸家以成一家之言。当然，陈傅良与朱熹、陆九渊等理学家在治国理念上的不同，进而造成了经学上的分歧，但在本质上他们皆属于儒学，只不过面对社会问题时，解决问题的进路不同罢了。

---

①　[宋]黄震：《黄氏日抄》卷六十八《叶水心文集》，影印文渊阁《四库全书》本，台北：台湾商务印书馆，1986 年版，第 639 页。

第三节　叶适:永嘉事功经学的集大成者

叶适(1150—1223),字正则,号水心,瑞安(今浙江温州)人。淳熙五年(1178)进士。历仕孝宗、光宗、宁宗三朝,官至吏部侍郎。力主抗金,反对议和。后因依附韩侂胄,韩侂胄伐金失败,也是被弹劾夺职。卒谥忠定。有《水心集》《习学记言》等多种著述传世。叶适是永嘉学派思想的集大成者,在乾淳之际与朱熹闽学、陆九渊江西之学并立为三,《宋元学案》对此云:"乾、淳诸老既没,学术之会,总为朱、陆二派,而水心断断其间,遂称鼎足。"①虽然叶适倡导事功,与朱陆倡导道学有所不同,这种不同只能说是道学内部的分别,因为叶适在学统上也是渊源自二程,这一点《宋元学案》曾指出:

> 永嘉以经制言事功,皆推原以为得统于程氏,永康则专言事功而无所承,其学更粗莽。②
>
> 永嘉之学,薛、郑俱出自程子。是时陈同甫亮又崛兴于永康,无所承接。然其为学,俱以读书经济为事,嗤黜空疏、随人牙后谈性命者,以为灰埃。亦虽为世所忌,以为此近于功利,俱目之为浙学。③

在宋孝宗乾淳之际,道学主要分化为三大派,即朱熹理学、陆九渊心学、叶适事功之学。时人陈亮因倡导事功与叶适颇为相近,尽管

---

① [清]黄宗羲原著,全祖望补修:《宋元学案》卷五十四《水心学案》,北京:中华书局,1986年版,第1738页。

② [清]黄宗羲原著,全祖望补修:《宋元学案》卷五十六《水心学案》,北京:中华书局,1986年版,第1830页。

③ [清]黄宗羲原著,全祖望补修:《宋元学案》卷五十六《龙川学案》,北京:中华书局,1986年版,第1832页。

没有师承二程洛学，但一般也将他与叶适并提，但将他排除在道学之外。由于叶适、陈亮倡导事功，鄙弃性命之学，所以后世学者将他们统称浙东之学。前人对于叶适关注多集中于其事功思想，或者学术思想、哲学思想、政治思想等方面①，而很少关注作为其思想的基础——经学及其思想，这样对于理解叶适自然是不全面的，实际上与薛季宣、陈傅良相比，叶适更加注重经学，且以经学为基础来建构其事功理念与全新的儒学体系，并以此来对抗陆九渊、朱熹等人，所以从叶适的经学入手是研究其思想的重要路径与方法。

一、传承二程之学，强化薛、陈事功之学

叶适之学远承永嘉先辈诸子，即周行己、许景衡等人，周、许二人是最早将伊洛之学传播到永嘉地区的学者，并最终由叶适光大其学，如黄百家所云：

> 伊洛之学，东南之士，龟山、定夫之外，惟许景衡、周行己亲见伊川，得其传以归。景衡之后不振；行己以躬行之学，得郑伯熊为之弟子，其后叶适继兴，经术文章，质有其文，其徒甚盛。②

---

① 周梦江：《叶适与朱熹道学》，《温州师专学报》(社科版)，1986年第1期。周梦江：《叶适与永嘉学派》，杭州：浙江古籍出版社，1992年版。陈安金，王宇：《贯通内圣外王的努力——评永嘉学派的思想历程》，《哲学研究》，2002年第8期。董平：《叶适对道统的批判及其知识论》，《孔子研究》，1994年第1期。张洁：《叶适思想研究概述》，《温州师范学院学报》(社科版)，1999年第4期。张家成：《叶适暨永嘉学派与儒家传统的重建》，《哲学动态》，2001年第1期。陈远平、肖永明：《论叶适经制事功之学的渊源及其与理学的分歧》，《湖南大学学报》(社科版)，2001年第4期。

② [清]黄宗羲原著，全祖望补修：《宋元学案》卷三十二《周许诸儒学案》，北京：中华书局，1986年版，第1133页。

周行己与许景衡作为永嘉九先生中的代表，他们亲炙于程颐，但是许景衡后继乏人，而周行己则有郑伯熊作为其弟子发扬其学，其后又有叶适从郑伯熊学，故周行己之学在东南得以传布。

叶适曾师事郑伯熊，不过受教时间很短，叶适曾说："某之于公，长幼分殊。登门晚矣，承教则疏。"①尽管短，叶适还是被《宋元学案》归入郑氏门下，即被视为二程洛学的传人之一。年轻时代的叶适，还曾师从二程的三传林光朝的弟子刘夙、刘朔二兄弟问学，此二人"其学本于师友，成于理义，轻爵禄而重出处，厚名闻而薄利势，立朝能尽言，治民能尽力，居家以父母兄弟为心，而不私其身"②，二刘的为学、为人、处事对叶适有一定的影响。另外，叶适对朱熹、张栻等人传承儒学的功劳也给予了正面的肯定，他说：

> 二千年间，萌蘖泛滥，若存若亡，而大义之难明如此！则其博探详考，知本统所由，而后能标颜、曾、孟子为之传，揭《大学》《中庸》为之教，语学者必曰"不如是，不足达孔子之道也"，然后序次不差，而道德几尽信矣。非程、张暨朱、吕数君子之力欤？③

叶适认为二程、张载、朱熹、吕祖谦等人通过重新阐释《大学》《中庸》，对于传承颜回、曾子、孟子的思想，弘扬儒家人伦道德作出了一定的贡献。总的来看，叶适为学的前期，曾受到二程之学的濡

---

① ［宋］叶适：《水心集》卷二十八《祭郑景望龙图文》，影印文渊阁《四库全书》本，台北：台湾商务印书馆，1986年版，第494页。

② ［宋］叶适：《水心集》卷十六《著作正字二刘公墓志铭》，影印文渊阁《四库全书》本，台北：台湾商务印书馆，1986年版，第310页。

③ ［宋］叶适：《水心集》卷十《同安县学朱先生祠堂记》，影印文渊阁《四库全书》本，台北：台湾商务印书馆，1986年版，第209页。

染，对朱熹、张栻、吕祖谦等人的经学、理学贡献并不否认。另外，在庆元党禁中，叶适还被视为赵汝愚、朱熹一党，并受到株连，这些都说明叶适与张栻、朱熹等人皆为二程理学之同源，只不过后来主张各异。

叶适之思想虽然根源于二程，但最终却转向事功之学，这主要与其师承薛季宣、陈傅良有直接的关系。叶适与薛季宣、陈傅良交游颇为紧密。乾道五年(1169)，叶适到婺州(金华)拜会薛季宣，此后两人多有交往，直到乾道九年(1173)，薛季宣去世为止。叶适还受到薛季宣弟子王楠的影响。而叶适与陈傅良的交友更长，"余亦陪公游四十年，教余勤矣"①。另外还有一位永嘉隐士陈烨，他对叶适影响也很大。可以看出，年轻时期的叶适，其师从对象基本上是永嘉学者。

薛季宣、陈傅良是叶适之学由伊洛之学转向事功之学最为关键性的引导性人物。叶适在其《温州新修学记》中就曾说道：

> 薛士隆愤发昭旷，独究体统，兴王远大之制。叔末寡陋之术，不随毁誉，必摭故实，如有用我，療复之方具在。至陈君举尤号精密，民病某政，国厌某法，铢称镒数，各到根穴，而后知古人之治，可措于今人之治矣。故永嘉之学，必弥纶以通世变者，薛经其始，而陈纬其终也。②

在叶适看来，薛季宣"独究体统，兴王远大之制"，为学注重经制、事功之学。陈傅良则更加注重经世济用之术，这对之后叶适影响甚大。其实薛季宣为学之初，也以二程之学为主，其父薛徽言是二程

---

①　[宋]叶适：《水心集》卷十六《宝谟阁待制中书舍人陈公墓志铭》，影印文渊阁《四库全书》本，台北：台湾商务印书馆，1986 年版，第 303 页。

②　[宋]叶适：《水心集》卷十《温州新修学记》，影印文渊阁《四库全书》本，台北：台湾商务印书馆，1986 年版，第 217 页。

私淑弟子胡安国的高徒,后又从朱熹问学,后薛季宣又曾与吕祖谦、郑景望等人探讨二程洛学。而薛季宣转向事功之学,来自于其师袁溉的直接影响,《宋元学案》称:“道洁(袁溉)之学,自《六经》百氏,下至博弈小数、方术兵书,无所不通。先生(薛季宣)得其所传,无不可措之用也。”“季宣既得道洁(袁溉)之传,加以考订千载,凡夫礼乐兵农莫不该通委曲,真可施之实用。”①袁溉本来也是二程弟子,但注重经制、事功之学,后薛季宣得袁溉真传,可以说,袁溉的学说直接影响了薛季宣的经学发展趋向。后陈傅良又师从薛季宣,更重事功之学,《宋史·陈傅良传》称:“当是时,永嘉郑伯熊、薛季宣皆以学行闻,而伯熊于古人经制治法,讨论尤精,傅良皆师事之,而得季宣之学为多。”②

叶适师从薛季宣、陈傅良为学,并与陈亮、刘景、项安世、陈景思、王绰为友,往还甚密。叶适把“图善”“立义”的思想与重视事功的务实精神联系在一起,建立起自己与朱熹理学、陆九渊心学鼎足而立的学说体系。叶适晚年著述、讲学于永嘉城外的水心村,宣传自己的思想主张,远近学者闻名而来,络绎不绝,因形成了自己的学派。针对当时兴盛的理学、心学,叶适反对专言“性与天道”,忽视对现实社会政治的关注。

叶适所处的时代,内忧外患并存,尤其是金多次侵扰南宋王朝,作为积极主张事功的叶适来说,为学注重实用,如黄宗羲所云:“永嘉之学,教人就事上理会,步步着实,言之必使可行,足以开物

---

① [清]黄宗羲原著,全祖望补修:《宋元学案》卷五十二《艮斋学案》,北京:中华书局,1986年版,第1691页。

② [元]脱脱等:《宋史》卷四百三十四《陈傅良传》,北京:中华书局,1977年版,第12886页。

成务。”①叶适希望朝廷能够政治上主张抗金，但认为抗金必须先“修实政，行实德”，筑堡坞，固边防，“备成而后动，守定而后成”，不赞同韩侂胄冒险发起伐金战争。经济上，叶适主张理财，认为“古之人未有不善理财而为圣君贤臣者”，认为“理财”与“聚敛”是不相同的，而主张“通商惠工，以国家之力扶持商贾，流通货币”，反对传统的“重本抑末”思想。叶适的这些思想反映在经学上，便是反对程朱理学、陆九渊心学，为学“根柢《六经》，折衷诸子，剖析秦汉，迄于五季”②，通过贯通经史的方式来探究治国安邦之术，这与当时心性理命之学形成对峙。《宋元学案·水心学案》称：“乾淳诸老既殁，学术之会，总为朱、陆二派；而水心断断其间，遂称鼎足。”③

二、批评思孟学、程朱学，以儒学正统自居

在程朱看来，儒家的“治道”，即内圣外王之道完成于孔孟，孟子之后，此道便失传了。于是程朱便以儒学的正宗传人自居。但是在叶适看来，儒家的内圣外王之道完成于周公，孔子只不过是传述而已。他说：

> 次周公，治教并行，礼刑并举。百官众有司，虽名物卑琐，而道德义理皆具。自尧舜元凯以来，圣贤继作，措于事物，其该洽演畅，皆不得如周公。不惟周公，而召公与焉，遂成一代之治。道统历然如贯联算数，不可违越。……次孔子，周道既

---

① ［清］黄宗羲原著，全祖望补修：《宋元学案》卷五十二《艮斋学案》案语，北京：中华书局，1986年版，第1696页。

② ［清］朱彝尊：《经义考》卷二百四十三引，北京：中华书局，1998年版，第1234页。

③ ［清］黄宗羲原著，全祖望补修：《宋元学案》卷五十四《水心学案》，北京：中华书局，1986年版，第1738页。

坏,上世所存皆放失。诸子辨士,人各为家。孔子蒐补遗文坠典,《诗》《书》《礼》《乐》《春秋》有述无作,惟《易》著《彖》《象》。①

叶适认为自尧舜以至于周公,王道政治基本大备,而在这个时期产生的《诗》《书》《礼》《乐》《春秋》《易经》所记载的就是圣人之治道。到了孔子时,周道(王道)已衰,于是孔子搜集周代所遗留的《六经》进行整理,从而传承圣人之治道。所以在他看来,如果要了解治道,只要研习《六经》即可,但就《六经》而言,却不可全信。他怀疑孔子作《易传》,也认为孔子没有删《诗》《书》,作《春秋》,"旧传(孔子)删《诗》、定《书》、作《春秋》,余以诸书考详,始明其不然。"叶适对儒家经典的怀疑,这对于当时朱熹等理学家以儒经为基础重建新的儒学思想体系而言,无疑是一个重大的打击。

叶适以道统正宗嫡传自居,直接继承孔子为己任,研究《六经》,并借助诠释《六经》来发挥周孔之道。在《六经》之中,叶适尤为注重《周礼》。原因就是"周之道固莫聚于此书,他经其散者也;周之籍固莫切于此书,他经其缓者也。公卿敬群有司廉,教法齐备,义利均等,固文、武、周、召之实政在是也"②。在叶适看来,《周礼》相对其他儒经而言,是周代王道政治最为集中的体现。这一点上与同时代陈亮的观点极为相近:"《周礼》一书,先王之遗制具在,吾夫子盖叹其郁郁之文,而知天地之功莫备于此。"③叶适对《周

① [宋]叶适:《习学记言》卷四十九《吕氏文鉴》,影印文渊阁《四库全书》本,台北:台湾商务印书馆,1986年版,第797页。

② [宋]叶适:《水心集》卷十二《黄文叔周礼序》,影印文渊阁《四库全书》本,台北:台湾商务印书馆,1986年版,第246页。

③ [宋]陈亮:《龙川集》卷十《周礼》,影印文渊阁《四库全书》本,台北:台湾商务印书馆,1986年版,第579页。

礼》的重视，其实沿袭了薛季宣、陈傅良等人的传统，当时的永嘉学者多注重经制、事功，叶适注重《周礼》是当时浙东学术风气的一个体现。

为了表达自己事功的思想，反对南宋时期理学家的性命道德之学，于是他对二程经学及其思想给予了更为直接的批评：

> 程氏言："格物者，穷理也。"按：此篇，心未正当正，意未诚当诚，知未至当致，而君臣父子之道各有所止，是亦入德之门尔，未至于能穷理也。若穷尽物理，矩矱不逾，天下国家之道，已自无复遗蕴，安得意未诚，心未正，知未至者而先能之？《诗》曰："民之靡盈，谁夙知而莫成！"疑程氏之言亦非也。①

> 齐景公有马千驷，死之日，民无德而称焉。伯夷、叔齐饿于首阳之下，民到于今称之，其斯之谓与！文义贯联，无不可通者。自程氏以来，乃谓错简，宜在"亦祇以异"之下。按："诚不以富，亦祇以异"，甚言爱之欲其生，恶之欲其死，为惑亦非错简也。朱氏又言，后七篇多错简。按：《先进》以后诸篇，言厉而义峻皆成德以上之事，当时门人不能尽识，谓之错简非也。②

这里对程氏解释《大学》"格物"和程朱认为《论语》有错简的观点表示否定。在叶适看来，"格物穷理"与践履君臣父子之道之间并没有直接的关联，只要心正、意诚就可以遵循天下国家之道，并不需要繁琐的"格物穷理"。叶适此说，主要是针对朱熹《四书章句集注》，其目的就是想说明程朱借助《四书》所建构的理学多有不当之

① [宋]叶适：《习学记言》卷八《礼记》，影印文渊阁《四库全书》本，台北：台湾商务印书馆，1986 年版，第 397 页。

② [宋]叶适：《习学记言》卷十三《论语》，影印文渊阁《四库全书》本，台北：台湾商务印书馆，1986 年版，第 445 页。

处。叶适甚至怀疑对张载、程氏、朱熹借助诠释儒家经典、建构新儒学来应对佛老之学挑战的做法，他说：

> 程、张攻斥老、佛至深，然尽用其学而不能知者，以《易大传》误之，而又自于《易》误解也。子思虽渐失古人本统，然犹未至此。孟子稍萌芽，其后儒者则无不然矣。且佛、老之学所以为不可入周孔圣人之道者，盖周孔圣人以建德为本，以劳谦为用，故其所立能与天地相终始，而吾身之区区不预焉。佛、老则处身过高，而以德业为应世，其偶可为者则为之，所立未毫发，而自夸甚于丘山，至其坏败丧失，使中国胥为夷狄，安存转为沦亡而不能救，而亦不以为己责也？嗟夫！未有自坐佛老病处，而揭其号曰："我固辨佛老，以明圣人之道者也。"①

叶适认为，二程与张载尽管极力批判佛老，实际上多援引佛老理论重新解读儒经，这不但没有反对佛老，反而将佛老掺入了儒家学说之中，这对于圣人之道而言，无疑是最大的败坏。

叶适对当时道学家即朱熹理学、陆九渊心学等所推尊的思孟学、《四书》也进行了批判。他认为《中庸》并非子思所作，"今以其书考之，疑不专出于子思也"②，这其实就是对程颐所言《中庸》是"孔门传授，成于子思"③观点的反对，更是对程朱所建构的理学的否定。他还认为孟子的心性说偏离了圣人为学的原意，所谓："盖以心为官，出孔子之后，以性为善，自孟子始，然后学者尽废古人入德之条目，而专以心性为宗主，致虚意多，实力少；测知广，凝聚狭，

---

① ［宋］叶适：《习学记言》卷五十《吕氏文鉴》，影印文渊阁《四库全书》本，台北：台湾商务印书馆，1986 年版，第 806 页。

② ［宋］叶适：《习学记言》卷八《礼记》，影印文渊阁《四库全书》本，台北：台湾商务印书馆，1986 年版，第 395 页。

③ ［宋］朱熹：《程氏遗书》卷十五，北京：中华书局，1981 年版，第 160 页。

而尧舜以来内外交相成之道废矣。”①他认为孟子注重心性问题的探讨，以至于开启了后人尤其是宋代诸多学者“专以心性为宗”，注重内圣之学，而使得尧舜以来内圣外王“交相成之道废矣”。既然孟子偏离了尧舜以来内圣外王的宗旨，那么程朱所尊奉的孔孟之道尤其是思孟学自然不是儒学正宗了。

叶适对于思孟之学的否定可以说是北宋以来司马光、晁说之等“非孟”的继续，但是他与前人都有所不同，这与叶适的思想渊源、所处的时代及叶适经学思想旨趣有很大的关系。另外，叶适在经学上多尊重朱熹、张栻、吕祖谦，但对于陆九渊颇有微词，尤其是对陆九渊所持的心学持批判态度：

> 唐、虞、三代，上之治为《皇极》，下之教为《大学》，行之天下为《中庸》。汉以来，无能明之者。今世之学，始于心，而三者始明。然唐、虞、三代，内外无不合，故心不劳而道自存。今之为道者，务出内以治外，故常不合。②

在叶适看来，邵雍《皇极经世书》《大学》《中庸》是上古三代治国安邦之术的法典，但是汉代以后，无人能明白其中的道理。他认为“今世之学，始于心，而三者始明”的做法并不符合古人的真实本义，这里所谓“始于心”和陆九渊心学主张比较近似。可以说，相比较而言，叶适在经学、理学的态度上对于程颐一支的态度基本上认同，但对于陆九渊的心学则是极力排斥，因为陆学与叶适所倡导的事功之学的距离最远。

可以说，叶适对当时道学家们所言的思孟道统谱系非常不满，

① ［宋］叶适：《习学记言》卷十四《孟子》，影印文渊阁《四库全书》本，台北：台湾商务印书馆，1986年版，第453页。

② ［宋］黄震：《黄氏日钞》卷六十八《读文集·总述》，元至元刻本，第1280页。

这种不满在薛季宣、陈傅良那里还没有明确的体现，但在叶适这里表露无遗，“孔子传曾子，曾子传子思，必有谬误”①，叶适对思孟学是否传承孔子之学表示怀疑，其实就是怀疑程朱等理学家所传道学，是否就是孔子圣学之正宗。不仅如此，他还怀疑周敦颐、张载、二程、朱熹等人推崇《易传》及其所建构的理学：

《易》不知何人所作，虽曰伏羲画卦，文王重之。按：周太卜掌三《易》，经卦皆八，别皆六十四，则画非伏羲，重非文王也。又周有司以先君所为书为筮占，而文王自言“王用享于岐山”乎？亦非也。有《易》以来，筮之辞义不胜多矣。《周易》者，知道者所为，而周有司所用也，孔子独为之著《彖》《象》，盖惜其为它异说所乱，故约之中正，以明卦、爻之指，黜异说之妄，以示道德之归。其余《文言》《上下系》《说卦》诸篇，所著之人，或在孔子前，或在孔子后，或与孔子同时，习《易》者会为一书，后世不深考，以为皆孔子作也，故《彖》《象》掩郁未振，而《十翼》讲诵独多。魏、晋而后，遂与老庄并行，号为孔、老。佛学后出，其变为禅。喜其说者，以为与孔子不异，亦挽《十翼》以自况，故又为儒、释。本朝承平时，禅说尤炽，儒、释共驾，异端会同。其间豪杰之士，有欲修明吾说以胜之者，而周、张、二程出焉，自谓出入于佛、老甚久矣，而曰“吾道固有之矣”。故无极太极，动静男女，太和参两，形气聚散，絪缊感通，有直内，无方外，不足以入尧、舜之道，皆本于《十翼》，以为此吾所有之道，非彼之道也。及其启教后学，于子思、孟子之新说奇论，皆特发明之，大抵欲抑浮屠之锋锐，而示吾所有之道若此。然不

---

① ［宋］叶适：《习学记言》卷四十九《吕氏文鉴》，影印文渊阁《四库全书》本，台北：台湾商务印书馆，1986年版，第798页。

悟《十翼》非孔子作，则道之本统晦矣。①

叶适认为《十翼》并非孔子所作，孔子所作只不过是《彖》与《象》两传。而后人没有深入考察就认为《十翼》皆是孔子所作，并将之作为孔子思想进行传习者甚众。魏晋以后，随着佛老之学的盛行，本朝周敦颐、张载、二程等人“出入于佛老甚久”，为了重建新的儒学思想体系，便以《十翼》为基础发明“道体”，并以子思《中庸》《孟子》等心性之学探讨“工夫”，最终建立了超越佛老之学的新儒学——理学。但叶适认为周、程、张、朱的做法，皆不是孔子本身的思想，只不过是宋朝理学家附会《十翼》与思孟学的产物。以至于叶适认为《易传》与思孟学是对圣人之道的误解，后世尤其是程朱在此基础上更是谬以千里了，“《易传》及子思、孟子亦争言道，皆定为某物，故后世之于道，始有异说，而又益以庄、列、西方之学，愈乖离矣”②。另外，程颐非常重视《序卦》，并认为《序卦》是圣人之道的体现，在解释《周易》时多从《序卦》入手。但叶适对此持不同的意见，认为“《序卦》最浅鄙”③。叶适怀疑的目的，就是希望重新理解孔子之学，希望发挥孔子“外圣”之学的一面。

叶适激励批判程朱的道统说，其目的一方面是希望当时研习“性与天道”的学者转向对现实社会政治问题的关心，另一方面也反映了他对道统地位的追求，他希望通过重新解释孔子与《六经》的思想，所谓“义理随世讲习而为准的，诚无后先，然必质于孔子而

---

①　［宋］叶适：《习学记言》卷四十九《吕氏文鉴》，影印文渊阁《四库全书》本，台北：台湾商务印书馆，1986 年版，第 798 页。

②　［清］黄宗羲原著，全祖望补修：《宋元学案》卷五十四《水心学案上》，北京：中华书局，1986 年版，第 1758 页。

③　［清］黄宗羲原著，全祖望补修：《宋元学案》卷五十四《水心学案上》，北京：中华书局，1986 年版，第 1755 页。

后不失其正”①,他曾经自负地说:“道学之名,起于近世儒者,其意曰:举天下之学皆不足以致其道,独我能致之,故云尔。”②在他看来,是否为孔门正统不在于谁先谁后,何况道学为后起,所言并非孔子真意,只有自己对圣人之道的理解才是最重要的,所谓“致其道,独我(叶适)能致之”。总体而言,叶适对程朱道统论的质疑与批判,在一定程度上动摇了程朱在儒学中的正宗地位,使得浙学与朱学的争论达到了新的高度,正如有学者所言:“叶适否认了程朱所持之道来自于孔子的说教,这样叶适就从理学的根基上否定了程朱理学的儒学正统地位,使浙东功利之学与程朱理学的论争达到了一个前所未有的高度。”③

就上所言,叶适无论是对《四书》及思孟学的批判,还是直接对朱熹、陆九渊之学的批判,实则都旨在批判自孔子之后历朝历代诸儒对儒家经典及其思想的诠释,他尤其对朱陆等宋儒持批判否定态度,其目的就是要重建新的儒学传统及思想体系,这一点正如台湾学者杜保瑞所言:

> 叶水心对儒学批判的意见,是表现在对《易传》《中庸》及曾子、子思、孟子学的评价和儒释道辩证的讨论中,而自以为直承孔子之学。叶水心自是辟道佛而维护儒教的立场,却将批判的矛头转向《易》《庸》、思、孟的是儒非儒之事中,认为这些被宋儒所标榜高举的儒学典籍根本就是道佛的翻版,那就

---

① [宋]叶适:《习学记言》卷四十四《法言》,影印文渊阁《四库全书》本,台北:台湾商务印书馆,1986年版,第746页。

② [宋]叶适:《水心集》卷二十七《答吴明辅书》,影印文渊阁《四库全书》本,台北:台湾商务印书馆,1986年版,第484页。

③ 徐庆利:《功利与道义之间——陈亮、叶适对朱熹的挑战》,《大连海事大学学报》(社科版),2009年第2期。

遑论以这些典籍为基础而建构新儒学的北宋各家了。叶水心否定他儒的核心立场，就是普遍原理的本体论问题，及主体性自觉的工夫论问题两项，前者是朱熹的擅长，后者是象山的擅长，但两路皆为叶水心所否定。在宋明儒学的理论建构中，一旦缺乏这两种哲学的问题意识，则儒家哲学就几乎不能谈了，只剩下直接实践以及国家公共政策的主张而已。朱熹讲儒者做事背后所依据的普遍原理的理论问题，陆象山讲直接做事的主体自觉的理论问题，叶水心直讲直接做事，不讲理论，且否定理论。这一否定，等于直接攻击两宋以来的儒学创作，周、张、二程，并及朱、陆。然其对两宋诸儒的批判，却是以《易》《庸》、思、孟等说之批判以为著力，以儒佛老庄辩证以为立据，是以返回先秦儒学经典的重新诠释以为批判宋代儒者混乱三教的途径，并不是针对两宋诸儒的理论细节意义辩破，而是藉由对此传统的“正确”诠释，以为攻击的武器，而预设性地全面否定两宋儒学之各家学说。①

杜先生的分析颇中肯綮，叶适着力批判不仅仅直接针对朱熹、陆九渊在本体论、工夫论的思想体系上，还直接将矛头指向了朱熹、陆九渊包括北宋周敦颐、张载二程建构理学所依赖的各部儒家经典，即极力批判《易传》《四书》等经典，由此极力维护原始儒学，即孔子学说的正宗思想性，所谓“叶水心自是辟道佛而维护儒教的立场，却将批判的矛头转向《易》《庸》、思、孟的是儒非儒之事中，认为这些被宋儒所标榜高举的儒学典籍根本就是道佛的翻版，那就遑论以这些典籍为基础而建构新儒学的北宋各家了”。叶适的这种刨根式的批判，其目的在于维护孔子儒学的纯正性，叶适也是为了极

① 杜保瑞：《南宋儒学》，台北：台湾商务印书馆，2010 年版，第 709 页。

力标榜自我儒学体系的正宗地位。

三、基于《周礼》诠释，倡导事功之学

叶适主张经制、事功之学，反对空谈心性，在其著述中多次提倡《六经》，尤其是《周礼》，希望以此来替代思孟学尤其是程朱性命之学。这正如全祖望所云：“水心欲主张《周礼》以非孟子。”①他提倡礼制，反对性理之学，其云：

> 程氏诲学者必以敬为始，故思叔曰，敬则实，实则虚，虚则无事矣。以余所闻，学有本始，如物始生，无不懋长焉，不可强立也。孔子教颜子“克己复礼为仁”，请问其目，曰：“非礼勿视，非礼勿听，非礼勿言，非礼勿动。”颜子曰：“回虽不敏，请事斯语矣。”是则复礼者，学之始也。教曾子曰：“安上治民，莫善于礼。礼者，敬而已矣。”故敬其父则子悦，敬其兄则弟悦，敬其君则臣悦，敬一人则千万人悦，是则敬者，德之成也，学必始于复礼。故治其非礼者，而后能复，礼复而后能敬，所敬者寡，而悦者众矣。②

叶适将复礼看成是为学的开始，“复礼者，学之始也”，反对二程“以敬为始”，他认为如果人人都能够遵循礼法，以“克己复礼”为己任，则君臣、父子、兄弟之秩序得以安定，天下就可以大治。只有人人复礼、循礼而行，那么都就可以实行“敬礼”了，而不是先有“敬”，后可以“复礼”。叶适重视《六经》大义与经制，而略于《四书》明德修身，这其实是针对当时朱熹、陆九渊等人专言性理之学而发，因为

① ［清］黄宗羲原著，全祖望补修：《宋元学案》卷五十四《水心学案上》，北京：中华书局，1986 年版，第 1760 页。

② ［宋］叶适：《水心集》卷十《敬亭后记》，影印文渊阁《四库全书》本，台北：台湾商务印书馆，1986 年版，第 206 页。

朱熹认为："《论》《孟》《中庸》《大学》，乃学问根本。"①而叶适则认为："《诗》《书》，义理所聚也；《中庸》《大学》则后矣。"②可以看出，叶适将推行经义、事功看的比道德修身更为重要，也正是因为如此，在叶适思想中，礼制不仅仅体现为人伦道德中的复礼，还有田制、兵制、官制等都以《周礼》为根柢，并最终实现三代之治。

在叶适的思想中，多言说《六经》《周礼》中有利于治世的思想，不仅如此，他与薛季宣、陈傅良一样，对史学、诸子、文学等都非常感兴趣，在其《习学记言》一书中集中体现了他的学术旨趣。他在此书中除了论及《六经》之外，还对《史记》《汉书》《后汉书》《晋书》《南史》《北史》《隋书》《唐书》《老子》《子华子》《荀子》《扬子》《管子》《孙子兵法》《六韬》《三略》《司马法》《吕氏文鉴》等甚为感兴趣，其学术宗趣正如其弟子孙之宏所云：

> 窃闻学必待习而成，因所习而记焉，稽合乎孔氏之本统者也。夫去圣绵邈，百家竞起，学失其统久矣。汉、唐诸儒，皆推宗孟轲氏，谓其能嗣孔子。至本朝，关、洛骤兴，始称子思得之曾子，孟轲本之子思，是为孔门之要。传近世，张、吕、朱二三巨公，益加探讨，名人秀士，鲜不从风而靡。先生后出，异识超旷，不假梯级，谓洙泗所讲，前世帝王之典籍赖以存，开物成务之伦纪赖以著。《易·彖》、《象》，仲尼亲笔也，《十翼》则讹矣。《诗》、《书》，义理所聚也。《中庸》、《大学》则后矣。曾子不在四科之目，曰"参也鲁"，以孟轲能嗣孔子，未为过也。舍孔子而宗孟轲，则于本统离矣。故根柢《六经》，折衷诸子，剖

---

① ［宋］朱熹：《晦翁集》卷四十七《答吕子约书》，影印文渊阁《四库全书》本，台北：台湾商务印书馆，1986年版，第385页。

② ［清］朱彝尊：《经义考》卷二百四十三，北京：中华书局，1998年版，第1234页。

> 析秦、汉,迄于五季,以《吕氏文鉴》终焉。其致道成德之要,如渴饮饥食之切于日用也,指治摘乱之几,如刺腧中肓之速于起疾也。推迹世道之升降,品目人材之短长,皆若绳准而铢称之。前圣之绪业可续,后儒之浮论尽废,其切理会心,冰消日朗,无异新造孔室之闳深,继有宗庙百官之美富,可谓稽合乎孔子之本统者也。①

在叶适弟子看来,孔子之后,后儒曾子、子思、孟子不能尽传圣人之道,尽管如此,本朝张载、二程等人却依旧尊奉思孟之学,将《四书》之学作为"孔门之要",传习并宣传甚广,在南宋张栻、吕祖谦、朱熹等人的推动下,"明人秀士,鲜不从风而靡"。叶适随后出现,摒弃了周、程、张、朱、吕等人所奉行的思孟心性之学,注重《六经》,兼重诸子之学,兼及史学、文学,其为学注重治乱兴衰、用人典制方面,在孙之宏眼中,这才是真正继承了孔子之道。孙之宏的解析可谓切中叶适为学的宗旨,这点《宋元学案》亦称"先生(孙之宏)之论如此,其于《记言》大旨,盖发明殆尽"②。叶适博采众家之长,旨在经世致用,他吸收了陈傅良"六经皆史"的思想,也强调经史并重,他说:"笺传之学,惟《春秋》为难工。经,理也;史,事也。《春秋》名经而实史也。专于经则理虚而无证,专于史则事碍而不通,所以难也""《诗》《书》《礼》所以纪尧、舜三代之盛,而《春秋》衰世之竭泽也,示不泯绝而已。或者遂谓一字一义,皆圣人之用,则余未敢

---

① [清]朱彝尊:《经义考》卷二百四十三引,北京:中华书局,1998 年版,第 1234 页。

② [清]黄宗羲原著,全祖望补修:《宋元学案》卷五十五《水心学案下》,北京:中华书局,1986 年版,第 1812 页。

从也。”①叶适认为经与史的关系，其实就是理与事的关系，两者不可分割，如果专言经则“理虚而无证”，专言史则“史碍而不通”，这其实是对程颐体用合一，理事无碍思想的强调。所以，叶适不希望过于抬高经书义理的地位，而空言《春秋》《诗经》、三《礼》，而是要经义、事功并举，只有两者统一看待，才是真正对圣人之道的体认和践履。

可以说，与当时的朱熹、陆九渊等理学家及其后学注重“体”相比，叶适的经学思想更加强调“用”，而且这种“用”的重心在于解决宋朝所面临的种种社会问题，而非道德修养工夫。如在叶适看来“《易》非道也，所以用是道也。圣人有以用天下之道而名之以为《易》。《易》者，易也。夫物之推移，世之迁革，流行变化，不常其所，天地之至数也，圣人已见之矣。是故道以易天下而不待其自易。”②正是由于叶适专注于当时社会问题的解决，同时他也认为当时的问题在于集权专权，所以希望从制度入手，解决当时的问题。而这种思想旨趣表现在经学上，则是对儒经中典制的重视，由此与北宋时期的王安石表现得相当一致。对此萧公权在其《中国政治思想史》一书中也如是说：“至水心始专就制度以言之，而发现专制之根本困难在于集权过度，此病不除，虽有仁君贤臣亦不能致天下于安定。其重视制度之意，为前人所未有。至其论理财之兼斥新旧两党，而大旨实有契荆公。”③史学界一般也认为，浙东学派既然

① ［宋］叶适：《水心集》卷十二《徐德操春秋解序》，影印文渊阁《四库全书》本，台北：台湾商务印书馆，1986 年版，第 247 页。

② ［宋］佚名：《十先生奥论注后集》卷十四《五经论》，影印文渊阁《四库全书》本，台北：台湾商务印书馆，1986 年版，第 225 页。

③ 萧公权：《中国政治思想史》，沈阳：辽宁教育出版社，1998 年版，第 442 页。

强调经世致用，讲求务实，在政治上主张积极改革时政，那么他们与北宋的范仲淹、王安石应该很有相似之处。

叶适的这种学术宗趣与当时的师门蔡幼学、陈亮等人的主张皆为一致，由此形成了永嘉、永康同为浙东事功学派，而它又与当时的朱熹理学、陆九渊心学并立：

> 浙学于南宋为极盛，然自东莱卒后，则大愚守其兄之学为一家，叶（适）、蔡（幼学）宗止斋以绍薛（季宣）、郑（伯熊）之学为一家，遂与同甫（陈亮）之学鼎立，皆左袒非朱（熹），右袒非陆（九渊），而自为门庭者。①

由此可以看出，永嘉陈傅良的弟子叶适、蔡幼学集薛季宣、陈傅良事功思想之大成，与当时永康的陈亮颇为一致，他们合为浙学，并与朱熹闽学、陆九渊江西之学并立为三，成为南宋时期经学思想发展历程中最为重要的一派。在宋人黄震看来，叶适根柢《六经》、折衷诸子，驳斥当时诸家之学，其目的便是集众儒之大成，成就一家之言：

> 乾淳间，正国家一昌明之会，诸儒彬彬辈出而说各不同。晦翁本《大学》致知格物，以极于治国、平天下，工夫细密，而象山斥其"支离"，直谓"即心是道"。陈同甫修皇帝王霸之学，欲前承后续，力拄乾坤，成事业，而不问纯驳。至陈傅良则又精史学，欲专修汉唐制度吏治之功。其余亦各纷纷，而大要不出此四者：不归朱，则归陆；不陆则又二陈之归。虽精粗高下，难一律齐，而皆能自白其说，皆足以使人易知。独水心混然于四者之间，总言统绪，病学者之言心而不及性，则似不满于陆；又

---

① ［清］黄宗羲原著，全祖望补修：《宋元学案》卷五十三《止斋学案》，北京：中华书局，1986 年版，第 1724 页。

以功利之说为卑，则似不满于二陈；至于朱，则忘言焉。水心岂欲集诸儒之大成者乎？①

在黄震看来，乾淳之际，当时著名学派有四：朱熹理学、陆九渊心学、陈傅良永嘉之学、陈亮永康之学，四家之学各有特点。叶适作为陈傅良及门弟子，吸收了永嘉之学注重事功的思想，并旁及程朱理学、陆九渊心学，颇有集大成之力，故对当时众家之说皆有驳斥，故在黄震看来，叶适此为无非是想取长补短，从而“集诸儒之大成”。此说，虽然有些夸张，但实际上这表明了叶适作为朱熹、陆九渊、陈傅良、陈亮之后最主要的儒家学者，他在诸家学派的基础上对经学、理学作了新的思考，希望能够重整诸家学派之说，来真正发挥理学的实际作用，尽管在叶适有生之年并没有完成整合工作，但实际上他在经学上、思想上的举措无疑表明会通众说已经是势在必行了。

尽管在治学侧重点上，叶适与朱熹、陆九渊、陈亮等人有异，但叶适作为当时著名的学者，他在为学宗趣上与朱熹、陆九渊等理学家并无二致，其目的都是希望南宋朝廷重建新的社会政治秩序，实现王道政治理想。故他不仅在经典诠释上，而且在经世致用上，与当时朱熹、陆九渊等人颇有一致之处。同时，因为他们在政治上的默契，叶适与赵汝愚、朱熹等人站在一边，共同反对韩侂胄，故他与朱熹一样在党争中被视为伪学，作为“伪学之党”不得在朝为官和参加科举考试。当时所订立的“伪学逆党籍”，共计有五十九人，其中叶适也名列其中，与此同时，他也遭到被罢官的处分。而后，韩侂胄起用主战派人士，叶适又得以充任湖南转运判官、兵部侍郎等

① ［宋］黄震：《黄氏日抄》卷六十八《叶水心文集》，影印文渊阁《四库全书》本，台北：台湾商务印书馆，1986 年版，第 639 页。

职。但随着韩侂胄被史弥远谋杀后，主和派掌握政权后，主战派包括叶适纷纷落马。由于叶适本身学说的多元性，如全祖望所云："水心之门，有为性命之学者，有为经制之学者，有为文字之学者。"①故在叶适去世之后，其弟子或从心学、或从理学，不一而足，这其实也是其理论建构最终没有实现整合的一个遗憾结局。

总体而言，叶适根柢二程性命道德之学，但最终立足于经制、事功之学。实际上，他虽然主张经世致用，但却是以道德修身为本，如他说，"夫学不自身始而曰推之天下，可乎？虽曰推之天下而不足以反其身，可乎？"②当然这种修身是以现实政治目的为归宿，故叶适在道德修养工夫上，主张"内外交相成"的修养之法，他说："道无内外，学则内外交相明。……此孔氏之本统。"③他反对当时专于道德心性修养而略于事功的偏颇作法，"今之为道者，务出内以治外也，……则道何以成？"④由此可以看出，叶适继承并发扬了薛季宣、陈傅良"道器合一"的理念，注重内圣外王之道并举的做法，对当时执着于心性修养的理学家持批判态度。不仅如此，为了丰富并完善自己的思想体系，叶适除了对永嘉事功之学继承和发展之外，也对当时道德性命之学作了吸收与消化。所以，叶适在极力批判思孟学、程朱理学的同时，也通过重新诠释《大学》《中庸》等

① ［清］黄宗羲原著，全祖望补修：《宋元学案》卷五十五《水心学案下》，北京：中华书局，1986年版，第1816页。

② ［宋］叶适：《水心集》卷十《温州新修学记》，影印文渊阁《四库全书》本，台北：台湾商务印书馆，1986年版，第217页。

③ ［宋］叶适：《习学记言序目》卷四十四《荀子》，影印文渊阁《四库全书》本，台北：台湾商务印书馆，1986年版，第739页。

④ ［宋］黄震：《黄氏日钞》卷六十八《读文集·总述》，元至元刻本，第1280页。

儒家经典，来重建新的“内圣外王之道”，而他在建构自己的儒学思想体系的时候，也多次借鉴程朱理学的理论精神，如他发挥《中庸》“诚”的思想，并将之看成人认识世界的根基，然后通过《大学》“格物致知”、《孟子》“反求诸己”的方法，获得对世界的认识，并将礼制付诸实施，从而实现王道政治。叶适在注重经学致用的功能之外，还积极探究史学的价值与意义，他甚至也将《六经》看成是史书，并在经典诠释中多运用历史史实阐明经旨，这其实也是对陈傅良“六经皆史”思想的继承与发展。

叶适作为永嘉事功之学集大成者，在经学旨趣上，并不满足于现实实务的解决，但也与同时代陈亮单纯地强调“王霸”“功利”的思想有所不同，他希望借助儒经诠释，重建新的内圣外王之道。通过改变当时程朱理学强大话语所控制的思想模式，从而形成与朱陆之学抗衡之势，这点正如钱穆先生所言：“陈亮反对朱熹的，在熹的新传统里抹去了汉唐诸儒，叶适则反对朱熹新传统里所定孔、曾、思、孟四子书不合。陈亮还是在争态度，叶适始是争思想。陈亮所根据的还是功利立场，叶适却直接从正统宋学的义理立场来争论。”①可以看出，叶适与朱熹的争论，和陈亮、朱熹“王霸义利之辩”的意味有所不同，叶适旨在从思想体系上彻底推翻程朱思想体系，从而直承孔孟，以新的事功思想来取代程朱理学，从而确立自己及永嘉事功之学在儒学传承谱系中的正统地位。总的来说，叶适作为永嘉之学的集大成者，无论是在经典诠释上还是思想体系的建构上，都已经集成了周行己、郑伯熊、薛季宣、陈傅良等人的思想内容，并将之系统化、体系化，旨在为永嘉学派及其经制事功之学的合理性提供了一个完善的理论基础，以为他们在学派与话语

① 钱穆：《宋明理学概述》，台北：学生书局，1984 年版，第 215 页。

的争夺中获得优势地位，从而成为有别于朱、陆之外的重要思想派别。事实上，叶适的这种努力并没有得以实现，除了自身思想体系缺乏系统性之外，更为主要的是面对广布四方的伊洛之学而言，叶适思想的影响还是相当微薄，这既不能对程朱理学产生强烈冲击，更不能成为后来流行的正统学说。加上仕途的坎坷不顺，以至于很多基于现实而发的思想学说都不能展现、传播。同时，受到时局的限制，更使得其经世学说成为空言，一旦时过境迁，尤其是随着南宋的灭亡，叶适所代表的永嘉学派、陈亮所代表的永康学派经世致用之学都将衰落并成为历史。

本章小结

永嘉之学在南宋初期发展到了一个新的阶段，即从性理经学转向了事功经学，这个阶段的代表是薛季宣，他是永嘉之学由二程性理之学转向事功之学的关键性人物，从而奠定了永嘉学派事功思想的基石，这一点《宋元学案》称："永嘉之学统远矣，其以程门袁氏之传为别派者，自艮斋薛文宪公始。艮斋之父学于武夷，而艮斋又自成一家，亦人门之盛也。其学主礼乐制度，以求见之事功。"①薛季宣与郑伯熊、郑伯英、刘夙、刘朔、陈亮等为友，往来切磋学术，注重事功，因而形成自己的学派。这一点如周梦江先生所言："从郑伯熊兄弟结交薛季宣放弃性理之学转向事功之学后，才是永嘉事功学派出现于温州的真正开始。"②不过，薛季宣关注事功，其师

① ［清］黄宗羲原著，全祖望补修：《宋元学案》卷五十二《艮斋学案序录》，北京：中华书局，1986年版，第1690页。

② 周梦江、陈凡男：《叶适研究》，北京：人民出版社，2008年版，第235页。

袁溉对他的影响最为有力。《宋元学案》称："道洁（袁溉）之学，自《六经》百氏，下至博弈小数、方术兵书，无所不通。先生（薛季宣）得其所传，无不可措之用也。""季宣既得道洁（袁溉）之传，加以考订千载，凡夫礼乐兵农莫不该通委曲，真可施之实用。"①袁溉是程颐的亲炙弟子，但并没有传承二程洛学注重性命道德、格物穷理的治学理路与旨趣，而是转向了《六经》义理，这对弟子薛季宣产生了直接的影响，使得薛季宣虽然为程颐再传弟子，但是其学已经转向了经制、事功。可以说，袁溉是永嘉事功之学的真正开创者。由于薛季宣的影响很大，袁溉的转型之功为其所掩。因为当时永嘉学派的重要儒者与薛季宣多有交游，并互为师友，如陈傅良、徐元德、王楠、陈谦、蔡幼学、叶适、曹叔远等，而这对于永嘉事功之学的继续发展无疑起到了重要的推动作用，但我们依旧认为袁溉的引导之功不可忽视。

关于永嘉之学的学术发展脉络，在周行己、郑伯熊时期还基本上是遵循二程性命之学的传统，但已经开始注重经制之学。作为发展时期的永嘉学派，薛季宣、陈傅良是永嘉之学走向事功的关键人物。这一点，永嘉之学集大成者叶适在其《温州新修学记》中有所言说："薛士隆愤发昭旷，独究体统，兴王远大之制。叔末寡陋之术，不随毁誉，必摭故实，如有用我，疗复之方安在。至陈君举尤号精密，民病某政，国厌某法，铢称镒数，各到根穴，而后知古人之治，可措于今人之治矣。故永嘉之学，必弥纶以通世变者，薛经其始，而陈纬其终也。"②在叶适看来，薛季宣"独究体统，兴王远大之

① ［清］黄宗羲原著，全祖望补修：《宋元学案》卷五十二《艮斋学案》，北京：中华书局，1986 年版，第 1691 页。

② ［宋］叶适：《水心集》卷十《温州新修学记》，影印文渊阁《四库全书》本，台北：台湾商务印书馆，1986 年版，第 217 页。

制”,注重经制、事功之学。而陈傅良更加注重经世济用之术,这对之后的叶适影响甚大,而叶适则是永嘉经学的集大成之人。正是经由薛季宣、陈傅良、叶适等人的努力,永嘉事功经学在当时独树一帜,成为与程朱理学并立的最有影响力的学派,正如有的学者研究所认为的:“在浙东学派中,真正在思想上、方法上与宋代理学、心学构成鼎足之势的哲学流派只有永嘉学派,其旗帜便是事功。”①

永嘉诸子薛季宣、陈傅良、叶适等人与婺学的吕祖谦、陈亮等人交往甚密,并进而使得他们在经学诠释与思想旨趣上日渐趋近,在面对当时的内忧外患,他们都有共同的意识。他们与当时的朱学、陆学最大的不同,就是他们都强调“道”,但认为“道”应当落实在具体的事情之中,而不是道德修身,如说:“天下岂有道外之事哉?……夫道非出于形气之表,而常行于事物之间者也。”②“上形下形,曰道曰器,道无形埒,舍器将安适哉?且道非器,可名然不远物,则常存乎形器之内。昧者离器于道,以为非道遗之,非但不能知器,亦不知道矣”③,等等。总之,无论是永嘉诸子,还是婺学诸儒他们都强调在现实中落实“道”,而不是空言格物明道。另外,在经典解释上,他们都注重在两宋之际以来被程朱学者们质疑和批判的《周礼》之学,这在某种程度上也是对当时政治制度的重视与关注。不仅如此,他们都表达了对历史的关注,并积极从历史中寻求相应的借鉴,以期服务于当时的社会政治需要。

---

① 何隽:《论南宋的永嘉事功学》,《浙江大学学报》,1994 年第 4 期。

② [宋]陈亮《龙川集》卷九《勉强行道大有功》,影印文渊阁《四库全书》本,台北:台湾商务印书馆,1986 年版,第 575 页。

③ [宋]薛季宣《浪语集》卷二十三《答陈同甫书》,影印文渊阁《四库全书》本,台北:台湾商务印书馆,1986 年版,第 369 页。

第三章　浙东金华、永康经学的传承、诠释及思想

在宋孝宗的乾道、淳熙年间，最为流行的三大学派，分别是吕祖谦所代表的婺学，朱熹所代表的是闽学和陆九渊所代表的心学派。在三家之中“婺学”最盛，其中婺学之吕祖谦最为著名，《宋元学案》称：

乾、淳之际，婺学最盛。东莱兄弟以性命之学起，同甫(陈亮)以事功之学起，而说斋(唐仲友)则为经制之学。考当时之为经制者，无若永嘉诸子，其于东莱、同甫，皆互相讨论，臭味契合，东莱尤能并包一切。①

吕祖谦以其家学渊源与社会政治地位赢得了当时诸多学者的尊重，成为当时最具影响力的理学家，这一点如田浩所言，“从1160年代晚期起，他就是道学的主要领袖，而且地位一直维持到1181年去世为止”②，吕祖谦传承道学，兼重事功，由此也被视为浙东事功之学的巨擘。可以说，以吕祖谦为核心的婺学对当时的经学产生了深远的影响，毕竟“乾淳之际，婺学最盛”，尤其是吕祖谦对当

① [清]黄宗羲原著，全祖望补修：《宋元学案》卷六十《说斋学案》，北京：中华书局，1986年版，第1954页。

② 田浩：《朱熹的思维世界》第四章《吕祖谦》，西安：陕西师范大学出版社，2002年版，第113页。

时的朱熹、张栻、陈亮、陈傅良、唐仲友等人有直接的影响,这对于乾道、淳熙时期性理经学的繁荣奠定了重要的基础,更为南宋经学的传承、发展与思想建构做出了突出贡献①。

婺学实际上最有名的当为吕祖谦、陈亮、唐仲友三人②,正如明人王祎所说:“吾婺学术之懿,宋南渡以还,东莱吕成公(祖谦)、龙川陈文毅公(亮)、说斋大著唐公(仲友)同时并兴。吕公以圣贤之学自任,上继道统之重;唐公之学,盖深究帝王经世之大谊;而陈公复明乎皇帝王霸之略,而有志于事功者也。”③吕祖谦固然是代表了当时经学的大宗正统,而陈亮、唐仲友则与之相得益彰。随着社会政治的需要,吕祖谦、陈亮、唐仲友三人则借助经学诠释提出了自己治国安邦的理念,进而就事功、经制之学提出了自己的见解,这在当时也颇有影响。

第一节 金华吕氏经学的传承、诠释与思想形成

吕祖谦创立了浙东“婺学”,《宋元学案》有时亦称之为“吕学”,其实吕学的称法更适合,而将婺学作为一个以地域命名的学派并不准确。因为吕祖谦所处的婺州,在当时还有唐仲友、陈亮,这三人都是婺学的代表,但三人学术各有特点,全祖望曾说:“乾淳

① 对于宋代婺学,学者们已经做了一定的分析,这对于我们继续研究来说无疑有重要的借鉴意义。如周梦江:《南宋婺学与永嘉学派》,《浙江学刊》,1990年第2期。

② 周梦江在其《南宋婺学与永嘉学派》一文中将婺学分为吕祖谦、唐仲友、陈亮三派,这种说法有一定的道理,值得参考。(周梦江:《南宋婺学与永嘉学派》,《浙江学刊》,1990年第2期。)

③ [明]王祎:《王忠文集》卷七《送胡先生序》,影印文渊阁《四库全书》本,台北:台湾商务印书馆,1986年版,第145页。

之际，婺学最盛。东莱兄弟以性命之学起，同甫以事功之学起，而说斋则为经制之学。”①其中，东莱兄弟即吕祖谦、吕祖俭，同甫即陈亮，说斋即唐仲友，他们彼此观点不通，故不能统称为“婺学”，因此，后世学者也一般将永康的陈亮称为“永康学派”，金华的吕祖谦称为“金华学派”或“吕学”。由于永康、金华地处浙东，后世学者有统称为浙东学派。吕祖谦作为浙东学派的代表人物，与朱熹、张栻齐名，号称“东南三贤”。在乾道、淳熙年间，他以其独立的学派与朱熹、陆九渊鼎立而三，所谓“宋乾淳以后，学派分而为三：朱学也、吕学也、陆学也”②。可以说，吕祖谦是南宋中期最为重要的经学家与理学家之一，他对于浙学的形成与发展起到了重要的推动与促进作用。

一、北宋吕公著、吕希哲父子的经学及思想

吕祖谦是南宋初年与朱熹、张栻齐名的学者，人称“东南三贤”，其在学术上兼取朱、陆两家之长，《宋元学案·东莱学案》中说，“宋乾、淳以后，学派分而为三：朱学也，吕学也，陆学也。”③吕祖谦兼采众长，成为浙东学派的大宗，如元人刘壎所云：“宋乾、淳间，浙学兴，推东莱吕氏为宗。”④清人亦云：“永嘉之学倡自吕祖

---

①　[清]黄宗羲原著，全祖望补修：《宋元学案》卷六十《说斋学案》，北京：中华书局，1986年版，第1954页。

②　[清]黄宗羲原著，全祖望补修：《宋元学案》卷五十一《东莱学案》，北京：中华书局，1986年版，第1653页。

③　[清]黄宗羲原著，全祖望补修：《宋元学案》卷五十一《东莱学案》，北京：中华书局，1986年版，第1653页。

④　[元]刘壎：《隐居通义》卷二《龙川功名之士》，影印文渊阁《四库全书》本，台北：台湾商务印书馆，1986年版，第36页。

谦,和以叶适及傅良,遂于南宋诸儒别为一派。”①

作为浙东学派的重要一支——金华学派,它的重要学者尽管是以吕祖谦为代表,但是在北宋时期,金华学派已经开始处于孕育发展之中。其中,比较有影响的当属稍早于二程时代的吕公著。根据《宋元学案》的记载,庆历之后吕公著等人极力推动了当时朝政的变革,同时也对当时经学的义理化有重要的推动作用:

> 庆历以后,尚有诸魁儒焉,于学统或未豫,而未尝不于学术有功者,范蜀公、吕申公、韩持国,一辈也;吕汲公、王彦霖,又一辈也;丰相之、李君行,又一辈也。尚论者其敢忽诸!②

庆历之后,理学化奠基人诸如周敦颐、邵雍、张载、二程等理学家还没有形成气候,而与此同时范镇、吕公著、韩维、王岩叟、吕大防、丰稷、李潜等人已经在学术界有一定的影响力。其中,吕公著作为金华学派的重要人物之一,对当时吕氏家族的学术思想有直接的影响作用。

吕公著(1018—1089)较二程稍早,并已经在当时政坛上影响甚大。王安石变法之际,他为御史中丞,对王安石的青苗法很不满,《宋元学案》称:“时王荆公方行青苗法,先生极诋其非。”③他的政治理念注重修德、民本等思想,文献记载:

> 元丰五年,以疾丐去位,除资政殿学士、定州安抚使。俄永乐城陷,帝临朝叹曰:“边民疲弊如此,独吕公著为朕言之

① [清]纪昀等:《四库全书总目》卷一百三十五《永嘉八面锋》提要,北京:中华书局,1997 年版,第 1781 页。

② [清]黄宗羲原著,全祖望补修:《宋元学案》卷六《士刘诸儒学案序录》,北京:中华书局,1986 年版,第 783 页。

③ [清]黄宗羲原著,全祖望补修:《宋元学案》卷六《士刘诸儒学案序录》,北京:中华书局,1986 年版,第 787 页。

耳！”徙扬州，加大学士。将立太子，帝谓辅臣，当以吕公著、司马光为师傅。哲宗即位，以侍读还朝，至则上言曰：“人君初即位，当修德以安百姓。修德之要，莫先于学。学有缉熙于光明，则日新以底至治者，学之力也。”陈十事，曰畏天、爱民、修身、讲学、任贤、纳谏、薄敛、省刑、去奢、无逸。①

从上面我们可以出，吕公著的政治理念基本上出自儒家《论语》《尚书》等经典，他所强调的修身、明德、爱民等思想与之后作为哲宗侍讲的程颐基本一致，这也是促使之后吕公著让其子吕希哲拜程颐为老师的重要原因。换句话说，吕公著作为金华学派思想的重要渊源之一，他的这些思想与金华学派推崇二程之学有着内在一致性。

在经学方面，吕公著推崇儒学、经学尤其是性理经学。不过，他反对王安石变法，所以随着王安石的《三经新义》被颁行为科举考试必读书目的时候，吕公著颇为反对。由于吕公著与二程、张载等来往密切，所以在经学思想上与他们也有共同之处，比如他对《四书》也颇为推尊，如曰：

《中庸》之书，圣门学者尽心以知性，躬行以尽性，始卒不越乎此书。孔子传之曾子，曾子传之子思，子思述所授之言以著于篇，故此书所论，皆圣人之绪言，入德之大要也。②

吕公著认为《中庸》一书是儒学重要经典，儒者修行实践都不外乎此书所言，并将之视为“圣人之绪言，入德之大要”。实际上，吕公著思想比较博杂，他不仅注重儒经相互之间的互证，还注重利用老

① ［清］黄宗羲原著，全祖望补修：《宋元学案》卷六《士刘诸儒学案序录》，北京：中华书局，1986 年版，第 788 页。

② ［宋］吕公著：《吕氏杂记》上，影印文渊阁《四库全书》本，台北：台湾商务印书馆，1986 年版，第 209 页。

庄之书来证明儒经之思想,如曰:

> 《论语》:“举一隅不以三隅反,则不复也。”《易》曰:“引而伸之,触类而长之。”“赐也闻一以知二”,知之进也;“回也闻一以知十”,知之尽也。十,成数也。老子曰:“道生一,一生二,二生三。”《易》曰:“天一,地二,以至天九,地十。”①

在这里,吕公著利用老子之言来解读《论语》《周易》中的“一”、“二”、“三”“十”等数字,来探究知识获得的进度,子贡“闻一以知二”,是表示获得智慧的进步;而颜回“闻一以知十”则表示智慧的圆满。又如:

> 老子曰:“古之善为道者,非以明民,将以愚之。”《书》称尧之德曰:“平章百姓,百姓昭明。”《记》曰:“明明德于天下。”老子曰:“报怨以德。”孔子曰:“以直报怨,以德报德。”老子曰:“知不知,上不知,知病”孔子曰:“知之为知之,不知为不知。”盖孔子未尝师老子也。②

在这里,吕公著利用老子、《尚书》《大学》《论语》等经典中的话来互相对照,以此来证明孔子与老子的思想颇为不同,由此说明孔子并没有师从老子学习的史实。除此之外,在《吕氏杂记》中,他不仅多次宣扬二程、张载等人的经学思想之外,还对司马光、王安石等人多有记载,虽然在价值判断上没有明显的偏颇,说明吕公著为学注重兼采众家之长。不仅如此,吕公著对老庄之学并不排斥,即使对佛教也并不抵触。总之,吕公著之学颇为博杂,可谓兼采众长、不拘一格。而这种治学的态度与方法对其后吕希哲及后世诸吕的

---

① [宋]吕公著:《吕氏杂记》上,影印文渊阁《四库全书》本,台北:台湾商务印书馆,1986 年版,第 210 页。

② 《吕氏杂记》上,影印文渊阁《四库全书》本,台北:台湾商务印书馆,1986 年版,第 213 页。

经学、学术思想都有直接的影响。

总体而言，吕祖谦的经学思想很有特点，他和朱熹理学、陆九渊心学不同，他很注重兼容并包，这一特点的形成和他的家学渊源深厚有直接的关联。《宋史》本传称“祖谦之学本之家庭，有中原文献之传”①，吕氏家族，从北宋吕公著开始，“登《学案》(《宋元学案》)者七世十七人”②，对此，全祖望解释说：

> 考正献(吕公著)子希哲、希纯，为安定门人。而希哲自为《荥阳学案》，荥阳子切问，亦见《学案》。又和问、广问及从子稽中、坚中、弸中，别见《和靖学案》。荥阳孙本中及从子大器、大伦、大猷、大同，为《紫微学案》。紫微之从孙祖谦、祖俭、祖泰，又别为《东莱学案》。共十七人，凡七世。③

可以看出，在有宋一代非常有名的吕氏家族，无论是在政治地位上还是在学术传承方面都有非常浓厚的家族氛围。作为吕氏家族中最为重要的先祖——吕公著，除了是北宋宰相之外，他在经学、儒学上也是颇有造诣。他强调讲学“以治心养性为本”④，很欣赏二程兄弟的学识，曾多次向朝廷举荐二程兄弟，后程颢出任太子中允，权监察御史里行，颇受神宗器重。后来，由于程颢不赞同王安石新法，被罢归，在洛阳与其弟程颐广收门徒，潜心学问。此时，吕公著与文彦博、司马光等人也退居到洛阳，与二程兄弟相与议论时

---

① ［元］脱脱等：《宋史》卷四百三十四《吕祖谦传》，北京：中华书局，1977 年版，第 12872 页。

② ［清］黄宗羲原著，全祖望补修：《宋元学案》卷十九《范吕诸儒学案》，北京：中华书局，1986 年版，第 789 页。

③ ［清］黄宗羲原著，全祖望补修：《宋元学案》卷十九《范吕诸儒学案》，北京：中华书局，1986 年版，第 789 页。

④ ［明］柯维骐：《宋史新编》卷一百十二，明嘉靖四十三年杜晴江刻本，第 1175 页。

政，讨论学问。后来，新法失败，朝廷起用吕公著、司马光等人，吕公著则积极向朝廷推荐程颐，称说："臣尝与之语，洞明经术，通古今治乱之要，实有经世济物之才。"①受到吕公著、司马光等人的力荐，程颐出任西京国子监教授、宣德秘书省教书郎、崇政殿说书等要职，为二程洛学的兴盛奠定了重要的基础。

吕希哲(1036—1114)，少从焦千之、孙复、石介、胡瑗为学，后与张载、程颢、程颐、王安石等交游。太学出身，以荫入官。父吕公著去世后，始为兵部员外郎。因范祖禹荐，哲宗召为崇政殿说书。吕希哲为学"不主一门，不私一说"，遂成为吕氏家学的基本特征。后人编有《吕氏杂志》《荥阳公说》。吕公著曾让自己儿子吕希哲拜程颐为师，是为程颐的开山弟子。吕希哲好学，曾与杨时经常论学，"连日夜不厌，所言皆经世大略"②。不过与杨时严守师说不同，吕希哲作为二程洛学的最早传承人，他"不私一说""不名一师"，注重兼容并包。《宋元学案》说他：

> 荥阳少年，不名一师，初学于焦千之，庐陵(欧阳修)之再传也。已而学于安定(胡瑗)，学于泰山(孙复)，学于康节(邵雍)，亦尝学于介甫(王安石)，而归宿于程氏(程颐)，集益之功，至广且大。然晚年又学佛，则申公家学未醇之害也。要之，荥阳之可以为后世师者，终得力于儒。"③

从这可以看出，吕希哲曾经和很多人学习过，包括焦千之、欧阳修、

---

① 《二程集》附录《伊川先生年谱》引，清文渊阁《四库全书》本，第216页。

② [宋]吕祖谦：《东莱集》卷十四《东莱公家传》，影印文渊阁《四库全书》本，台北：台湾商务印书馆，1986年版，第123页。

③ [清]黄宗羲原著，全祖望补修：《宋元学案》卷二十三《荥阳学案》，北京：中华书局，1986年版，第902页。

胡瑗、孙复、邵雍、王安石、程颐等多位学者,晚年又研习佛学,可谓是博学多识。但吕希哲最终“归宿于程氏”,遂以“道学为世宗”,他主张为学“不在于遍读杂书、多知小事,在于正心诚意”“直造圣人”①。吕希哲所形成的这一“家风”对后来吕氏家族影响深远,家族中的很多人都是这样为学,即以二程之学为根柢,将不拘门户、正心修德视为家族治学的一个传统。

吕希哲之子吕好问,为吕祖谦的曾祖父,他与当时的杨时并称天下,成为南渡前后传承二程之学的关键人物。对此吕祖谦在《家传》中曾说:

> 宣和之季,故老踵相蹑下世,独公(吕好问)与杨公中立(时)无恙,诸儒为之语曰:“南有杨中立,北有吕舜徒。”盖天下倚以任此道者唯二公云。②

吕好问曾多次上书朝廷,希望罢黜王安石、蔡京新政之法,并解除对元祐党人的禁锢,为二程洛学伸冤。南渡过程中,吕氏家族迁居婺州,吕好问向当地转移、保存了大量的历史文献,有学者称:“故中原文献之传独归吕氏,其余大儒弗及也。”③为宋代学术南移做出了突出的贡献。作为吕氏家学转型的关键人物,吕好问曾与林之奇、汪应辰、胡宪、朱熹、张栻等多人交游切磋,“长从林拙斋、汪玉山、胡籍溪三先生游,与朱晦庵、张南轩二先生友,讲索益精”④,继

---

① [清]黄宗羲原著,全祖望补修:《宋元学案》卷二十三《荥阳学案》,北京:中华书局,1986 年版,第 908 页。

② [宋]吕祖谦:《东莱集》卷十四《东莱公家传》,影印文渊阁《四库全书》本,台北:台湾商务印书馆,1986 年版,第 123 页。

③ [清]黄宗羲原著,全祖望补修:《宋元学案》卷三十六《紫微学案》,北京:中华书局,1986 年版,第 1234 页。

④ [清]黄宗羲原著,全祖望补修:《宋元学案》卷五十一《东莱学案》,北京:中华书局,1986 年版,第 1652 页。

续保持了吕氏家族多元并蓄、文献之学的传统。

吕好问之子吕弸中，为吕祖谦的祖父，他“少从游定夫（酢）、杨龟山（时）、尹和靖（焞）游，而于和靖尤久”，可以说得二程之学真传，因为尹焞“于洛学最为晚出，而守其师说最醇”，程颐在世时也曾高度评价尹焞之学，“我死而不失其正者，尹氏子也”①。

纵向来看，北宋时期的金华吕氏家族深受时代的影响，更是受家族学风的影响，对二程洛学颇为认同，并始终传承不绝。不仅如此，吕好问、吕弸中等也秉承家族吕公著、吕希哲为学的传统，兼采众长，同时也受到地域的影响，对浙东地区经世致用思想的影响，积极的倡导通经致用，这对于后来金华学派具有深远的影响。

二、两宋之际吕本中的经学传承、诠释与思想

吕本中（1084—1145），初名大中，字居仁，世称大东莱先生。他的祖父为吕希哲、父亲是吕好问。《宋元学案》称：“先生少从游定夫、杨龟山、尹和靖游，而于和靖尤久。”②吕本中撰有《春秋解》《童蒙训》《师友渊源录》等。吕本中作为二程再传弟子，曾与二程及门弟子游酢、杨时、尹焞等人交游问学，其中受到尹焞影响最大。他为学“不名一师”，当时很多学派之门人多从之游学，文献称：“大东莱先生（吕本中）为荥阳冢嫡，其不名一师，亦家风也。自元祐后，诸名宿如元城、龟山、廌山、了翁、和靖以及王信伯之徒，皆尝从

① ［清］黄宗羲原著，全祖望补修：《宋元学案》卷二十七《和靖学案》，北京：中华书局，1986 年版，第 1004 页。

② ［清］黄宗羲原著，全祖望补修：《宋元学案》卷五十一《东莱学案》，北京：中华书局，1986 年版，第 1234 页。

游,多识前言往行以畜其德。而溺于禅,则又家门之流弊乎!”①这几位中,杨时、游酢、尹焞、王苹皆是二程弟子,可以看出吕本中之学基本上以传承二程之学为主,注重修身明德。吕本中为学继承家风,兼采众长、融会贯通。作为当时“中原文献之学”的重要传承人,他对之后的吕祖谦有重要的影响,全祖望对此就说:

> 先生历从杨、游、尹之门,而在尹氏为最久,故梨洲先生归之《尹氏学案》。愚以为先生之家学,在多识前言往行以畜德,盖自正献以来所传如此。原明(吕希哲的字)再传而为先生,虽历登杨、游、尹之门,而所守者世传也。先生再传而为伯恭,其所守者亦世传也。故中原文献之传,独归吕氏,其余大儒弗及也。故愚别为先生立一学案,以上绍原明,下启伯恭焉。②

吕本中传承了吕希哲(字原明)之学,而吕希哲曾师从程颐为学。尽管如此,吕氏家族为学强调兼采众长,故吕本中也广泛学习,由此进一步强化了吕氏家族“不名一师”的家学特征。随后,吕本中传学于吕祖谦,成为吕希哲与吕祖谦学术的中间桥梁,所谓“上绍原明,下启伯恭”。

（一）重视《四书》之学,强调涵养悟道

吕本中的经学与二程属于一脉相承,他对《四书》非常重视,并以《四书》为学术基础来解读《五经》,如他曾说:

> 学问当以《孝经》《论语》《中庸》《大学》《孟子》为本。熟味详究,然后通求之《诗》《书》《易》《春秋》,必有得也。既自

---

① ［清］黄宗羲原著,全祖望补修:《宋元学案》卷五十一《东莱学案》,北京:中华书局,1986 年版,第 1233 页。

② ［清］黄宗羲原著,全祖望补修:《宋元学案》卷五十一《东莱学案》,北京:中华书局,1986 年版,第 1234 页。

做得主张,则诸子百家长处,皆为吾用矣。①

吕本中对《四书》的重视,是吕氏家族经学的重要特征,这很大程度上源于其经学本于二程洛学的缘故,更是深受吕希哲家族传统的影响。当然,作为吕氏家族的重要学人,吕本中对三礼学非常重视,他说“后生问学,且须理会《曲礼》《少仪》《仪礼》等,学洒扫应对进退之事”②。

吕本中继承了二程、杨时等人以理解经的思想,并注重涵泳体悟儒家经典中的圣人之道,反对章句训诂之学,如其所言:

《诗》曰:“嵩高惟岳,峻极于天。惟岳降神,生甫及申。惟申及甫,惟周之翰。”四国于蕃,四方于宣,此文武之德也。凡此之类,皆道理含蓄,示人之意深矣。学者若比较同异,循文讨义,以求有得则失之远矣。凡此等语,皆不可以文字言语求者也,然此皆圣贤自说已分上事,或是赞扬此理,学者涵味也可,未须妄求枉费思虑。③

学问功夫全在浃洽涵养,蕴蓄之久,左右采择,一旦冰释理顺,自然逢原矣。非如世人强袭取之,揠苗助长,苦心极力,卒无所得也。④

吕本中认为《诗经》借助比喻的形式来赞颂的周文王、周武王之德,非常的含蓄,道理深刻,并不是简单地借助校勘、章句训诂的形式

① [宋]吕本中:《童蒙训》卷上,影印文渊阁《四库全书》本,台北:台湾商务印书馆,1986年版,第516页。

② [清]黄宗羲原著,全祖望补修:《宋元学案》卷五十一《东莱学案》,北京:中华书局,1986年版,第1235页。

③ [宋]吕本中:《紫微杂说》,影印文渊阁《四库全书》本,台北:台湾商务印书馆,1986年版,第822页。

④ [宋]吕本中:《紫微杂说》,影印文渊阁《四库全书》本,台北:台湾商务印书馆,1986年版,第832页。

就可以明了其中的深意,“学者若比较同异,循文讨义,以求有得则失之远矣”。所以,学者不能只是了解表面意思,而是需要反复的涵养体悟,“浃洽涵养,蕴蓄之久”,自然可以了解经典之意、圣人之道。

吕本中为学推崇二程、杨时、尹焞等人的道德性命之学,注重修身穷理,希望借助经典研习、涵养体悟,提升自己的道德境界:

> “穷理尽性以至于命”,命也,性也,理也,皆一事也。在物谓之理,在人谓之性,在天谓之命,至于命者,言尽天道也。熏陶渐染之功与讲究持论,互相发明者也。要之,熏陶之益过于讲究知此理者,方可以语学也。①

吕本中认同二程理本论的思想,认为为学的根本在于“熏陶渐染”,即借助经典研习、反省体悟等方式提升自己的道德境界,其次才可以“讲究持论”,格物致知。由于二程的“知”分为闻见之知、德性之知,但他们更强调德性之知。同样,吕本中继承了这一思想,依旧强调道德修行的重要性。

(二)强调兼采众长,注重经世致用的精神

吕本中的经学秉承家学传统,强调兼采众长,“不名一家”,所以他在经学解释中多注重吸纳各种注解、观点,其《吕氏春秋集解》一书便是如此,四库馆臣便评价此说道:“自三传而下,集诸儒之说不过陆氏、两孙氏、两刘氏、苏氏、程氏、许氏、胡氏数家,而采择颇精,全无自己议论。”②的确,如在解释《春秋》“九月及宋人盟于宿”一句时便罗列诸家之说:

---

① [宋]吕本中:《紫微杂说》,影印文渊阁《四库全书》本,台北:台湾商务印书馆,1986 年版,第 829 页。

② 《四库全书总目》卷二十七《吕氏春秋集解》提要,北京:中华书局,1997 年版,第 344 页。

《左氏传》:始通也。

《公羊传》:孰及之,内之,微者也。(刘氏《权衡》曰:盟者,国之大事,岂两微者所定乎?苟有两微者盟,《春秋》固不书之,然则此自公也,讳之,没公矣。)

《谷梁传》:及者何,内卑者也。宋人,外卑者也。

伊川先生《解》:惠公之季年,败宋师于黄公,立而求成焉,盟于宿,《鲁志》也称及,称人皆非卿也。

杜氏《注》:宿小国东平无盐县是也凡盟以国地者国主亦与盟

陆氏《纂例》:赵子曰:不书公,讳与大夫盟,示耻也。

刘氏《传》:孰及之,卑者之盟不志;及之者,公也。公则曷为不言公,耻与宋人盟也。曷为耻与宋人盟,大国之卿可以会小国之君,小国之卿不可以会次国之君。

武夷胡氏《传》:内称及,外称人,皆微者,其地以国,宿亦与焉。微者盟会,不志于《春秋》,此其志者,有宿国之君也。

吕氏曰:隐公以诸侯之尊而下与他国大夫盟,苟徇目前之利无廉耻之节,此固圣人所宜贬也。①

吕本中对于《春秋》的解释,旨在兼采众家之长,这不仅涉及了《春秋》三传,还有汉唐诸儒如杜预、赵匡、陆淳等人,还有宋人如刘敞、孙复、程颐、苏辙、胡安国等人的解释。这种兼收并蓄的经学特征,充分体现了吕本中对历代注家的重视,他希望通过这种集解的形式,来传承圣人之道。这种经学解释的思路,实乃吕氏家族的治学传统。

---

① [宋]吕本中:《吕氏春秋集解》卷一,影印文渊阁《四库全书》本,台北:台湾商务印书馆,1986年版,第12页。

借助经典来提升自己的道德境界，只是吕本中经学诠释的宗旨之一。吕本中也继承了家族及浙东诸儒经世致用的精神，注重发挥儒家经典中的思想，以服务于社会政治，如他发挥《孝经》“移孝于忠”的思想：

> 事君如事亲，事官长如事兄，与同僚如家人，待群吏如奴仆，爱百姓如妻子，处官事如家事，然后为能尽吾之心。如有毫末不至，皆吾心有所未尽也。故“事亲孝故忠可移于君，事兄悌故顺可移于长，居家理故治可移于官”，岂有二理哉！①

在吕本中看来，对父母、兄长的敬爱、恭顺，与对君主、上级的敬顺都内在相通，而修身齐家与治国平天下之间也是内在相通的。所以，作为君子能够在家庭、家族中，无论是推行孝悌，还是治理方面都做得很好，这样他才能很好地完成对君主的恭顺、国家事务的治理。

又如吕本中发挥《论语》《中庸》中的“忠恕之道”来说明为政当官当以此为准则，要根据人情来践行中庸之道：

> 当官处事，务合人情，“忠恕违道不远”，观于己而得之，未有舍此二字而能有济者也。尝有人作郡守，延一术士同处书室，后术士以公事干之。大怒叱下，竟致之理杖背编置。招延此人已是犯义，既与之稔熟，而干以公事亦人常情也，不从之足矣，而治之如此之峻，殆似绝灭人理。②

> 古之为政，皆务委曲以合人情，其置法行令，皆出于不得已者也。不得已者，可以施于一时，不可行于长久。郑莽简

---

① ［宋］吕本中：《官箴》，影印文渊阁《四库全书》本，台北：台湾商务印书馆，1986年版，第652页。

② ［宋］吕本中：《官箴》，影印文渊阁《四库全书》本，台北：台湾商务印书馆，1986年版，第653页。

公，将毁游氏之庙，子产不忍，竟不毁也。其后将为蒐除游氏之庙，过期三日不毁，子产复不忍而毁于北方。如使商鞅之徒为之，不惟必毁游氏，其不毁且有重辟矣。然则刻核之论，非君子所宜道，信赏必罚非仁政之先也。然则奈何曰"夫子之道，忠恕而已矣"，子产知之矣。管子所谓"留令者死，不从令者死"之类，皆刻核之论，所由出也，岂惟有害圣人之教，盖亦未知子产之用心矣。①

吕本中注重发挥孔子、子思的忠恕之道，强调要根据人情来为官行政，既要尽心于自己的政事，也要待人宽厚，否则便是不合人情天理之道。在吕本中看来，以德治国是基本的思路，借助法令刑罚的方式也是迫不得已的选择。

总的来看，吕本中的经学集成了吕公著、吕希哲等人的传统，对二程洛学思想颇为重视，并将《四书》学、理学看成是为学修身的根本所在。在经学解释上，他注重博采众长，兼采各家之长，没有门户之见，更没有古今之分，如其《春秋集解》便是汇集了古今、汉宋的各种注解，充分体现了这一特征。此外，作为浙东学派的一员，吕本中也继承了家族、学派经世致用的经学旨趣，将明道、修身与政治紧密结合起来，充分发挥儒家经典中的思想，以服务于当时的伦理道德、社会政治建设。当然，与之后的吕祖谦相比较而言，他在经学上的成就及贡献颇为有限，不过作为吕氏家族经学的一部分与传承者，其承上启下的功劳及地位也不可磨灭。

---

① ［宋］吕本中：《紫微杂说》，影印文渊阁《四库全书》本，台北：台湾商务印书馆，1986年版，第823页。

第二节　吕祖谦的经学传承、诠释特征与思想建构

吕祖谦(1137—1181),字伯恭,婺州(今浙江金华)人,学者称东莱先生。南宋重要的经学家、理学家、史学家,浙东金华学派的创立者、婺学之宗师。在乾道、淳熙年间,他以其独立的思想体系与朱熹、陆九渊鼎立而三,所谓“宋乾淳以后,学派分而为三:朱学也、吕学也、陆学也”①。他曾撰有大量的经学著述,如《古周易》《书说》《吕氏家塾读诗记》《春秋左氏传说》《春秋左氏续说》《东莱博议》等多种,并有《东莱集》传世。吕祖谦经学是其学说的重要组成部分②,更是其理学的基础与核心,这在浙东学派经学的传承、发展历史上扮演着至关重要的角色,并为南宋经学的发展做了突出贡献。

一、吕祖谦的经学渊源、学术传承与思想形成

作为吕本中从孙的吕祖谦在学术研究上,继承了家学传统,曾多处求学,师从多家,如芮煜、汪应辰、林之奇、胡宪等人皆授其学,吕祖谦被《宋元学案》列为龟山再传,二程三传弟子。《宋史·吕祖

---

① ［清］黄宗羲原著,全祖望补修:《宋元学案》卷五十一《东莱学案》,北京:中华书局,1986 年版,第 1653 页。

② 李之鉴:《吕祖谦〈易说〉浅论》,《河南师范大学学报》(哲社版),1997 年第 1 期。张卫中:《吕祖谦〈左传〉研究论析》,《绍兴师专学报》,1992 年第 1 期。蔡方鹿:《吕祖谦的经学思想及其方法论原则》,《中国哲学史》,2008 年第 2 期。肖永明、张长明:《吕祖谦的思想学术渊源与治学特点》,《湖南大学学报》(社科版),2003 年第 3 期。姚永辉:《朱熹、吕祖谦关于〈诗经〉的四大论辩平议》,《诗经研究丛刊》,2008 年第 1 期。黄灵庚:《经、史并重的吕学特色》,《浙江社会科学》,2005 年第 5 期。

谦传》称："祖谦之学本之家庭，有中原文献之传。长从林之奇、汪应辰、胡宪游，既又友张栻、朱熹，讲索益精。"①其中，对吕祖谦影响最大的启蒙老师是林之奇（1112—1176），字少颖，福建侯官（今属福建闽侯）人，号拙斋，学者称三山先生。他反对王安石新学，撰有《尚书全解》《拙斋集》《观澜集》等。林之奇本来是吕祖谦的伯祖吕本中和祖父吕弸中的弟子，吕祖谦受父亲吕大器之命师从林之奇，这样一来，吕祖谦所学实则是家学，只不过，林之奇为学在当时颇有声誉，他反对王安石新学，倡导伊洛之学，这对于吕祖谦学术根柢的形成奠定了坚实的基础。总的来说，吕祖谦秉承家学传统，师从多门，不私一说，广泛吸收了多位学者的学说思想，所谓"先生文学术业，本于天资，习于家庭，稽诸中原文献之所传，博诸四方师友之所讲，融洽无所偏滞"②，由此形成了他学术上"博杂""兼容"的特点，成为南宋中原文献之学的杰出代表。

另外，对吕祖谦"博杂"学术特点产生影响的，还在于自己出任太学博士之后广泛的学术交游。吕祖谦"始予官太学，日从四方之士游"③，由于他待人诚恳，为人谦虚，能够接受不同学派的观点，由此当时不同学派的代表人物多与之有来往。如当时永嘉学派的薛季宣、郑伯熊、陈傅良、叶适、陈亮、徐元德等人皆与之有交游，并探讨学术，他还与湖湘学派的张栻、闽学的朱熹、心学的陆九龄、陆九渊等人都交往甚密，这种交往使得他本来"博杂"的学术特点更加

① ［元］脱脱等：《宋史》卷四百三十四《吕祖谦传》，北京：中华书局，1977年版，第12872页。

② ［清］黄宗羲原著，全祖望补修：《宋元学案》卷五十一《东莱学案》，北京：中华书局，1986年版，第1653页。

③ ［宋］吕祖谦：《东莱集》卷十二《永康王君墓志铭》，影印文渊阁《四库全书》本，台北：台湾商务印书馆，1986年版，第106页。

显著。

在众多交游的学者中，张九成的影响颇值得关注①。张九成（1092—1159），字子韶，号横浦居士、无垢居士，钱塘人。在《宋元学案》的《横浦学案表》中没有列吕祖谦之名，但在学案中却有“祖望谨案：横浦再传弟子，东莱而外，章公茂献与齐斋，足称三杰矣”②的话。不过，根据陈傅良在其《跋陈求仁所藏张无垢贴》中说道：“余尝闻吕伯恭父云：某从无垢学最久，见知爱最深，至今亡矣。念无以报，独时时戒学者无徒诵世所行《论语解》，以为无垢之学尽在是也。”③据此判定，吕祖谦实乃张九成的亲传弟子。“作为学生，吕祖谦不但继承了张九成的思想，将张氏的心学、史学思想融入自己的体系中，而且作了进一步的发挥，从而形成金华一派。”④的确，吕祖谦向当时学者推荐所读书目的时候，就提到了张九成之书，如曰：“初学欲求义理，且看上蔡《语》《阃范》、伊川《易》，研究推索，自有所见。若荆公《新说》、张纲《书》、刘君举《诗》、耿南仲《易》、方、马二氏《礼记》、陈晋之《孟子》、张子韶《论语》、吕吉甫《庄子》，皆不当看也。”⑤这里吕祖谦之所以不建议初学者看张九成的《论

① 刘玉敏在其《吕祖谦学术渊源略考》一文中就认为：“吕祖谦年谱和《宋元学案》都忽略了一个对吕祖谦思想起重大甚至是决定性影响的人物，即张九成。”（参见刘玉敏：《吕祖谦学术渊源略考》，《中国哲学史》，2007年第3期。）

② ［清］黄宗羲原著，全祖望补修：《宋元学案》卷四十《横浦学案》，北京：中华书局，1986年版，第1337页。

③ ［宋］陈傅良：《止斋集》卷四十二《跋陈求仁所藏张无垢贴》，影印文渊阁《四库全书》本，台北：台湾商务印书馆，1986年版，第831页。

④ 刘玉敏：《吕祖谦学术渊源略考》，《中国哲学史》，2007年第3期。

⑤ ［宋］吕祖谦：《丽泽论说集录》卷十《门人所记杂说二》，影印文渊阁《四库全书》本，台北：台湾商务印书馆，1986年版，第445页。

语解》，主要是此书用意太深，立说太高，非一般人所能了悟，而这也与吕祖谦为学强调循序渐进的思想一脉相承。

总之，吕祖谦的学术渊源广博，而这种“博杂”的学术特色，尽管对于汲取百家之长有极大的好处，但是在吕祖谦有生之年并没有将诸家之学融会贯通，建构出一个新的思想体系。以至于朱熹曾批评他说“东莱博学多识则有矣，守约恐未也。”①“博杂极害事，伯恭日前只向博杂处用功，却于要约处不曾子细研究。”②不仅吕祖谦之学遭到了朱熹的批驳，其家族学风“不名一师”“不私一说”的特点也遭到了朱熹的批驳，“吕公家传，深有警悟人处，前辈涵养深厚乃如此。但其论学殊有病，如云不主一门，不私一说，则博而杂矣”③。

吕氏家族之学虽为博杂之学，“不名一师”，但实际上，吕氏家族始终以儒家思想为宗，尤其注重思孟学派与《四书》的“格物穷理”“治心养性”“正心诚意”等学说，且有宋一代始终他们以二程之学作为研习的重点。如吕公著为学便注重“治心养性”，并尊崇二程之学，让其子吕希哲拜二程为师。吕希哲为学也是“以《孝经》《论语》《中庸》《大学》《孟子》为本”④，后吕希哲之子吕好问、吕切问也都受业于程门高弟尹焞。而大东莱先生吕本中也“少从游定

① ［宋］黎靖德编：《朱子语类》卷一百二十二，影印文渊阁《四库全书》本，北京：中华书局，1986 年版，第 2949 页。

② ［清］黄宗羲原著，全祖望补修：《宋元学案》卷五十一《东莱学案》，北京：中华书局，1986 年版，第 1675 页。

③ ［清］黄宗羲原著，全祖望补修：《宋元学案》卷二十三《荥阳学案》，北京：中华书局，1986 年版，第 908 页。

④ ［清］黄宗羲原著，全祖望补修：《宋元学案》卷三十六《紫微学案》，北京：中华书局，1986 年版，第 1234 页。

夫（游酢）、杨龟山（杨时）、尹和靖游，而于和靖尤久”①，他属于二程再传，所以黄宗羲将他归入《尹氏学案》中。全祖望也补充说：“紫微之学，本之家庭，而遍叩游、杨、尹诸老之门，亦尝及见元城，多识前言往行以畜德。”②可以说，吕氏家族之学虽然遍采众长，但却是以二程洛学为根柢。后吕祖谦受到家学与师承的影响，也以二程性命之学为宗，他对二程洛学颇为尊崇，他曾说：“初学欲求义理，且看《上蔡语》《阃范》《伊川易传》，研究推索，自有所见。”不仅如此，吕祖谦还在婺州刊行《伊川易传》，以传播二程学说。总的来看，从吕公著到吕祖谦，虽然博采众家之长，但始终以二程之学为宗，这不能不说吕氏家学重要的特点所在。

二、传承二程洛学派经学，强调“以理解经”

在经典诠释上，吕祖谦作为南宋时期的重要理学家，也继承了二程以来“以理解经”的原则与方法，他认为儒家经典都是圣人之道的载体，都是天理的具体体现，如他所说：

> 二帝三王之书，羲、文、孔子之《易》《礼》之仪章，《乐》之节奏，《春秋》之褒贬，皆所以形天下之理者也。天下之人，不以理视经，而以经视经，刳剔离析，彫缋疏凿之变多，而天下无全经矣。圣人有忧，泛观天壤之间，虫鸣于春，鸟鸣于秋，而匹夫匹妇欢愉劳佚、悲怒舒惨，动于天机不能已。而自泄其鸣于诗谣歌咏之间，于是释然喜曰：天理之未凿者，赖有此存。是固匹夫匹妇，胸中之全经也。遽取而列诸《书》《易》《礼》《乐》

① ［清］黄宗羲原著，全祖望补修：《宋元学案》卷三十六《紫微学案》，北京：中华书局，1986 年版，第 1234 页。

② ［清］黄宗羲原著，全祖望补修：《宋元学案》卷三十六《紫微学案》，北京：中华书局，1986 年版，第 1241 页。

《春秋》之间，并数而谓之《六经》。羁臣贱妾之辞与尧舜禹汤文武之格言、大训并列，而无所轻重。圣人之意，盖将举匹夫匹妇胸中之全经，以救天下破裂不全之经，使学者知所谓《诗》者，本发乎闾巷草野之间，冲口而发，举笔而成，非可格以义例而局以训诂也。义例、训诂之学，至《诗》而尽废。是学既废，则无研索，扰杂之私，以累其心，一吟一讽，声转机回，虚徐容与，至理自遇，片言有味，而《五经》皆冰释矣。①

吕祖谦受到二程儒经乃是天理的体现的思想影响，也认为《尚书》《周易》《礼》《乐》《春秋》等经典内容，也"皆所以形天下之理也"。所以，他希望学者要"以理视经"，这样才能真正体悟圣人之意。否则只是从经学的角度来分析经典，只会是寻章摘句、浮于言意之表。在吕祖谦看来，圣人作《五经》的目的就是从不同的角度来反映宇宙天地万物、匹夫匹妇之思想，来展现天地之理，故《五经》是一个整体，他们都是圣人之道的反映。但由于后人不明圣人本意，不"以理观经"，而"以经视经"，彼此割裂，局限于义例、训诂，使得《五经》支离，导致天下已经没有全经了。

既然吕祖谦将天理视为宇宙万物的本源，也看成是儒家所倡导的人伦道德、纲常名教的价值本源，所以他在解读诸经的时候，多注重"以理解经"，如曰：

范氏曰：宣姜之恶，不可胜道也。国人疾而刺之，或远言焉，或切言焉。远言之者，"君子偕老"是也；切言之者，"鹑之奔奔"是也。卫诗至此，而人道尽天理灭矣。②

---

① [宋]吕祖谦：《左氏博议》卷十三，影印文渊阁《四库全书》本，台北：台湾商务印书馆，1986 年版，第 441 页。

② [宋]吕祖谦：《吕氏家塾读诗记》卷五《桑中三章章七句》，影印文渊阁《四库全书》本，台北：台湾商务印书馆，1986 年版，第 391 页。

夫妇有别，长幼有序，朋友有信，此夫妇、朋友、长幼之则也。皆天理之常，故曰“民之秉彝也，故好是懿德”。①

与蔡合谋，遂弑灵王于乾溪。观灵王之所以死，不在其他，而在陈蔡。正缘灭陈、蔡，失人心太甚，故祸端起于人怨之最深处，以此见天理不可诬。②

郑庄置母姜氏于城颍，天理已绝，古今大恶也。及其终也，一有悔心，因颍考叔以遗羹之意开导也，天理油然而生，遂为母子如初。③

卫宣公之无道，昏纵悖乱，腥闻于天，乖戾之气所召者，宜其为凶、为奸、为逆、为恶，而伋、寿二子并生，其家然则天理有时而舛乎？曰是所以为天理也，世皆以人欲灭天理，而天理不可灭。④

观治不若观乱，观美不若观恶。自古及今，蹂践残贼，而终不可亡者，乃天理之真在也。……果何自以窥天理之真在哉？至于居乱世、遇恶人，所见者莫匪横逆，所闻者莫匪诐淫。所谓天理疑若殄灭，而靡有孑遗矣，然横逆诐淫之中，天理间发时见一班，岂非是理之真在欤？⑤

① ［宋］吕祖谦：《吕氏家塾读诗记》卷二十七《崧高八章章八句》，影印文渊阁《四库全书》本，台北：台湾商务印书馆，1986 年版，第 740 页。

② ［宋］吕祖谦：《左氏传说》卷十一《楚子奉孙吴以讨于陈而遂县之》，影印文渊阁《四库全书》本，台北：台湾商务印书馆，1986 年版，第 89 页。

③ ［宋］吕祖谦：《左氏传说》卷首《看左氏规模》，影印文渊阁《四库全书》本，台北：台湾商务印书馆，1986 年版，第 5 页。

④ ［宋］吕祖谦：《左氏博议》卷五《盗杀伋寿》，影印文渊阁《四库全书》本，台北：台湾商务印书馆，1986 年版，第 341 页。

⑤ ［宋］吕祖谦：《左氏博议》卷十一《秦取梁新里梁亡》，影印文渊阁《四库全书》本，台北：台湾商务印书馆，1986 年版，第 418 页。

获不菑而畬，盖无妄，天理也。才耕获菑畬，则是有意作为，非天理也。……盖述是，循其天理，自然无妄也。作是人为，人为则妄矣！①

从上可以看出，吕祖谦在解释《诗经》《尚书》《左传》《周易》等群经的时候，都注重"以理解经"，亦即将天理视为价值评判的最高标准。这样一来，吕祖谦将天理取代了以往诸经解中"非礼"的价值评判，使之成为人伦道德、纲常名教存在的最终价值依据，由此凸显了他对二程理学的尊崇与传承。换句话说，在吕祖谦看来，先秦两汉时期的"以经视经""义例训诂之学"来研究《六经》的方法，使得《六经》支离，天理尽失，只有倡导"以理视经"，从义理尤其是天理的高度来重新审视群经，才能真正体悟儒经中的圣人之道、天地之理，所谓"天下之人，不以理视经，而以经视经，刳剔离析，雕缋疏凿之变多，而天下无全经矣"②。

三、解经强调汉宋兼采，关注训诂考据之学

吕祖谦在经典诠释上，虽然强调"以理视经"、将明理作为经学旨归，但并没有忽略章句训诂之学，而是注重广泛博览，融众家之长，以求明理、行道。在群经之中，吕祖谦的《诗经》在当时颇有影响，朱熹早年的《诗集传》便是以其说为主，吕祖谦在《诗经》的解释便是注重汉宋兼采、训诂考据与义理性理并重的典范。如他解释《诗经·江有汜》"江有汜，之子归，不我以。不我以，其后也悔"时云：

---

① ［宋］吕祖谦：《丽泽论说集录》卷一《无妄》，影印文渊阁《四库全书》本，台北：台湾商务印书馆，1986 年版，第 298 页。

② ［宋］吕祖谦：《左氏博议》卷十三，影印文渊阁《四库全书》本，台北：台湾商务印书馆，1986 年版，第 441 页。

> 毛氏（苌）曰："兴也，决复入为汜。"（小注：《尔雅疏》曰："凡水决之岐流，复还本水者曰汜。"）程氏（颐）曰："其嫡不使备嫔妾之数，以侍君也。汜水之分，渚水之歧，沱水之别，当使媵妾均承其泽。"郑氏（玄）曰："之子，谓嫡也。妇人谓嫁曰归。"范氏曰："以之为言用也。"董氏曰："汜，《石经》作'洍'。《说文》引《诗》作'洍'。盖古为洍，后世譌也。"

由上可以看出，吕祖谦在《诗经》的解释上注重博采众家之长，既吸收了汉代毛苌、郑玄，还有宋人程颐、范氏、董氏的观点，来解释诗句字词、章句，可以看出吕祖谦的解释不分汉宋，比较重视小学、训诂之学。吕祖谦解经注重章句训诂之学，是他经学最为重要的特色之一，在他看来，只有从字词入手，仔细体悟，才对儒经之意、圣人之道有所心得，反对一味地废弃章句训诂、注疏之学，他说：

> 学者多举伊川语云："汉儒泥传注。"伊川亦未尝令学者废传注，近时多忽传注而求新说，此极害事。后生于传注中，须是字字考，始得。①

吕祖谦重视训诂、传注之学，认为即使是理学奠基人程颐也没有"令学者废传注"。况且，在南宋初年，学者多空言"性理"、习先儒《语录》，吕祖谦认为如此"忽传注而求新说"，对学问非常有害，所以他倡导为学要重视训诂、传注，读经"须是字字考""经须逐字看"②。不但对字词，也非常重视考据，兼采众家之长来分析经义思想，最终实现对经学内容乃至圣人之道的体悟。

吕祖谦汉宋兼采、训诂与义理并重的解经方法，其实也是吕氏

---

① ［宋］吕祖谦：《东莱外集》卷六《己亥秋所记》，影印文渊阁《四库全书》本，台北：台湾商务印书馆，1986 年版，第 436 页。

② ［宋］吕祖谦：《东莱外集》卷六《己亥秋所记》，影印文渊阁《四库全书》本，台北：台湾商务印书馆，1986 年版，第 436 页。

治经为学的基本方法,更是“不名一家”“不主一说”家学传统的一个重要体现,其目的便是为了融会贯通,形成一家之言,这一点正如《吕氏家塾读诗记·序》中所评价的:

> 兼总众说,巨细不遗,挈领持纲,首尾该贯,既足以息夫同异之争。而其述作之体,则虽融会徇,浑然若出于一家之言。而一字之训,一事之义,亦未尝不谨其说之所自。及其断以己意,虽或超然出于前人意虑之表,而谦让退托,未尝敢有轻议前人之心也。

吕祖谦这种“兼总众说,巨细不遗”的治经之法,使得所得出来的结论,归纳出来的思想都有所依据,即义理都是建立在扎实的字词训诂、文献考据的基础之上,如朱熹所谓“一字之训,一事之义,亦未尝不谨其说之所自”。然后融会贯通,形成一家之言,这种一家之言在思想倾向上依旧是与朱熹相近的理学,只不过它容纳了性理之学、经制之学、事功之学,这无论是较理学派的朱熹、张栻,还是事功派的叶适、陈亮都更加综合、更加完备。

总的来说,在经典诠释上,吕祖谦非常重视文献之学,他希望将思想义理建立在扎实的训诂、考据的基础之上,而不是空言义理、追求新说。在经学思想上,虽然汉宋兼采,不过吕祖谦还是将重心放在宋学上,即注重经义、义理,尤其是将理看成儒家经典的核心观念,研究经学旨在明道、行道,他曾说:“学者以讲求经旨、明理,躬行为本。”①后周子允也评价道:“先生之释经,非释经也,皆以其平日之所学,而借经以发之也。故往往附经以起意,或离经以

① [宋]吕祖谦:《东莱别集》卷五《乾道五年规约》,影印文渊阁《四库全书》本,台北:台湾商务印书馆,1986年版,第205页。

广意，而不必附丽乎注疏，故训诂家多不采，盖单传之书也。”①理是天地万物、人伦道德的根本所在，并认为“夫礼者，理也。理无物而不备，故礼亦无时而不足”②，他认为理是天地万物的本体，更是礼制的根本所在。希望人们将外在的经制、事功，转化为内在的道德自觉，从而实现儒家的“内圣外王之道”。

四、推崇《左传》学，经史并重以明理致用

吕祖谦对《六经》颇为重视，认为《六经》都是圣人之道的载体，不过在《六经》之中，吕祖谦最为重视的是《左传》，他说：“《左传》学者最不可不细看，此乃有用之书。”③“《左氏》一书接三代之末流，《五经》之余派，学者苟尽心于此，则有不尽之用矣。”④《左传》在吕祖谦看来乃是最为有用的经书，因为它不但以历史史实的形式展示圣人之道，更为主要的是，他通过具体的历史史实来说明治乱兴衰、人事变迁的历史境况，以为现实社会政治提供诸多借鉴，他说：

> 看《左传》，须看一代之所以升降，一国之所以盛衰，一君之所以治乱，一人之所以变迁。能如此看，则所谓先立乎其大者，然后看一书之所以得失。⑤

---

① ［宋］吕祖谦：《吕东莱文集》卷首，《金华丛书》本。

② ［宋］吕祖谦：《东莱外集》卷六《杂说》，影印文渊阁《四库全书》本，台北：台湾商务印书馆，1986年版，第431页。

③ ［宋］吕祖谦：《左氏传续说》卷三，影印文渊阁《四库全书》本，台北：台湾商务印书馆，1986年版，第183页。

④ ［宋］吕祖谦：《左氏传说·卷首》，影印文渊阁《四库全书》本，台北：台湾商务印书馆，1986年版，第7页。

⑤ ［宋］吕祖谦：《左氏传说·卷首》，影印文渊阁《四库全书》本，台北：台湾商务印书馆，1986年版，第4页。

吕祖谦并没有完全将《左传》视为经书，而是将之视为一部可以“观古今之变”的重要历史典籍。因此，他围绕着《左传》，撰有《左氏博议》（又称《东莱博议》）、《左氏传说》《左氏传续说》《东莱吕太史春秋左传类编》等书。其实，将《左传》看成是史书，并非始于吕祖谦，在此之前的卢植、干宝、刘知几等人都是如此，同时代的朱熹、陈傅良等人也都认为《左传》就是史学，而吕祖谦本人不仅将《左传》视为史学，更是将之与《史记》《汉书》并提，认为《左传》史书之典范，如其所言：

> 学者观史，各有详略，如《左传》《史记》《前汉》三书，皆当精熟细看，反复考究，直不可一字草草。自《后汉》《三国志》以下诸史，只是看大纲始末成败，盖自司马氏、班氏以后，作史者皆无史法。①
>
> 左氏综理微密，后之为史者鲜能及之。然以隐公不书即位为摄，是有见于鲁史而无见于《春秋》也。以周郑交恶为不信，是有见于盟约而无见于名分也。以归鲁地为正，以存许祀为礼，是有见于节目而无见于大体也。盖未能不易乎世，故其论议每如此，以是例之其学之，所至格局之所止，皆可识矣②

吕祖谦将《左传》视为非常严谨细腻的史学名著，并认为后代史书“鲜能及之”。在他看来，《左传》的记载并不仅仅记载的是历史史实，更为主要的是它确定了“史法”，这个法不仅仅是编纂的体例、思想与原则，更为主要的是蕴含了深厚的道德伦理、纲常名教等思想，而这些为后世所无有。

① ［宋］吕祖谦：《左氏传续说纲领》，影印文渊阁《四库全书》本，台北：台湾商务印书馆，1986 年版，第 144 页。

② ［宋］吕祖谦：《东莱集·别集》卷十三《甲午左传手记》，影印文渊阁《四库全书》本，台北：台湾商务印书馆，1986 年版，第 331 页。

吕祖谦对于《左传》的研究方式，如《左氏博议》主要是通过标题选文、随事立义的形式，如列有《郑庄公公叔段》《颍考叔还武姜》《周郑交恶》《隐公辞宋使》《郑伯朝桓王》，等各种题名，然后对《左传》中的历史人物、历史事件进行分析，总结其中所蕴含的盛衰成败之理。《左氏传说》亦是如此，不过它更注重通过多个相关的历史事件来进行比较分析，然后对其历史经验教训进行总结，如将齐桓霸中国、侵蔡伐楚、晋文退舍避子玉三个历史事件并提，来分析其中所具有的历史借鉴，他说：

> 看桓公之所以霸，须看得管仲规模。当时桓公之霸，盖将以尊中同攘力灺也。楚之凭陵中国者非一日矣，如伐郑、伐蔡，而桓公皆不之问。桓公以庄之十五年霸中国，而以僖之四年始伐楚，置楚于度外而不问，且二十年者，何故？仲之意，岂不以君骤加兵于楚，万一不胜，则霸威屈矣。故遵养时晦，至于力强威盛，而后一举以临之，则楚无不服矣。夫以堂堂之楚，而不敢以兵抗齐，不过使人如师。及使屈完来盟，则齐之盛强盖可知。至于晋文公则不然，桓公以兵加楚，而楚不敢抗。文公退舍辟子玉，而子玉犯之，文公之规模小于管仲也明矣。文公盖数年，便欲服楚，虽力战而仅胜之，然伤威损重已多。仲之相桓，则迟楚以二十年之久，则文岂足以及桓哉？其服晋也，规模犹大于服楚。晋献公之灭耿、灭霍、灭魏，伐东山而齐皆不问者，何故？仲之意，岂不欲以晋之于齐，犹家也；楚之于齐，犹邻也。以至彊之晋，吾骤临之以兵，万一不胜，为晋所败，则吾家人犹不能胜之，何以服其邻，故一切置而不问。逮夫诸侯尽服，夷狄皆从，光焰既大，声势既盛，故葵邱之会，晋侯不召而自至。服楚以兵，服晋以不召而自来，则以声势、光焰临之耳，其服晋过于服楚远矣。盖其迟速之不同，故其力

有厚薄,威有轻重。论至于此,非惟王道不可要近功,而霸者亦然。齐桓迟之以二十余年,而晋文求之于六七年间,须要做尽许多事,故晋文之霸不及齐桓之盛。当时葵邱之会,晋侯欲往,而宰孔止之而不会,盖宰孔见得齐侯之骄故如此。于此,又须看得管仲之事桓公,专去事上做工夫,却不去君心上做工夫。惟其去事上做工夫,故铺排次叙,二三十年皆如其规模。惟其不去君心上做工夫,故訑訑之声音,颜色拒人于千里之外,管仲之事,盖积数十年而成;桓公之骄,止一日而坏,不能格君心之非,其祸盖如此也。①

吕祖谦将齐桓公与晋文公两位春秋霸主进行比较,他认为齐桓公之所以能够在春秋强国林立的时代脱颖而出,成为最早的霸主,就是因为能够审时度势,韬光养晦,以尊王攘夷为招牌,专心发展自己的实力,最终以强大的实力成为当时的霸主,而这与管仲的辅佐有直接的关系。相比而下,晋文公突出实力,虽然也成就了霸业,但是自身的实力也被消耗。虽然晋文公的霸业不及齐桓公,但是由于其臣子能够从"君心上做工夫",所以较齐桓公的霸业更为持久,而管仲辅佐齐桓公,只注重事功,"专去事上做工夫",虽然在"九合诸侯,一匡天下",但是随着齐桓公晚年的骄纵、腐败,齐国霸业也由此衰败。故在吕祖谦看来,要想成就霸业,实现国家的强盛除了能够利用当时各种有利的形势之外,更为主要的是要"格君心之非",从改变君主的道德境界入手,才能够实现长治久安的霸业。这一方面体现了吕祖谦对《春秋》的理解,更为主要的是也展现了吕祖谦的政治理念,表明他对"内圣"的重视,希望经由"内圣"达到

① [宋]吕祖谦:《左氏传说》卷二《庄公》,影印文渊阁《四库全书》本,台北:台湾商务印书馆,1986 年版,第 16 页。

"外王",从而实现长久的王道政治。这既有别于当时过于强调"内圣"的朱熹、陆九渊,也有别于急功近利、追求"外王"事业的陈傅良、叶适、陈亮等人。另外,在《春秋》义理上,吕祖谦严明华夷之辨,旨在表明尊王攘夷之思想。总的来说,这种以史证经的例子在吕祖谦的《春秋》解释中非常常见,表明吕祖谦以史学的形式来论证经义、思想的正确性与合理性,借助史学来弥补经义说理上的不足。此外,吕祖谦这种经史互证,注重现实社会问题的解决,对于当时宋王朝的强盛与稳定有非常现实的借鉴作用。总之,吕祖谦经史并重旨在明理、致用,正如有的学者所言:"吕祖谦和一般史学家毕竟有所区别,他治史始终是在'义理性命'之学的指导下进行的,他的史学的'经世致用'原则,是其儒家'义理'原则的体现。"①也就是说,吕祖谦将史学与经学并重,将它们都看成是明理、致用的重要手段,其最终目的都是为了当时社会政治秩序的重建与内忧为患的解决。

吕祖谦精通《春秋》,亦博通史学,故多用史学来论证性理之学,这一点四库馆臣亦云:"当时讲学之家,惟祖谦博通史传,不专言性命。"②可以说,"经史并举"是吕祖谦经学又一个非常重要的特点所在:

> 观经史时,固知善之可为,若离师友释经史,此心不一,即流入于异端,异端既入其心,则虽视师友、观经史之时,其心已不在此矣。③

---

① 黄灵庚:《经、史并重的吕学特色》,《浙江社会科学》,2005年第5期。

② [清]纪昀等:《四库全书总目》卷四十七《大事记》提要,北京:中华书局,1997年版,第657页。

③ [宋]吕乔年:《丽泽论说集录》卷七《门人辑录孟子说》,影印文渊阁《四库全书》本,台北:台湾商务印书馆,1986年版,第412页。

大抵看史,见治则以为治,见乱则以为乱,见一事则止知一事,何取观史?当如身在其中,见事之利害,时之祸患,必掩卷自思,使我遇此等事当作如何处之。如此观史,学问亦可以进,知识亦可以高,方为有益。①

吕祖谦希望注重经学的同时,对史学也应该给予高度的重视,他希望从历史典籍中探求治乱兴衰、经世济用的良策,以弥补学问、知识积累上的不足,这对于经学自然有诸多裨益。吕祖谦作为南宋初年重要的理学家,并不空言性理,而是在其经说之中,多援引历史史实为证,以此表明所言并非虚空。如:

九四,由豫大有得四,是大臣之位,又多惧之地也。今人处多懼之地,一向就危疑上猜防,自为疑阻。惟由豫之道,但推诚于上下,不复自为疑阻,所以大有得而志大行。周公当摄政之际,外则四国流言,内则王不知周公,只是推诚而已。不惟大臣如此,而朋友之道,亦只是推诚相与,自然勿疑。②

恒,亨,无咎利贞。久于其道也,大抵通天下万世,常行而无弊者,必正理也。若一时之所尚,一人之所行,则必不能久,故恒之亨利于贞。亦如汉文帝好黄老,至文帝之后,则黄老之道不行。梁武帝好浮图,至武帝之后则浮图之道不行。盖非正道,则必不能久也。天地之道,常久而不已也,不已两字,最要玩味。天穹然在上,使其无不已之道,则久而必坠;地颓然

① [宋]吕乔年:《丽泽论说集录》卷八《门人集录史说》,影印文渊阁《四库全书》本,台北:台湾商务印书馆,1986年版,第421页。

② [宋]吕乔年:《丽泽论说集录》卷一《门人辑录易说上》,影印文渊阁《四库全书》本,台北:台湾商务印书馆,1986年版,第281页。

在下，使其无不已之道，则久而必陷。惟是有不已之道，方能久。①

吕祖谦在解释《周易》的豫恒两卦时，都援引了历史史实来阐明易理。为了解释豫卦中践行推诚之道的必要性，他引述了因成王年幼，周公摄政而遭到怀疑的故事，但正是由于成王与周公“推诚”相见，故最终释疑。另外，在解释“恒久之道”时，吕祖谦强调为人只有行正道，即“不已之道”方可长久。如汉文帝好黄老之术，但到了文帝之后黄老之术不行于世，为儒学所替代。南朝梁武帝喜好佛教，但其死后，佛教不行。所以只有遵从、信守正道，方可以长久，正如天“穹然在上”、地“颓然在下”，都是行“不已之道”的结果。可以看出，吕祖谦融经史为一体，这在一定程度上突破了单一经学、性理之学的解释束缚，从更为广阔的角度来探究进德修业、治国安邦之道，这对于人们理解理学有了更为具体而直观的依据，使其学说变得更加丰富而深刻，这与程颐《易传》颇为相似。

不仅如此，吕祖谦还将《四书》《五经》中有关人伦道德、性理之学的文字，与子部、史部中有关道德教化、治国安邦之内容，辑录一书，名曰《阃范》，张栻文集记载了此事，并对此书给予了高度评价，他说：

东莱吕祖谦伯恭父为严陵教官，与其友取《易》《春秋》《书》《诗》《礼传》《鲁论》《孟子》圣贤所以发明人伦之道、见于父子兄弟夫妇之际者，悉笔之于编。又泛考子史诸书，上下二千余载间，凡可以示训者皆辑之。……未几而成，名以《阃范》。某谓此书行于世，家当藏之，而人当学之也。家庭闺阃

① ［宋］吕乔年：《丽泽论说集录》卷二《门人辑录易说下》，影印文渊阁《四库全书》本，台北：台湾商务印书馆，1986 年版，第 311 页。

之内，乡里族党之间，随其见之深浅、味之短长，笃敬力行，皆足以有补。①

吕祖谦所作《阃范》一书，主要是文献汇编性质的书籍，取材范围涉及了儒家经典与诸史等多种，内容主要是择取从上古一直到宋代有关人伦道德、纲常名教、治国安邦之道者，即"圣贤所以发明人伦之道，见于父子兄弟夫妇之际""凡可以示训"等内容皆收录其中，此书的编撰对于道德教化、治国理政颇为有益。正如张栻所言"笃敬力行，皆足以有补"，他甚至希望"家当藏之，而人当学之"。由于吕祖谦经学以现实社会政治问题的解决为归宿，故在经典诠释上，他强调经史并重，甚至将它们统一看成"治国安邦"的思想来源，但并没有先后、轻重之分。他甚至以历史的眼光审视、解决儒家经典，如他解释《尚书·尧典》"曰若稽古，帝尧曰放勋"一句时云："'若稽古'者，史官之辞也。'曰放勋'以下，乃《典》文。历说尧事也。当时史官谓我顺考于古，得尧之为君。"②又如解释《舜典》"舜曰咨四岳"时云："'舜曰者'，史官记事之法，于舜即位之初言'舜曰'，则自此以下凡称帝者，皆帝舜也。"③在解释《诗经》时，他说："看《诗》即是史，史乃是实事。"④等等，这种以"史"论"经"的例子，在吕祖谦解释《尚书》《春秋》《诗经》等经典中，比比皆是。总而言之，吕祖谦将《尚书》《春秋》《诗经》《左传》等儒家经典看成是与《史记》《通鉴》《汉书》等性质相同的史书，这与当时胡宏、张栻、

---

① [宋]张栻:《南轩集》卷十四《阃范序》，明嘉靖元年翠严堂慎思斋刻本，第100页。

② [宋]吕祖谦:《书说》卷一《尧典第一》，清通志堂经解本，第1页。

③ [宋]吕祖谦:《书说》卷二《舜典第二》，清通志堂经解本，第16页。

④ [宋]吕祖谦:《东莱外集》卷六《己亥秋所记》，影印文渊阁《四库全书》本，台北:台湾商务印书馆，1986年版，第436页。

陈傅良、陈亮等人重视史学颇为近似。

除此之外，吕祖谦还专门撰写了大量的史学著述，如《大事记》《春秋左氏传说》《资治通鉴详节》《历代制度详说》等有关历史的著述，这些对于历代的田制、赋役、漕运、钱币、兵制、盐法、荒政等有关政治、经济、军事、教育等多个方面都做了深入的考察，目的在于总结治乱兴衰之教训，探究古今典章制度的利弊得失，以为朝廷服务。吕祖谦注重历史研究，希望通过观史来为现实社会提供借鉴：

> 看史须看一半便掩卷，料其后成败如何？其大要有六：择善、警戒、阃范、治体、议论、处事。①
>
> 大抵看史，见治则以为治，见乱则以为乱，见一事则止知一事，何取观史？当如身在其中，见事之利害，时之祸患，必掩卷自思，使我遇此等事，当作如何处之，如此观史，学问亦可以进，知识亦可以高，方为有益。②

吕祖谦强调观史，不能只看历史的兴衰之乱，而是总结历史经验，从史书中学到如何处理治乱、利害的方法，这才是观史的方法，只有这样才能“学问亦可以进，知识亦可以高”。可以看出，吕祖谦非常强调历史致用功能，强调经史合一。而这也是对二程史学观的继承，二程就曾说：“读史须见圣贤所存治乱之机，贤人君子出处进退。”③实际上，不仅是吕祖谦如此，到了南宋时期经史互证、经史合

---

① [宋]吕乔年：《丽泽论说集录》卷十《门人所记杂说》，影印文渊阁《四库全书》本，台北：台湾商务印书馆，1986 年版，第 447 页。

② [宋]吕乔年：《丽泽论说集录》卷八《门人辑录史说》，影印文渊阁《四库全书》本，台北：台湾商务印书馆，1986 年版，第 421 页。

③ [宋]程颢、程颐：《程氏遗书》卷十九，文渊阁《四库全书》本，第 166 页。

一的观念非常盛行，当时张栻、朱熹、陈傅良等大儒都注重史学经学化，以史证经、经史合一，此可谓是当时学术发展的一个重要特征，更是吕祖谦与浙东学派经史之学的基本特征。吕祖谦秉承家学传统，能够兼采众长，融经学、史学与明德、治世为一体，成一家之言，进一步促成了经史并重成为浙东学派的基本特征。正如有的学者所言："在他（吕祖谦）那里，治史与治经并重，内在德性的涵养与现实事业的开辟并重，治史的目的既在于多识前言往行以蕴蓄自己的德性，而尤在于通古今事势之变以达于当前之治体。融通经史，实现哲学与历史学的义阈整合，并将其作为一种学术的基本理念与方法而贯彻到一般研究之中，由是开辟了中国古代的历史哲学研究领域，既为祖谦之学术的重大特色与贡献，并且亦一般地体现为浙东学派的共同特征。"①

尽管吕祖谦非常重视历史，注重以史证经、经史合一，不过在经史关系上，吕祖谦优先注重经学，而次及史学，如他说：

> 一部《左传》都不曾载一件闲事，盖此书是有用底书。学者看得《左传》，熟时以下诸史条例，亦不过如此。②
>
> 观史先自《书》始，然后次及《左氏》《通鉴》，欲其体统源流相承接耳。③

吕祖谦认为儒经是史书的根源所在，由经观史，在他看来，儒经本身蕴含着圣人之道，而历史则通过具体的历史史实展现圣人之道，从经到史，一脉相承。吕祖谦注重历史的目的在于以古鉴今，服务

---

① 董平：《论吕祖谦的历史哲学》，《中国哲学史》，2005 年第 2 期。

② ［宋］吕祖谦：《左氏传续说 · 纲领》，影印文渊阁《四库全书》本，台北：台湾商务印书馆，1986 年版，第 144 页。

③ ［宋］吕祖谦：《东莱别集》卷七，影印文渊阁《四库全书》本，台北：台湾商务印书馆，1986 年版，第 227 页。

于当下的社会政治，即注重事功，这一点除了深受自己的家学影响之外，更为主要的是也受到了当时薛季宣、陈傅良、陈亮等人影响，以至于朱熹多次对其学说提出批评，将他与永嘉、永康事功之学相提并论：

其学合陈君举（傅良）、陈同父（亮）二人之学问而一之。永嘉之学，理会制度，偏考究其小小者。惟君举为有所长，若正则（叶适）则涣然统纪，同父则谈论古今，说王说霸，伯恭则兼君举、同父之所长。①

由此可以说，吕祖谦研习性理之学的同时，兼治经制、事功之学，基本上涵盖了永嘉陈傅良经制之学、永康陈亮事功之学。不仅如此，吕祖谦受到永嘉、永康学者的影响，他对于经学重视的同时，对史学也非常推崇，不过始终将经学、理学作为研究的重点与基础。这与后来浙东学者将治史看成治学的重点有所不同，如清代龚自珍不仅强调“六经皆史”，还将治史看成是为学的重心所在，“出乎史，入乎道，欲知大道，必先为史”。尽管这样，却遭到了朱熹的误解与批评：“看史，只如看人相打，相打有甚好看处？陈同父一生被史坏了，……东莱教学者看史，亦被史坏了。”②“伯恭于史分外子[仔]细，于经却不甚理会。”③朱熹此言，并非他对史学有成见，只是在朱熹看来，吕祖谦并没有从理学的角度来读史，重史过于重经。史学在朱熹看来，它只不过是“格物穷理”的一个手段而已，而吕祖谦、

---

① ［宋］李幼武：《宋名臣言行录·外集》卷十三《吕祖谦》，影印文渊阁《四库全书》本，台北：台湾商务印书馆，1986 年版，第 800 页。

② ［宋］黎靖德编：《朱子语类》卷一百二十三，北京：中华书局，1986 年版，第 2965 页。

③ ［宋］李幼武：《宋名臣言行录·外集》卷十三《吕祖谦》，影印文渊阁《四库全书》本，台北：台湾商务印书馆，1986 年版，第 800 页。

叶适、陈亮等人读史主要是出于社会政治问题的解决,而非单纯为了明理,故朱熹此说无非是为了维护其理学的纯洁性与正统地位。

五、根柢二程理学,兼采朱、陆、浙三家之学

吕祖谦经学以二程为理学根柢,作为二程的三传弟子,即二程一传至尹焞,尹焞再传至其伯祖吕本中、祖父吕弸中,吕本中三传至吕祖谦。吕祖谦对二程的承传相对完整、全面,他的理学思想与二程的"天理论"一脉相承,没有出现顾此失彼、互相矛盾的情况。在吕祖谦的学说中,"理"或"天理"是宇宙万物的本体与道德伦理的最高准则,如他在《左氏博议》中解释《颍考叔争车》一事中就发挥说:

> 理之在天下,犹元气之在万物也。一气之春,播于品物。其根、其茎、其枝、其叶、其华、其色、其芬、其臭,虽有万而不同,然曷尝有二气哉?理之在天下,遇亲则为孝,遇君则为忠,遇兄弟则为友,遇朋友则为义,遇宗庙则为敬,遇军旅则为肃。随一事而得一名,名虽至于千万,而理未尝不一也。①

理是天地万物的根本,其通过阴阳二气的氤氲变化而成万物。理遍布天下万事,包括人伦道德之忠孝节义、祭祀军旅之诚敬整肃,等等,皆天理在人间之展现,名虽不同,形状各异,但都归之于天理。可以说,吕祖谦强调"天理"之至高地位,这与二程如出一辙。

吕祖谦将"天理"视为宇宙万物的根本与最高范畴,但也同时强调"心"的本体地位及其功用,他提出了心具有本体意义的观点,如他说:"圣人之心,即天之心;圣人之所推,即天所命也。故舜之命禹,天之历数已在汝躬矣。舜谓禹德之懋如此,绩之丕如此,此

---

① 宋吕祖谦:《东莱先生左氏博议》卷三,明刻本,第25页。

心此理，盖纯乎天也。"①"心外有道非心也，道外有心非道也"②"心即天也，未尝有心外之天；心即神也，未尝有心外之神"③，等等。吕祖谦将心与理、道、天、神等同，将心视为具有"理"一样的本体意义，这在一定程度上与陆九渊所言"心本论"颇为近似，陆九渊曾说："道，未有外乎其心者。"④不仅如此，吕祖谦还接受了"气本论"的思想，他认为"理"之偏全决定于"气"，他说："物得气之偏，故其理亦偏；人得气之全，故其理亦全。"⑤这些与关学张载、永嘉叶适的观点颇为近似，由此可以看出，吕祖谦在宇宙本体论的认识上，兼采众家之长，旨在将各家学说融贯为一体，由此反映出了其学"广博""不名一师"的特色。

吕祖谦所创建的"婺学"，在宋代乾道、淳熙年间，虽然与朱熹理学、陆九渊心学并立为三，都是当时理学中最为重要的学派，但由于彼此旨趣、方法不同，故彼此分立，对此《宋元学案》称：

> 三家同时，皆不正合。朱学以格物致知，陆学以明心，吕学则兼取其长，而复以中原文献之统润色之。门庭径路虽别，要其归宿于圣人则一也。⑥

朱学、吕学、陆学三家彼此之间的不同，在本根上皆为理学，都是成就圣人之德，但是在具体的道德修养工夫上"皆不甚合"，其中朱学

---

① ［宋］吕祖谦：《增修东莱书说》卷三，影印文渊阁《四库全书》本，台北：台湾商务印书馆，1986 年版，第 171 页。

② ［宋］吕祖谦：《东莱先生左氏博议》卷十，明刻本，第 110 页。

③ ［宋］吕祖谦：《东莱先生左氏博议》卷五，明刻本，第 50 页。

④ ［宋］陆九渊：《象山先生文集》卷十九《敬斋记》，明正德刊本，第 141 页。

⑤ ［宋］吕祖谦：《东莱先生左氏博议》卷三，明刻本，第 25 页。

⑥ ［清］黄宗羲原著，全祖望补修：《宋元学案》卷五十一《东莱学案》，北京：中华书局，1986 年版，第 1653 页。

注重《大学》"格物致知"之法，而陆学则注重"明心"，体悟本心，而吕学兼取两家之长，既有《大学》"格物穷理"、也强调《孟子》致良知，存心、求放心之法，如：

所谓理虽无穷，然有本有原、有伦有要者，既得穷理之大旨矣。窃意惇典庸礼，秩然而不可废者，此其伦欤？致知格物，暸然而不可掩者，此其要欤？未有不知其伦要，而能造其本原者也。①

观书者不求其心之所在，何以见书之精微；欲求古人之心，必先尽吾心：读是书之纲领也。②

《大学》固是以致知为本，然人之根性有利钝，未能致知，要须有个栖泊处，敬之一字即是。

好学近乎知，力行近乎仁，知及之仁能守之，近知者莫如好学。万物皆备，初非外铄。惟其本心，故莫能行。苟本心存焉，则能力行矣。③

吕祖谦认为，天理无穷，但如果得其本原、"心之所在"，则可以得"穷理之大旨"与"书之精微"，他所言的"致知格物"之法，主要致德性之知，以此来自觉践履人伦道德，从而实现对天理的体认，即需要我们认识到天理内在于人之本心，如孟子所说的"良知良能"，如果能够体悟到本心，"存本心"，则能力行。他认为将外求、内求两者相结合，就可以成就圣人之德，他说："圣门之学，皆从自反中

---

① ［宋］吕祖谦：《东莱别集》卷九《答方教授》，影印文渊阁《四库全书》本，台北：台湾商务印书馆，1986 年版，第 268 页。

② ［宋］吕祖谦：《增修东莱书说》卷一，影印文渊阁《四库全书》本，台北：台湾商务印书馆，1986 年版，第 139 页。

③ ［宋］吕乔年：《丽泽论说集录》卷五《门人论说集录》，影印文渊阁《四库全书》本，台北：台湾商务印书馆，1986 年版，第 371 页。

来……表里相应而后可。”①可以看出，吕祖谦这种体悟本心、反求诸己的方法，与陆九渊“体悟本心”之法基本一致。总的来看，吕祖谦道德修养之法，既有“主敬”“格物穷理”，又有存养“本心”，反映了吕祖谦“兼取两家之长”的学术特色，可谓尊德性与道问学两者兼修并举。

从上可以看出，吕祖谦不但在宇宙本体论的认识上，兼采朱、陆等诸家之长；在道德修养工夫上也有兼采朱、陆两家的特点；在学术旨趣上以经世致用为标的，此目标与浙东之学颇为近似。由于吕祖谦能够吸收众家之长，更能深入地理解二程之学，这较朱熹、陆九渊、陈亮、陈傅良等人更加全面，更为透彻，不会出现南宋诸派二程之学在理解上的顾此失彼。也正因为如此，当吕祖谦看到朱陆两家治学进路不同的现状，故创造机会，即“鹅湖之会”，希望朱陆两家通过探讨的形式来消弭彼此之间的分歧，这一点陆九渊弟子曾云：“伯恭（吕祖谦）虑陆与朱议论犹有异同，欲会归于一，其意甚善。”②其目的就是消除朱陆两家对二程之学理解上的偏失。吕祖谦曾说：

> 大抵论学之难，其高者，其病堕于玄虚，就平者，其末流于章句。校二者之失，高者便入于异端，平者浸失其传，犹为勤训，故惇行义。轻重不同，然要皆是偏耳。③

吕祖谦此言主要是针对当时的道学现状，向朱熹表明自己的立场，

---

①　［宋］吕乔年：《丽泽论说集录》卷七《门人论说集录》，影印文渊阁《四库全书》本，台北：台湾商务印书馆，1986 年版，第 401 页。

②　［清］黄宗羲原著，全祖望补修：《宋元学案》卷七十七《槐堂诸儒学案》，北京：中华书局，1986 年版，第 2581 页。

③　［宋］吕祖谦：《东莱集 · 别集》卷十六《答朱侍讲所问》，影印文渊阁《四库全书》本，台北：台湾商务印书馆，1986 年版，第 355 页。

他虽然没有指明谁是“堕于玄虚”的高者，谁是“流于章句”的平者，但我们知道根据为学特点可知当为朱学、陆学两端。因为朱熹之学重在格物致知，希望通过章句训诂之学以求圣人之道，偏失在于流于章句注疏；而陆九渊为学注重体悟本心，容易“堕于玄虚”。朱、陆两家代表两种治学的模式，虽然“轻重不同”，但“要皆是偏”。吕祖谦此意，希望朱、陆两家能够消除彼此之间的分歧，通过交流，取长补短，实现对二程之学的真正理解。在这次论辩会上，朱陆两派意气用事，互相攻讦，分歧更加明显，尽管如此，两家在此会之后，都曾做过一定的反思，并对自己的理论作了一定程度上的修正，可以说，吕祖谦所倡导的“鹅湖之会”对于朱陆两派思想体系的丰富与完善起到了重要的促进作用。如朱熹先后写成了《论孟集注》《论语或问》《诗集传》《周易本义》等经典诠释之作，为理学体系的丰富与完善做出了更多的努力。同样，陆九渊也吸收了理学、佛禅中很多的本体、工夫理论论证，比如“格物致知”的思想，由此进一步完善了心即理的思想体系，使其学说更加圆融。

六、基于经学，兼容并蓄，强调通经以致用

吕祖谦秉承“博采众长”的家学传统，在经史子集方面都有很大的成就，著述颇丰，经学著述有《古周易》《古易音训》《周易传义音训》《书说》《读诗记》《少仪外传》《春秋集解》《东莱博议》《左氏传说》《左氏传续说》《近思录》等，史学则有《大事记》《十七史详节》《唐鉴注》《历代制度详说》《两汉精华》《通鉴详节》等；诸子学则有《丽泽讲义》《皇朝文鉴》等，文学则有《古文关键》《诗律武库》《东莱文集》《观鉴集注》等。可以说，吕祖谦之学博大精深，在经史子集诸多方面都有非常卓越的成就，这正如四库馆臣所评价的：“祖谦于《诗》《书》《春秋》皆多究古义，于《十七史》皆有详节，故词

多根柢，不涉游谈。所撰《文章关键》，于体格源流，具有心解，故诸体虽豪迈骏发，而不失作者典型。亦无《语录》为文之习，在南宋诸儒之中，可谓衔华佩实，又何必吹求过甚，转为空疏者所藉口哉？"①总之，吕祖谦为学以广博著称，基于经学，注重兼容并包，由此成为当时颇有影响力的理学家之一。

在经学诠释与思想体系的建构上，吕祖谦注重理学自身的丰富与完善，如欲以倡导鹅湖之会的形式来消弭朱熹理学与陆九渊心学之间的学术思想缝隙。另外，吕祖谦还曾与永嘉薛季宣、陈傅良、叶适，永康陈亮等事功学者论学切磋，彼此颇为契合，正如陈亮所云："四海相知，惟伯恭一人。"这对吕祖谦注重事功之学起到了直接的影响作用。可以说，吕祖谦之学兼有性理之学、经制之学、事功之学，经史子集兼习，集当时学术之大成。就此，如全祖望所云：

> 乾淳之际，婺学最盛。东莱兄弟以性命之学起，同甫（陈亮）以事功之学起，而说斋（唐仲友）则为经制之学。考当时之为经制者，无若永嘉诸子，其于东莱、同甫，皆互相讨论，臭味契合，东莱尤能并包一切。②

吕祖谦之学所兴起的婺州，陈亮、唐仲友皆注重事功，而当时注重事功者还有永嘉诸子，而吕祖谦与他们交友甚密，故吕祖谦之学既言性命道德之学，也兼言经制、事功之学，所谓"东莱尤能并包一切"。如吕祖谦在研究《春秋左氏传》时，用力最多、研究最详尽的莫过于"诸侯制度"一门，其内容涉及了礼乐、祭祀、地理、丧仪、婚

---

① ［清］纪昀等：《四库全书总目》卷一百五十九《东莱集》提要，北京：中华书局，1997年版，第2129页。

② ［清］黄宗羲原著，全祖望补修：《宋元学案》卷六十《说斋学案》，北京：中华书局，1986年版，第1954页。

姻、朝聘、官制、兵制等多个方面，吕祖谦重视经制，其目的便是要弘扬上古三代之礼，以此来规范现实社会中不合礼的现象。正因为如此，朱熹曾说吕祖谦之学，“其学合陈君举、陈同甫二人之学问而一之。永嘉之学，理会制度，偏考究其小小者。惟君举为有所长，若正则则涣无统纪，同甫则谈论古今，说王说霸，伯恭则兼君举、同甫之所长”①。当然，朱熹对吕祖谦兼通经制、事功之学，并非褒义，而是贬斥之，认为“博杂极害事”②，如此则有损于理学的纯正。

实际上，吕祖谦之学的“博杂”“不名一家”，乃是根源于他的治学旨趣，吕祖谦治学注重“经世济用”，如其所云：

凡与此学者以讲求经旨，明理躬行为本。③

盖为始学者设，所载皆职分之所当知，非事杂博求新奇、出于人之所不知也。至于畜德致用、浅深大小，则存乎其人焉。④

今人为学多尚虚文，不于着实处下工夫，到临事之际，种种不晓。学者须当为有用之学。⑤

正是由于吕祖谦为学强调“明理躬行”，为学“须当为有用之学”，这

① ［清］黄宗羲原著，全祖望补修：《宋元学案》卷五十一《东莱学案·附录》，北京：中华书局，1986年版，第1676页。

② ［宋］朱熹：《晦庵集》卷三十一《与张敬夫》，影印文渊阁《四库全书》本，台北：台湾商务印书馆，1986年版，第680页。

③ ［宋］吕祖谦：《东莱别集》卷五《乾道五年规约》，影印文渊阁《四库全书》本，台北：台湾商务印书馆，1986年版，第205页。

④ ［宋］马廷鸾：《碧梧玩芳集》卷十一《读史旬编·自序》引，民国胡氏《豫章丛书》本，第116页。

⑤ ［宋］吕祖谦：《左氏传说》卷五，影印文渊阁《四库全书》本，台北：台湾商务印书馆，1986年版，第47页。

个治学宗旨决定了吕祖谦在学问内容的选择上自然趋于实用，而非“虚文”。他反对空言性理，不求实用的作法，主张通经以致用，他说：“今人读书全不作有用看。且如二三十年读圣人书，及一旦遇事便与闾巷无异。或有一听老成人语，便能终身服行，岂老成人之言过于《六经》哉？只缘读书不作有用看故也。”①所以，吕祖谦在为学上，一方面继续家学传统，以二程性理之学为宗，折中朱、陆，明德以致用；另一方面，也与永嘉、永康等言事功的学者交游问学，并针对现实的社会、政治、治国、君臣、伦理、经济、军事等问题，也通过经学诠释的形式得出自己的观点，希望以此对现实有一定的裨益，如他在《左传》的诠释中，就多次总结治国之道，如曰：

观一国之兴亡，有枢机关纽处，楚之所以亡，执政众而乖，莫适任患，其枢机关纽在此。虽以六千里，无一个担当国事人，安得不亡？然又须看其所以亡，大抵公则一理，私则万殊，若人人同心戮力，无缘得乖，惟其各私其私，互相忌疾，互相彼此，所以众而乖，此推于彼，甲推于乙，各自谋身而已。②

吴公子光弑其君僚，考《左氏》所载本末，公子光固不能无罪，然吴王亦不知根本之虚。因楚丧而伐楚，亲贤国之望，使公子掩余、公子烛庸伐潜，用兵于外，而季子又使之聘于上国，遂至于晋，以观诸侯之强弱。一时亲近之臣皆安顿在外，故公子光得窥伺间隙，得行其谋而作乱，此见得吴王不知根本之虚处。大抵为国之根本，莫大于亲贤两字，有亲则可以藩屏王

---

① ［宋］吕乔年：《丽泽论说集录》卷十《门人所记杂说》，影印文渊阁《四库全书》本，台北：台湾商务印书馆，1986年版，第446页。

② ［宋］吕祖谦：《左氏传说》卷十七《吴子问伍员伐楚何如》，影印文渊阁《四库全书》本，台北：台湾商务印书馆，1986年版，第117页。

室,有贤则可以镇重朝廷,虽有奸贼不敢觊觎。①

大抵天下事,若是根本已虚,则祸衅之发,不必作意为之。虽偶然小小变故,皆足以为祸。当时曹伯与公孙强为政,以小国单弱之众,外则用兵于诸侯,内则兴土功,民心已离了,正如元气虚底人,不须十分病,可以致死。虽一饮一食,一起一居间,稍将摄不到,便足以致死,国家到得根本,民心已离,虽甲兵之利城池之固,皆不足恃。以此知古先圣王,所以培养根本者以此。②

吕祖谦在诠释《左传》的过程中,多次就治国发表自己的观点,他不仅认为治国的关键在于人人都应当有一个公心方可,否则人人各怀私心,“无一个担当国事人,安得不亡”,他也认为治国应当选贤与能,尊重贤能,这样就可以避免奸邪之人觊觎王权,“有贤则可以镇重朝廷,虽有奸贼不敢觊觎”。在他看来,治国还要以民为本,民众是国家的根本,如果根本动摇了那么即使有坚甲利兵、城池之固,“皆不足恃”。总之,吕祖谦通过经学诠释的形式,以更加生动具体的历史史实作为依据,来总结历史经验,并发表自己的治国见解,使得抽象的理论得以通过具体的人事来传达,希望为统治上层提供一定的治国借鉴。

总体而言,吕祖谦秉承二程洛学,强调以理学解读经典,希望能够探究修身明德、治国安邦的要义。同时,在经典诠释上,吕祖谦追求诸经本义,注重将训诂义理兼备,希望在经义确凿的基础上

---

① [宋]吕祖谦:《左氏传说》卷十六《吴公子光弑其君僚》,影印文渊阁《四库全书》本,台北:台湾商务印书馆,1986年版,第113页。

② [宋]吕祖谦:《左氏传说》卷二十《公孙强言霸说于曹伯乃背晋奸宋》,影印文渊阁《四库全书》本,台北:台湾商务印书馆,1986年版,第134页。

建构自己的思想体系。他本人也注重发挥历史史实的借鉴、佐证功能，通过经史互证的形式，进一步丰富自己的思想体系，希望为现实社会政治提供有用的思想借鉴。概言之，吕祖谦之学的特点就在于以二程之学为根柢，博采众家之长，融经史子集于一“理”，宣扬性命道德之学，而吕祖谦本人与朱熹、张栻等同道最大的不同处，在于“他更注重全国的政治问题，重视历史研究和经世之学，而这正是吕祖谦和其他浙东儒者的共同点”①。

吕祖谦学问广博，与朱熹、张栻被称为“东南三贤”。在乾道、淳熙年间，他以独立的思想与朱熹、陆九渊鼎立而三：“宋乾、淳以后，学派分而为三：朱学也，吕学也，陆学也。三家同时，皆不甚合。朱学以格物致知，陆学以明心，吕学则兼取其长，而复以中原文献之统润色之。门庭径路虽别，要其归宿于圣人则一也。”②在三家之中，吕祖谦兼取朱学、陆学之长，在思想体系上，兼容理本论和心本论，并吸收了众家之长，加上吕祖谦所具有的家学传统与社会政治地位，其学的社会影响力较朱、陆更大，且学术思想集浙学之大成，如董平先生也说：“南宋时期的浙东学派，总其大成者乃为以祖谦为代表的婺学。”③吕祖谦在当时以其学问的广博与为人和易，赢得了不同学派、众多学者的尊敬。他的影响不仅仅局限于婺学，他对当时的湖湘学、永嘉学、朱学、陆学、永康学等都一定的影响。另外，在经学思想上，吕祖谦也倡导事功之学，他对同时代的叶适、陈

---

① ［美］田浩：《朱熹的思维世界》，西安：陕西师范大学出版社，2002 年版，第 93 页。

② ［清］黄宗羲原著，全祖望补修：《宋元学案》卷五十一《东莱学案》，北京：中华书局，1986 年版，第 1653 页。

③ 董平：《浙江思想学术史：从王充到王国维》，北京：中国社会科学出版社，2005 年版，第 178 页。

傅良、陈亮等人皆有影响,由此成为浙东事功学派的先驱人物之一,四库馆臣对此曾云:"宋人好持议论,亦一代之风尚,而要其大旨,不失醇正。永嘉之学倡自吕祖谦,和以叶适及傅良,遂于南宋诸儒别为一派。"①在浙东学派中,吕祖谦对陈亮影响尤大,陈亮曾说:"四海相知,惟伯恭一人,其次莫如君举,自余惟天民、道甫、正则耳。……伯恭规模宏阔,非复往时之比,敬夫、元晦已朗在下风矣,未可以寻常论也。"②在陈亮眼中,吕祖谦对他的影响远远胜过陈傅良、叶适等人,不仅如此,在陈亮看来,吕祖谦的思想"规模宏阔",连张栻、朱熹等人所不及。吕祖谦笃实好学、博采众家之长的学风对当时与后来的学者都产生了重要的影响,南宋末年以文献见长的大儒王应麟便是吕祖谦之学的继承者,清人全祖望在《谢山同谷三先生书院记》中就曾说:"王尚书深宁独得吕学之大宗,深宁论学,独亦兼取诸家。然其综罗文献、实师说东莱(吕祖谦)。"王应麟正是以吕学为师,博览群籍、汉宋兼采、精于稽考成为"中原文献之学"的继承者、当时文献之学之大宗。总而言之,吕祖谦在经史文献之学上,以经世致用为目标,言心性之学必究于史学,主张以史证经、经史合一,强调经学、史学、理学为一体,这对南宋浙东学术的理路有直接的影响,故清人钱仪吉就曾说:"南宋以来,浙东儒者讲性命者,多攻史学,历有师承。"③在学术体系上,吕祖谦注重从系统的角度出发探究天道人事,这与同时代的张栻、朱熹、陆九渊、陈傅良等人而言,更加圆融、持平,成为当时传承中原文献之学的

① [清]纪昀等:《四库全书总目》卷一百三十五《八面锋》提要,北京:中华书局,1997年版,第1781页。

② [宋]陈亮:《龙川集》卷二十一《与吴益恭安抚》,影印文渊阁《四库全书》本,台北:台湾商务印书馆,1986年版,第718页。

③ [清]钱仪吉:《碑传集》卷五十,清道光刻本,第50页。

大家，当然他这种不主一家、兼采众家的学术理论，既不能有效地整合当时道德理性、心性理命、经制事功，也没有对自己的学说系统化、体系化，以至于庞杂无序，这对于吕学的传承与发展无疑不利，故在吕去世之后，其学减衰，当然这与他英年早逝也有直接的关系。

第三节　金华唐仲友对《六经》的推尊、诠释与经制思想

唐仲友（1136—1188），字与政，又称说斋先生，南宋婺州（今浙江金华）人。绍兴年间进士，曾知台州，历秘书省正字、著作佐郎等职。唐仲友为学尚名物典制、事功之学，为宋代浙东学派的重要人物之一，是南宋时期著名的理学家。由于与朱熹立说相左，随着程朱理学的官学化，唐仲友之学遭到理学家们的非议，最终不显。唐仲友著述甚丰，撰有《诗解钞》《六经解》《九经发题》《经史难答》《诸史精义》《天文详辨》《地理详辨》《帝王经世图谱》《说斋文钞》等，其中《帝王经世图谱》收入《四库全书》，《诗解钞》《悦斋文钞》收入《续修四库全书》之中。

唐仲友为学注重广博、融通众说，以求解决当下的现实社会政治问题，此与朱熹等人言心言性、追求道德修养有所不同。由于唐仲友在政见上与朱熹等人颇为不同，遭到了朱熹的批驳①。虽然如此，唐仲友之学在当时颇有影响。全祖望将唐仲友经制之学与吕祖谦兄弟性命之学、陈亮事功之学相提并论，认为他们在当时都是与朱熹闽学可以相提并论的知名学者，他说：

乾、淳之际，婺学最盛。东莱兄弟以性命之学起，同甫（陈

① 束景南：《朱子大传》，北京：商务印书馆，2003年版，第505～530页。

亮）以事功之学学起，而说斋（唐仲友）则为经制之学。

> 唐台州说斋（唐仲友）以经术史学负重名，于乾、淳间，自为朱子所纠，互相奏论，其力卒不胜朱子，而遂为世所訾。方乾、淳之学初起，说斋典《礼经》制本，与东莱（吕祖谦）、止斋（陈傅良）齐名。①

黄宗羲也说，唐仲友之书"虽不尽传，就其所传者窥之，当在艮斋、止斋之下，较之水心，则稍醇，其浅深盖如此"。虽然唐仲友的著述没有全部传承下来，但是他的学问不亚于当时永嘉集大成者叶适，而且与朱熹、陈亮等人并立于世。唐仲友与吕祖谦、陈亮组成婺学一派，其中，他更注重经制之学，而吕祖谦则注重性命之学，陈亮注重事功之学。婺学与当时永嘉之学遥相呼应，由于他们在地域上隶属于浙江一带，所以被朱熹统称为"浙学"。唐仲友作为婺学中杰出代表，其学说在南宋乾、淳时期颇有影响，与吕祖谦、陈傅良、叶适齐名。然而，唐仲友与朱熹在经学思想体系、政治理念上分歧甚大，由于与朱熹之说相左，"为朱子所纠，互相奏论"，最终朱熹获胜，唐仲友"遂为世所訾"。所以长期以来，由于唐仲友与朱熹之间的间隙，以至于学者几乎很少涉及有关唐仲友之学的研究②，其实这对于唐仲友来说是件不幸的事情，不过就唐仲友本人的经学及其思想而言，它是其整个学说的基础，更值得我们关注和思考。

一、注重《周礼》，诠释《六经》中的典制之学

唐仲友注重经制之学，他的思想来源主要是《六经》，尤其是三

---

① ［清］黄宗羲原著，全祖望补修：《宋元学案》卷六十《说斋学案》，北京：中华书局，1986年版，第1960页。

② 任锋：《南宋唐仲友的经制思想》，《南开学报》（哲社版），2006年第4期。刘连开：《唐仲友的史学思想》，《史学史研究》，2000年第1期。

《礼》。在他看来，三《礼》中蕴含了丰富的经制、制度思想，这对于当时社会政治具有重要的意义。唐仲友著述甚丰，今所存者主要是《帝王经世图谱》《悦斋文钞》等，其中《帝王经世图谱》原本已佚，今本主要是从《永乐大典》中析出，共十六卷，由四库馆臣根据门类进行编排，为《四库全书》收录。《帝王经世图谱》就是唐仲友基于《周礼》诠释而形成，其中体现了他的经制思想。

《帝王经世图谱》的内容如陈振孙《直斋书录解题》所云："凡天文地理、礼乐刑政、阴阳度数、兵农王霸，本之经典，兼采传注，类聚群分。凡百二十二篇"①宋人王应麟对此书的编纂也做了说明：

> 凡天文地志，礼乐刑政，阴阳度数，兵农王霸，皆本之经典。兼采传注，类聚群分，旁通午贯，使事时相参，形声相配。或推消长之象，或列休咎之证，而于郊庙学校、畿疆井野，尤致详焉。各为总说附其后，始终条理，如指诸掌。②

从这本书总的编纂来看，主要分为图谱和总说两类。具体而言：图谱主要是将所要说的内容，如天文、地理、礼乐、刑政、阴阳、度数、兵农、赋税、礼制、刑法、赏罚、学校、祭祀等要点以图谱的形式展现，简洁明晰。另外，在每一张图谱之后，以文字的形式对所叙内容进行总结、归纳，引经据典加以解说，并多援引历史史实以证其说。《帝王经世图谱》博采《六经》中有关典章、礼制的内容，并对之进行诠释，全书对周代的礼制、政治、经济、兵农、文教等方面的内容所言最详，并多有详细的考证，反映了唐仲友对《周礼》及《六经》

---

①　[宋]陈振孙:《直斋书录解题》卷十四《帝王经世图谱》提要，影印文渊阁《四库全书》本，台北:台湾商务印书馆，1986 年版，第 777 页。

②　[宋]王应麟:《玉海》卷五十六《艺文》，元至元庆元路儒学刻明递修本，第 1126 页。

的重视,他甚至说"未能用周礼,将无以固其国"①。在两宋学者之中,宋初的聂崇义汲取汉代以来郑玄、阮谌、綦毋君、梁正、夏侯伏朗、张镒等人的三《礼》图,加以考订,编成了《三礼图集注》一书,成为现存研究古礼图的重要文献。聂崇义之后,王安石非常重视《周礼》,并以此为基础进行变法。此后,对《周礼》能够深究其学的当属浙东诸儒,而唐仲友则是其中的代表。

由于《帝王经世图谱》这部书的针对性极强,主要旨在解决现实的社会政治问题,希望从制度入手,以期对现实有所借鉴。此书由于突出"经世",后人对之评价甚高,如宋人周必大在《序》中就说:

> 《六经》旨趣、百世轨范皆聚于此,学者能因广记备言,精思博考,守以卓约,则他日见诸行事,岂不要而有功也欤?②

清人《御制题帝王经世图谱》对此书也作了高度评价:

> 帝王经世之道具在《六经》,法戒所垂,取则不远,顾篇籍殽陈,披览非一时可竟。唐仲友乃撮举诸经要旨,列为《图谱》。旁采传注,附以总说,分门别类,条理秩然。读之而其辞易通,玩之而其义易见,允为政治圭臬。若夫择之精、语之详,提要钩深,用力不纷而见功甚巨。③

四库馆臣对此也是盛赞有加:

> 体例之淆,句字之误,则各为考核更定,而附注案语于下方。其分类纂言,大要以《周礼》为纲,而诸经史传以类相附,

① [宋]唐仲友:《帝王经世图谱》卷四,宋刻本,第20页。

② [宋]马端临:《文献通考》卷二百二十九《经籍考·帝王经世图谱》,明冯天驭刻本,第3655页。

③ [清]庆桂:《国朝宫史续编》卷七十八,清嘉庆十一年内府钞本,第498页。

于先圣大经大法，咸纵横贯串，曲畅旁通。故以帝王经世为目，其所绘画山居部分，经纬详明，具有条理。其所辨订，不甚主注疏旧说，而引据博赡，亦非杜撰空谈，盖考证之学，议论易而图谱难。图谱之学，阴阳奇偶，推无形之理易，名物制度，考有据之典难。仲友此篇可征，其学有根柢矣。自宋以来，儒者拘门户之私，罕相称引，沈埋蠹简，垂数百年，一旦自发其光，仰邀宸翰，且特命剞劂，以广其传，岂非真是真非，待圣人而后定哉？①

《帝王经世图谱》一书，顾名思义，他极力突出经书中典章、制度对治国安邦的重要性，全书以《周礼》为纲，对经史传中的内容加以排比罗列，以图谱的形式来展现先王治法、推明三代治道，它是唐仲友经制思想的集中体现。这部书以其考证精详、“学有根柢”，成为宋代以后研究古礼图最有影响的著述。另外，需要注意的是，这部书以《图书卦章经纬表里图》作为发题，意在用河图洛书所象征的宇宙本体论思想，来指出基于《周礼》诠释而产生的各类典章制度存在的永恒性、至善性，如其所谓“圣人之则图书也以画卦，以陈范妙极天人之蕴，而其绪余则画井田制、军法、奉时令，咸出于此”②。此书如此编纂不但是对宋代初年聂崇义《三礼图集注》以图释礼形式的继承和发展，更是对当时人们经由图数易学探究宇宙本体论思想的践行，正如有的学者所言：“此书以图谱的形式体现三代遗制、圣王之道，显然带有宋代流行的象数学的印记。……在他书中绘列的图谱中，从天地变化到礼乐制度，经由其附会牵合，皆呈现

① ［清］纪昀等：《四库全书总目》卷一百三十五《帝王经世图谱》提要，北京：中华书局，1997 年版，第 1780 页。

② ［宋］唐仲友：《帝王经世图谱》卷一《图书卦章经纬表里图》，清文渊阁《四库全书》本，第 1 页。

出一种先验性的秩序与规则,而秩序与规则又总是体现'道'。"①

唐仲友尽管在《帝王经世图谱》中极力宣扬经制思想,以求富国安邦,但实际上由于受到当时理学思想的影响,唐仲友的经制思想在内涵上也兼具了理学道德心性之学。如他认为治国应当有本有末,其中道德仁义为本,而富强功利为末,其《悦斋文钞》中说:

> 曷为本?治安是也。曷为末?富强是也。安者必富,富而不安其富易贫;治者必强,强而不治其强易弱。……用心于其本,则所进者皆道德仁义之士,所行者皆保民治国之术,其初若无可喜之迹,其终乃有不可胜计之功。用心于其末,则所任者皆权谋功利之臣,所谋者皆攻战聚敛之事,其初似有目前之利,其终乃有不可胜救之弊。②

从这可以看出,唐仲友虽然倡导经制治国,但并非只是着眼于当下社会政治问题的解决,而是谋求长治久安。这就说明,唐仲友的治国理念并不仅仅是简单地谈及经制、制度,他的治国立足点在于"道德仁义",而非"目前之利",他认为有只有致力于根本的"仁义道德"才可以实现国家的长治久安。他甚至认为"修德以固民心,择贤以遗后嗣,而天下之患皆非所忧也"③。由此可见,在治国安邦上唐仲友与朱熹等人较为一致,而与陈亮事功之学相左。

总的来说,唐仲友作为当时婺州颇有影响的学者,他在经学思想上对当时诸派皆有汲取,注重至诚、力行,从而形成了自己较为兼容、笃实、致用的治学风格,正如他自己曾在《学论》中说:"用心

---

① 刘连开:《唐仲友的史学思想》,《史学史研究》,2000年第1期。

② [宋]唐仲友:《悦斋文钞》卷一《馆职备对劄子二》,民国刻《续金华丛书·金华唐氏遗书》本,第2页。

③ [宋]唐仲友:《悦斋文钞》卷七《秦论》,民国刻《续金华丛书·金华唐氏遗书》本,第83页。

贵乎至诚不以好高自欺。操行贵乎笃实，不以立异骇俗。造道贵乎力行，不以空言惑众。为文贵乎济用，不以华藻相尚。”①《宋元学案》也评价说道：“不专主一说、苟同一人，隐之于心，稽之于圣经，合者取之，疑者阙之。”②所以总的来说，唐仲友与朱熹等理学家在经学思想上虽有分歧，但并不是很大，而后来唐仲友与朱熹的交恶，也并非出于学术思想上的不同，而是两家的争斗只不过为他人利用罢了。

二、反对空言性理，突出以史证经、经世致用

唐仲友治经强调致用，反对空言性理之学，他尽管也提出过“圣人之传道必以心”③的观点，但在他看来，圣人心传之道并非似是而非的佛禅之学，而是“默会自得”“至诚力学”的真学问，他说：

> 圣人之传道必以心，心学之不明，似是而非之说，有以惑之也。昔者孔门之高弟得夫子之心，传者惟颜子与曾子。子曰：“吾与回言终日，不违，如愚，退而省其私，亦足以发，回也不愚。”颜子之悟道如此。子曰：“参乎！吾道一以贯之。”曾子曰：“唯！”曾子之悟道如此，观其默会自得于意言之表，似非积习之所能致。深求其端，未有不始于至诚力学者。后世之士，求其说而不得，反流而入于释。以为道者，当超诣顿解径进于圣人之域，相与用心于不可测度之地，而学问修为之功几于尽

---

① ［宋］唐仲友：《悦斋文钞》卷八《学论》，民国刻《续金华丛书·金华唐氏遗书》本，第 99 页。

② ［清］黄宗羲原著，全祖望补修：《宋元学案》卷六十《说斋学案》，北京：中华书局，1986 年版，第 1953 页。

③ ［宋］唐仲友：《悦斋文钞》卷八《颜曾论》，民国刻《续金华丛书·金华唐氏遗书》本，第 93 页。

废。毕世穷年,茫然如捕风捉影,卒无分毫之得,乃曰:“吾之学,心学也。”内以欺于己,外以欺于人。①

在唐仲友看来,体悟圣人之道,需要心悟神会,需要“至诚力学”“自得于心”,而这并不是长期“积习所能致”,更不是“茫然如捕风捉影”的“心学”所能得。唐仲友此言表明他与朱熹“格物致知”之法颇为近似,而与陆九渊心学较为疏远。这就表明,唐仲友在经学上更加强调经学义理,而不是单纯的知识考古,更不是陆九渊那种注重内心悟道的做法。

唐仲友注重将为学与治世相结合,他说:“为学之道,在于务实而专心。务实则可用,专心则有功,此学之大要也。”②他尤其注重探究群经义理,尤其是《周礼》中圣人典制,以求通经致用。正如明人王祎所认为的唐仲友注重“经世之术”,其曰:

姑自吾婺而论之,宋南渡后,东莱吕氏绍濂洛之统,以斯道自任,其学粹然,一出于正。说斋唐氏则务为经世之术,以明帝王为治之要。龙川陈氏又修皇帝王霸之学,而以事功为可为。其学术不同,其见于文章,亦各自成其家。③

唐仲友作为婺学中的重要一员,他与吕祖谦注重性命之学、陈亮注重事功之学不同,他更加注重“经世之术”,为学强调具体的治国安邦之道。不仅如此,他还在其经学诠释中,大量提及了如何治国安邦的具体思想与举措。唐仲友为了证明其立说的可实践性与合理

① [宋]唐仲友:《悦斋文钞》卷八《颜曾论》,民国刻《续金华丛书·金华唐氏遗书》本,第93页。

② [宋]唐仲友:《悦斋文钞》卷八《学论》,民国刻《续金华丛书·金华唐氏遗书》本,第99页。

③ [明]王祎:《王忠文集》卷五《宋景濂文集序》,影印文渊阁《四库全书》本,台北:台湾商务印书馆,1986年版,第89页。

性，在经典解释方法上，注重以史解经、经史合一是其最大的特点。在唐仲友解经的过程中，常常援引历史史实来解说经义，如：

泰之九二，大臣也，其道当以大公处之，稍有偏私则非泰矣。包荒以容之，用冯河以才之。不遐遗，朋亡，以合并之，以是而得，尚乎中行，不亦光大乎？庶顽谗说欲并生哉？舜所以命禹，迁殷顽民，式化厥训，周公所以师保万民欤？①

小人之难去甚矣。五阳决一阴，扬于王庭，可以直道而行矣。继之以孚，号有厉，则尚当致其惧焉。告自邑，不利即戎，尚力则穷，故也。决柔君子之不得已以为喜，则小人之党惧矣。陈蕃事女主，非夬之时，露章以疏，宦官欲扬于王庭也，不亦难乎！②

阉宦自古有之，以宫人宠，何不利之有？《周官》阉爵止士属内宰，供门户扫除之役而无与政事，其贯鱼以宫人宠之意欤？汉光武、唐太宗得之宣帝、明皇，失之远矣。③

陆贽知裴延龄之得君，亦自知其必去。德宗之于大臣，鲜克保全，贽之身危矣，而疏论延龄不能自已，惓惓然有毋逝梁、毋发笱之意。……三复《谷风》为之叹息。④

唐仲友将《周易》《诗经》的解读，分别与历史史实结合起来，分析经义思想所具有的现实意义，其目的便是以此为现实政治提供借鉴。

---

① ［宋］唐仲友：《悦斋文钞》卷八《读十二月卦》，民国刻《续金华丛书·金华唐氏遗书》本，第104页。

② ［宋］唐仲友：《悦斋文钞》卷八《读十二月卦》，民国刻《续金华丛书·金华唐氏遗书》本，第104页。

③ ［宋］唐仲友：《悦斋文钞》卷八《读十二月卦》，民国刻《续金华丛书·金华唐氏遗书》本，第105页。

④ ［宋］唐仲友：《诗解钞·谷风》，民国刻《续金华丛书·金华唐氏遗书》本，第3页。

唐仲友与吕祖谦同为金华地区的大儒,他们都对史学非常精通,正如胡宗楙所言:"吾乡以经术、史学冠绝古今,著述最称繁富者,无过于东莱吕公、悦斋唐公。"①唐仲友以史解经,旨在突出经义的现实意义,以史实来论证所言建议、理论的正确性与可行性。总而言之,对史学的重视既是唐仲友的经学特点所在,更是浙东学术经世致用优良传统的体现。

唐仲友以经制之学闻名于时,关于他尚经制之学,精于行政之事,明人徐象梅编的《两浙名贤录》中所云:

> 唐仲友,字与政,御史尧封之子。尧封遇事敢言,不避权贵,劾王之望钱端礼,骤进不报,辄弃官,归死之日,无以为殓。仲友少承父训,博涉群书,登绍兴进士。复中宏词科,累官判建康府,转知台州,兴利除害,政声烨然。俄为同官所忌,以劾罢,主管建宁武夷山冲道观,开席授徒,学者云集。仲友史学精绝,尤邃于诸经。下至天文地理,王霸兵农,礼乐刑政,阴阳度数,郊庙学校,井野畿疆,莫不穷探力索而会通其故,精粗本末,兼该并兴。吕子同居于婺,而独尚经制之学。然天性廉直,与物多忤,仕未通显,托之论述而终。所著有《六经解》《九经发题》《经史难答》《孝经解愚书》《诸史精义》《帝王经世图谱》《乾道秘府群书新录》《天文地理详辨》《故事备要》《词科杂录》《说斋文集》。其后诸孙怀敬,复集为《文粹》,苏伯衡为之序。②

虽然徐象梅对唐仲友过于美化。但是我们藉此依旧可以看出,唐

---

① [宋]唐仲友:《悦斋文钞·后序》,民国刻《续金华丛书·金华唐氏遗书》本。

② [明]徐象梅:《两浙名贤录》卷一《儒硕·唐与政仲友》,明天启刻本,第18页。

仲友受到家学的影响,从小善于处理政事。他在为学方面“史学精绝,尤邃于诸经”,经史并举是其学术的最大特点,故在其《悦斋文钞》中有关六经、思孟、性理、官制、田制、井田、农桑、课税、荒政、祭祀、学校、刑罚等文章多篇。可以说,唐仲友对《六经》《语》《孟》、经义性理、天文地理、王霸兵农、礼乐刑政、阴阳度数、郊庙学校等都非常精通,不过,都是以经制、事功为最终归宿。

全祖望曾对唐仲友经制之学,在《宋元学案·说斋学案》也给予客观的评述,他说:

> 先生(唐仲友)素伉直,既处摧挫,遂不出,益肆力于学。上自象纬、方舆、礼乐、刑政、军赋、职官,以至一切掌故,本之经史,参之传记,旁通午贯,极之茧丝牛毛之细,以求见先王制作之意,推之后世,可见之施行。其言曰:“不专主一说、苟同一人,隐之于心,稽之于圣经,合者取之,疑之阙之。”又曰:“三代治法,悉载于经,灼可见诸行事,后世以空言视之,所以治不如古。”①

唐仲友在治学方法上,注重博览群籍,“不专注一说、苟同一人”,但这不是游谈无根,而是以一种“隐之于心,稽之于圣经,合者取之,疑之阙之”非常严谨的方式进行,既注重自得,又注重经学考据,更为主要的是其经学研究立足于现实社会,以期重建三代王道政治。可以看出,唐仲友所倡导的经制、事功之学,在于以经史为基础,以求见圣人制作之意,具体方法便是精通天文、地理、礼乐、刑政、赋税、职官等一切有用于现实社会庞杂而琐碎的知识,并将之付诸实施,以有功于当时、后世。唐仲友这种通过精通经史、诸子、名物、

① [清]黄宗羲原著,全祖望补修:《宋元学案》卷六十《说斋学案》,北京:中华书局,1986年版,第1952~1953页。

典制的方法,以求经世致用。

三、吸收程朱理学思想,倡导王霸义利兼顾

唐仲友注重以制度、法制来治国安邦,但实际上他也吸收到了同时代理学家们道德学说的思想,他和程朱理学家一样,也认识到了君主才是国家兴衰乱的根本所在,他说:

> 法者,治之流,非治之源。君身者,治之源也。精神之运,心术之动,不离乎方寸之间,而四方万里被其祸福矣。侥幸之门难窒而易开,佚欲之心易纵而难返,可不防之于微乎?①

他认为尽管作为制度的"法"是治国的必要手段,但是这与治国的根本"君主"相比,还是支流而已。所以,他认为治国离不开君主,"君身者,治之源也",所以君主内心"方寸之间"非常重要,所以他希望治国首先要规范君主自身,即作为君主要修身明德、防微杜渐。故唐仲友强调"正心诚意"以治国,他说:

> 臣观自古直道之行,本于正心诚意之间,显于举贤放佞之际,故益之戒舜,先以儆戒无虞,罔失法度,罔游于佚,罔淫于乐,继以任贤勿贰;去邪勿疑,仲虺之告汤,先以不迩声色,不殖货利,继以德懋懋官,功懋懋赏,此古之贤臣所以谆谆于圣君,而圣君不以既知既能而满假怠忽者也。②

唐仲友认为君主"正心诚意"是治国的根本所在,唯有如此方可以任贤远佞,实现政治的治理。唐仲友对道德人心的重视,表明他尽管与当时理学家们少有交游,但身处朝廷的他对于此时流行的理

---

① [宋]唐仲友:《悦斋文钞》卷二《馆职策一》,民国刻《续金华丛书·金华唐氏遗书》本,第11页。

② [宋]唐仲友:《悦斋文钞》卷一《馆职备对劄子一》,民国刻《续金华丛书·金华唐氏遗书》本,第1页。

学诸派的性理思想还是有一定的吸收。从这一点也可以看出，唐仲友“正君心”的治国理念和朱熹等理学家一样，其实是对《大学》“正心诚意”、《孟子》“格君心之非”思想的继承和发展。

不仅如此，唐仲友在现实社会政治问题的解决方法上，他与其他理学家一样，也非常强调治国安邦一定要以儒家的人伦道德为基础，以“中正为主”，以民为本。如他谈及理财时就说：

> 臣闻理财之道，中正为主。苟过与不及必有偏受其患者，令出乎朝廷，而行乎郡邑，虽小大之不同，然贵乎中正则一而已。上有督责之令，则下有暴吏；上有姑息之令，则下有猾民，故出令不可以不中正也。行令苛急则伤民，民伤则本蹶。行令弛慢则纵吏，吏纵则用匮，故行令不可以不中正也。①

唐仲友认为理财之道要以“中正”为原则，“中正”可以说是《周易》《中庸》中非常强调的一个道德原则。唐仲友以“中正”为准则，希望朝廷无论是发出命令，还是执行命令，都应当考虑到适中的原则，上下兼顾，过与不及都不好。否则，最大的伤害莫过于百姓，在他看来，如果百姓受到伤害，就会导致“本蹶”，即国家根本受到损伤，在这里，唐仲友对民生的格外重视，其实也突出地体现了《孟子》的“民本”思想。唐仲友关注社会政治问题，更关注民生，这在其政治理念中表现得非常突出。

从以上我们可以看出，唐仲友为学既注重经制、事功，又注重道德人心的作用，所以在治国安邦之术上，他主张王霸、义利兼行，他说：

> 《孟子》书七篇、《荀卿》书二十二篇，观其立言指事，根极

---

① ［宋］唐仲友：《悦斋文钞》卷一《信州朝辞劄子一》，民国刻《续金华丛书·金华唐氏遗书》本，第4页。

> 理要，专以明王道、黜霸功，辟异端、息邪说，二书盖相表里。以吾观之，孟子而用，必为王者之佐；荀卿而用，不过霸者之佐，不可同日语也。王、霸之异，自其外而观之，王者为仁义、霸者亦有仁义，王者有礼信、霸者亦有礼信；自其内而观之，王者之心一出于诚，故正其谊不谋其利，明其道不计其功，霸者之心杂出于诈，故假仁以为利，利胜而仁衰，仗义以率人，人从而义废。汤、武、桓、文，由此分也。荀卿之书，若尊王而贱霸矣，乃言性则曰本恶，其善者伪也。夫善可伪，则仁义礼何适而非伪也？四者既伪，何适而非霸者之心？吾以是知卿而用必为霸者之佐也。①

唐仲友时代朱熹、陆九渊等人倡言王道政治，同郡的陈亮则力主义利、王霸并行，而实际上更倾向于霸术，王霸义利之辩成为当时非常流行的观念，正如朱熹所言："陈同父学已行到江西，浙人信向已多。家家谈王、伯，不说萧何、张良，只说王猛；不说孔、孟，只说文中子。可畏！可畏！"②朱熹此言清晰的表明，整个浙学包括陈亮、叶适、唐仲友等人都在谈王霸义利，尤其关注功利的霸道，这实际上受到当时现实"危机"的影响，浙东学者更注重现实问题的解决，这与朱陆等侧重王道的学者在学术重心有所不同。在唐仲友看来，王道、霸道两者没有冲突，是互相补充的关系，王霸义利可以并行，所谓"王者为仁义、霸者亦有仁义；王者有礼信、霸者亦有礼

---

① ［宋］唐仲友：《悦斋文钞》卷八《荀卿论》，民国刻《续金华丛书·金华唐氏遗书》本，第96页。

② ［宋］黎靖德编：《朱子语类》卷一百二十三，北京：中华书局，1986年版，第2966页。

信”。他又说:“义利之说,相资以为用。不患其并立,而患利之偏胜。”①在唐仲友看来,王霸、义利并不矛盾,王道也有仁义、霸道也有仁义,义利之说只不过是为现实服务的,只要克服内心的私心与利欲,最终都可以重建新的社会政治秩序。正如他所说:“臣尝质诸《经》训,深探治道之原本,窃以为成治功在善风俗,善风俗在行直道,行直道在去私心。……私心去而直道行也。”②

唐仲友极力弘扬儒家人伦道德、王道理学的同时,他与朱熹等理学家一样,极力批判佛老之学,他认为佛老之学对社会政治、人伦道德、学术风气都产生了直接的否面影响:

> 自释老之说炽于中国,使吾民人不蕃,田畴不辟,财用不足,兵甲不坚,土木无度,而奇巧之技众,男女怨旷而淫辟之罪多,其害比之百家数十倍矣。然犹不足与之辩,所不可不论者,陷溺人心之甚也。……吾不观其外而观其内,盖其说深入乎性命生死之际,而周尽乎天地鬼神之理,颇与吾《周易》合,至于披析示人,则又优于儒书。吾学之可以直造其本源而不劳于积习,此说一立,而道、释之害牢不可破矣。③

唐仲友认为佛老所造成的影响,在社会经济上的损失小,更为主要的是在佛老之学对道德人心的破坏更重,因为佛老之学对“性命生死之际”“天地鬼神之理”非常精通,这较《周易》天道性命之论说更为精密、系统,所以佛老之学的肆行直接影响到了儒家学说的精

---

① ［宋］唐仲友:《悦斋文钞》卷八《孟子论》,民国刻《续金华丛书·金华唐氏遗书》本,第 95 页。

② ［宋］唐仲友:《悦斋文钞》卷一《馆职备对劄子一》,民国刻《续金华丛书·金华唐氏遗书》本,第 1 页。

③ ［宋］唐仲友:《悦斋文钞》卷八《释老论》,民国刻《续金华丛书·金华唐氏遗书》本,第 102 页。

髓与传布。

总的来说,唐仲友在那个时代,基于对现实社会政治建设的需要,极力通过经学诠释与思想建构的形式,希望提出全新的思想体系,以拯救当时的社会文化危机,但由于其学说兼采众说、缺乏应有的系统性,如有学者所言:“唐氏撷取多家固然是其长处,但也难免混同杂收的弊端,影响思想体系的统一性。如孟、荀并举,称他们在道德性命和仁义礼乐的见解上‘相表里’,与他对荀子人性论—礼乐论的批评就有龃龉之嫌。再如对道的理解,唐氏思想显示出传统儒学、洛学与疑似苏学的痕迹杂糅的面貌,对其中的多重意涵囫囵并一,缺乏深入的辨析整合。”①正是由于这种比较“杂糅”的思想,使得他的思想难以产生应有的力量,加上他过于“功利”的思想也因此遭到了朱熹等人的批判,随着程朱理学的官学化,这种批评被放大,以至于在当时有一定影响的唐仲友之学,被视为了与王安石之学一样的功利之学,进而被边缘化。

四、唐仲友、朱熹之间的学术分歧与思想交锋

纵观来看,唐仲友一生精于经制、事功之学,并将之运用到社会政治问题解决中,建树甚多。在任台州知州,“锄奸恶甚多”。时遇灾荒,他就仿效司马光“恤民”政策,“发粟赈饥,抑奸拊弱,创浮梁,以济艰涉,民赖利焉”②。由于他损害了富民利益,所以导致富民不满,民声沸腾,朱熹时任提举浙东常平茶盐公事,面对此事便于“违法抗民”之罪,上书朝廷弹劾之。

---

① 任锋:《南宋唐仲友的经制思想》,《南开学报》(哲社版),2006 年第 4 期。

② [清]纪昀等:《四库全书总目》卷一百三十五《帝王经世图谱》提要,北京:中华书局,1997 年版,第 1780 页。

由于唐仲友与当朝宰相王淮是姻亲关系，都是婺州同乡，故在淳熙年间朱熹上书孝宗弹劾唐仲友时，王淮对唐仲友多有袒护。王淮的亲信吏部尚书郑丙、监察御史陈贾迎合宰相意，上书诋毁朱熹之学，《宋史》本传记载云：

> 宰相王淮庇之，熹章十上，丙雅厚仲友，且迎合宰相意，奏："近世士大夫，有所谓道学者，欺世盗名，不宜信用。"盖指熹也。于是，监察御史陈贾奏：'道学之徒，假名以济其伪，乞摈斥勿用。'道学之目，丙倡贾和，其后为庆元学禁，善类被厄。①

朱熹在王淮、郑丙、陈贾等人的诋毁下，孝宗也听从谤言，于是在淳熙八年（1181）将朱熹罢黜不用，并最终演化为庆元党禁。如果按照余英时先生的分析，庆元党禁实则就是孝宗时期，官僚集团与理学集团的互相争夺造成的。在王淮执政时期，其所代表的官僚集团对朱熹为代表的理学集团进攻，结果理学集团失利，理学集团中的朱熹、叶适等人由此遭到了排击②。

朱熹此次虽然遭受诬陷，但也受到了当时士大夫的称赞，如陆九渊就曾说："朱元晦在浙东，大节殊伟，劾唐与正一事，尤大快众人之心，百姓甚惜其去。虽士大夫议论，中间不免纷纭，今其是非

---

① ［元］脱脱等：《宋史》卷三百九十四《郑丙传》，北京：中华书局，1977年版，第12035页。

② 余英时先生在其《朱熹的历史世界：宋代士大夫政治文化的研究》中分析认为："孝宗末年的改革部署从一开始便激起了官僚集团与理学集团的尖锐冲突。这两个士大夫政治壁垒的对峙最迟也可以上溯至王淮执政的初期，淳熙九年（1182）朱熹劾唐仲友便是一个最显著的标志。"（余英时：《朱熹的历史世界：宋代士大夫政治文化的研究》，北京：生活·读书·新知三联书店，2004年版，第394页。）

已渐明白。”①其实朱熹在此与唐仲友的较量中失利，也源于宋孝宗对朱熹的说教颇为不满。在此事发生之前，朱熹就曾上书表达他的经世理念，他说：“天下之务，莫大于恤民，而恤民之本在人君，正心术以立纪纲。”②孝宗“读之大怒，曰：‘是以我为亡也。’”③次年，朱熹又上奏疏，同样孝宗不快，对他的道德政治理念并不欣赏。故此事后，就有儒者就对朱熹建议说：“正心诚意之论，上所厌闻，戒勿以为言。”但是朱熹回答说：“吾平生所学，惟此四字，岂可隐默以欺吾君乎？”④由于朱熹始终坚持自己的见解，这同时也得到了当时注重事功的叶适的同情。具体表现就是，在淳熙十五年（1188），兵部侍郎林栗上书弹劾朱熹的时候，叶适为此上《辩兵部郎官朱元晦状》，为朱熹及其道学开脱。说到底，这其实是为了当时的整个理学界开脱、说理。因为叶适此时已经感觉到了这种弹劾的弦外之音，正如他自己说：

> 栗劾熹罪，无一实者，特发其私意而遂忘其欺矣。至于其中谓之道学一语，利害所系不独熹。盖自昔小人残害忠良，率有指名，或以为好名，或以为立异，或以为植党。近创为道学之目，郑丙倡之，陈贾和之，居要津者密相付授。见士大夫有稍慕洁修者，辄以道学之名归之，以为善为玷阙，以好学为己愆，相与指目，使不得进。于是贤士惴栗，中材解体，销声灭

① ［宋］陆九渊：《象山先生文集》卷七《与陈倅》，明正德刊本，第62页。

② ［元］脱脱等：《宋史》卷四百二十九《朱熹传》，北京：中华书局，1977年版，第12753页。

③ ［元］脱脱等：《宋史》卷四百二十九《朱熹传》，北京：中华书局，1977年版，第12754页。

④ ［元］脱脱等：《宋史》卷四百二十九《朱熹传》，北京：中华书局，1977年版，第12757页。

> 影，秽德垢行，以避此名。栗为侍从，无以达陛下之德意志虑，而更袭用郑丙、陈贾密相付授之说，以道学为大罪，文致语言，逐去一熹。自此善良受祸，何所不有！伏望摧折暴横，以扶善类。①

叶适直接指出，林栗对朱熹的指责都是无中生有，其目的只不过是郑丙、陈贾等"居要津者"的指使。可以看出，林、朱之争，实际上表明了整个理学家开始遭到朝中权贵的怀疑，对朱熹理学的批判只不过是个借口，其目的是要打压整个与道德性命相关的理学一派，当然这也包括叶适、袁燮等人，故叶适此为，实则是为整个"道学"界伸张正义，维护他们的话语权力。

总而言之，唐仲友与朱熹的争执，只不过是当时理学内部的斗争，但实际上这种政治争斗为人所利用，逐渐演化为理学与非理学政治派别的斗争，尤其是宁宗即位之后，韩侂胄一党，为了维护自己的地位，对理学派官员进行全方位打压，最终在庆元元年(1195)酿成了"党禁"之祸，这自然也波及了当时的陆九渊心学、湖湘学、永嘉事功之学等流派，故叶适、吕祖俭、吴猎、陈傅良、袁燮等人都受到打压、罢黜。当然，从孝宗本人开始，就对朱熹、张栻、叶适等理学官员有所不满，只是不过孝宗皇帝对朝廷官员采取的是相互制衡的策略，并没有对朱熹、张栻等理学官员过分惩罚，即使遭遇了党禁之祸，朱、张、叶等人受到王淮等人的摒掇，朱熹等人也并没有因此受到迫害。

总体来看，唐仲友的经学注重《周礼》及《六经》之学，非常强调

---

① ［元］脱脱等：《宋史》四百三十四《叶适传》，北京：中华书局，1977 年版，第 12890 页。

其中所蕴含的礼法思想,他与同时代朱熹、陆九渊、吕祖谦、陈亮等人相比,更希望通过制度规范的形式来重建社会政治秩序。尽管唐仲友不像吕祖谦、陈亮那样与当时的永嘉诸儒交往甚多,全祖望就曾说:“永嘉诸先生讲学时,最同调者说斋唐氏也,而不甚与永嘉相往复”①,“当时之为经制者,无若永嘉诸子,其于东莱、同甫皆互相讨论,臭味契合,东莱尤能并包一切。而说斋独不与诸子接,孤行其教,试以艮斋、止斋、水心诸集考之,皆无往复文字,水心仅一及其姓名耳”②,但唐仲友与永嘉诸子在很多思想上彼此不谋而合,希望对当时社会政治问题的解决,而非简单地就道德修身进行深入思考。换言之,在乾淳之际,唐仲友与薛季宣、陈傅良等人同为当时最有影响的、倡导经制之学的学者,他以其丰富的地方行政经验,促使他积极倡导利用儒家的传统礼法思想来对当时的社会“失范”进行匡正,这不仅仅包括一些基本的典制,也包括当时宋王朝所面临的外患所要采取的军事制度等。

当然,唐仲友的经制思想并非是单纯地强调典章制度及现实问题的解决,他也就汲取了当时理学家们的观点,注重从道德仁义出发,从根本上改变人心、人性,从而实现社会治理的长久性。对此正如有学者所认为的,“唐氏的经制思想呈现出一个三重结构,包括道德性上学基础、治道和法治的三个层面。经制思想的道德性上学基础透过道论、人的本质论,为治道、治法提供了道德信仰

---

① [清]黄宗羲原著,全祖望补修:《宋元学案》卷六十《说斋学案》,北京:中华书局1986年版,第1952页。

② [清]黄宗羲原著,全祖望补修:《宋元学案》卷六十《说斋学案》,北京:中华书局1986年版,第1954页。

意义和本体论上的理念依据，是道德性命之理的主体”①。

第四节　永康陈亮经学的传承、诠释与事功思想

陈亮（1143—1194）是永康学派的代表人，更是浙东之学的重要一员。陈亮所处的时代二程性理之学非常盛行，如湖湘学、闽学、陆学等理学诸派作为二程后学，他们多注重道德修身，希望从正心诚意、“格君心之非”入手，借助君主来实现社会政治的治理。相比较而言，浙东学派诸儒淡化修身明道，更强调直接面对现实问题，找出现实问题的解决办法。在浙东学派内部，永康之学的代表陈亮较金华学派、永嘉学派的吕祖谦、薛季宣、陈傅良、叶适等人而言，他更加注重现实问题的解决。不过，他鲜明的个性与激进的事功主张也由此遭到了理学家们尤其是朱熹的激烈批判，并将之视为理学之“道”的大敌，如朱熹就曾说：“海内学术之弊，不过两说：江西顿悟，永康事功。若不极力争辨，此道无由得明。”②朱熹对陈亮的批判，不仅只是因为政治理念的不同，而是基于儒学道统正宗的争夺。以至于，陈亮与朱熹之间的论战，至今都被视为当时学术思想、政治哲学发展史上的典范。其实，陈、朱之争在一定程度上只不过是理学家内部的争论，他们都从学理层面尤其是以经典诠释为基础，就当时的社会政治问题发表了自己的看法。从更广阔的视野来看，他们的思想框架都离不开儒家内圣外王之道，只不过陈亮更注重“外王”“用”的一面，而朱熹、陆九渊等人则更注重“内

---

①　任锋：《南宋唐仲友的经制思想》，《南开学报》（哲社版），2006 年第 4 期。

②　［宋］李幼武编：《宋名臣言行录·外集》卷十二，影印文渊阁《四库全书》本，台湾商务印书馆，1986 年，第 776 页。

圣”“体”的认知与探索。前贤时哲对于陈亮事功思想、政治理念以及他与朱熹的论争都有一定的探究，但一般多就陈亮的政治思想本身进行分析，如萧公权《中国政治思想史》、侯外庐《中国思想史》、李泽厚《中国古代思想史论》、漆侠《宋学的发展和演变》、田浩《陈亮论公与法》①等，他们多关注陈亮政治思想中对公私、义利关系及具体经济政治社会等问题的态度与思想，实际上他们的观点多受到西方近代政治理论的影响，而忽视了陈亮作为经学家、理学家的那一面。尽管何炳松《浙东学派溯源》、邓广铭《陈龙川传》、董平与刘宏章《陈亮评传》②等强调陈亮作为儒家中的一员，但他们并没有对陈亮政治理念的基石——经学诠释及其思想做深入分析。总的来说，以往学者多关注陈亮经世思想本身，而都忽视了陈亮事功思想的内在思想依据，即经学诠释及思想的探究，以及由经学诠释与思想建构之间的内在关联。我们通过对陈亮文集进行全面、深入考察，通过对陈亮经学诠释及思想、心性理学与政治理念之间的关联进行条分缕析，包括分析他与同时代陈傅良、叶适、朱熹等人经学诠释与政治理念的不同，以期对陈亮事功、政治思想作深入而系统的探讨，由此找出陈亮政治理念形成的基石与本质所在。

---

① 萧公权:《中国政治思想史》，北京:新星出版社，2005 年版。侯外庐主编:《中国思想通史》(第四卷下)，北京:人民出版社，1960 年版，第 692～739 页。李泽厚:《中国古代思想史论》，北京:生活·读书·新知三联书店，2008 年版。漆侠:《宋学的发展和演变》，石家庄:河北人民出版社，2004 年版，第 554～583 页。[美]田浩:《陈亮论公与法》，载田浩编，杨立华、吴艳红等译:《宋代思想史论》，北京:社会科学文献出版社，2003 年版，第 518～567 页。

② 何炳松:《浙东学派溯源》，桂林:广西师范大学出版社，2005 年版。邓广铭:《陈龙川传》，北京:生活·读书·新知三联书店，2007 年版。董平、刘宏章:《陈亮评传》，南京:南京大学出版社，1996 年版。

一、早年根柢程氏，重视《四书》及心性之学

陈亮经学及其思想的渊源于数人①，在他十八岁的时候，就遇到对他一生产生重要影响的周葵。周葵曾作参知政事，延引陈亮见了一批当时重要的人物。最为主要的是，周葵传授陈亮以《大学》《中庸》，并告诉他"读此可精性命之学"②。《宋史》本传称陈亮"遂受而尽心焉"③，这对于他早年研习性命之学有很大的帮助。陈亮对道德性命之学的关注与重视，这也是那个时代的学术特点，如范立舟先生所言："南宋乾道、淳熙之间，是中国历史上少有的学术繁荣、百家争鸣的时代，尤其是理学的传播，对后世产生了无可估量的影响。"④无论是湖湘学、闽学，还是婺学、浙学在治学理路上基本上都在二程所建构的新内圣外王框架下进行，陈亮自然也不例外。

陈亮对当时盛行的二程洛学颇为尽心，他甚至还与当时著名学者郑伯熊、郑伯英兄弟关系默契，《宋元学案》就认为陈亮学说思想来源于郑伯熊，将之视为"郑氏门人"⑤。郑伯熊（1124—1181）是周行己的私淑弟子，是伊洛、周行己之学在永嘉的重要传人，二

---

① 参见方如金、姜鹏：《陈亮交游考》，载《温州大学学报》，2003 年第 1 期。

② ［元］脱脱等：《宋史》卷四百三十六《陈亮传》，北京：中华书局，1977 年版，12929 页。

③ ［元］脱脱等：《宋史》卷四百三十六《陈亮传》，北京：中华书局，1977 年版，第 12929 页。

④ 范立舟：《宋代思想学术史论稿》，澳门：澳亚周刊出版有限公司，2004 年版，第 250 页。

⑤ ［清］黄宗羲原著，全祖望补修：《宋元学案》卷五十六《龙川学案表》，北京：中华书局，1986 年版，第 1827 页。

程之学在永嘉得以传承便是依赖郑伯熊之力。这也说明,作为永康之学的陈亮在思想渊源上与永嘉之学属于同源,即皆与二程有所渊源。全祖望认为"永康则专言事功而无所承"①,实际上陈亮之学祖述二程、张载之学以为己说。正如元人刘壎所言:

> 龙川之学尤深于《春秋》。其于理学则以程氏为本。尝采集其遗言为一书,以备日览,曰《伊洛正原》。又集二程、横渠所论礼乐、法度为一书,曰《三先生论事》。……其说如此,则其于理学,固用心矣。岂徒曰功名之士。②

刘埙认为陈亮在理学的认识上"以程氏为本",陈亮对二程、张载等人颇为推崇,曾采集周敦颐、二程、张载的言论,编辑而成《伊洛正源书》一书,以便自己研习,他对于性理之学也颇有研究,尤其以二程之学为根柢,并兼通张载之学。

的确,通观陈亮文集,发现他早年曾深入研习了二程洛学、张载关学等理学思想,在其文集中,多次援引程、张等人的观点。不仅如此,他还作《书伊川先生春秋传后》极力称赞程颐《春秋传》,"其义甚精,其例类博"③,他还在给朱熹的信中称赞说:

> 自孟、荀论义利王霸,汉、唐诸儒未能深明其说。本朝伊洛诸公辨析天理人欲,而王霸义利之说于是大明。④

他认为尽管从孟子、荀子就开始谈论王霸义利之说,但是汉唐之际

---

① [清]黄宗羲原著,全祖望补修:《宋元学案》卷五十六《龙川学案序录》,北京:中华书局,1986年版,第1830页。

② [元]刘壎:《隐居通议》卷二《龙川学术》,影印文渊阁《四库全书》本,台湾商务印书馆,1986年,第37页。

③ [宋]陈亮:《龙川集》卷十六《书伊川先生春秋传后》,影印文渊阁《四库全书》本,台北:台湾商务印书馆,1986年,第644页。

④ [清]黄宗羲原著,全祖望补修:《宋元学案》卷五十六《龙川学案》,北京:中华书局,1986年版,第1832页。

的儒者并没有真正理解孟、荀之意，到了北宋二程等人，才真正对天理人欲、王霸义利之说有了深刻体认、使之得以“大明”于世。可以看出，在陈亮的观念中，二程在儒学发展历程上属于非常关键的人物，肯定了他们儒学正统的地位。陈亮对二程之学做了深刻研习之后，发挥二程体用一源、有体有用之思想宗旨，希望将道德性命之学贯注于现实的社会政治实践当中。如：

> 格物致知之学，圣人所以惓惓于天下后世，言之而无隐也。夫道之在天下，何物非道，千涂万辙，因事作则，苟能潜心玩省，于所已发处体认，则知“夫子之道，忠恕而已”非设辞也。亮少不自力，放其心而不知求；行事三十年，始知此事。①

> 夫道之在天下，无本末，无内外。圣人之言，乌有举其一而遗其一者乎！举其一而遗其一，则是圣人犹与道为二也。②

陈亮在其经学思想体系中，非常强调《大学》“格物致知之学”、《孟子》“求放心”、《易传》道无内外、道器合一的观念，认为这些都是圣人之道的重要体现。他对二程、张载等人所强调的《四书》之学颇为推崇，他曾在《杨龟山中庸解序》中云：“世之儒者，揭《易传》以与学者共之，于是靡然始知所向。然予以为不由《大学》《论语》及《孟子》《中庸》以达乎《春秋》之用，宜于《易》未用心之地也。”③他认为为学之序应该是先《大学》《论语》《孟子》《中庸》等《四书》，而后再达于《春秋》等诸经之用，只有这样才算是真正经学旨

---

① [宋]陈亮：《龙川集》卷十九《与应仲实》，影印文渊阁《四库全书》本，台北：台湾商务印书馆，1986年版，第680页。

② [宋]陈亮：《龙川集》卷十《经书发题·论语》，影印文渊阁《四库全书》本，台北：台湾商务印书馆，1986年版，第581页。

③ [宋]陈亮：《龙川集》卷十四《杨龟山中庸解序》，影印文渊阁《四库全书》本，台北：台湾商务印书馆，1986年版，第622页。

趣。从此我们可以看出,陈亮早期的治学理路与旨趣与二程、朱熹等人颇为一致。可以说,陈亮秉承二程有体有用的学术旨趣,没有彻底摒弃性命道德之学,相反他多次引用性命之学,并将之作为自己的理论基础。如云:

天下岂有道外之事哉,而人心之危,不可一息而不操也。不操其心,而从容乎声、色、货、利之境,以泛应乎一日万几之繁,而责事之不效,亦可谓失其本矣。此儒者之所大惧也。①

《论语》之书,若之何而读之?曰:用明于内,汲汲于下学,而求其心之所同然者。功深力到,则他日之上达,无非今日之下学也。②

先王之时,礼达分定,而心有所止。故天下之人各识其本心,亲其亲而亲人之亲,子其子而子人之子,其本心未尝不同也。……善观孟子之书者,当知其主于正人心;而求正人心之说者,当知其严义利之辨于毫厘之际。③

陈亮认为道、心合一,理事一体,道不会不脱离具体事务而存在,天下无道外之事。他还将"心"看成是政治的本源,认为如果能够"正心"则有助于政事的治理,"其心然,其治必然",所以对道的体悟就应当正人心,注重具体的社会政治实践,同时借助经典来规范自己的行为,并最终实现对道的体认。陈亮对"心"的理解与运用,与陆九渊等心学派多有相似之处,不过,对于理本论还是心本论,陈亮

① [宋]陈亮:《龙川集》卷九《勉强行道大有功》,影印文渊阁《四库全书》本,台北:台湾商务印书馆,1986年版,第575页。

② [宋]陈亮:《龙川集》卷十《经书发题·论语》,影印文渊阁《四库全书》本,台北:台湾商务印书馆,1986年版,第581页。

③ [宋]陈亮:《龙川集》卷十《经书发题·孟子》,影印文渊阁《四库全书》本,台北:台湾商务印书馆,1986年版,第582页。

并没有给予更多的关注和论证，他对于理学、心学的兼采，其目的是为了论证事功之学的合理性与必要性而已。总的来看，陈亮在其早期的学习过程中，尽可能地接触了包括心学在内的各种理学思想，并将它们作为自己经世致用的思想资源。

不仅如此，陈亮还大量采集二程、张载三人讲论礼乐、法度之言，编成《三先生论事录》，另外，又集《伊洛礼书补亡》《伊洛遗礼》，他这样做的目的，就是希望同时代的很多学者真正理解二程、张载为学的宗旨：既注重道德心性的修养，也注重礼乐法度的整饬，有体有用，有本有末，“夫道之在天下，无本末，无内外，圣人之言，乌有举其一而遗其一者乎”①，由此纠正世人尤其是张栻、吕祖谦、朱熹等后学弟子对二程、张载之学的误解，如其所谓“世之以是病先生之学者，盖不独今日也。夫法度不正则人极不立，人极不立则仁义礼乐无所措，仁义礼乐无所措则圣人之用息矣”②。可以说，陈亮对于二程之学用功甚多，虽然没有师承二程洛学，但他对于二程所言的内圣外王之道非常重视，并多次援引二程《四书》学、《易》学的相关论点，且将之作为自己事功之学的理论基础与思想来源。不仅是陈亮，同时代吕祖谦、薛季宣等人都是如此，他们在思想上都可以追溯到二程。如何炳松先生所言：“初辟浙东史学之蚕丛者，实以程颐为先导。……程氏虽非浙人，而浙学实渊源于程氏。浙东人之传程学者有永嘉之周行己、郑伯熊，及金华之吕祖谦、陈亮等，实创浙东永嘉、金华两派之史学，即朱熹所目为‘功利之学’

① ［宋］陈亮：《龙川集》卷十《经书发题·论语》，影印文渊阁《四库全书》本，台北：台湾商务印书馆，1986 年版，第 581 页。

② ［宋］陈亮：《龙川集》卷十四《三先生论事录序》，影印文渊阁《四库全书》本，台北：台湾商务印书馆，1986 年版，第 622 页。

者也。”①只不过，与当时的朱熹、陆九渊等人相比，陈亮更关注的现实政治，已将治学重心转移到了经制、事功之上，而非道德心性的工夫论，这正如邓广铭先生所言：“伊洛之学也在陈氏的讲求之列，然而他所着重的，不是他们的心性义理之学一方面，却特别偏重在他们讲明法度和是正礼仪的著作。”②换句话说，陈亮对二程洛学颇为倾心，并认为真正的道学当是有本有末，体用合一，所以他在积极吸收道德心性之学的同时，也吸收了吕祖谦、陈傅良、叶适等人注重事功的思想，作为理学家之一的陈亮，可谓是强调儒学之“用”，而非儒学之“体”。

总的来说，陈亮在其早期服膺二程洛学，并基本上体悟到了二程思想之精髓，亦即体用兼顾、心性事功兼有，但由于陈亮学无师承，加上侧重强调“用”“事功”一面，使得他在二程洛学遍天下的环境中相当孤立，这一点陈亮在其《钱叔因墓志铭》中曾说：

> 广汉张栻敬夫、东莱吕祖谦伯恭，相与上下其论，而皆有列于朝。新安朱熹元晦讲之武夷，而强立不反，其说遂以行而不可遏止。齿牙所至，嘘枯吹生，天下之学士大夫贤不肖，往往系其意之所向背，虽心诚不乐而亦阳相应和。若余非不愿附，而第其品级不能高也。余亦自咎其有所不讲而未敢怨。壬辰、癸巳，而贫日甚，欲托于讲授以为资身之策，乡间识其素而不之信，众亦疑其学之非是也。③

---

① 何炳松：《浙东学派溯源》，桂林：广西师范大学出版社，2005 年版，自序，第 3 页。

② 邓广铭：《陈龙川传》，北京：生活·读书·新知三联书店，2007 年版，第 41 页。

③ ［宋］陈亮：《龙川集》卷二十八《钱叔因墓志铭》，影印文渊阁《四库全书》本，台北：台湾商务印书馆，1986 年版，第 785 页。

可以说,在陈亮所处的时代道德性命之学非常兴盛,张栻、吕祖谦、朱熹等人相与论学,性命之学"遂以行而不可遏止"。而此时的陈亮,尽管只是一位没有功名与官位的读书人,对于当时性命之学的泛滥颇有意见,并倡言事功之学,与当时学风截然不同,以至于"乡闾识其素而不之信,众亦疑其学之非"。《宋元学案》也称:"当乾道、淳熙间,朱、张、吕、陆四君子,皆谈性命而辟功利,学者各守其师说,截然不可犯。陈同甫(亮)崛起其旁,独以为不然。"①陈亮为学在当时独树一帜,喜兵制、事功之学,"素所自喜兵法《六韬》,已而饫闻《中庸》《大学》"②,但其学不为乡闾所信,甚至怀疑其学存在的正确与合理性,"人多疑其说而未信"③。陈亮汲汲于事功,曾多次上书朝廷,并到处宣扬自己的主张,但并没有得到更多人的信从与响应。

二、中年反对空谈性理,倡导事功及朱熹的挑战

在陈亮的中年之前,道德性命之学在当时颇为盛行,以至于他也毫不例外地研习二程、张载等人的学说,并对当时很多学者只注重道学之"体""心性"的倾向颇为不满:

> 二十年之间,道德性命之说一兴,迭相唱和,不知其所从来。后生小子读书未成句读,执笔未免手颤者,已能拾其遗说,高自誉道,非议前辈,以为不足学矣。世之为高者,得其机

---

① [清]黄宗羲原著,全祖望补修:《宋元学案》卷五十六《龙川学案》,北京:中华书局,1986年版,第1850页。

② [宋]陈亮:《龙川集》卷十七《谢赵同知启》,影印文渊阁《四库全书》本,台北:台湾商务印书馆,1986年版,第660页。

③ [清]黄宗羲原著,全祖望补修:《宋元学案》卷五十六《龙川学案》,北京:中华书局,1986年版,第1850页。

而乘之，以圣人之道为尽在我，以天下之事无所不能，能麾其后生，以自为高。而本无有者，使惟己之向，而后欲尽天下之说，一取而教之，颀然以人师自命。①

二十年来，道德性命之学一兴，而文章、政事几于尽废，其说既偏，而有志之士盖尝患苦之矣。十年之间，群起而沮抑之，未能止其偏，去其伪，而天下之贤者先废而不用。旁观者亦为之发愤以昌言，则人心何由而正乎？②

自道德性命之说一兴，而寻常烂熟无所能解之人，自托于其间，以端悫静深为体，以徐行缓语为用，务为不可穷测，以盖其所无。一艺一能皆以为不足自通于圣人之道也，于是天下之士始丧其所有，而不知适从矣。为士者，耻言文章行义，而曰"尽心知性"；居官者，耻言政事、书判，而曰"学道爱人"。相蒙相欺，以尽废天下之实，则亦终于百事不理而已。③

在陈亮看来，张栻、吕祖谦、朱熹等人所倡导的道德性命之学在当时风靡一时，但张、吕、朱等人的后学弟子们，不专心研习前辈精神，只是"拾其遗说，高自誉道"，而耻言"文章行义""政事书判"，以至于"天下之士始丧其所有，而不知适从""亦终于百事不理""文章、政事几于尽废"。陈亮此时批判的矛头所向，只是张、吕、朱等大儒的弟子及后人，而非他们本人，旨在批评指正张栻、吕祖谦、朱熹等后学弟子的不足之处。同样，陈亮还将矛头对准了与佛禅

① ［宋］陈亮：《龙川集》卷十五《宋王仲德序》，影印文渊阁《四库全书》本，台北：台湾商务印书馆，1986 年版，第 632 页。

② ［宋］陈亮：《龙川集》卷十一《廷对策》，影印文渊阁《四库全书》本，台北：台湾商务印书馆，1986 年版，第 586 页。

③ ［宋］陈亮：《龙川集》卷十五《送吴允成运干序》，影印文渊阁《四库全书》本，台北：台湾商务印书馆，1986 年版，第 633 页。

之学颇近的张九成之学。他在给友人的信中说道：

> 近世张给事学佛有见，晚从杨龟山学，自谓能悟其非，驾其说以鼓天下之学者，靡然从之。家置其书，人习其法，几缠缚胶固，虽世之所谓高明之士，往往溺于其中而不能以自出。其为人心之害，何止于战国之杨、墨也。①

张给事即张九成，他曾师从二程高徒杨时，对二程之学颇有发明，其学"亦颇启象山一派"②，是陆九渊心学的源泉之一，在当时经学界、理学家都颇有影响，所谓"家置其书，人习其法"，甚至连"高明之士，往往溺于其中而不能以自出"。但陈亮认为，"鼓天下之学者，靡然从之"的张九成之学，并非二程正统，故将他与战国杨、墨相提并论，亦即张九成是二程之学的真正敌人。由于张九成倾向佛禅之学，所以他对张九成的仇视在某种程度上，也算是对当时陆九渊一系的极端仇视。

从陈亮以上这些观点来看，他的目的在于维护纯正的二程洛学系统。这在很大程度上源于他对二程之学的深刻体认。不仅如此，乾道年间，科场失意的陈亮在太学深受吕祖谦的影响，仍旧研习了经学、二程洛学，并颇有心得。以至于乾道八年，吕祖谦曾致书朱熹就盛赞陈亮说，"陈同甫近一二年来，却翻然尽知向来之非，有意为学，其心甚虚，而于门下乡慕尤切"③。到乾道九年为止，陈亮还在研究二程著述的基础上，撰写了《孟子提要》《经书发题》

---

① [宋]陈亮：《龙川集》卷十九《与应仲实》，影印文渊阁《四库全书》本，台北：台湾商务印书馆，1986年版，第681页。

② [清]黄宗羲原著，全祖望补修：《宋元学案》卷首《宋元学案序录》，北京：中华书局1986年版，第6页。

③ [宋]吕祖谦：《东莱别集》卷八《尺牍二・与朱侍讲》，影印文渊阁《四库全书》本，台北：台湾商务印书馆，1986年版，第251页。

《伊洛正源书》《伊洛礼书补亡》《三先生论事录》，并刊印了《程氏易传》、《杨氏中庸解》等书。他后来还在给张栻之弟的信中自夸道："乾道间，东莱吕伯恭、新安朱元晦及荆州鼎立，为一世学者宗师。亮亦获承教于诸公后，相与上下其论。"①

随着陈亮与吕祖谦、薛季宣、叶适、陈傅良、倪朴友善，以及互相探讨事功学说的深入②，他开始转向事功之学。其中，陈亮与薛季宣交游较少也较晚，所受影响自然有限。相比而言，陈亮与陈傅良交往更为深入，陈亮曾经称陈傅良为"族兄"，并把他看成是吕祖谦之外，最为重要的知己。曾说过"四海相知惟伯恭（吕祖谦）一人，其次莫如君举（陈傅良），自余惟天民、道甫、正则（叶适）耳"③之类的话，而吕祖谦除了研习性命之学之外，对事功之学也颇为重视。与陈亮友善的倪朴、王自中、喻偘、喻南强等人，也都反对道学家空谈义理，以为道义不能脱离功利，由此形成了以陈亮为代表的士人群体，后世称之为永康之学。倪朴之学"大略近陈同甫，谈兵说剑，耻为无用之学"④，痛恨朝廷御侮无策，曾著《舆地会元志》，记录全国山川险夷形势和户口虚实情况，为积极抗金筹策。他反对道德性命之说而"独与同甫（陈亮）讲明其学，凡所著述，但以示

---

① ［宋］陈亮：《龙川集》卷二十一《与张定叟侍郎》，影印文渊阁《四库全书》本，台北：台湾商务印书馆，1986年版，第715页。

② 参见方如金、姜鹏：《陈亮交游考》，载《温州大学学报》，2003年第1期。

③ ［宋］陈亮：《龙川集》卷二十一《与吴益恭安抚》，影印文渊阁《四库全书》本，台北：台湾商务印书馆，1986年版，第718页。

④ ［清］黄宗羲原著，全祖望补修：《宋元学案》卷五十六《龙川学案》，北京：中华书局，1986年版，第1844页。

同甫”①。王自中主张兵农结合以备边防,“其所学大略类同甫”。陈亮弟子喻偘、喻南强均严守师说,曾为营救陈亮脱狱而努力。陈亮正是在陈傅良、叶适、吕祖谦等人事功思想的影响下,将学术重心放在了事功上,并最终与永嘉之学同为南宋事功之学的代表。陈亮的这种思想转向,与他所处的当时严峻的社会政治局势息息相关,如关长龙先生所言:“宋室南渡以后,社会的主要矛盾已转化为宋金民族之间的冲突,而国内诸阶层间的矛盾已降为次要地位。也就是说,对朝廷而言,百姓之存亡已非当务之急,当务之急是国家之存亡。”②

淳熙时期,已经即位的孝宗,极力想摆脱高宗的束缚,励精图治,迎接国家生死存亡之挑战,于是在某种程度上他默认当时很多对二程洛学的批判。如淳熙五年(1178)侍御史谢廓然的奏疏中就可以看到,其疏云:“近来掌文衡者,主王氏之说,则专尚穿凿;主程氏之说,则务为虚诞。夫虚诞之说行,则日入于险怪;穿凿之说兴,则日趋于破碎。今省闱引试,乞诏有司公心考校,毋得徇私专尚程、王之末习。”③谢廓然认为当时“主程氏之说”者,“务为虚诞”,所以在取士时,要剔除“末习”之人。谢的奏疏被朝廷采纳,这在一定程度上反映了一个重要事实,洛学虽然兴盛,但由于它的学术主张开始不适应宋孝宗时期的社会政治环境。在这种局势下,淳熙五年,倡导事功的陈亮又一次给朝廷上书,他的《上孝宗皇帝第一

① [清]黄宗羲原著,全祖望补修:《宋元学案》卷五十六《龙川学案》,北京:中华书局,1986 年版,第 1845 页。

② 关长龙:《两宋道学命运的历史考察》,上海:学林出版社,2001 年版,第 390 页。

③ [宋]留正:《皇宋中兴两朝圣政》卷五十六,清嘉庆宛委别藏本,第 469 页。

书》也极力迎合孝宗励精图治的心理,他说道:“今世之儒士自以为得正心诚意之学者,皆风痹不知痛痒之人也,举一世安于君父之仇,而方低头拱手以谈性命,不知何者谓之性命乎!”①此次他向孝宗连上三书,陈亮此时开始极力批判道德性命之学。这与此时推崇事功之学的薛季宣、陈傅良、叶适等人遥相呼应,对此《宋元学案》中也称:“永嘉经制之学,其出入于唐、汉之间,大略与同甫等。”②

陈亮作为浙东事功之学的主要倡导者,自然和陈傅良、叶适等人一样,对张栻、朱熹、张九成、陆九渊等人的道德性命之学持批判态度,而且他较陈、叶更为激进,以至于与当时倡导道德性命之学的宗师朱熹展开论战,论战的核心便是王霸义利之辩。如朱熹《寄陈同甫书十五首》中有云:

> 来教云云,其说虽多,然其大概,不过推尊汉唐,以为与三代不异;贬抑三代,以为与汉唐不殊。而其所以为说者,则不过以为古今异宜,圣贤之事不可以尽以为法,但有救时之志,除乱之功,则其所为虽不尽合义理,亦自不妨为一世英雄。然又不肯说此不是义理,故又须说天地人并立为三,不应天地独运而人为有息。今既天地常存,即是汉唐之君,只消如此,已能做得人底事业,而天地有所赖以至今。其前后反复,虽缕缕多端,要皆以证成此说而已。③

---

① [宋]陈亮:《龙川集》卷一《上孝宗皇帝第一书》,影印文渊阁《四库全书》本,台北:台湾商务印书馆,1986 年版,第 505 页。

② [清]黄宗羲原著,全祖望补修:《宋元学案》卷五十六《龙川学案》,北京:中华书局,1986 年版,第 1843 页。

③ [宋]朱熹:《晦庵集》卷三十六《答陈同甫》,载《朱子全书》,上海:上海古籍出版社,2002 年版,第 1585 页。

陈亮曾在信中多次说道，朱熹、陆九渊等人所谈的性命道德之学过于空虚，主张以富国强兵的事功来弥补空谈性命道德之学的不足。而朱熹本人则对于陈亮多次致书言说王霸之道，已经渐渐有些厌烦，并直接指出陈亮前后反复、缕缕多端、虚与委蛇，其目的便是"推尊汉唐""贬抑三代"，希望自己改弦更张，将注意力放在当下的治平、戡乱之中。朱熹认为陈亮"立心之本在于功利"。不过，陈亮否认朱熹的看法，并始终认定自己所倡导的王霸并用、义利双行才是真正的儒学。可以说，陈亮、朱熹这次争论的实质，不仅仅只是意气之争与学术之争，更不是表面上三代王道与汉唐霸道之间孰优孰劣的问题，正如陈亮后来给温州事功学者陈傅良的信中所言："亮与朱元晦所论，本非为三代、汉唐设。"①他们之间争论的立足点，其实就是以何种方式来解决当下的社会政治危机，维护并巩固皇权政治体系，这正如有的学者所言及的，他们之间的对立，"不仅仅是由于理论观点上的分歧，更重要的双方在如何看待和解决现实社会各种危机问题上的不同认识"②。如果从儒学的角度来看，他们争论的是重要的哲学问题与儒学正统问题，即谁才是真正的儒家之道。在陈亮看来，他所言的王霸义利是一体的，其哲学依据便是道器不相离，没有超越具体事物的道，道寓于现实的器与务中，如他说："道之在天下，平施于日用之间。……其平施于日用之间者，与生俱生，固不可得而离也。"③陈亮这种"道"论，与理学宗

---

① ［宋］陈亮：《龙川集》卷二十一《与陈君举》，影印文渊阁《四库全书》本，台北：台湾商务印书馆，1986 年版，第 720 页。

② 陈国灿、吴锡标：《陈亮的反理学思想和"朱陈之辩"》，载《浙江学刊》2009 年第 6 期。

③ ［宋］陈亮：《龙川集》卷十《经书发题 · 诗经》，影印文渊阁《四库全书》本，台北：台湾商务印书馆，1986 年版，第 578 页。

师二程所言的“体用一源，显微无间”颇为一致。不过，在体用之间，陈亮更强调“用”。以至于他在朱熹看来，陈亮所言无非是在强调霸道与事功，也正是因为如此，朱熹将陈亮归于永嘉事功之学的行列。

自淳熙十一年(1184)开始，陈亮、朱熹之间展开了王霸义利之辩，双方辩论了两年左右都没有最终达成共识。在当时，由于朱熹所代表的理学，信徒甚广，而陈亮势单力薄，支持者甚少。以至于陈亮自认为有用于现实的政治理念，并没有得到多少学者的认同，反而受到围攻，对此《宋元学案》记载说：

> 当乾道、淳熙间，朱、张、吕、陆四君子皆谈性命而辟功利，学者各守其师说，皆然不可犯。陈同甫掘起其旁，独以为不然。且谓“性命之微，子贡不得而闻，吾夫子所罕言，后生小子与之谈之不置，殆多乎哉！禹无功，何以成六府？《乾》无利，何以具四德？如之何其可废也！于是推寻孔、孟之志，《六经》之旨，诸子百家分析聚散之故，然后知圣贤经理世故，与三才并立而不废者，皆皇帝王霸之大略。明白简大，坦然易行”。人多疑其说而未信。①

乾道、淳熙年间，二程洛学已经得到了长足的发展，朱熹、张栻、吕祖谦、陆九渊等人在此时也相继完成了自己的理论建构，并分别形成闽学派、湖湘学派、金华学派、心学派，道德性命之学成为这一时期的主流话语，尽管朝廷面临着严重的“内忧外患”，但二程所倡导的先明“内圣”，然后实践“外王”的治国理念基本上为士人所接受。叶适的永嘉学派、陈亮的永康之学尽管也是继承周、孔之学，奉行

① [清]黄宗羲原著，全祖望补修：《宋元学案》卷五十六《龙川学案》，北京：中华书局，1986年版，第1850页。

建功立业的思路，提出“圣贤经理世故，与三才并立而不废者，皆皇帝王霸之大略。明白简大，坦然易行”的事功理念，认为“王霸之大略”是解决当时现实社会问题的根本，但这没有得到多少人拥护，反而在朝野中处于少数派，这说明浙东学派中除了吕祖谦兼采众家之长，得到时人认同之外，永嘉、永康学派基本上被边缘化。

总的来看，在乾道、淳熙及稍后的年间，经学思想的主导分为两大派别，一个是道德性命之学，一个是经制事功之学。道德性命之学主要是朱熹闽学、陆九渊心学，事功之学主要是叶适永嘉之学、陈亮永康之学。其中叶适永嘉之学以其人数众多而与朱、陆并立而三，清代学者全祖望在《宋元学案·水心学案》中说：“乾、淳诸老既没，学术之会，总为朱、陆二派，而水心断断其间，遂称鼎足。”①全祖望认为朱学、陆学和叶适永嘉之学在当时鼎足而三，这其实是对程学在当时的分歧而言，因为朱学、陆学、永嘉学派都承接程学，他们之所以不同，只是程学内部的分歧。全祖望并没有提及当时影响甚大的永康学派的陈亮，原因在于陈亮在学统上无所承接，虽然也与朱陆对立，但不能成为鼎足之势。所以全祖望在《宋元学案·龙川学案》中说：“永嘉以经制言事功，皆推原以为得统于程氏，永康则专言事功而无所承，其学更粗莽抡魁。”②不过在学术宗趣上，陈亮与叶适颇为一致，皆为事功之学，由于彼此在地理位置上皆属于浙江，故称为浙学。故黄百家便说：“永嘉之学，薛、郑具出自程子。是时陈同甫亮又崛兴于永康，无所承接。然其为学，俱以读书经济为事，嗤黜空疏、随人牙后谈性命者，以为灰埃。亦遂

① ［清］黄宗羲原著，全祖望补修：《宋元学案》卷五十四《水心学案》，北京：中华书局，1986 年版，第 1738 页。

② ［清］黄宗羲原著，全祖望补修：《宋元学案》卷五十六《龙川学案》，北京：中华书局，1986 年版，第 1830 页。

为世所忌，以为此近于功利，俱目之为浙学。”①

三、尊《六经》轻《四书》，重视经制之事功经学

作为永康事功之学的代表陈亮，一生都固执于事功之学，并没有因为他人的迎合或反对而放弃自己的志愿，而是始终坚韧地寻求新的治国安邦之道，他多次希望通过上书来倡导事功之学，能够促使更多的人来关注具体的社会政治、军事、经济等事务，而不是潜心致力于道德修身、体悟天理。为了论证自己学说的合理性，同时也是出于解决当下社会现实问题，陈亮极力推崇《六经》或借助《六经》来论证注重事功、解决现实问题的必要性：

> 昔者圣人以道揆古今之变，取其概于道者百篇，而垂万世之训。其文理密察，本末具举，盖有待于后之君子。而经生分篇析句之学，其何足以知此哉！②
>
> 《周礼》一书，先王之遗制具在，吾夫子盖叹其郁郁之文，而知天地之功莫备于此，后有圣人不能加毫末于此矣。③
>
> 夫《春秋》，天子之事也，圣人以匹夫而与天子之事，此王法之所当正也，不能自逃于王法而能正人乎？乱臣贼子其有辞矣。④
>
> 天下之理具于《易》，治道之本末著之《洪范》，而《诗》之

---

① ［清］黄宗羲原著，全祖望补修：《宋元学案》卷五十六《龙川学案》，北京：中华书局，1986年版，第1832页。

② ［宋］陈亮：《龙川集》卷十《经书发题·书经》，影印文渊阁《四库全书》本，台北：台湾商务印书馆，1986年版，第578页。

③ ［宋］陈亮：《龙川集》卷十《经书发题·周礼》，影印文渊阁《四库全书》本，台北：台湾商务印书馆，1986年版，第579页。

④ ［宋］陈亮：《龙川集》卷十《经书发题·春秋》，影印文渊阁《四库全书》本，台北：台湾商务印书馆，1986年版，第580页。

喜怒哀乐盖学者所以用功于平时，举而措之之大端，而当时之学者载而为《论语》。……帝王继世之用，《书》载之明矣。而三王之损益，夏商文献之不足，而周道独详焉。夫子之所深叹，而《春秋》所以备四王之制，百世以俟圣人而不惑者也。①

洪荒之初，圣贤继作，道统日以修明，虽时有治乱，而道无一日不在天下也。而战国、秦、汉以来，千五百年之间，此道安在？而无一人能识其用，圣贤亦不复作，天下乃赖人之智力以维持，而道遂为不传之妙物，儒者又何从而得之，以尊其身而独立于天下！《六经》诸史，反复推究，以见天运人事流行参错之处，而识观象之妙，时措之宜，如长江大河，浑浑浩浩，尽收众流而万古不能尽也。而后知人之职分，圣贤之所用心，而人心之危不可以一息而不操也。苟有用心之地，则凡天下之学皆可因之以资吾之陟降上下焉。②

陈亮认为《六经》才是圣人之道的载体，其中《易》载天下之理之全体，《诗》载圣人之喜怒哀乐，《尚书》载帝王治世之用，《春秋》则是载圣人之法。并认为只有借助《六经》才能实现对社会政治的治理。此处他虽然没有极力批判《四书》，但结合之前他对心性道德之学的批判，就说明在陈亮看来，上古三代圣贤去世之后，圣人之道不传，真正能够蕴载圣人之道的经典、传承圣人之道的载体不是道学家所推崇的《四书》，而是《六经》以及诸史。对于《六经》诸史的推崇，这与当时的金华之学、永嘉之学颇为相合，这都说明了浙东之学在经史并用、经世致用方面所具有的共同之处。陈亮如此

① ［宋］陈亮：《龙川集》卷二十二《祝文·告先圣文》，影印文渊阁《四库全书》本，台北：台湾商务印书馆，1986 年版，第 727 页。

② ［宋］陈亮：《龙川集》卷二十八《钱叔因墓志铭》，影印文渊阁《四库全书》本，台北：台湾商务印书馆，1986 年版，第 786 页。

强调《六经》,除了积极宣扬他所关注的经制、事功思想之外,还有借助《六经》重续道统、重建儒学思想体系的目的,以此来有别于当时盛行的张、吕、朱等人奉行的、以《四书》为本的道德心性之学。

对于《六经》的解释,陈亮反对章句训估之学,认为拘泥于注疏之学只会汩没圣人之道,不明《六经》治国之要道,他在《经书发题》《传注》《类次文中子引》等文章中都曾有此观点,他说:

> 昔者圣人以道揆古今之变,取其概于道者百篇,而垂万世之训,其文理密察,本末具举。盖有待于后之君子,而经生分篇析句之学,其何足以知此哉?①
>
> 圣人之于《诗》,固将使天下复性情之正,而得其平施于日用之间者,乃区区于章句训诂之末,岂圣人之心也哉?②
>
> 《六经》作而天人之际,其始终可考矣,此圣人之志也,而王仲淹实知之。九师、三传、齐、韩、毛、郑、大戴、小戴,与夫伏生、孔安国之徒,其于《六经》之文,穷年累岁,不遗余力矣。师友相传,考订是非,不任胸臆矣。而圣人作经之大旨,则非数子之所能知也。③

陈亮认为《六经》思想丰富,它对天人之际、人伦日用、万世政治的洞察都体现了圣人之志,分篇析句、章句训诂之学并不能真正理解圣人之道,所谓"区区于章句训估之末,岂圣人之心"。尽管有"九师、三传、齐、韩、毛、郑、大戴、小戴,与夫伏生、孔安国之徒"这些汉

---

① [宋]陈亮:《龙川集》卷十《经书发题 · 书经》,影印文渊阁《四库全书》本,台北:台湾商务印书馆,1986年版,第578页。

② [宋]陈亮:《龙川集》卷十《经书发题 · 诗经》,影印文渊阁《四库全书》本,台北:台湾商务印书馆,1986年版,第579页。

③ [宋]陈亮:《龙川集》卷十一《传注》,影印文渊阁《四库全书》本,台北:台湾商务印书馆,1986年版,第592页。

唐时期的大儒，他们虽然“穷年累岁，不遗余力”“师友相传，考订是非，不任胸臆”，但在陈亮看来，他们也并没有真正领悟“圣人作经之旨”。由此可见，陈亮对汉唐章句训诂、注疏之学持怀疑甚至是否定的态度，而希望在经学诠释上追求圣人本义，探究经书大义，以期解决现实的问题，这些观点实则是对朱熹等重视读经考据“道问学”的不满，更是对陆九渊、张九成注重反省体悟、不重经书“尊德性”的不满，由此可以说，陈亮这种经学态度在一定程度上是对当时拘泥于训诂考据或不习经义两种极端经学风气的纠偏。此时的陈亮，不仅仅只是提醒人们要重视《六经》及其大义，更在一定程度上也是企图解构二程、朱熹等人基于《四书》而形成的理学建构与政治思想体系，目的是重建以《六经》为核心经典的理论体系与事功政治理念。

但问题的关键在于，宋代皇权独大，皇帝的知识体系、执政能力与朝廷兴衰、国家存亡直接相关，儒家大夫尽管作为当时的文官体系中的主体，并不能像中古时期贵族阶层对皇权形成有效制约。而自北宋末年以来理学家所倡导的心性之学已经迎合了社会结构的演变与时代的问题需要，亦即除了应对佛老之学的挑战之外，也构建了一套通过“格君心之非”、提升皇帝自身的素养的思维模式来改造现实社会政治，这种理念比较适合当时的现实政治结构。这也正如葛兆光先生所言：“始终处于政治权力边缘的理学家们，大约特别会有这种以‘道统’制约‘政统’、以超越性真理限制现实性权力的心情与想法。”①所以，二程、朱熹、陆九渊等人极力所强调

① 葛兆光：《中国思想史（第2卷），七世纪至十九世纪中国的知识、思想与信仰》，上海：复旦大学出版社，2000年版，第345页。

“体”“君心”思想已经在当时被广为认同①。相比较而言，陈亮脱胎于理学，但他并没有离开理学，只是强调更理学中“外王”的一面，强调理学的“用”的层面，注重社会具体问题的处理与解决。对此，田浩也说：“陈亮倾心于程颐思想的只在制度与价值方面，而不是他的思想哲学。”②不仅如此，随着陈亮已经严重关切事功与现实问题，尽管迎合了当时社会人士革故鼎新、富国强兵的强烈意愿，并产生了极大响应，连朱熹都说道“陈同甫学已到江西，浙人信任已多，家家谈王伯”③。但陈亮这种治标不治本的思想依旧没有得到众多儒士的支持，而且随着张栻、吕祖谦的去世，湖湘学与浙学得以整合，功利思想盛行一时，这对二程洛学、朱熹闽学所倡导的理学体系产生了极大的冲击，由此引发了朱熹对儒学正统地位的维护，从而对陈亮及浙学展开了猛烈的批判，这一点正如束景南先生所说：“在张栻和吕祖谦死后，金华学（此时以吕祖俭为代表）转

① 二程强调“格君心之非”自不待言，朱熹也是如此，认为解决问题要从根本入手，而非具体的问题，所谓根本问题即是“格君心之非”，他在《答张敬夫》中说道：“熹常谓天下万事有大根本，而每事之中又各有要切处。所谓大根本者，固无出于人主之心术；而所谓要切处者，则必大本既立，然后可推而见也。如论任贤相、杜私门，则立政之要也；择良吏、轻赋役，则养民之要也；公选将帅，不由近习，则治军之要也；乐闻警戒，不喜导谀，则听言用人之要也。推此数端，余皆可见。然未有大本不立而可以与此者，此古之欲平天下者所以汲汲于正心诚意以立其本也。若徒言正心而不足以识事物之要，或精核事情而特昧夫根本之归，则是腐儒迂阔之论，俗士功利之谈，皆不足与论当世之务矣。”（《晦庵集》卷二十五《答张敬夫》）朱熹的这个观点与陈亮注重具体的官制、经济、赋税、军政等问题，在理路上自然不同。

② ［美］田浩：《陈亮论公与法》，载田浩编，杨立华、吴艳红等译：《宋代思想史论》，北京：社会科学文献出版社，2003年版，第538页。

③ ［宋］黎靖德编：《朱子语类》卷一百二十三《陈君举》，北京：中华书局，1986年版，第2966页。

同永嘉学(此时以陈傅良为代表)与永康学(此时以陈亮为代表)打成一片,湖湘学倒戈投入永嘉学的怀抱,永嘉学渗入江西同陆学一脉合流,逐渐成为学派对立分化中三大引人注目的趋势,形成一种功利凌驾道德的文化走向,给闽中的朱学以直接冲击。朱熹转而全力批判浙学也就势在必然了。"①束先生没有点出陈、朱之争的关键,其实一直以儒学正统自许的朱熹从一开始就将批判的矛头指向当时影响巨大的儒宗吕祖谦,随着吕祖谦的去世,便又转向了思想日益事功化的陈亮。这种不间断的批判,并不仅仅只是因为吕祖谦、陈亮及浙学事功学者对事功的倡导,在观点上与其相左,而是基于儒学正统地位的争夺与巩固。

四、"深于《春秋》",经史互证,建构全新儒学

在陈亮中晚年,他不但始终没有改变他所认定的事功之学,还不断地借助经学诠释的形式来丰富、完善他的学术思想体系,想彻底解构由程朱等人基于《四书》所建构的理学思想体系,借助《春秋》《周礼》等六经诠释来重续孔子道统、政统,从而建立以"礼"为核心的思想体系。不仅如此,他还对史学产生了深厚的兴趣,希望借助史学来考察社会治乱兴衰,并从中摄取治国安邦的有利因子,作为自己事功思想的有益补充。陈亮对史学的重视,在一定程度上也是北宋以来史学发展与兴盛的体现,更是浙东学派经史互证、经史并重的一个传统。更为主要的是,他打通经史,旨在两者之上重建一个有别于程朱理学、浙学的新事功思想体系。正如董平先生所言:"金华、永嘉、永康三家之学各有所长,正可相互补充,而若将事功主张作为一种相对独立的思想学说,而并不仅仅是一种治

---

① 束景南:《朱子大传》,福州:福建教育出版社,1992年版,第466页。

学取向或学术精神，则陈亮无疑更具有代表性。”①

陈亮推重《六经》，注意发挥《六经》中切于致用的经义思想。在《六经》之中，陈亮对于《春秋》学尤为推重，他说“圣人之所以通百代之变者，一切著之《春秋》”②，元人刘壎亦说“龙川之学尤深于《春秋》”③，在其所上的奏章与书信中，他多次借助《春秋》大义来阐明“尊王攘夷”“尊君卑臣”“大一统”等思想，以此来为朝廷分析治国理政的方法与思路。如他说：

> 孔子伤宗周之无主，痛人道之将绝，而作《春秋》。其书天王之义严矣：书其有所求者，明天王之不可失其柄也。其书讨贼之义严矣：贼不讨不书葬者，明一国之无臣子也；一人讨贼而以众书者，示夫人之皆可得而讨也。天子既不能以保天下之民，而一国各自以有其民。其君之有志于民，而闵雨者必书，无志于民而不闵雨者必书，土功必书，饥馑必书。孔子之心，未尝不庶几天下之民一日之获瘳也。是君道之大端，而圣人望天下与来世者，可谓深切著名矣。④

陈亮认为，孔子所作《春秋》主要通过“春秋笔法”来突显“微言大义”，其中“正名分”为最重要的一点。他强调《春秋》中的书与不书的“微言大义”，极力强调《春秋》中的尊王、保民等思想，他希望宋廷能够重振纲常名教，建立强大的王权政治，以此来兴复宋王朝

① 董平、刘宏章：《陈亮评传》，南京：南京大学出版社，1996年版，第441页。

② ［宋］陈亮：《龙川集》卷十一《传注》，影印文渊阁《四库全书》本，台北：台湾商务印书馆，1986年版，第592页。

③ ［元］刘壎：《隐居通议》卷二《龙川学术》，影印文渊阁《四库全书》本，台北：台湾商务印书馆，1986年版，第37页。

④ ［宋］陈亮：《龙川集》卷一《上孝宗皇帝第二书》，影印文渊阁《四库全书》本，台北：台湾商务印书馆，1986年版，第506页。

中原北方之土地。又如：

> 皇天全付予有家，而半没于雠敌，此君天下者之所当耻者。《春秋》许九世复仇，而再世则不问，此为人后嗣者之所当愤也。中国，圣贤之所建置，而悉沦于外敌，此英雄豪杰之所当同以为病也。……高宗皇帝春秋既高，陛下不欲大举以惊动慈颜，抑心俯首以致色养，圣孝之盛，书册之所未有也。今者高宗皇帝既已祔庙，天下之英雄豪杰皆仰首以观陛下之举动，陛下其忍使二十年间所以作天下之气者，一旦而复索然乎！①

在陈亮看来，《春秋》中多有后世为先祖“复仇”之义，如《春秋公羊传·庄公四年》有云：“《春秋》为贤者讳。何贤乎襄公？复仇也。何仇尔？远祖也。……远祖者，几世乎？九世矣。九世犹可以复仇乎？虽百世可也。……先君之耻，犹今君之耻也；今君之耻，犹先君之耻也。”他多次援引《春秋》“许九世复仇”之义，以此来劝说宋孝宗应当在高宗去世之后，废除和议，兴兵北伐，为宋徽宗、宋钦宗复仇，以此恢复中原被占领的领土。又如：

> 孔子之作《春秋》，其于三代之道，或增或损，或从或违，必取其与世宜者举而措之，而不必徇其旧典，然于君臣之大义，未之有改也。其讥世卿，盖讥其不择世臣之贤者而用之，甚者遂使世其官，而人人轻视其上，皆有掩而取之之心。其势必至于君臣之不相保，故惓惓于一世之贤者，悉使之附见于册书。如蔡季、纪季、楚屈完、齐高子、鲁季友、叔肸、宋子哀之徒，往往非公族则其世家之旧也。使皆得若人而用之，则何厌于世

---

① ［宋］陈亮：《龙川集》卷一《戊申再上孝宗皇帝书》，影印文渊阁《四库全书》本，台北：台湾商务印书馆，1986年版，第510页。

臣，而欲求天下特起之贤于不可知之际哉！①

陈亮认为孔子作《春秋》虽然对三代礼制皆有损益，但对于君臣相保之义并没有改定，故《春秋》“讥世卿”，是讥讽当时各国君主不能选择世家子弟中的贤者予以任用，所以孔子对于世家子弟中的贤者如蔡季、纪季、楚屈元、齐高子等人，皆记载于史册，其目的便是宋王朝要不拘一格，只要是贤者，就不论出身而予以任用，以此才有助国家人民。

从上可以看出，陈亮强调《春秋》尊王攘夷、保民利国之思想，认为它是治乱兴衰的体现，有助于治国安邦，所谓“《春秋》，事几之衡石，世变之砥柱也，故《春秋》《易》之著者也，百王于是取则焉”②。对于《春秋》的认识，陈亮其实已经超越了将之作为儒家经典的价值与意义，而是从历史治乱兴衰、治国安邦的角度来考虑，希望藉此为现实社会政治提供某种借鉴。在他看来《春秋》就是圣人借助鲁国兴衰的历史来展现圣人之道的，“《春秋》其文则鲁史之旧，其详则天子诸侯之行事，其义则天子之所以奉若天道者”。陈亮在其《春秋比事序》一文中说：

圣人经世之志，寓于属辞比事之间，而读书者每患其难通其善，读则曰：“以传考经之事迹，以经考传之真伪。”如此，则经果不可以无传矣。游、夏之徒，胡为而不能措一词也。余尝欲即经以类次其事之始末，考其事以论其时，庶几抱遗经以见

① ［宋］陈亮：《龙川集》卷三《问答》，影印文渊阁《四库全书》本，台北：台湾商务印书馆，1986 年版，第 529 页。

② ［宋］陈亮：《龙川集》卷十二《三国纪年序》，影印文渊阁《四库全书》本，台北：台湾商务印书馆，1986 年版，第 606 页。

圣人之志。①

陈亮曾通过“即经以类次其事”编撰有《春秋比事》一书，此书已佚。但是通过这篇序文我们可以看出，陈亮希望通过历史叙述的形式，以体现圣人之道，将具有哲理的“经”与历史叙述性质的“传”有机结合起来，来表达“圣人之志”，也是基于对现实的考虑。正如董平先生所言：“陈亮的用意显然不仅仅在阐明孔子之作《春秋》的原由，而更在以古讽今，以《春秋》之大义而对孝宗力加规谏。”②不仅如此，陈亮还汲取《春秋》之精神，亲自撰写了《三国纪年》《汉论》《酌古论》《策问》《史传序》等历史与评论方面的著述，其中大多以汉唐之际的历史史实为依据，采用借古喻今的手法，针对现实的社会政治事务提出了自己的理解和见解，希望执政者与皇帝能够借鉴其说，将圣人治国安邦之理念贯注于历史叙述之中。他甚至将诸史与《六经》并提，他说：

《六经》、诸史，反复推究，以见天运人事流行参错之处，而识观想之妙、时措之宜，如长江大河，浑浑浩浩，尽收众流而万古不能尽也。③

陈亮将史与经并重，实则是将史学与经学等同起来，将它们视为可以体道、明理，探究古今之变的重要载体，这种经史并重的观念充分体现了浙东学派为学注重现实事功的特色，也深刻地展现了陈亮与当时吕祖谦、陈傅良、叶适等浙东学者所强调的经史并举、经

---

①　[宋]陈亮：《龙川集》卷十四《春秋比事序》，影印文渊阁《四库全书》本，台北：台湾商务印书馆，1986年版，第622页。

②　董平、刘宏章：《陈亮评传》，南京：南京大学出版社，1996年版，第189页。

③　[宋]陈亮：《龙川集》卷二十八《钱叔因墓志铭》，影印文渊阁《四库全书》本，台北：台湾商务印书馆，1986年版，第786页。

世致用的独特治学理路，也反映了自北宋以来，欧阳修、司马光、王安石等人倡导的经史兼重、经世致用的经世传统始终传承不绝。但由于陈亮过于强调现实具体问题的解决及事功之成败，最终没有建构出系统的思想体系。正如有学者所言，“永康学派的陈亮，其学理较永嘉为粗豪，也并未建立一完整的理论体系。因此，思想基础之未能及早建立，一方面反映了他们对务实的重视，另一方面则说明了永嘉、永康经世之学终不免于衰竭的内在因素”①。

总的来看，陈亮对《春秋》的重视，融入了他对华夷之辨、君臣关系以及社会秩序重建的全新考虑，由于《春秋》所蕴含的内在根据乃是上古三代所盛行的礼制，所以在一定程度上可以看出，陈亮与当时张栻、吕祖谦、朱熹、陆九渊等注重道德性命之学的理学家有所不同，他更加注重通过社会制度来重新界定、规范君臣关系以及宋朝与少数民族之间的对立性。不仅如此，他还极力降低张、吕、朱等人对经学的关注，并将之与史学并提，由此来降低对道德伦理的依赖，淡化对道德心性的重视，而是强调外在规范对人与社会的重塑意义，不仅如此，更是希望从经史之中探究解决现实社会政治、思想文化的有用资源，并藉此重建新的儒学思想体系。陈亮基于现实考虑，甚至认为为了富国强兵可以兼顾上古三代王道政治与汉唐霸业，所谓“义利双行、王霸并用”②，但由此他遭到了朱熹的驳斥，并在论学的信中规劝陈亮：“愿以愚言思之，绌去义利双行、王霸并用之说，而从事于惩忿窒欲、迁善改过之事，粹然以醇儒

---

① 夏健文：《南宋永嘉永康学派之经世致用论》，新北：花木兰文化出版社，2009年版，第138页。

② ［宋］陈亮：《龙川集》卷二十《又甲辰答书》，影印文渊阁《四库全书》本，台北：台湾商务印书馆，1986年版，第697页。

之道。”①朱熹希望他秉承孔孟心性道德反省之说。但陈亮并不同意朱熹的这一看法，认为两者并行不悖，其最终目的是为了实现王道政治，毕竟“在陈亮那里，王霸之道原不相对抗，道德与功利则相互统一，它们仅仅是某一系统，譬如儒学当中所涵盖的不同层面”②。如此一来，陈亮更加走向了张、吕、朱的对立面，从而引发了他与当时倡导道德性命之学的学者之间的紧张关系。作为相对独立的永康学派，在当时的影响范围与流传时间比较有限，尤其是在陈亮去世之后，永康学派便与金华学派合流了。

总的来说，事功思想在两宋始终存在，在北宋时期以江西之欧阳修、王安石等人为代表，在南宋则以浙江的唐仲友、薛季宣、叶适、陈亮为代表。其中，陈亮在南宋中期的影响颇大，并直接与当时的理学宗师朱熹发生了直面冲突。尽管如此，事功思想作为心性道德之学的有益补充，成为宋代政治思想史上的重要组成部分。按照《宋元学案》的说法，陈亮没有师承，但从其文集来看，他在中年以前，私淑程氏洛学，“以程氏为本”，倡言“体用一源”的道德心性之学，但在中年以后，开始转向对“用”之事功的强调，反对当时张栻、朱熹、陆九渊等人尤其是他们的后学弟子将心性之学作为解决社会政治问题的唯一出发点，尤其反对单纯地以道德修养“格君心之非”来改变社会现状，而是希望以更加务实、更加具有针对性的政治举措来解决南宋王朝所面临的民族危机与社会政治危机。他的这些观点与同时代的永嘉薛季宣、陈傅良、叶适等人遥相呼

① ［宋］朱熹：《晦庵先生文集》卷三十六《与陈同甫》，宋刊浙本，第685页。

② 董平、刘宏章：《陈亮评传》，南京：南京大学出版社，1996年版，第209页。

应，由此被视为永康事功之学，并与金华学派、永嘉学派并称为浙学。其实，浙学诸儒虽同属一派，但彼此在思想旨趣、政治主张上有些许的分歧①，陈亮作为他们中间的佼佼者，更是淡化早年信奉的《四书》心性、道德之学，强调立足于《六经》来建构他的外王思想体系。

陈亮强调为学要经世致用，表现在经学上，便是注重经学解释立足于现实社会政治的需要，发挥《六经》、诸史中经世济用的思想要素，抵制空谈心性、不切现实的经学风气。他与金华学派、永嘉学派一样，都倡导史学，希望发挥史学对经学的补充、论证的功能。不过这遭到了朱熹的批评："看史只如看人相打，相打有甚好看处？陈同甫一生被史坏了。"②陈亮推重《春秋》、三礼，希望发挥其中礼制外在规范的精神，重新规范现实中的道德人心，重建新的社会政治秩序，这与张栻、朱熹、陆九渊等人重"体"（内圣）轻"用"（外王），在治学进路与治国安邦的方式上都有很大的不同。也正是因为如此，朱熹对于陈亮极言王霸、事功颇有不满，将陈亮事功之学视为敌对学派，他曾说："陈同甫学已行到江西，浙人信向已多，家家谈王霸，不说萧何、张良，只说王猛；不说孔、孟，只说文中子。可畏！可畏！"③又说："江西之学只是禅，浙学却专是功利。禅学，后来学者摸索一上，无可摸索，自会转去。若功利，则学者习之便可

---

① 夏健文：《南宋永嘉永康学派之经世致用论》，新北：花木兰文化出版社，2009年版，第138页。

② ［宋］黎靖德编：《朱子语类》卷一百二十三，北京：中华书局，1986年版，第2965页。

③ ［宋］黎靖德编：《朱子语类》卷一百二十三，北京：中华书局，1986年版，第2966页。

见效，此意甚可忧。”①又说：“海内学术之弊，不过两说，江西顿悟，永康事功，若不极力争辨，此道无由得明。”朱熹这些言语都认为陈亮之学多言“功利”“王霸”，在当时容易获得学者的认同，这对于程朱性命道德之学的宣扬无疑不利，即使与自己学说颇有分歧的、近于禅学的陆九渊心学相比，陈亮事功之学可以说是程朱理学的最大威胁，他的学说视为程朱理学的异类，甚至是儒学的异类。也正是因为他们之间出发点不同、立足点的不同，从而形成了他们在经学诠释思想与方法上的互异：朱熹强调“内圣”，立足于《四书》，强调“道问学”，直追孔孟；而陈亮则注重“外王”、事功，立足于《六经》，强调经史贯通，探究经书大义，希望重建道统、学统，等等。

尽管如此，我们可以说陈亮的经学以经世致用为立足点，极力强调对现实社会政治事务的关注与解决，这“超越了传统儒家泛道德主义的化约论立场，开创了在宋儒注重道德心性修养的价值关怀之外，构建新的思想范式的途径”②。陈亮希望改变当时注重道德修养的性理之学的主导话语权，与重“内圣”轻“外王”的学术风气，希望将儒家的内圣之学与经世致用的“外王”事业紧密结合、体用一贯，不过这种思想并没有脱离儒学的范畴，而是对程颐“体用一源，显微无间”的重新诠释，更是对儒学精神的真正理解与本质回归。这一点正如有的学者所言：“儒学本身就包含着内圣与外王、道德修身与政治事功两方面。两宋时期道学家们以儒学正统自居，发展了儒家思孟学派重内圣、讲修身的一面，而对于富国强兵、政治事功则采取十分轻视的态度，南宋事功学派正是为了矫正

---

① ［宋］黎靖德编：《朱子语类》卷一百二十三，北京：中华书局，1986 年版，第 2967 页。

② 朱晓鹏：《论陈亮思想的特质及其意义》，载《浙江学刊》，2009 年第 1 期。

这一文化倾向而倡导功利主义的价值标准。”①不止陈亮如此，作为永嘉事功之学的集大成者叶适又何尝不是如此。对此，李泽厚先生就曾说：“陈亮仍讲‘天理人欲’，叶适也提‘人心道心’，他们不能摆脱理学家的哲学控制，而只是反对把心性论谈当做儒学根本。他们虽不是理学家，却仍然是儒家。”②陈亮不但自信为真正儒家，而且以儒家正统的继承者自居，这一点不仅仅是陈亮作如是想，两宋时期的事功学者基本上都是如此。如陈国灿、吴锡标先生研究后所言：“从宋代学术思想史的角度来看，‘朱陈之辩’以及从中反映出来的事功思潮与理学思潮的冲突，乃是新的历史环境下从不同角度对传统儒学进行改造和发展的结果。陈亮等事功学者虽然对理学家以及历史上部分儒家学者多有非议和责难，但这并不意味着他们对儒家学说持否定态度。恰恰相反，事功学者处处以正统儒学的继承者自居。”③

本章小结

南宋时期的浙学主要是以永嘉学派、金华学派、永康等学派构成，其中吕祖谦扮演着至关重要的角色，这一点正如元人刘壎有云：“宋乾、淳间，浙学兴，推东莱吕氏为宗。然前是已有周恭叔、郑景望、薛士龙出矣，继是又有陈止斋出，有徐子宜、叶水心诸公出，

① 李学勤主编，朱汉民、章启辉著：《中国学术史·宋元卷》，南昌：江西教育出版社，2000 年版，第 495 页。

② 李泽厚：《中国思想史论三部曲》，天津：天津社会科学院出版社，2007 年版，第 111 页。

③ 陈国灿、吴锡标：《陈亮的反理学思想和“朱陈之辩”》，载《浙江学刊》，2009 年第 6 期。

而龙川陈同父亮则出于其间者也。当是时性命之说盛,鼓动一世,皆为微言高论而以事功为不足道,独龙川俊豪开扩,务建实绩。”①乾淳之际,浙东学派开始大兴,除了吕祖谦最为知名之外,还有陈傅良、叶适、陈亮等人。由于这一时期,浙东学派开始盛谈事功之学,由此陈亮与湖湘学张栻、闽学朱熹、江西之学陆九渊等理学家并立于世,甚至浙东学派的一些观点遭到了朱熹等理学家的非议和批判。尽管如此,浙东学派在南宋中期迎来了其发展的黄金时期。

吕祖谦作为浙学的关键人物,他在南宋经学史上尽管没有朱熹那样显赫,但实际上在南宋中期,他的影响力却与朱熹近乎比肩,甚至超越之。《宋元学案》就称“乾淳之际,婺学最盛”②,海外汉学家田浩也说,“从1160年代晚期起,他就是道学的主要领袖,而且地位一直维持到1181年去世为止”③。但是,由于作为婺学的核心人物——吕祖谦不像朱熹那样更注重儒学“内圣之学”的系统化建构,他更突出兼容并蓄、注重儒学“外王之学”经世致用的层面,以至于其经学诠释、思想体系较朱熹显得颇为“博杂”。也正是因为如此,婺学遭到了时人与后世人的诟病,加上当时朱学的官学化,婺学及浙学更加的边缘化,“博杂”成了婺学乃至浙东学派的基本定语。

当然,吕祖谦与张栻、朱熹、陆九渊等人一样都是二程之学的

① [元]刘壎:《隐居通议》卷二《龙川功名之士》,影印文渊阁《四库全书》本,台北:台湾商务印书馆,1986年版,第36页。

② [清]黄宗羲原著,全祖望补修:《宋元学案》卷六十《说斋学案》,北京:中华书局,1986年版,第1954页。

③ 田浩:《朱熹的思维世界》第四章《吕祖谦》,西安:陕西师范大学出版社,2002年版,第113页。

正宗嫡传，所不同的是，与他们相比，吕祖谦有更加深远的家学渊源及强大的政治影响力，而吕祖谦本人也以其博大而积极的入世心态希望能够兼综百家、整合当时的思想，从而形成独具特色的学术思想体系。只不过，吕祖谦与永嘉诸儒被程朱“正宗学派”视为博杂之学。并随着后来朱熹之学官学化之后，吕祖谦及浙学开始显得“寂寥”。客观上来说，在南宋时期，程朱理学的建构与完善基本上开始消弭了来自佛老之学对儒士大夫、意识形态的冲击，以至于这一时期的思想文化、意识形态的建设已经没有北宋中期那么的迫切。代之而来的是，南宋时期朝廷所面临的军事、政治形势依旧非常严峻，于是吕祖谦、唐仲友、陈亮等人开始就当时的现实问题进行思考，希望从“用”的层面入手，能够寻找出一些切实可行的解决之道，而不仅仅停留在“道体”本身的建设之上。但这些努力，始终被注重“道体”、知识体系建设正统的程朱理学家及后传弟子所质疑甚至是否定。

第四章　浙东四明经学的传承、诠释及其思想

陆九渊创立“心学”学派以后，其继承者主要集中在浙东和江西两地。浙东地区以杨简、袁燮、舒璘、沈焕“甬上四先生”或“四明四先生”①为代表，分别创立“慈湖学派”“絜斋学派”和“广平定川学派”。陆九渊生平所授其学以四明的弟子最多，“平生为学本末，无不为余言者。四方士友辱交于余，惟四明为多”②，而“四明四先生”（“甬上四先生”）也对陆学有进一步的发展和扩充，在当时影响甚大，如朱熹就认为：“今浙东学者多子静门人，类能卓能自立，相见之次，便毅然有不可犯之色。”③《宋元学案》称“象山之门，必以甬上四先生为首”④，在“甬上四先生”之中又以杨简最为知名，四库馆臣就说杨简为“象山弟子之冠”⑤。

---

①　由于他们生活于四明山麓，甬江流域，故后人有时也称之为“四明四先生”。

②　[宋]杨简：《慈湖遗书》附录《杨承奉墓碣》，民国《四明丛书》本，第282页。

③　[宋]袁燮：《象山陆先生年谱》卷上，明嘉靖三十八年晋江张乔相刻本，第29页。

④　[清]黄宗羲原著，全祖望补修：《宋元学案》卷七十四《慈湖学案序录》，北京：中华书局，1986年版，第2466页。

⑤　[清]纪昀等：《四库全书总目》卷三《杨氏易传》提要，北京：中华书局，1997年版，第21页。

“甬上四先生”地处浙东,他们与当时地处浙东的永嘉学派与金华学派的学者多有交游①,这种学术交流由来已久。这种学术上的交流、切磋,对于陆九渊心学的发展趋向有一定的影响,使得陆九渊心学派的学说中融入了更多事功之学的内涵。不仅如此,“甬上四先生”的很多后传弟子都师从永嘉学派诸儒为学,以至于后来很多学者将“甬上四先生”划入浙东学派之中。

与“甬上四先生”同时代的江西地区,陆学弟子主要以傅梦泉、邓约礼、傅子云等六十多人为代表,他们以传播师说为己任,纷纷授徒讲学,亦形成自己的学派,史称“槐堂学派”,或称“槐堂诸儒学派”。在他们当中,傅梦泉、邓约礼、傅子云、黄叔丰四人最为知名。“槐堂四先生”相比“甬上四先生”而言,学术根柢较浅,发明陆学思想较少,他们的贡献主要是在传播陆学,“槐堂四先生”所到之处,皆寓教于政,创立斋舍,宣讲陆学,极大地扩展了陆学的影响空间。在陆九渊去世后,“槐堂诸儒”竭力为他争取正统地位。经过他们的努力,到嘉定十年(1217),陆九渊获得“文安”的谥号,这是陆学得到统治阶层承认的一个重要标志。

“甬上四先生”指的是杨简、袁燮、舒璘、沈焕四人,他们不仅是同里,也是同学,真德秀在《袁燮行状》中说:“乾道初,(燮)入太学,陆九龄为学录,……而同里之贤,如沈公焕、杨公简、舒公璘亦皆聚于学,朝夕以道义相切磨”②四先生对陆学的初期发展做出了很大的贡献。一般来说,“甬上四先生”之中杨简最能践履陆九渊“《六经》注我”的经学思想,对于陆九渊心学的发展也起

① 陈晓兰:《南宋四明地区教育和学术研究》,南京:凤凰出版社,2008年版,第113~120页。

② [宋]真德秀:《西山文集》卷四十七《袁公行状》,《四部丛刊》本,第625页。

到了重要的作用，相比而言，其余三人则要“平实”的多，颇有折衷朱陆的倾向。可以说，陆九渊的经学思想在杨简那里得到了继承和发展。

第一节　杨简的经学传承、诠释与心学建构

南宋杨简(1141—1225)，字敬仲，浙江慈溪人，乾道进士，官任富阳主簿，遇到陆九渊之时，彼此问答契合，遂定师徒之礼。绍兴中，杨简被召为国子博士。嘉定初，授秘书郎。出知温州，终官宝漠阁学士。卒谥文元。因曾筑室于德润湖上，号慈湖，学者称慈湖先生，为南宋著名哲学家。著述有《杨氏易传》《甲乙稿》《五诰解》《慈湖诗传》《冠记》《昏记》等书，由门徒编为《慈湖遗书》。杨简作为陆九渊最为重要的弟子，“象山门人中以杨简最为有名”①。

杨简在经学思想上，他将心视为经学的根本，更加彻底地贯彻以心解经的思想，并借助经典诠释进一步丰富完善了心学思想体系，成为以心学解经最为重要的代表。以往学者对杨简的心学做了很多的研究②，但对他的心学、经学内在的关联及经学思想进行系统阐释，这不能不说个遗憾。

---

①　劳思光:《新编中国哲学史》(三卷上)，桂林:广西师范大学出版社，2005 年版，第 302 页。

②　刘宗贤:《杨简与陆九渊》，《中国哲学史》，1996 年第 4 期。曾凡朝:《杨简“心”本体阐释》，《孔子研究》，2008 年第 6 期。徐建勇:《杨简哲学思想研究》，湘潭大学硕士学位论文，2002 年 5 月。叶文举:《杨简〈诗经〉研究的心学特色》，《孔子研究》，2009 年第 2 期。蔡方鹿:《杨简的心学思想及其在心学史上的地位》，《中共宁波党校学报》，2004 年第 4 期。曹亚美:《杨简四书学思想研究》，华中师范大学硕士学位论文，2008 年 5 月。

一、"性即心,心即道",直承孔孟、发展心学

杨简自幼喜欢思考、体悟经典,他对心学的体悟,"并非直接得于陆九渊"①,首先来自其父杨庭显的熏陶。杨庭显是陆九渊的学侣,为学注重体悟、躬行,是当时四明地区重要的儒者,陆九渊为他所作的墓志中说,"四明士族,躬行有闻者,先生为首"②。"甬上四学者"之一的舒璘也曾说:"吾学南轩(张栻)发端,象山(陆九渊)洗涤,老杨先生(杨庭显)琢磨。"③这都说明了杨庭显为学注重反思、体悟,与陆九渊之学颇为近似,应当是心学一脉中的重要人物无疑。杨简受到其父的引导,自幼好体悟反思,他的心学思想开始于对《周易》的感知,杨简曾云:"少读《易》大传,深爱'无思也,无为也,寂然不动,感而遂通天下之故',窃自念,学道必造此妙。"④杨简心学思想的建构开始于对《周易》的认识与体悟,而后来《杨氏易传》成为杨简心学最为重要的著述之一。

杨简为学注重体悟,对心学颇有理解,在其考中进士之后,受到永嘉学者徐谊的指点,师从陆九渊⑤,后在陆九渊的教导之下,逐渐建构了他自己的心学思想体系。引荐杨简的徐谊亦是学重体

---

① 刘宗贤:《杨简与陆九渊》,《中国哲学史》,1996 年第 4 期。

② [清]黄宗羲原著,全祖望补修:《宋元学案》卷五十八《象山学案》,北京:中华书局 1986 年版,第 1921 页。

③ [清]黄宗羲原著,全祖望补修:《宋元学案》卷五十八《象山学案》,北京:中华书局 1986 年版,第 1921 页。

④ [宋]杨简:《杨氏易传》卷二十,影印文渊阁《四库全书》本,台北:台湾商务印书馆,1986 年版,第 213 页。

⑤ 杨简在其《奠徐子宜辞》中称:"子先我觉,导我使复亲象山以学,某即从教。"(杨简:《慈湖遗书》卷四,影印文渊阁《四库全书》本,台北:台湾商务印书馆,1986 年版,第 643 页。)

悟,与陆九渊之学颇为近似,叶适为其所作的墓志铭中写道:“诸儒虽争为性命之学,然而固滞于语言,播流于偏末,多茫昧影响而已。及公,以悟为宗,悬解昭彻,近取日用之内,为学者开示。”①为此,《宋元学案》将之视为“象山(陆九渊)同调”,而王梓材则认为徐谊实则是陆九渊门人,他说:

> 梓材谨案:先生(徐谊)传,黄氏(黄宗羲)原本列《金溪学案》。其传云:“先生禀学象山,有省同赴南宫试,论出天地之性人为贵。象山视其文曰:‘某欲说底,却被子宜道尽。但某所以自得受用底,子宜却无。’先生谓象山曰:‘与晦翁月余说话,都不讨落著。与先生说话,一句即讨落著。’”是说犹沿《象山年谱》,故以先生谓陆氏门人,而谢山(全祖望)不以为然。②

将徐谊视为陆九渊的门人,是黄宗羲的观点,王梓材表示认同。黄宗羲在原本《宋元学案》中将徐谊列为《金溪学案》,并指出徐谊曾问学于陆九渊,但后来全祖望在修订《宋元学案》时,由于不认同黄宗羲的观点,认为“忠文(徐谊)之为陆学,固也;其竟为陆氏弟子,则书传未有明文”③,故将徐谊不可能是陆氏弟子,所以将之与陈葵合列为《徐陈诸儒学案》。尽管徐谊不是陆氏弟子,但他以心学为宗,注重体悟,并将深受心学熏染的杨简引荐给陆九渊,而杨简最终得以将心学发扬光大,其功可谓大矣。

杨简心学思想体系是建立在经学理解与诠释的基础之上的,

---

① [清]黄宗羲原著,全祖望补修:《宋元学案》卷六十一《徐陈诸儒学案》,北京:中华书局,1986年版,第1968页。

② [清]黄宗羲原著,全祖望补修:《宋元学案》卷六十一《徐陈诸儒学案》,北京:中华书局,1986年版,第1969页。

③ [清]黄宗羲原著,全祖望补修:《宋元学案》卷六十一《徐陈诸儒学案》,北京:中华书局,1986年版,第1969页。

《四书》是理学建构中的重要经典依据。其师陆九渊虽然建立心学、淡化了对经学的依赖，但《四书》之学在其心学体系中依旧有重要的地位。杨简继承了陆九渊的心学思想，更加强调“心”的本体地位，“象山学说中之主要见解，杨慈湖更为较详细的说明”①，他对于经学尤其是《四书》学较陆九渊来说更不予重视。加上《四书》之学是程朱理学的重要经典依据，而杨简推尊心学，异于程朱理学，故他对于二程、朱熹所推尊的《四书》之学，所持多为鄙薄之态度。他尤其对程颐、朱熹所主张《大学》“格物致知”之说持否定态度，他说：

> 自近世二程尊信《大学》之书，而学者靡然从之。伊川固出明道下，明道入德矣而尤不能无阻，惟不能无阻故无以识是书之疵。《大学》曰：“欲治其国者，先齐其家；欲齐其家者，先修其身；欲修其身者，先正其心。”判身与心而离之，病已露矣，犹未著白。至于又曰：“欲正其心者，先诚其意；欲诚其意者，先致其知。致知在格物。”噫！何其支也！孔子无此言，颜、曾亦无此言，孟子亦无此言。孔子曰“忠信”，曾子曰“忠恕”，孟子亦曰“天下之本在国，国之本在家，家之本在身而已”，他日又曰：“仁，人心也，未尝于心之外起，故作意也”，又曰：“人之所不学而能者，其良能也；所不虑而知者，其良知也。”又曰“而勿正心”。岂于心之外必诚其意，诚意之外又欲致知，致知之外又欲格物哉？②

杨简认为二程尊信《大学》一书，“学者靡然从之”，以至于“无以识

---

① 冯友兰：《中国哲学史》（下册），上海：华东师范大学出版社，2000年版，第277页。

② ［宋］杨简：《慈湖遗书》卷十三《家记七·论〈大学〉〈中庸〉》，影印文渊阁《四库全书》本，台北：台湾商务印书馆，1986年版，第825页。

是书之疵”。《大学》所言的“格物致知”，孔子、颜子、曾子、孟子都没有此说。他认为《大学》所言“似是而非，似深而浅，似精而粗”①。正是因为如此，他认为程颐之学“分裂体用而言之”。此说虽然直指二程，实则是暗指朱熹格物致知之学。在杨简看来，“心即理”，心外无物，他认为仁、义、礼、智、信等都是人心所固有的，不用外求，只要反省内心就可以获取“良知”，所谓：“人心自神，人心自灵，人心自备众德，不学而能，不虑而知。”②他认为所谓的“格物”应当是格去内心的杂质，而非向外格物：

> 格物之论，论吾心中事耳。吾心本无物，忽有物焉，格去之可也。物格则吾心自莹，尘去则鉴自明，滓去则水自清矣。③

他认为“格物”在于去除内心的杂念，“吾心”自然“自莹”“自明”“自清”，这与陆九渊对“格物致知”的理解一脉相承。在杨简看来，如果按照程朱那样向外“格物穷理”的话，会越格越乱，最终是徒劳无益，“格物而动于思虑，是其为物愈纷纷耳，尚何以为格？若曰今日格一物，明日又格一物，穷尽万理乃能知至，吾知其不可也。程氏自穷理有得，遂以为必穷理而后可，不知其不可以律天下也”④。他认为自己的内心体悟，要远远好过程朱的格物之法，他认为程朱格物之法不但不能穷理，反而最终不知所宗而规范自己。

杨简由于自己继承了陆九渊的经学思想，所以他除了与程朱

① ［宋］杨简：《慈湖遗书》卷十三《家记七·论〈大学〉〈中庸〉》，影印文渊阁《四库全书》本，台北：台湾商务印书馆，1986年版，第825页。

② ［宋］杨简：《慈湖遗书》卷十《家记四·论〈论语〉上》，影印文渊阁《四库全书》本，台北：台湾商务印书馆，1986年版，第772页。

③ ［宋］杨简：《慈湖遗书》卷十《家记四·论〈论语〉上》，影印文渊阁《四库全书》本，台北：台湾商务印书馆，1986年版，第784页。

④ ［宋］杨简：《慈湖遗书》卷十《家记四·论〈论语〉上》，影印文渊阁《四库全书》本，台北：台湾商务印书馆，1986年版，第785页。

思想立异之外，还对程朱理学所依赖的《大学》《中庸》等儒家经典作了批判，如他曾多次指出“《大学》非圣人所作”“作《大学》者，其学亦陋矣。”①不仅如此，他对于《中庸》、《孟子》中的思想也颇有微词，如他说：

子思曰：“喜怒哀乐之未发谓之中，发而皆中节谓之和。中也者，天下之大本也；和也者，天下之达道也。”孔子未尝如此分裂，子思何为如此分裂？此乃学者自起如此意见，吾本心未尝有此意见。……吾心本无此名，学者放逸驰骛于心外，自起藩篱，自起限域。孔门惟曰：“吾道一以贯之。”未尝分裂也。《书》曰：“善无常主，协于克一。”吾心浑然，无涯畔，无本末。其未发也，吾不知其未发；其既发也，吾不知其既发。……子思觉焉而未大通者也。其卒章曰：“上天之载，无声无臭，至矣。”此又分裂之意也。孔子之言则不然，曰：“夫孝天之经也，地之义也。明乎孝，即天之经，地之义。”未尝分本末也。又曰：“哀乐相生，是故正明目而视之，不可得而见也。倾耳而听之，不可得而闻也。”即哀乐而发明其至，未尝外哀乐而发明其至也。众人自以为哀乐之可见、可闻也。孔子则以为实不可见、不可闻也。此惟洞达者知之，未至于洞达者终疑也。②

性即心，心即道，道即圣，圣即睿。言其本谓之性，言其精神思虑谓之心，言其天下莫不共由于是谓之道，皆是物也。孩提皆知爱亲，及长皆知敬兄，不学而能，不虑而知，非圣乎？人

① ［宋］杨简：《慈湖遗书》卷十三《家记七·论〈大学〉》，影印文渊阁《四库全书》本，台北：台湾商务印书馆，1986年版，第828页。

② ［宋］杨简：《慈湖遗书》卷十三《家记七·论〈中庸〉》，影印文渊阁《四库全书》本，台北：台湾商务印书馆，1986年版，第829页。

惟不自知，故昏、故愚。孟子有存心、养性之说，致学者多疑惑心与性之为二，此亦孟子之疵。①

孟子谓“志至焉，气次焉，持其志无暴其气，配义与道”，与存心养性之说同。孔子未尝有此论，惟曰忠信笃敬，参前倚衡，未尝分裂本末，未尝循殊名而失一贯之实也。②

我们从中可以看出，杨简虽然推尊子思、孟子的传道功劳，但是对于《大学》《孟子》思想中的部分内容有一定的非议，在他看来心、性、道为一，三者是统一的，没有分别。“心”作为宇宙本体是个“无涯畔”“无本末”的整体，而子思及其《中庸》“未发”“既发”的中和之说与“上天之载，无声无臭，至矣”等都分裂了“心”的整体性，故子思“觉焉而未大通”。同样的道理，杨简认为孟子将“心”与“性”，“志”与“气”加以分别，这无疑也是割裂“心”之整体的表现，而这正是对孔子一贯之道的背离。不仅对思、孟如此，杨简对于从祀孔庙的先儒皆有非议，从汉唐的董仲舒、王通，本朝的周敦颐、张载、二程，他都斥之为“支离”“学陋”“穿凿”“皆不可以为训”等等③。杨简基于浑然整体的“心”，反对任何割裂本体与工夫的观念存在，并以直承孔孟的道统自居，在心学体系的建构上，他较陆九渊更加深入。总之，“杨简的对《四书》的阐释，并非为了探讨《四书》本身的微言大义，既超越了传统经学对《论语》《大学》《中庸》《孟子》的解释，又不同于朱熹《四书章句集注》中所创建的《四书》

---

① ［宋］杨简：《慈湖遗书》卷八《家记二·论〈书〉》，影印文渊阁《四库全书》本，台北：台湾商务印书馆，1986年版，第724页。

② ［宋］杨简：《慈湖遗书》卷十四《家记八·论〈孟子〉》，影印文渊阁《四库全书》本，台北：台湾商务印书馆，1986年版，第835页。

③ ［宋］杨简：《慈湖遗书》卷十五《家记九》，影印文渊阁《四库全书》本，台北：台湾商务印书馆，1986年版，第848页。

思想体系,而是创建了一个心学视域下的《四书》学思想”①。

二、“不可只读纸上语”,基于考据以心解经

杨简继承了陆九渊的心学思想,同时也继承了他的经学思想,陆九渊的“六经注我”之观点在杨简的经学中也表现得尤为突出。在杨简的经学思想中,他认为六经都是“心”的体现,他还将心贯注群经的注解当中。如他在解释《易·乾》“潜龙勿用,阳在下也”时云:

> 人之所以不能安于下,而多有进用之意者,动于意而失其本心也。人之本心,至神至明,与天地为一。方阳气在下,阳气寂然安于下,未尝动也。人能如阳气之在下,寂然无进动之意,则与天地为一,不失其心矣,是之谓得《易》之道。不能安于潜而有欲用之意者,必获咎厉,必凶,是谓失《易》之道。②

杨简将“心”看成是《易》之本体,认为人之本心,本来是“至神至明,与天地为一”,寂然无进动之意。所以人如果能够悟的本心、安于本心,则“得《易》之道”,如果不能安于本心,则“必获咎厉,必凶”,可以看出,杨简对于“心”的体认与佛禅多有近似之处。以心解《易》的例子在其他各卦爻中也非常多见。总体而言,杨简的《易》之道便是“心”,所谓“人心即《易》之道也”③、“《易》道不在

---

① 曹亚美:《杨简四书学思想研究》,华中师范大学硕士学位论文,2008年5月。

② [宋]杨简:《杨氏易传》卷一《乾》,影印文渊阁《四库全书》本,台北:台湾商务印书馆,1986年版,第11页。

③ [宋]杨简:《杨氏易传》卷九《复》,影印文渊阁《四库全书》本,台北:台湾商务印书馆,1986年版,第96页。

远，在乎人心不放逸而已矣”①。总体而言，杨简在其《易》学中专言“人心”而对于象数与事理所言甚少，这一点如《四库全书总目》评价《杨氏易传》时所云：

> 简之学出陆九渊，故其解《易》，惟以“人心”为主，而象数、事物皆在所略，甚至谓《系辞》中“近取诸身”一节谓“不知道”者所伪作，非孔子之言，故明杨时乔作《传易考》竟斥为异端。②

四库馆臣认为，杨简注重以心解读《周易》，而对于象数、事理皆不关注。不仅如此，还非毁《易传·系辞》“近取诸身”一节非孔子所作，当然这遭到了推崇《易传》学者的反对，如明代杨时乔作《传易考》就将杨简视为异端。杨简以心解《易》开创了古代《易》学解释史上的新天地，他成为继秦汉之后以老庄解《易》、以理解《易》的新代表，对当时与后世的经学发展产生了深远的影响，如四库馆臣所云：

> 自汉以来，以老庄说《易》者始魏王弼，以心性说《易》者，始王宗传及简。宗传，淳熙中进士；简，乾道中进士。皆孝宗时人也。顾宗传人微言轻，其书仅存，不为学者所诵习。简则为象山弟子之冠，如朱门之有黄幹，又历官中外政绩，卓有可观，在南宋为名臣，尤足以笼罩一世，故至于明季，其说大行。③

杨简将陆九渊以心解经的思想发扬光大，成为南宋时期以心学解

---

① ［宋］杨简：《杨氏易传》卷四《需》，影印文渊阁《四库全书》本，台北：台湾商务印书馆，1986 年版，第 40 页。

② ［清］纪昀等：《四库全书总目》卷三《杨氏易传》提要，北京：中华书局，1997 年版，第 21 页。

③ ［清］纪昀等：《四库全书总目》卷三《杨氏易传》提要，北京：中华书局，1997 年版，第 21 页。

经的代表，这在经学史上有重要的意义之外，他对于《易》学研究也非常有影响，其以心解《易》，有别于南宋时期的以理解《易》与邵雍数学《易》，开创了以心解《易》的新方式，这对南宋经学、《易》学思想产生了重要影响。不仅如此，杨简作为心学解经的典范，他的解经思想被后世所继承，到了明代中期王阳明心学的兴盛，以心解经成为当时最为重要的经典诠释之方法。

杨简强调"心"的本体性，所以对于经典的解释理路上，注重以己意解读群经，如他在解读《论语》时就说："圣贤之言有时如此论，有时不如此论，要当会圣贤之意，不可执圣贤之言。"①"读书不可只读纸上语。"②在他看来阅读圣贤经典，不可以拘泥于文本上的言说，而应当注意体悟经典的本意，尤其要用心体悟圣人之本意。如他认为："不求诸己，而求诸书，其不明古圣之所指也甚矣。"③另外，杨简作为宋代废《序》言《诗》的重要代表，他在其《诗经》学中也极力摆脱《诗序》注重政治道德的价值取向，多注重运用以心解经。就此而言，可以说对孟子、陆九渊为学"自得""以意逆志"、以心解经方法的继承与发展，由此扩大了陆学在南宋后期的影响。对此"甬上四先生"之一的袁燮对他给予了高度评价："自象山既殁之后，而自得之学始大兴于慈湖。其初虽有得于象山，而日用其力超然独见，开明人心大有功于后学，可不谓自得乎？"④

---

① ［宋］杨简：《慈湖遗书》卷十《家记四·论〈论语〉上》，影印文渊阁《四库全书》本，台北：台湾商务印书馆，1986年版，第789页。

② ［宋］杨简：《慈湖遗书》卷十《家记四·论〈论语〉上》，影印文渊阁《四库全书》本，台北：台湾商务印书馆，1986年版，第786页。

③ ［宋］杨简：《慈湖遗书》卷七《家记一·己易》，影印文渊阁《四库全书》本，台北：台湾商务印书馆，1986年版，第691页。

④ ［宋］袁燮：《絜斋集》卷七《书赠傅正夫》，影印文渊阁《四库全书》本，台北：台湾商务印书馆，1986年版，第86页。

由于杨简过于追求内省的方法，以至于不读书，不格物，开启了后传弟子忽略道问学，而重尊德性的做法，对当时空疏的学术风气有直接的影响。此风自然也遭到了同时代程朱后学陈淳的批驳，《宋元学案·慈湖学案》引陈淳的话说：

> 陈北溪（陈淳）答陈师复书曰："浙间年来，象山之学甚旺，由其门人有杨（简）、袁（燮）贵显，据要津唱之，不读书，不穷理，专做打坐工夫，求形体之运动知觉者以为妙诀，又假托圣人之言，牵就释义，以文盖之。①

杨简由于对于本心的体悟，过于强调顿悟圆融的工夫，注重打坐，而忽视了格物、思辨、研习经典的知识经验，对经学持轻视的态度，由此陷入了空虚，几与佛禅无异，这也是后来程朱理学家们对之诟病的重要原因之一。不过，这种诟病并不是杨简经学的真实状况，而是朱熹理学与陆九渊心学两派之间的门户之见，以至于杨简之学被过度丑化。其实，杨简为学也非常注重经传训诂之学，如他所撰的《先圣大训》一书，便非常注重训诂与义理相结合，这一点四库馆臣曾客观地说：

> 往往借以抒发心学，未免有所牵附。然秦汉以来，百家诡激之谈，纬候怪诞之说，无一不依托先圣为重，庞杂芜秽，害道滋深。学者爱博嗜奇，不能一一抉择也。简此书削除伪妄，而取其精纯，刊落琐屑，而存其正大。其间字句异同、文义舛互，亦皆参订斟酌归于一是。②

杨简所作的《先圣大训》一书，尽管是为了阐发其心学思想，但是在

---

① ［清］黄宗羲原著，全祖望补修：《宋元学案》卷七十四《慈湖学案》，北京：中华书局，1986年版，第2478页。

② ［清］纪昀等：《四库全书总目》卷九十二《先圣大训》提要，北京：中华书局，1997年版，第1218页。

编辑的过程中，他注重校勘、订正字句，并非如陈淳所说的不读书、不格物。另外，杨简在其《慈湖诗传》也非常注重经传注疏、文字训诂之学，而非单纯地注重心学阐发，这一点四库馆臣亦总结评价说：

> 其于一名一物，一字一句，必斟酌去取，旁征远引，曲畅其说。其考核六书，则自《说文》《尔雅》《释文》以及史传之音注，无不悉蒐。其订正训诂，则自齐、鲁、毛、韩以下，以至方言、杂说无不博引，可谓折衷同异，自成一家之言，非其所作《易传》以禅诂经者比也。①

虽然杨简在解释《诗经》的过程中，以心解经，借助对《诗经》诗篇的解释来阐发其心学思想，虽然有穿凿附会之处，但是在具体内容、字词章句的分析上，却做到了"斟酌去取，广征博引"，所引文献从《说文解字》《尔雅》《经典诗文》以及历代史传、方言杂说中都有摄取，可谓"折衷同异，自成一家之言"。当然，"由于杨简从'六经注我'的理论出发，在解《诗》中，不强调《诗经》的政治道德意义，而多阐发他的心学学说"②，有时候自然导致了对诗意的随意曲解。

由上我们可以看出，杨简作为陆九渊心学的重要传承者，继承了其师"六经注我、我注六经"的解经方法，将心视为宇宙万物、经典文本的内在根据，以心解经，注重从儒家经典中体悟本心，注重自得于心，通过解经提升自己的道德境界。虽然其解释方法，在一定程度上忽视了经传注疏之学的重要性，有穿凿附会之弊，但是就

---

① ［清］纪昀等：《四库全书总目》卷十五《慈湖诗传》提要，北京：中华书局，1997 年版，第 194 页。

② 郝桂敏：《杨简〈慈湖诗传〉的阐释特征》，《辽宁教育行政学院学报》，2004 年第 11 期。

从其《杨氏易传》《先圣大训》《五诰解》《慈湖诗传》等经学著述来看，都注重训诂注疏、兼采众家之说，反映了杨简训诂与义理兼备的解经思路。

三、“未尝舍心以立说”，儒经诠释与心学建构

杨简师从陆九渊为学，并未很快体悟其说，于是自己阅读体悟，并获感悟，据宋人叶绍翁《四朝闻见录》记载云：

> 慈湖杨公简参象山学，犹未大悟。忽读《孔丛子》至“心之精神是谓圣”一句，豁然顿解。自此酬酢门人叙述碑记，讲说经义，未尝舍心以立说。①

据此我们得知杨简虽然师从陆九渊，但“犹未大悟”，只是偶然读到《孔丛子》中“心之精神是谓圣”一句，忽然大悟，从此说经解义，“未尝舍心以立说”，即心成为杨简经学、理学思想的核心与基础。杨简对“本心”的体悟已经深深地把握了陆九渊之学的思想精髓，在陆九渊的心学思想体系中，基本范畴是“心”，但也强调“理”的本体地位。心与理两者是完全统一的，没有分别，“心，一心也；理，一理也。至当归一，精义无二，此心此理，实不容有二”②。杨简继承了陆九渊的思想，并在其基础上作了进一步的发展，他摆脱了理的束缚，将心作为其思想体系的最高范畴。

心是杨简经学的核心与基础。《易》学作为杨简心学最为重要的体现，他除了借助对《周易》的解释来论证其心学思想体系之外，也将心视为《易》学的本体，替代了程颐以理为本的模式，由此他展

---

① ［宋］叶绍翁：《四朝闻见录》卷一《心之精神是谓圣》，影印文渊阁《四库全书》本，台北：台湾商务印书馆，1986 年版，第 670 页。

② ［宋］杨简：《慈湖先生遗书》卷七，明嘉靖四年刻本，第 79 页。

现了他“未尝离心以立说”为学的基本理路，他说：

> 天者，吾心之高明；地者，吾心之博厚。男者，吾心之乾；女者，吾心之坤。万物者，吾心之散殊，一物也。一物而数名谓之心，亦谓之道，亦谓之易。圣人谆谆言之者，欲使纷纷者约而归乎此也。①

杨简将天、地、男、女、万物都是为“心”之“散殊”，而这些宇宙万物变化存在的内在根据都是一物，即心。此心又可以称之为道，又可以称之为易。可以看出杨简不但将“心”视为天地万物之根本，也是《易》之根本。这种思维方式其实是程颐“理一分殊”思想的体现，程颐在其《易》学中将理视为宇宙万物之根本，“尽天理，斯谓之《易》”②，理不但是程颐易学的核心范畴，也是其理学的核心范畴，天地万物都是理的外在体现。杨简此处运用此理，将理置换为心，如在他《易》学中，他所理解的《易》指的便是“我”，即己心，所谓“《易》者，己也，非有他也”③。他将把宇宙变化的总过程说成是《易》的展现，也是主观的心的变化：

> 以《易》为书，不以《易》为己，不可也。以《易》为天地之变化，不以《易》为己之变化，不可也。天地，我之天地；变化，我之变化，非他物也。④

他将《易》看成是自我的展现，自己将《易》与本心合二为一，视为天

---

① ［宋］杨简：《慈湖遗书》卷七《家记一·己易》，影印文渊阁《四库全书》本，台北：台湾商务印书馆，1986年版，第701页。

② 《程氏粹言》卷一《论书篇》，1207页。

③ ［宋］杨简：《慈湖遗书》卷七《家记一·己易》，影印文渊阁《四库全书》本，台北：台湾商务印书馆，1986年版，第687页。

④ ［宋］杨简：《慈湖遗书》卷七《家记一·己易》，影印文渊阁《四库全书》本，台北：台湾商务印书馆，1986年版，第701页。

地万物演化的本体与过程，可以看出他通过对易学的心学诠释来实现其思想体系的建构。

杨简将心视为《易》学、心学的核心范畴，也是其他经典的核心范畴，又如他将《诗经》诸篇看成是“心”的表现，他在其《慈湖诗传·自序》中有云：

> 呜呼！至哉！至道在心，奚必远求。人心自善自正，自无邪，自广大，自神明，自无所不通，孔子曰：“心之精神是谓圣。”孟子曰：“仁，人心也。”变化云为，兴观群怨，孰非是心，孰非是正。人心本正，起而为意而后昏，不起不昏，直而达之，则《关雎》求淑女以事君子，本心也；《鹊巢》昏礼天地之大义，本心也；《柏舟》忧郁而不失其正，本心也；《柏舟》之矢死靡它，本心也。由是心而品节焉，《礼》也；其和乐，《乐》也；得失吉凶，《易》也；是非，《春秋》也；达之于政事，《书》也。迨夫动乎意而昏，昏而困，困而学，学者取三百篇中之诗而歌之咏之，其本有之善心，亦未始不兴起也。①

杨简认为“心”作为人所固有的本体存在，“人心自善自正”，既没有邪念、且广大神明，无所不在，人心“起而为意”，由此形成了人丰富的情感，自然有善有恶。无论是《关雎》所反映的“淑女以事君子”、《鹊巢》言婚礼之大义、《柏舟》的忧郁等，其实都是人心之外在体现。在他看来，《诗经》三百篇的宗旨便是“道心”，所谓“孔子所取，取其无邪，无邪即道心”②。换句话说，在杨简看来，“《诗经》能

---

① ［宋］杨简：《慈湖诗传·自序》，影印文渊阁《四库全书》本，台北：台湾商务印书馆，1986 年版，第 3 页。

② ［宋］杨简：《慈湖诗传》卷一《芣苢》，影印文渊阁《四库全书》本，台北：台湾商务印书馆，1986 年版，第 16 页。

够唤起人的'本心''道心',这正是《诗经》在当下的心学意义"①。不仅如此,基于人心、人意的善恶而产生的六经,其实自然也都是基于"心""意"的体现。故只要知道"本心",则《六经》通明易晓。如其所言:"知吾心所自有之,《六经》则无所不一,无所不通。"②另外,杨简在解释《尚书》中也将"道心""本心"视为思想主旨,认为三代王道政治的实现乃是"敬治道心"的必然结果,"周公熟讲治道,惟此一言而已矣。人心即道心,惟放逸则失之,以敬治道心为治之大"③。他认为体悟了道心,就可以实现政治清明、伦理有序。

"未尝离心以立说",不但是杨简解经、立说的重要原则,而且他还以心释道,将其心学思想运用到现实社会政治的治理中。杨简将人伦道德、纲常名教视为道心的固有内容,人人都具有此心,他说:"君君、臣臣、父父、子子、兄兄、弟弟、夫夫、妇妇异也,道心之中固自有如此之异用而非异。"④"道也,孝也,忠也,正也,皆道之异名也。"⑤他认为君臣父子、兄弟夫妇、忠孝节义等都是道心所固有,分别是道的异名,正因为如此,所以只要从"道心""本心"出发为人处事,自然可以实现体用结合,他说:

何以为道?人心即道。故《书》曰:"道心"。此心无体,清

---

① 叶文举:《杨简〈诗经〉研究的心学特色》,《孔子研究》,2009年第2期。

② [宋]杨简:《慈湖诗传·自序》,影印文渊阁《四库全书》本,台北:台湾商务印书馆,1986年版,第3页。

③ [宋]杨简:《五诰解》卷三,影印文渊阁《四库全书》本,台北:台湾商务印书馆,1986年版,第617页。

④ [宋]杨简:《杨氏易传》卷十三,影印文渊阁《四库全书》本,台北:台湾商务印书馆,1986年版,第137页。

⑤ [宋]杨简:《杨氏易传》卷十五,影印文渊阁《四库全书》本,台北:台湾商务印书馆,1986年版,第158页。

> 明无际，直心而发，为事亲、为从兄、为事长上、为夫妇、为朋友，仕则事君临民。其爱人曰仁，其处事得宜曰义，其恭敬曰礼，其不欺不妄曰忠信。视听言动、喜怒哀乐无所不通，无所不妙，孔子即不欺不妄而言之。曰此即主本，主本者，乃道之异名，非忠信之外复有道也，离此不欺不妄实直之心，而外求道者斯乃妄也！①

杨简认为体悟本体的“道”，不必外求，“道心”即“人心”“得道者，非于心外得之，心即道也。”②此心乃是宇宙万物人我所共有，是纯善无恶的本根，只要我们以“本心”出发，事亲事君、爱人处事，自然可以达到“视听言动、喜怒哀乐无所不通，无所不妙”的理想境界。杨简认为在《论语》中，孔子就认为“道”存在于日常生活的言行中，最常见的忠信、孝悌就是大道，不必远求，“圣人之道所以至于今不明于天下，正以学者不知孝弟、忠信即天下大道，夫是以圣人之道，往往以平易见”③。可以看出，杨简将形而上之心与日常的人伦道德、纲常名教相结合，将外在的社会规范转化为内心的一种本性自觉，实现了体用的圆融贯通，这较其师陆九渊来说，无疑是一重要的进步。正如有的学者所说，“杨简心学使本体之道与主观之心完全一致起来，克服了陆学在方法上的沿袭之累，而趋于顿悟直觉”④。

---

① ［宋］杨简：《慈湖遗书》卷三《学者请书》，影印文渊阁《四库全书》本，台北：台湾商务印书馆，1986 年版，第 634 页。

② ［宋］杨简：《杨氏易传》卷六，影印文渊阁《四库全书》本，台北：台湾商务印书馆，1986 年版，第 59 页。

③ ［宋］杨简：《慈湖遗书》卷十《家记四 · 论〈论语〉上》，影印文渊阁《四库全书》本，台北：台湾商务印书馆，1986 年版，第 790 页。

④ 刘宗贤：《杨简与陆九渊》，《中国哲学史》，1996 年第 4 期。

总的来看,杨简在经典诠释上继承了陆九渊的心学思想,将“心”看成是宇宙人性之本体,在儒经的解释与体悟上也以“发明本心”为旨归,即对于经典的理解一切要以“本心”为落脚点,这正如陆九渊所云“《六经》皆我注脚”。杨简正是“通过《杨氏易传》《慈湖遗书》等大量文章的阐述,其理论内容更系统化和条理化,呈现出整体简易性特点”①。他这种超越经典诠释的方法来探究“道体”,对于当时执着于章句训诂之学来明天理的学者来说,自然是经典诠释方法上一种改进,不能不说有改变风气之贡献。可以说,杨简“为了维护心学体系的完整性,强调宇宙就是道,宇宙就是心,万物都在道心的包容之内,所以他重视三才与道、器与道、德仁艺与道、心与道、性与道等的合一与统一。凡与此思想不符者,无论是孔孟,还是经典所言,他都给予大胆怀疑和批评,把宋学以己意解经的思想特点充分表现出来”②,这种经学解释思想在南宋中后期影响甚大。由于在杨简晚年,朱熹、张栻、吕祖谦、薛季宣、陈亮、陆九渊等人皆已辞世,甚至“甬上四先生”中的舒璘、沈焕也已经去世,在这种情形下,杨简极力倡导心学思想并倡导以心解经,与陆九渊另一高弟袁燮极力张扬了陆九渊心学,这对同时代朱学后人如魏了翁、真德秀以及永嘉之学的叶适等都产生了一定的影响,他们在解释经学、通经致用时,也极力凸显心的作用,由此可见杨简在当时影响之大。由于杨简崇高的学术声望,也得到了南宋后期执政的史氏家族的关照与支持,史氏子弟有多人如史弥忠、史弥远、史弥坚、史守之等人向杨简问学,且后来多显贵,其中史弥远任

① 陈寒玉:《杨简的泛心观及其特点》,《江西大学学报》,1992 年第 2 期。

② 蔡方鹿:《杨简的心学思想及其在心学史上的地位》,《宁波党校学报》,2004 年第 4 期。

宰相兼枢密使，专权二十余年，由此也促进了杨简之学更加盛行，而陆九渊心学也由此兴盛一时，杨简高弟、袁燮之子袁甫对此就曾说：

> 宁宗皇帝更化之初，兴崇正学，尊礼故老，慨念先朝鸿儒硕师，咸锡嘉谥，风厉四方。谓象山陆先生，发明本心之学，有大功于世教，锡名文安，庸示褒美。于是慈湖杨先生、我先人絜斋先生有位于朝，直道不阿，交进谠论，宁考动容称善。天下学士，想闻风采，推考学问源流所在，而象山先生之道益大光。①

陆九渊之学由于杨简、袁甫在朝的推动，加上史弥远家族的支持，在当时影响甚大，弟子遍布朝野，连朱门高弟陈淳也说："浙间年来象山之学甚旺，以杨慈湖、袁祭酒为陆门上足，显立要津，鼓簧其说，而士夫颇为之风动。"②由此可见，在当时朱学盛行一时之后，随着杨简、袁燮的入朝为官，陆九渊心学开始有超越朱学之势，成一时显学。

杨简对于陆九渊之学的光大无疑是起到了至关重要的作用，他不但有经学著述留存于世，对于陆九渊的经学思想与方法都有所继承之外，更为主要的是对于陆九渊的心学做了进一步的发展，成为陆九渊心学的重要传人，对此宋人王应麟曾说：

> 先生之学，文安先生之学也。文安讲《论语》于白鹿，先辨其志，听者竦然动心，收其放而存其良者在此。朱文公亦云，陆子所言专于尊德性，学者多持守可观。又谓先生之学有为

---

① ［宋］袁甫：《蒙斋集》卷十三《象山书院记》，影印文渊阁《四库全书》本，台北：台湾商务印书馆，1986 年版，第 486 页。

② ［宋］陈淳：《北溪大全集》卷二十三《与李公晦一》，影印文渊阁《四库全书》本，台北：台湾商务印书馆，1986 年版，第 683 页。

已之功。合而观之，知入德之门矣。有能约之以省察克治，深之以薰陶涵濡，问津于辨志，寻源于尊德性，以达圣人之海，春融冰释，默契道体，去先生之世若此其未远也，得心学之传必有人焉。①

王应麟认为陆九渊侧重尊德性，倡导体悟本心、先辨其志，而后以求圣人之道，这些皆为杨简所继承，杨简之学其实就是陆九渊之心学，“先生之学，文安先生之学也”，杨简乃是陆九渊的真正传人。杨简借助经典诠释，并以此为基础丰富和完善了陆九渊之心学，成为南宋心学之功臣，《宋元学案》称：“文元（杨简）之学，先儒论之多矣。或疑发明本心，陆氏但以为入门，而文元遂以为究竟，故文元为陆氏功臣。”②“吾乡前辈，于朱、吕、陆三家之学并有传者，而陆学最先杨、袁、舒、沈，江右弟子莫之或京。杨、袁尤多昌明之功。”③

第二节　袁燮的心学化经学及其实践取向

袁燮（1144—1224），字和叔，号絜斋，浙江鄞县（今浙江省宁波市鄞州区）人。《宋元学案》将之视为“龟山三传”“明道、伊川四传”弟子，为“明州淳熙四先生”（又称“甬上四先生”）之一。袁燮是陆九渊心学最为重要的传人之一和心学的代表人物。袁燮著述

① ［宋］王应麟：《四明文献集》卷一《慈湖书院记》，北京：中华书局，2010 年版，第 30 页。

② ［清］黄宗羲原著，全祖望补修：《宋元学案》卷七十四《慈湖学案》，北京：中华书局，1986 年版，第 2479 页。

③ ［清］黄宗羲原著，全祖望补修：《宋元学案》卷七十四《慈湖学案》，北京：中华书局，1986 年版，第 2490 页。

甚丰，其文章、经术存于《絜斋集》《袁氏家塾书钞》《絜斋毛诗经筵讲义》等。

袁燮师从多门，真德秀为其所作的《行状》中称："东莱吕成公，接中原文献之正传，公从之游，所得益富。永嘉陈公傅良，明旧章，达世变，公与从容考订，细大靡遗。"①可以看出，袁燮以象山之学为起点，吸收了吕祖谦中原文献之学的广博与陈傅良永嘉之学的事功，将经学与事功相结合，关注社会民生，为学有体有用，成为南宋中期最为重要的学者之一。可以说，经学是袁燮思想的基石，深入探究其经学对于理解其思想有重要的辅助意义②。

一、传承陆九渊心学，兼采朱学、浙东思想

袁燮是陆九渊最为重要的弟子之一，袁燮在太学时，曾受教于陆九龄，其后又师事陆九渊，对此袁燮曾自述其师从陆九渊之经历云：

> 燮识先生于行都，亲博约者屡矣。或竟日以至夜分，未尝见其有昏怠之色，表里清明，神采照映，得诸观感，鄙吝已消，矧复警策之言，字字切己欤？③

袁燮之子袁甫也说：

> 又言见象山先生，读《康诰》有所感悟，反己切责，若无所

---

① ［宋］真德秀：《西山文集》卷四十七《袁公行状》，《四部丛刊》本，第635页。

② 前贤时哲对此已经有了一定的探究，如陈良中：《袁燮〈絜斋家塾书钞〉学术价值探析》，《重庆工商大学学报》（社科版），2013年第4期。郝桂敏：《袁燮〈絜斋毛诗经筵讲义〉的特点及成因》，《辽宁教育行政学院学报》，2007年第7期。於剑山：《南宋"甬上四先生"研究》，暨南大学硕士学位论文，2007年5月。

③ ［宋］袁燮：《絜斋集》卷八《象山先生文集序》，影印文渊阁《四库全书》本，台北：台湾商务印书馆，1986年版，第90页。

容。读《吕刑》,叹曰:“从肺腑中流出!”呜呼!至哉!先君子之学,源自象山,明白光粹,无一瑕疵,可谓不失本心矣!①

从上可知,袁燮师从陆九渊,并继承了他的心学思想,也将心视为宇宙万物之本体,不仅如此,《六经》也被视为本心的外在体现,如陆九渊“《六经》皆我注脚”,故“明本心”是其为学的根本所在,他说:“学问大旨在明本心,吾之本心即古圣之心,即天地之心,即天下万世之心。”②“学问之要,得其本心而已。”③故在袁燮经学中,“明本心”是其为学的根本所在。

袁燮将心学与社会政治治理相结合,强调天人合一的观念,并认为人在天地万物中具有主导地位,故只要“明本心”,提升自己的道德品行、执政能力,那么天下便得以治理。他在解释《尚书》时云:

天人本是一致,何以见天人本一致?只缘此心无天人之殊。天得此心而为天,地得此心而为地,人得此心而为人。今但为形体所隔,遂见有如此差别。试静而思之,所谓形体者安在?我之形体犹是无有,而又何有天人之异乎?此可见天人本一也,惟其心之本一。故人主失德则谪见于天,尧、舜之世固无失德,感召灾异之理。然天象示变,在我自当惕然警戒,恐惧修省,必是我有未是,所以致此也。……所谓成允成功也,功即德,德即功也。功与德本不可分,成己处便是德,成物

① [宋]袁燮:《絜斋家塾书钞·原序》,影印文渊阁《四库全书》本,台北:台湾商务印书馆,1986年版,第629页。

② [宋]袁燮:《絜斋家塾书钞·原序》,影印文渊阁《四库全书》本,台北:台湾商务印书馆,1986年版,第629页。

③ [宋]袁燮:《絜斋集》卷八《象山先生文集序》,影印文渊阁《四库全书》本,台北:台湾商务印书馆,1986年版,第90页。

> 处便是功。成允所以成己也，成功所以成物也，能成己即能成物矣，如正心诚意便能治国、平天下，此岂二物？自后世功德始分，所以有功德兼隆之论，只缘有功者未必有德，有德者未必有功，故有此等议论。三代以前无此议论，言功德兼隆，功德之衰也。“天之历数在汝躬，汝终陟元后”，且舜何以知天之历数？在禹、舜亦只以人事观之，父以传子，固万世不易之道，然舜之子却不肖。而当时大臣如禹者，有如此大功业，民皆尊仰之，天意可知矣！盖人心、天心一而已矣。①

袁燮认为天人本是一体，并没有什么不同，都是“心”的外在体现，之所以有天、地、人之间的区别，乃是因为形体上的差异。袁燮将“天人合一”视为其政治思想的一个重要逻辑支点，在他看来天地万物都是一体，故为政只要从自己出发就可以实现天人合一的最高境界，就可以实现对“本心”的体认。他认为成功就是成德，所谓“功即德，德即功也。功与德本不可分，成己处便是德，成物处便是功”，三代以前，功与德是不分的，后来功与德分离，政治的清明与否，都与执政者德行的高低有关。所以，在他看来要想政治得以大治、实现王道政治，就必须修德，实现本心与天地的合一。如果这样，不但可以大治，而且以此感召天地、与天地为一，连自然灾害也不会发生。

在袁燮看来政治问题的关键就在于“正人心”尤其是要“正君心”，这即孟子所言的“格君心之非”。故在政治思想上，袁燮注重以心学为基础，推崇孟子仁政理念，他说：

> 恭惟仁圣在上，涵育群生，无有遐迩，同一覆载。施恩务

---

① [宋]袁燮：《絜斋家塾书钞》卷二《大禹谟》，影印文渊阁《四库全书》本，台北：台湾商务印书馆，1986年版，第673页。

从其厚,用刑宁过乎轻,无愧于古圣人用心矣!孟轲有言:"以不忍人之心,行不忍人之政。"治天下可运于掌上,明效大验何其速也![1]

他希望注重以孟子仁政的思想来治国安邦,重厚施、轻刑罚,以"不忍人之心,行不忍人之政",而为政的方法便是要改变君主之心,所谓"古者大有为之君所以根源治道者,一言以蔽之曰:此心之精神而已"[2]。在他看来,君心正否是执政好坏的关键所在:"君心不正,则为治之本不立,功业岂能及远哉?"[3]这其实也是对《大学》三纲八目、"内圣外王之道"的新诠释,表明了他对程朱《大学》之旨的继承与发挥。实际上,不仅如此,袁燮在其《尚书》学中多处援引程颐、朱熹的解释[4],他之所以大多没有明确标示出来,而是暗用,很大程度上也是正值庆元党禁之际,故不书。

通经致用是袁燮经学思想最终归宿,他在对《尚书》《诗经》进行注解时极力突出这一点,四库馆臣对此就说:"燮则因经旨所有而推阐之,其发挥尤为平正,虽当时宁宗暗弱,不能因此感悟,而其拳拳忠荩之意亦良足尚也。"[5]袁燮注重通经以致用,虽然学宗陆氏,但并非单纯体悟本心,而是非常注重现实问题的解决,其《行状》云:

---

① [宋]袁燮:《絜斋集》卷一《都官郎官上殿劄子》,影印文渊阁《四库全书》本,台北:台湾商务印书馆,1986年版,第4页。

② [宋]袁燮:《絜斋集》卷一《都官郎官上殿劄子》,影印文渊阁《四库全书》本,台北:台湾商务印书馆,1986年版,第4页。

③ [宋]袁燮:《絜斋集》卷七《管仲器小论》,影印文渊阁《四库全书》本,台北:台湾商务印书馆,1986年版,第70页。

④ 对此可参见陈良中:《袁燮〈絜斋家塾书钞〉学术价值探析》,《重庆工商大学学报》(社科版),2013年第4期。

⑤ [清]纪昀等:《四库全书·絜斋毛诗经筵讲义》提要。

> 公自少有志经济之业，每谓为学当以圣贤自期，仕宦当以将相自任，故其所讲明者由体而用，莫不兼综。谓学不足以开物成务，则于儒者之职分为有阙。自六艺百家与史氏所记，莫不反复抽绎，而又求师取友以切磋讲究之。东莱吕成公接中原文献之正传，公从之游，所得益富；永嘉陈公傅良，明旧章达世变，公与从容考订，细大靡遗。
>
> 凡圣贤大训切于己者，味之终身。夜则默诵，病亦吟讽，讲道于家。以诸经、《论》《孟》大义警策学者。于《书》《礼记》，论说尤详。其所成就后学甚众，博观群籍，取其功用者会粹成编，谓法度之言。①

袁燮自少"有志于经济之业"，除了自幼受到家学的影响之外，也受到后来交游的吕祖谦、陈傅良等浙东事功学者的影响，故"其所讲明者由体而用，莫不兼综"。正是因为如此，袁燮在读书上"自六艺百家与史氏所记，莫不反复抽绎"，自中第之后，他曾担任多种官职，并书写了很多有关经济、政治、吏治、兵刑方面文章。可以说，袁燮为学除了研习经典，默诵体悟，修身养性之外，更注重从群经、诸史中探究有助于解决现实问题的良策，其学问非常切实，这与杨简过于注重体悟、反省有所不同。可以说，袁燮与杨简同为陆九渊弟子，但是学术特点有所不同，《宋元学案》说"慈湖（杨简）之与絜斋（袁燮），不可连类而语。慈湖泛滥夹杂，而絜斋之言有绳矩"②，全祖望评定说："四先生之中，长庚晓日最光显于暮年者，文元与正

---

① ［宋］真德秀：《西山文集》卷四十七《袁公行状》，《四部丛刊》本，第635页。

② ［清］黄宗羲原著，全祖望补修：《宋元学案》卷七十五《絜斋学案》，北京：中华书局，1986年版，第2525页。

献也，而文元之教，不如正献之密。”①四库馆臣亦说袁燮“在南宋诸儒中，可谓学有体用者”②，故较杨简而言，袁燮之学更加细密、兼重事功，更加注重体用的合一。

二、注重“发明本心”，强调以心解经

袁燮在解释儒家经典之时，将“心”视为经典的内在根据，故他在解释经典时，时刻强调以“本心”立论，如其解释《尚书》《诗经》等经典时，处处突出“发明本心”：

> 舜处顽嚚之间，所谓下气，怡色柔声；所谓和气，愉色婉容，无所不用其至。若是常人，处此必将归过于父母兄弟，以为顽嚚傲慢不可训化，而有忿疾之心。舜都无这一点心，此心不特舜有之，人皆有之。所谓孩提之童，无不知爱其亲者，盖降衷而生，此正是人秉彝之良心。但人有此心，不能保养。孩提之童，所以爱其亲如此之切者，本心之良未丧而得于天者，全也。后来外物汩之，是以良心昏塞。舜之所以为圣，只是不失其良心而已。故曰：“大人者，不失其赤子之心者也。”③

> 大抵人心本自明，有不善未尝不知，知之未尝不疑，苟有所疑，便当勿成，人惟用心不刚，停蓄于此，所以成其疑。谋者多矣，这疑处便是人之初心，初心至明，成之则必有后悔。百志惟熙，心之所往谓之志。熙者，光明也，天下同归而殊途，一致而百虑，心只是一个心，然其心之所之却不一。疑谋勿成，

① ［清］黄宗羲原著，全祖望补修：《宋元学案》卷七十五《絜斋学案》，北京：中华书局，1986年版，第2528页。

② ［清］纪昀等：《四库全书·絜斋集》提要。

③ ［宋］袁燮：《絜斋家塾书钞》卷一《尧典》，影印文渊阁《四库全书》本，台北：台湾商务印书馆，1986年版，第636页。

则百志安得而不光明乎？罔违道以干百姓之誉，罔咈百姓以从己之欲，此二句是既不欲失己，又不欲失人。内不失己，外不失人，所谓合内外之道也。①

太甲其初亦非不明，曰既立不明，则其初固自明也。要之，人之本心何尝不明，有以昏之耳。太甲之初，未履崇高、富贵之位，未有物以昏蔽其心，其本然之明，固自若也。及既为天子，一旦享崇高、富贵之极，与前日大不同矣，斯其所以不明也。伊尹使太甲居于桐宫，本非是放，盖其意以为居于深宫之中，日与妇人女子相处，凡所以荧惑其耳目，感移其心志者，要非一端而止，虽欲悔过，亦不可得，迁之桐宫，远纷华靡丽之习而密迩。先王其训，庶乎恶念消释，而善心易生，伊尹之意盖深矣。②

自强不息之谓懋，兢兢业业之谓敬。能懋敬厥德，则此心即上帝之心也。我与上帝为一，故谓之“克配上帝”。惟皇上帝降衷于下民，举四海九州之人，此心皆天心也。然人与天如此，其相远何哉？不能懋敬故也。此心虽本来与上帝同，不能懋敬，则与上帝不啻有千万里之远矣。读书至此，岂可不知我之心，便是上帝之心。我能懋敬厥德，便与天为一，天人岂有二理也哉！③

大抵有非心，有本心。不欲伐三监者，成王之非心也。欲

① [宋]袁燮：《絜斋家塾书钞》卷二《大禹谟》，影印文渊阁《四库全书》本，台北：台湾商务印书馆，1986年版，第664页。

② [宋]袁燮：《絜斋家塾书钞》卷五《伊训》，影印文渊阁《四库全书》本，台北：台湾商务印书馆，1986年版，第741页。

③ [宋]袁燮：《絜斋家塾书钞》卷五《伊训》，影印文渊阁《四库全书》本，台北：台湾商务印书馆，1986年版，第753页。

伐之者，成王之本心也。观成王因天大雷电，以风之变而能释然，无疑深知周公之忠，是本心之复也。则论其本心，岂不以三监委当讨乎？此周公所以不顾其非心，而奉其本心以伐之也。①

臣闻人生天地之间，所以超然独贵于群物者，以存是心焉尔。心者，人之大本也。是心苟存，虽至微之人，足以取重于当世。是心不存，虽贵为王公，其又奚取焉？汉之游女可谓至微矣，能正固其守而人皆爱之敬之，岂非此心之良天，所以与我者卓然不乱，故发形于外，有足以感动物者欤？②

臣闻所贵乎君子者，无他事焉，惟不失其本心而已。人生而善，天之性也。有正而无邪，有诚而无伪，有厚而无薄，有天理之公，而无人欲之私，所谓本心也。其始如是，其终亦如是，虽历年之久，不变乎其初，所谓不失也。③

从上我们可以看出，袁燮在解释《尚书》《诗经》时刻在强调“心”“本心”的本体地位，心贯穿于整个经典内容的解释。在解释《诗》《书》的时候，袁燮多次提及《大学》三纲八目、《孟子》“不失本心”之旨，以强调其“学问之要，得其本心而已”④之经学旨趣。袁燮注重以心解经，同样他也强调本心对道德修身、治国安邦的重要性，他认为人心本善，未有不明，且认为我心与上帝之心本为一体，只

① ［宋］袁燮：《絜斋家塾书钞》卷十《大诰》，影印文渊阁《四库全书》本，台北：台湾商务印书馆，1986 年版，第 851 页。

② ［宋］袁燮：《絜斋毛诗经筵讲义》卷一《汉广篇》，影印文渊阁《四库全书》本，台北：台湾商务印书馆，1986 年版，第 11 页。

③ ［宋］袁燮：《絜斋毛诗经筵讲义》卷三《谷风篇》，影印文渊阁《四库全书》本，台北：台湾商务印书馆，1986 年版，第 25 页。

④ ［宋］袁燮：《絜斋集》卷八《象山先生文集序》，影印文渊阁《四库全书》本，台北：台湾商务印书馆，1986 年版，第 90 页。

要能够“懋敬厥德，则此心即上帝之心”。总的来看，袁燮解经倡导发明本心，将“体悟本心”视为为学的根本所在，正如四库馆臣所言：“燮之学出陆九渊，是编大旨在于发明本心，反覆引伸，颇能畅其师说。”①袁燮的经学旨趣与陆九渊“发明本心”之旨实属一脉相承，由此他被视为陆派心学中最为重要的传承者之一，其子袁甫就评价说：“先君子之学源自象山，明白光粹，无一瑕疵，可谓不失本心矣。”②

由于袁燮强调为学要注重“发明本心”，此心乃是人之所固有之天理，所以在他看来，如要实现兴复本心，除了反省、自察之外，在经典学习上，要注重自得、内省，但反对章句训诂之学，他说：“君子之学，岂徒屑屑于记诵之末者，固将求斯道焉！何谓道？曰：吾心是也。”③他认为为学须有体悟：

学以自得为贵，学不自得犹不学也。今观《论语》一书，多《六经》之所未尝言，而孟氏一书又多《论语》之所未尝言，大圣大贤岂故求异于人哉？得于心发于言，亦不自知其为异也，夫是之为自得之学。④

务学而未至于自得，犹弗学也。精思密察，跬步不忘，道

---

① ［清］纪昀等：《四库全书总目》卷十一《絜斋家塾书钞》提要，北京：中华书局，1997年版，第145页。

② ［宋］袁燮：《絜斋家塾书钞·原序》，影印文渊阁《四库全书》本，台北：台湾商务印书馆，1986年版，第629页。

③ ［宋］袁燮：《絜斋集》卷十《东湖书院记》，影印文渊阁《四库全书》本，台北：台湾商务印书馆，1986年版，第122页。

④ ［宋］袁燮：《絜斋集》卷七《书赠傅正夫》，影印文渊阁《四库全书》本，台北：台湾商务印书馆，1986年版，第86页。

心豁然,全体著见,非智巧所能揣摩,口耳所能传授,是之谓自得。①

学贵自得,始于孟子。陆学一派为学颇注重自得,陆九渊、杨简皆是如此。袁燮也倡导为学贵在自得,"学不自得犹不学也"。而这种自得之学,来源于对本心的体悟,所谓"得于心发于言",只有自得于心,实现自己与本心的真正合一,这种主体的人与客体的心的合一,并非"智巧所能揣摩,口耳所能传授",只有反复体悟,方可以洞见。

三、突出经学诠释的实践性,"以史证经"

袁燮在经学诠释的过程中,极力凸显经学诠释的社会政治性。正如有的学者所说:"袁燮的学术思想虽师承陆九渊心学,却在社会政治方向发展了南宋陆学,更为强调体用兼综、经世致用。"②比如在袁燮看来,礼、乐、《诗经》《尚书》等经典存在的价值与意义,就是为了正风气、"有补于治道"、服务于社会政治治理的典籍,如其所言:

> 臣观先王盛时,礼乐教化,薰蒸陶冶,人人有士君子之行,发而为《诗》,莫非性情之正。流风遗俗,久而不泯,虽更乎衰世,而气脉犹存,此变《风》之作。所以,皆止于礼义,而归诸先王之泽也。《诗》三百篇,不为不多矣,而孔子蔽之以一言,曰"思无邪",盖取其直己而发。粹然一出于正《风》《雅》,虽变而思之无邪,则一而已矣。……诗人作之,以风其上;太师采

① [宋]袁燮:《絜斋集》卷十《通州州学直舍记》,影印文渊阁《四库全书》本,台北:台湾商务印书馆,1986年版,第117页。

② 陈小亮:《论甬上四先生之一——袁燮的学术思想》,《宁波工程学院学报》,2011年第1期。

之，以献诸朝，以警君心，以观民风，以察世变，一言一句皆有补于治道。人君笃信力行，则可以立天下风化之本；公卿大夫精思熟讲，则可以感人君心术之微。《诗》之功用如此，自王者之迹熄，而微言奥义于是遂绝。虽然，《诗》则亡矣，此情此性古今无间。①

在袁燮看来，《诗经》是古圣先王礼乐教化、熏陶性情的重要手段。即使是后世，《诗经》的作用依旧“有补于治道”：作为人君，可以借此来端正风俗，“立天下风化之本”；作为公卿大夫，则可以借此明了人君治国之道。

袁燮尊崇思孟学派，他极力提倡思孟学派治国理念，比如他宣扬《孟子》“民为贵，君为轻，社稷次之”的“民贵君轻”“民为邦本”之民本思想，他在《尚书·盘庚》时云：

君民一体也，民固不可无君，君亦不可无民。天下之民所以安居而暇食，优游以生死，果谁之力乎？人君之为也。是民无君，固不能相养也，然民惟邦本，本固邦宁，君而无民，岂能独立于上耶？②

民不适有居，盘庚欲迁而民不肯往也。以万乘之主欲有所为，而天下之民自不肯去，由此观之人主之势，岂可恃哉？所以《孟子》谓“民为贵，社稷次之，君为轻”。

自下承上谓之承，以君临民而曰“惟民之承”，先王之敬民也如此。使民如承大祭，古先圣王所以待其民者分明，如下之承其上，故曰“民为贵，社稷次之，君为轻”。《周官》献民数于

① ［宋］袁燮：《絜斋毛诗经筵讲义》卷一《诗序一》，影印文渊阁《四库全书》本，台北：台湾商务印书馆，1986 年版，第 5 页。

② ［宋］袁燮：《絜斋家塾书钞》卷五《太甲中》，影印文渊阁《四库全书》本，台北：台湾商务印书馆，1986 年版，第 747 页。

王，王拜而受之，只观承之一字，便见得三代治体与后世不同。君敬其民，故民亦皆保其上，而同其忧戚焉。①

袁燮强调天人合一、君民一体，君主离不开民，民也离不开君，与此同时，也强调君主的至高无上与"民为邦本"的重要性，他认为虽然君主高高在上，但是"民为邦本，本固邦宁"，君如果没有民，就很难"独立于上"。所以他强调《孟子》民贵君轻的思想，希望要爱民，还要"敬民"，方可以永保安定、兴复三代之治。对于如何治国，袁燮还借助经学诠释为现实的社会治理，提出了很多具体而有针对性的建议，比如他在解释《诗经》中的《周南·卷耳·序》的"朝夕思念"一句时就说道："夫贤士大夫，吾君所资以共治也。得贤则安，不得贤则危，利害相关如此，是乃后妃之所当念也，岂可谓出其位之思乎？"②在袁燮看来，贤士大夫是治国安邦的重要保障，所谓"得贤则安，不得贤则危"。

另外，袁燮为了论证自己政治理念的客观性、可行性，还在经学注解的过程中，多次援引历史史实来论证自己的观点，如云：

欲读《盘庚》之书，当以此观之。汉唐以来，虽有河患而未尝迁都，商家何以迁之屡也？盖汉都关中，去河远；光武都洛阳，去河亦远。所以，河虽为患，而不及都邑。至本朝都汴，正在大河之中，所以日夜须用防堤。商家河患，既是冲坏都邑，则安得而不迁？然有商之君，岂不能择一水患不至之处建都，而自契以来数数者何故？盖远去则不胜其劳。当时之迁，亦

① ［宋］袁燮：《絜斋家塾书钞》卷六《盘庚中》，影印文渊阁《四库全书》本，台北：台湾商务印书馆，1986年版，第773页。

② ［宋］袁燮：《絜斋毛诗经筵讲义》卷一《卷耳篇》，影印文渊阁《四库全书》本，台北：台湾商务印书馆，1986年版，第7页。

只在近处河水冲溢，所以常被其害也。①

袁燮在解释《尚书·盘庚迁殷》一文时，发表了自己对当时迁都一事的看法。他认为殷商之所以屡次迁都，就是因为所选之地靠近水患之地。相反，汉唐以后，虽然有河患，但并没有迁都事情的发生，很大程度上就是因为汉唐之际所定的都城，都远离河患之地。由此，他反思宋代由于选择都城不慎，靠近水患之地，以至于常常受河患之害。

又如袁燮在解释《诗经·击鼓篇》时，认为治国不当穷兵黩武，否则就是民生哀怨，即使迫不得已用兵也要"顺乎人心"，所谓：

由是观之，兵其可轻用哉？虽然人有疾病，以药攻之；时有奸宄，以兵伐之。虽汤、武之得天下，何尝不用兵乎？而汤武之举，顺乎人心，故人无不服。此《诗》所刺，咈乎人心，故人皆怨之，成败之所以殊也。说以使民，民忘其劳；说以犯难，民忘其死。如是而用兵，人亦何怨之有？君人者，盍亦深思熟讲，求所以顺乎人心者哉？②

在他看来，《击鼓篇》中诸侯用兵用以征伐，使得民生哀怨。在他看来，古代圣王如商汤、周武王都用兵，但是能够"顺乎人心"，所以人们都非常高兴。对此，他认为用兵要以民生为本，注重民心，只有这样才能"民忘其劳""民忘其死"。正如有的学者研究所认为的"袁燮继承了陆九渊的民本思想，认为治理天下最重要的莫过于得

---

① ［宋］袁燮：《絜斋家塾书钞》卷六，影印文渊阁《四库全书》本，台北：台湾商务印书馆，1986 年版，第 764 页。

② ［宋］袁燮：《絜斋毛诗经筵讲义》卷二《击鼓篇》，影印文渊阁《四库全书》本，台北：台湾商务印书馆，1986 年版，第 22 页。

民心”①。

总之,袁燮的经学解释尽管继承了陆九渊以心解经的基本特征,但由于此时朱学开始官学化,并在当时颇具影响力,为此袁燮就积极汲取朱学、浙学解经的一些成就,强调兼采众长,由此进一步丰富完善了陆学解经及思想体系。就经学宗旨来说,由于袁燮所处的时代,正是孝宗、光宗、宁宗时期,政治矛盾比较突出,百姓生活艰难,而南宋王朝又面临着北方金的不时侵袭,作为当时统治阶层的一员,袁燮对当时政治也格外关注,故他的经学思想最为主要的特点便是经世济用。正如有的学者对袁燮经学解释的评价时所言,“(他)并不是按照其本来意义,而是根据自己的需要而申说,其目的是为当时的政治统治服务,表现出强烈的经世致用思想”②。可以说,袁燮将陆学运用到人伦道德、社会政治的实践方面,使得陆学更加“笃实”,如真德秀所言:“(袁燮)自少有志经济之业,每谓为学当以圣贤自期,仕宦当以将相自任。故其所讲明者,由体而用,莫不兼综。”③经由袁燮的努力,陆学体系因此更加丰富与完善。不仅如此,袁燮作为浙东学派中的一员,也深受当时经学注解中“以史证经”的做法,以此凸显经学诠释的有效性。

---

① 娄璐琦:《论袁燮〈絜斋毛诗经筵讲义〉的阐释特点》,《中共宁波市委党校学报》,2012 年第 4 期。

② 郝桂敏:《袁燮〈絜斋毛诗经筵讲义〉的特点及成因》,《辽宁教育行政学院学报》,2007 年第 7 期。

③ [宋]真德秀:《西山文集》卷四十七《显谟阁学士致仕赠龙图阁学士开府袁公行状》。

第三节　舒璘、沈焕的经学传承与经世思想

杨简、袁燮、舒璘、沈焕在当时被视为“甬上四先生”，他们传承了陆九渊心学，并在经学领域也多有自己的建树①，由此光大了南宋陆九渊之学。正如《宋元学案》所言“象山之门，必以甬上四先生为首”②当然，舒璘、沈焕也深受了浙东诸儒的影响，在经学诠释上除了强调《四书》之学、并以心解读经典之外，也注重六经之学，在经学旨趣上强调经世致用，由此他们也被视为浙东学派的重要组成部分。

一、舒璘、沈焕经学思想渊源与师承关系

舒璘（1136—1199），字元质，奉化人。乾道八年（1172）中进士，后曾任州学教授、知平阳县、宜州通判等职，庆元五年（1199）年去世，年六十四。理宗时，特谥文靖。舒璘经学思想的来源较为广泛，舒璘岳父童大定，为杨时弟子，故“先生少得闻伊洛之说”③。他还曾师从张栻、朱熹、吕祖谦、陆九渊等人为学，《宋元学案》称：“广平尝切磋于晦翁，讲贯文献于东莱，而自叙不及焉，直以通奉鼎

---

① 对于舒璘、沈焕的经学并没有专门的学者进行深入探究，但也有一些学者研究涉及相关问题，如於剑山：《南宋“甬上四先生”研究》，暨南大学硕士学位论文，2007 年 5 月。

② ［清］黄宗羲原著，全祖望补修：《宋元学案》卷七十四《慈湖学案序录》，北京：中华书局，1986 年版，第 2466 页。

③ ［清］黄宗羲原著，全祖望补修：《宋元学案》卷七十六《广平定川学案》，北京：中华书局，1986 年版，第 2544 页。

足张(栻)、陆(九渊),则其学可知矣。”①四库馆臣亦云:“(舒璘)补入太学,张栻官中都,璘往从之。又从陆九渊、朱子、吕祖谦诸人游,故于性命之旨深有所窥。”②尽管其学术渊源甚广,但最终归宗于陆学,这一点如王应麟所云:

> 先生之学,讲于张(栻)而成于陆(九渊),考德问业于朱(熹)、吕(祖谦),心融神会,精知力践,其躬行有尚䌹之实,其诲人有时雨之泽。③

在“甬上四先生”之中,舒璘经学思想渊源最为广博,加上注重学行与经学,故在当时也颇为有名,为陆九渊之高弟,全祖望对此称:“四先生之中,莫若文靖之渊源为最博,其行亦最尊。其生平所著《诗说》《礼说》,皆为经学之宗。”④

沈焕(1139—1191),其父沈铢,世居定海,后徙居鄞县。曾师从焦瑗学习二程洛学,受到家学的影响,沈焕自幼对二程之学颇为精熟。入太学后,与杨简、袁燮、舒璘为友,并师从陆九渊之兄陆九龄为学。袁燮曾记载说:“始与临川陆公子寿为友,一日尽舍所学,以师礼事焉。陆公极称君志气挺然,有任道之质。”⑤沈焕中进士后,历任上虞尉、扬州教授、婺源令、舒州通判等职。沈焕虽原有文

---

① [清]黄宗羲原著,全祖望补修:《宋元学案》卷五十八《象山学案》,北京:中华书局1986年版,第1922页。

② [清]纪昀等:《四库全书总目》卷一百六十《舒文靖集》提要,北京:中华书局,1997年版,第2139页。

③ [宋]王应麟:《四明文献集》卷一《广平书院记》,北京:中华书局,2010年版,第32页。

④ [清]黄宗羲原著,全祖望补修:《宋元学案》卷七十六《广平定川学案》,北京:中华书局,1986年版,第2550页。

⑤ [宋]袁燮:《絜斋集》卷十四《通判沈公行状》,影印文渊阁《四库全书》本,台北:台湾商务印书馆,1986年版,第199页。

集五卷,但佚失。今尚存有袁燮辑《定川言行编》和近人张镛辑《定川遗书》。

在“甬上四先生”之中,沈焕是唯一一个没有师从陆九渊为学的,全祖望曾说:“甬上四先生之传陆学,杨、袁、舒皆自文安(指陆九渊),而沈自文达(指陆九龄),《宋史》混而列之,非也。”①尽管没有亲炙于陆九渊,而是跟从陆九龄为学,其学术思想基本上为陆学一系。他也认为“人心”是根本,故在经学研习上,他强调要“先立根本”,这和陆九渊所言一脉相承。由于他与吕祖谦、吕祖俭多有交游,故对于吕学也颇有汲取,袁燮《通判沈公行状》中云:“后与东莱吕公伯仲极辨古今,始知周览博考之益,凡世变之推移,治道之体统,明君贤臣之经纶事业,孳孳讲求,日益广深,君子以是知君胸中之蕴,有足以开物成务者矣。”②沈焕吸收了吕祖谦在博览经史、兼通治乱兴衰方面的优长,以至于全祖望认为:“沈氏之学,实兼得明招(吕祖谦)一派,而世罕知之者。”③

二、注重“心”之本体,强调以心解经

舒璘秉承陆九渊心学思想,强调“心”的本体地位,他说:“《易》之极,即心之极,甚善。人皆有此极而不自明,无他,私念障之也。”④他强调心乃是《易》、宇宙之本体,人皆有此心,只要摒除

① [清]黄宗羲原著,全祖望补修:《宋元学案》卷七十六《广平定川学案》,北京:中华书局,1986年版,第2554页。

② [宋]袁燮:《絜斋集》卷十四《通判沈公行状》,影印文渊阁《四库全书》本,台北:台湾商务印书馆,1986年版,第202页。

③ [清]全祖望:《鲒埼亭集外编》卷十六《竹州三先生书院记》,清嘉庆十六年刻本,第159页。

④ [宋]舒璘:《舒文靖集》卷上《答沈季父》,影印文渊阁《四库全书》本,台北:台湾商务印书馆,1986年版,第511页。

"私念",就可以自明。正是因为如此,他认为只要体悟"本心"就可以明六经要旨,而非执着于词章、训诂之学:

《六经》旨趣深长,苟平时学有根源,发之文词,自不可掩。近主文往往欲务新奇,故命题多断章取义,不惟有失经旨。使士子投合有司,巧于穿凿,故辞达之文少,而巧说之语多。习以成风,争奇取胜,所得之士,往往多轻浮躁露,殊乏器识,甚失明经取士之意。①

舒璘认为体悟到经旨的根源,即"本心",自然可明《六经》旨趣。但是如果只是执着于文辞、章句之学,不但不能明经旨,反而还会对学术风气、道德人心变得"争奇取胜""轻浮躁露",这反过来也会失去朝廷倡导读经之本义。

也正因为如此,舒璘对朱熹等理学家所倡导的"格物致知"、诚敬明理等说法颇有不认同,而是积极宣扬内心自足,本具良心,如云:

持敬之说,某素所不取。我心不安,强自体认,强自束缚,如篾箍桶,如藤束薪,一旦断决,散漫不可收拾,理所宜然。夫子教人何尝如是,其曰:"入则孝,出则弟。言忠信,行笃敬",与夫"出门如见宾,使民如承祭"如此等处,在孩提便可,致力从事无斁,则此心不放,此理自明,圣贤事业岂在他处耶?②

知天之付予于我者,其良心之粹,无好乐,无贪羡,廓然大公,惟理之顺。圣贤先获我心之同然,故穷达用舍,安于理义之常,在上而与天地同流,吾不益。在下而与草木俱腐,吾不

① [宋]舒璘:《舒文靖集》卷上《通都漕》,影印文渊阁《四库全书》本,台北:台湾商务印书馆,1986年版,第511页。

② [宋]舒璘:《舒文靖集》卷上《答叶养源二》,影印文渊阁《四库全书》本,台北:台湾商务印书馆,1986年版,第509页。

损。稽之于古，若伊尹之相汤，傅说之相高宗，光明俊伟，咸美有商。①

在舒璘看来，朱熹等理学家所宣扬的以诚敬的心态去格物穷理，此法颇为牵强，如同用藤条捆扎柴火，“一旦断决，散漫不可收拾”。在他看来，人天生便有良心存在，都具有了仁义礼智等品质，故不需要外在的强制为之。舒璘的这种观点，实际上的是对孟子、陆九渊心学思想的继承和发展，而对朱熹等理学家所宣扬的“格物穷理”“持敬”等修养方法的鄙夷。

沈焕尽管没有亲炙于陆九渊、杨简等人，但是在他经学研究的思路与方法上，与陆、杨等人具有一脉相承性。如在沈焕看来，“吾儒急务，立大本明大义耳。本不立，义不明，虽讨论时务，条目何为？”②

三、兼采众长，注重时事、经世以致用

较杨简、袁燮而言，舒璘之学虽然不够显赫，经学旨趣上也颇为平实，但他更注重经世致用的精神，“其学以笃实不欺为主”“尤留心中朝治乱之故”③。之所以如此，与舒璘交往的学者中，如薛叔似、陈傅良、楼钥等人都是永嘉事功学派中人，他们对舒璘为学颇有影响，他们也多次向朝廷举荐舒璘，可以说舒璘为学注重经世致用，颇具有浙东事功之精神。

---

① ［宋］舒璘：《舒文靖集》卷下《谢傅漕荐举劄子》，影印文渊阁《四库全书》本，台北：台湾商务印书馆，1986 年版，第 535 页。

② ［宋］沈焕：《定川遗书》卷二《训语一》，民国刻《四明丛书》第四集本，第 5 页。

③ ［清］黄宗羲原著，全祖望补修：《宋元学案》卷七十六《广平定川学案》，北京：中华书局，1986 年版，第 2545 页。

可以说，舒璘对当时社会政治治理的格外关注，一方面出于儒士大夫经世致用的身份意识，自然会积极关注当时社会政治危机，另一方面也深受浙东诸儒的影响，故他在其文中多次表达了对时事政治的关注，如云：

窃谓古之君子，穷则独善其身，达则兼善天下。虽未能兼善，与其教行邑人，孰若扩之于一郡。想阁下亦未始恝然也，倘蒙轸念不赐鄙夷，岂惟诸生之幸。某实受警提之赐，岂胜愿望。①

某窃谓士君子之为学，非徒以独善其身，名德如许、顾乃敛然自啬，虽足见谦德，然古人与人为善之意，恐不若是恝。高明留听，惠然赐临，岂惟一邦之幸，某实与有闻焉，伏惟加念幸甚。②

窃惟当今事势，深有可忧，士大夫调停之功多，而正大之议少；和同之风炽，而笃实之意亏。虽有忧国之心，卒未有善后之计。③

窃惟国家常平之法，盖以岁有丰歉，谷有高下，故敛之丰，用之歉，大率欲济饥。然其敛也，皆坚好之物；及其散也，多腐败之余。盖米之在仓，余二三年蛀损腐烂，势所必至，又其粜也。官虽给本州县，往往受纳，而取虐于民；及其久也，官虑其

① ［宋］舒璘：《舒文靖集》卷上《与汪子卿》，影印文渊阁《四库全书》本，台北：台湾商务印书馆，1986年版，第513页。

② ［宋］舒璘：《舒文靖集》卷上《请汪解元》，影印文渊阁《四库全书》本，台北：台湾商务印书馆，1986年版，第519页。

③ ［宋］舒璘：《舒文靖集》卷上《与丰郎中》，影印文渊阁《四库全书》本，台北：台湾商务印书馆，1986年版，第524页。

坏，命之易新，则又亏折其甚也。①

从上可以看出，舒璘极为关注当时的时事政治，在他看来，作为儒士大夫为学立身不能仅仅只是独善其身，而是应当具有"达则兼济天下"的胸怀。所以，舒璘不仅仅积极关注当时宋王朝所面临的内忧外患，更是在其《论常平》《论保长》《论茶盐》《再与前人论荒政》等文章中对一些具体的社会政治问题，发表自己的看法，这些都充分体现了舒璘经世致用的精神，而且他立论多以保民、爱民为基本出发点，充分体现了他对《论语》《孟子》《中庸》及《尚书》等经典中所倡导的敬德、保民思想的继承和发扬。

沈焕尽管私淑陆学，但实际上受到浙东学术尤其是吕祖谦婺学的影响，也非常强调经世致用，注重制度建设及现实具体社会问题的解决，由此与吕祖谦之学颇有近似之处，故全祖望就曾说"沈氏之学，实兼得明招（吕祖谦）一派，而世罕知之者。"②

总体而言，舒璘、沈焕之学在影响上尽管不及杨简、袁燮，但是他们在经学思想上与二人并没有什么大的差异，相反在整体上四人的经学思想大同小异而已。他们都注重发明本心，都注重将"心"视为经学解释、思想建构的核心范畴，希望发挥心的主体性，进而发挥经世致用的精神。

舒璘、沈焕作为甬上四先生之一，他们不仅传承了陆九渊心学的基本精神，更是对朱熹之学、浙东之学都抱有一定的宽容心态，并汲取他们经学的一些优长，如经制事功之学，由此进一步丰富完

① ［宋］舒璘：《舒文靖集》卷下《与陈仓论常平》，影印文渊阁《四库全书》本，台北：台湾商务印书馆，1986年版，第539页。

② ［清］全祖望：《鲒埼亭集外编》卷十六《竹州三先生书院记》，清嘉庆十六年刻本，第159页。

善了陆学，这些不仅是南宋后期陆学一派经学发展的基本特征，更是当时社会政治、思想文化发展的必然。

第四节　袁甫：以心解经，兼采朱学、浙东之学

在陆九渊再传弟子中，最为著名的当属袁甫，其为袁燮之子，曾师从杨简为学，得杨简心学之精髓，成为陆学再传弟子中的佼佼者。袁甫，嘉定七年（1214）进士，官至吏部侍郎兼国子祭酒，权兵部尚书，谥正素，事迹具《宋史》本传。四库馆臣说他“甫胚胎家学，经术湛深，阐发理道之言，皆能得其精蕴”①，他在陆九渊再传弟子中，最为知名。其学虽然出于杨简，但与陆九渊颇为相合，“其学出于杨简，简之学则出于陆九渊，故立说多与九渊相合”②。传世有《蒙斋集》《蒙斋中庸讲义》等书。

一、传承陆九渊心学思想，注重以心解经

袁甫师从杨简，但却颇为自负，他在论及儒家传承谱系时，当仁不让，认为自己可以传承孔孟之道，自己乃孔孟正传，他说：

> 道统之传尚矣。孔子传之曾子，曾子传之子思，子思传之孟子。……其传至我朝，伊洛之学兴，实源流于洙泗，而其发挥之功亦不细矣！中兴以后，儒宗继出，以明道为己任，其大端大旨可以概见，而习其学者未明师传。……孔子、曾子、子思、孟子相

---

①　[宋]袁甫：《蒙斋集·目录》，影印文渊阁《四库全书》本，台北：台湾商务印书馆，1986 年版，第 333 页。

②　[清]纪昀等：《四库全书总目》卷三十五《蒙斋中庸讲义》提要，北京：中华书局，1997 年版，第 465 页。

传之道统其庶矣乎！某不敏，敢诵所闻而与学子共之。①

袁甫认为道统传承，自孔子、曾子、子思、孟子之后，二程洛学诸儒对于孔孟之道多有发挥，但是自此之后，学者却“未明师传”，以至于孔孟之道不传，所以袁甫认为以自己对《中庸》的体悟、阐发，自诩能传承此道。袁甫盛赞《中庸》，认为《中庸》一书乃是圣人之道的真正载体，所谓：

> 《中庸》一书，涵宏大而析物微切，极奥妙而指事平，近行乎彝伦者，皆皓皓之妙。塞乎宇宙者，即肫肫之诚，学者于是而省察焉。勿忘、勿助、弗得弗措，则于孔子、曾子、子思、孟子相传之道，统其庶矣乎！②

在他看来，《中庸》一书乃“穷理尽性至命之书也”③，所言无非是圣人之道，从大到天地万物，从小到人伦日用，皆有言及，所以学者省察其中所蕴含之道，便可以获知圣人之心。

袁甫与杨简、陆九渊一样，将“本心”看成是“道”之同体，即宇宙万物之本体，所谓：“道即本心，天地同体，虚明洞彻，不可名状。”④“天下万事皆原于心，心本至灵，己私障之，己私既去，洞然大公，无适无莫，常清常明，律己也，抚民也，莅事也，皆是心为之

① ［宋］袁甫：《蒙斋中庸讲义》卷一，影印文渊阁《四库全书》本，台北：台湾商务印书馆，1986年版，第555页。

② ［宋］袁甫：《蒙斋中庸讲义》卷一，影印文渊阁《四库全书》本，台北：台湾商务印书馆，1986年版，第556页。

③ ［宋］袁甫：《蒙斋中庸讲义》卷一，影印文渊阁《四库全书》本，台北：台湾商务印书馆，1986年版，第556页。

④ ［宋］袁甫：《蒙斋集》卷十一《赠王次点序》，影印文渊阁《四库全书》本，台北：台湾商务印书馆，1986年版，第467页。

也。"①袁甫将"心"看成天地万物的根本，万物皆备于此心，所以只要此心常明，则可以与天地万物为一体。也正是因为如此，袁甫认为学问之要在于"明本心"，他说：

人心至明，常人自违其心，若曾子者可谓不违心矣。人取谋于我，竭诚殚虑若己事然，此本心也。不如是，则不忠，非违心乎？人道莫重于友，一语不妄，始终如一，此本心也。不如是，则不信，非违心乎？人之为学传于父兄，传于师傅，于古孳孳服习，罔敢失坠，此本心也。不如是，则不习，非违心乎？夫其所以违心者，不省故也。②

人心本来明彻，为人做事，殚诚竭虑；与人交往，始终如一；为学践履，不敢怠慢，这些都是人之本心应当如此，都是人本身所固有的习性，不这样做否则便是"违心"。所以袁甫认为，一旦违心，便要反省，以求明此"本心"。对于如何"明本心"，他说：

孟子曰"仁义礼智根于心，其生色也，睟然见于面，盎于背，施于四体，实夫于根心"之语，其有得乎未也，根非外来，本心素具。明心以培其根，则枝叶华萼，皆根之所自出也。勿忘、勿助长，是为用力之要。③

心，吾心也，反己而求，和敬油然而生，非自外至也。是故学者用力于和敬，当自求放心始。④

---

① ［宋］袁甫：《蒙斋集》卷十五《跋长沙幕府四箴》，影印文渊阁《四库全书》本，台北：台湾商务印书馆，1986年版，第514页。

② ［宋］袁甫：《蒙斋集》卷十五《张平仲为郑氏子求书三省大字遂为之说》，影印文渊阁《四库全书》本，台北：台湾商务印书馆，1986年版，第508页。

③ ［宋］袁甫：《蒙斋集》卷十五《马实夫字说》，影印文渊阁《四库全书》本，台北：台湾商务印书馆，1986年版，第509页。

④ ［宋］袁甫：《蒙斋集》卷十五《和敬说赠庶可》，影印文渊阁《四库全书》本，台北：台湾商务印书馆，1986年版，第510页。

对于如何明本心，袁甫借助对《孟子》的领悟，认为仁义礼智本来为内心所具有，如同根于心，所以要通过“明心以培其根”，时刻保持一个诚敬、坦然的心态，然后仁义礼智自然显现。反求诸己，“求放心”是袁甫明道、求道的重要方式。

二、强调道德性命之学，折衷朱陆之学

袁甫传承了陆九渊、袁燮、杨简等人的心学，盛赞思孟学派，并对道德性命之学颇有钻研，如他在解释《中庸》一书中说道：

> 《中庸》一书，穷理尽性至命之书也。子思揭诸篇，首曰“天命之谓性”，性不离命，命不离性，性命不离中庸，知中庸则知性命矣，知性命则知中庸矣。载稽圣经，语命而性存焉，语性而命存焉。……至于孟子之言性命，则亦曰“形色天性也”，又曰“知其性则知天矣”，是故指耳、目、鼻、口、四肢之于色、声、臭、味、安佚而曰性也，又继之曰“有命焉”。盖谓天命一定，凡所谓贵贱贫富，生死寿夭，莫不各有定分，而色声臭味安佚，虽人之所同欲，然有得焉，有不得焉，非命然耶？苟制于命矣，则不专于性也，性不可离命而言也。……命不可离性而言也。……此中庸之道也，此穷理尽性以至于命也，皆人所固有也，皆人所可为也。……故尝试论之性不离命，命不离性，性命一中庸也。性命降自天，率性由道，存乎人，人不离天，天不离人，天人一中庸也。道自道也，成己也，推此教人成物也，己不离物，物不离己，物我一中庸也。①

袁甫盛赞《中庸》，并认为它是一部有关“穷理尽性以至于命”的书，

---

① [宋]袁甫：《蒙斋中庸讲义》卷一，影印文渊阁《四库全书》本，台北：台湾商务印书馆，1986年版，第556页。

从中可以知道“性不离命,命不离性,性命不离中庸”,可以说,性、命、中庸、天理几者息息相关,正是由于它们不可分割,所以修身穷理,成就圣人品质,便事关性命。

面对体悟圣人之道的方式,即“道问学”“尊德性”,尤其是之前朱熹力主“道问学”,而陆九渊主张“尊德性”,并形成了朱、陆异同,但在袁甫看来,“道问学”与“尊德性”两者是不可分离的,只有两者有机结合,才能真正体悟圣人之道,他在其《蒙斋中庸讲义》中说:

> 问学不明,固非能尊德性者也。然至于考核参订,极其详博,自以为得圣贤之学,而于本有之德性未能洞彻融通,则所谓问学者非真问学矣。致广大而又曰尽精微,何也?盖世有规模阔大,而忽略于节目、纤悉之间者,其弊将汗漫而不知底,止是精微不尽,固未足以语广大也。然至于一事一物,较计微芒,自以为有文理密察之功,而未能先立乎其大者,甚而流于支离苛细之弊,则所谓精微者非真精微矣。……德性者,问学之根基;问学者,所以发挥其德性,故德性尊于此,即问学由于此,无二致也,此《中庸》之教也。①

袁甫认为,“道问学”与“尊德性”是体悟圣贤之学的两个重要方式,两者相辅相成,不可分离。在他看来,“问学不明,固非能尊德性”,问学是尊德性的重要路径,但是如果舍弃“尊德性”,专注于“考核参订,极其详博”,即使“一事一物,较计微芒,自以为有文理密察之功”,但这对于“本有之德性未能洞彻融通”,也不能是真正的“道问学”,反而会流于“支离苛细”之弊。同样的道理,如果只是致力于“尊德性”,忽略于经典、事物得到细枝末节,即使“规模阔大”,但也

① [宋]袁甫:《蒙斋中庸讲义》卷四,影印文渊阁《四库全书》本,台北:台湾商务印书馆,1986年版,第608页。

会流于“汗漫而不知底”之弊。总体而言，“道问学”“尊德性”是解读经典、体悟圣人之道的两个重要方面，问学是对圣人之道的阐发，而尊德性是问学的根本所在，不可分割，“无二致也”“两者不相离”①。袁甫这种折中朱、陆的想法，对于之后陆九渊之学的发展颇有影响，到了元代朱、陆会通，不能不说与袁甫的倡导有极大的关系。

三、宣扬经世致用的精神，发挥心之作用

袁甫为学注重通经致用，他说：“读《中庸》之书，正欲验诸履践耳！徒读其书不履诸身，万万无益也！”②在他看来，如果不能将《中庸》中所蕴含的天地人文之道运用到现实的实践中，这对于读书而言一点意义都没有。袁甫反对繁琐的章句训诂之学，希望领悟经义大要，尤其是有关治国安邦之道，他说：“经筵讲学亦不必屑屑，费其精神于传注训诂之间，只要领会大旨，推之以治天下，只是理会天下大事。”③

袁甫继承了陆九渊、杨简的政治理念，即希望通过改变君主内心，即“格君心之非”来改变当时的风俗、政治，他说：

> 陛下一澄其心源，则神气充矣；一振人才之纲领，则骨力强矣；一提兵财之体统，则血脉通矣。故天下之机括，惟在陛

---

① ［宋］袁甫：《蒙斋中庸讲义》卷四，影印文渊阁《四库全书》本，台北：台湾商务印书馆，1986 年版，第 610 页。

② ［宋］袁甫：《蒙斋中庸讲义》卷二，影印文渊阁《四库全书》本，台北：台湾商务印书馆，1986 年版，第 580 页。

③ ［宋］袁甫：《蒙斋集》卷五《右史直前奏事第二劄子》，影印文渊阁《四库全书》本，台北：台湾商务印书馆，1986 年版，第 387 页。

下之一身而已。①

陛下未能消天变、孚民听、服远人者,又皆邪径未塞之所致也。夫此二说,其实一原。果能秉一德,则邪径有可窒之渐,苟不窒邪径,则反至于累吾之一德。故曰惟在陛下真知省悟而已。臣曩侍经帷,屡陈肯款,尝进心本不动之说,而陛下欣然嘉纳,且有学者之褒。今复以省悟之说启陛下,陛下试思:省悟者谁欤?不知省悟者又谁欤?豁然明白,了无凝滞,此正陛下之本心也。②

袁甫一生多年为官,对于社会政治问题非常重视,曾多次上书皇帝,就当时的人事、经济、边防、流民、教育等问题发表自己的观点,在其奏疏中多次援引经义,以增加说服力。不过在他看来,当时一切社会问题的真正解决,在于皇帝自身,只要能"正之本心",亦即只要皇帝能够改变自己的执政能力、提升自己的道德境界,很多问题自然容易解决。这种政治理念既是对其师陆九渊、杨简的继承,也是对孟子之学的体悟,他说:"孟子谈井地、爵禄之制,而大本在格君心。"③在袁甫看来,孟子所言的政治理念之中,其根本便是要"格君心",故袁甫的政治思想其实也是对孟子政治思想的直觉体悟与发挥而已。

正是由于袁甫注重心的本体地位,所以他不仅强调作为君主一定要改变自己的内心,而且作为臣子为官行政也一定要本于

① [宋]袁甫:《蒙斋集》卷四《戊戌风变拟应诏封事》,影印文渊阁《四库全书》本,台北:台湾商务印书馆,1986年版,第372页。

② [宋]袁甫:《蒙斋集》卷七《兵部侍郎内引劄子》,影印文渊阁《四库全书》本,台北:台湾商务印书馆,1986年版,第420页。

③ [宋]袁甫:《蒙斋集》卷十一《赠王次点序二》,影印文渊阁《四库全书》本,台北:台湾商务印书馆,1986年版,第467页。

"心"、要用"心"：

天下万事皆原于心，心本至灵，己私障之。己私既去，洞然大公，无适无莫，常清常明。律己也，抚民也，莅事也，皆是心为之也。廉而不本于心，则有以敝车羸马为廉者矣；仁而不本于心，则有以燠休姑息为仁者矣；勤而不本于心，则有以衡石程书为勤者矣。是皆心未通乎大公，智漫窥于小道，故流弊至于此。然则四者固官箴之要，而存心又三箴之要，心诚廉，当辞而辞，当受而受，皆廉也。心诚仁，温如春生，凛如秋杀，皆仁也。心诚勤职，思其忧，思不出位，皆勤也。兹所谓无适无莫，常清常明，不失其本心者欤！①

袁甫强调"心"的本体地位，认为只有内心只有无私无欲，方可以为真心。所以，在修德为政方面，一定要有仁、廉、勤等心，这样才是真心，唯有这样方能是合格的为政者。

本章小结

总体上来看，"甬上四先生"作为陆学一派的传人，他们对于陆学的体悟与成就各有不同，但在他们的经学思想中，都将心、本心视为为学、行事的立足点与根本所在。在四先生之中，杨简更能够充分地发展陆派心学思想体系，并将心学推进到一个新的阶段。

"甬上四先生"对陆九渊之学在四明地区的发展起到了重要的促进作用，这一点正如王应麟所云：

四明乡先生有九人焉：宋庆历建学之初，杨、杜、二王、楼

① ［宋］袁甫：《蒙斋集》卷十五《跋长沙幕府四箴》，影印文渊阁《四库全书》本，台北：台湾商务印书馆，1986 年版，第 514 页。

公以道德文行师表后进，或授业乡校，或讲道闾塾，衣冠文献，益盛以大，五先生之功也。淳熙之舒、沈、杨、袁诸公，以尊德性、求放心为根本，阐绎经训，躬行实践，学者知操存持养以入圣贤之域，四先生之功也。①

在甬上四先生之前，北宋庆历之际的杨适、杜醇等人皆以学行成名于当世。在经典诠释上，他们已经注重义理解经，排斥佛老之学，与欧阳修、胡瑗、孙复等人遥相呼应，开庆历义理之学的先河，《宋元学案》称：

庆历之际，学统四起。齐、鲁则有士建中、剑颜夹辅泰山而兴。浙东则有明州杨、杜五子，永嘉之儒志、经行二子，浙西则有杭之吴存仁，皆与安定湖学相应。②

杨、杜五子就是在今天宁波一地有名学者如杜醇、楼郁、杨适、王致、王说等人，他们以教育为主要职业，积极从事州县儒学，同时创立书院，收聚生徒，开讲学之风。他们在经学上，注重思想义理，排斥佛老之学，开当时经学之新风。如杨适治经，"不守章句，黜浮屠、老子之说，歌诗卓越超迈"③，杨适与同郡的王致、杜醇交游甚密，"后进莫不师之"④。楼郁"志操高厉，学以穷理为先，为乡人所

---

① ［宋］王应麟：《四明文献集·深宁先生文钞摭余编》卷一《九先生祠堂记》，北京：中华书局，2010 年版，第 264 页。

② ［清］黄宗羲原著，全祖望补修：《宋元学案》卷六《士刘诸儒学案序录》，北京：中华书局，1986 年版，第 251 页。

③ ［宋］王应麟：《四明文献集·深宁先生文钞摭余编》卷一《大隐杨先生传》，北京：中华书局，2010 年版第 251 页。

④ ［宋］王应麟：《四明文献集·深宁先生文钞摭余编》卷一《大隐杨先生传》，北京：中华书局，2010 年版，第 251 页。

尊”①。甬上四先生继杨、杜、二王等先公，以“尊德性、求放心”为根本，修身实践，这无疑在四明地区宣扬了陆九渊心学，对陆九渊心学在浙东地区的发展起到了重要推动作用。

另外，如果从宋代大的学术氛围来看，甬上四先生对心学的发展其实也是对二程洛学在甬上地区得以继续发展的一种努力，毕竟在南宋初年二程洛学已经开始在这里发展了。如全祖望所言：

> 二程倡道洛中，浙人惟永嘉九先生得登堂，而余皆私淑也。吾乡则高宪敏公（闶）、童持之（大定）、赵庇民（敦临），皆在太学，侍杨氏（时），洛学之来甬上自此始。暨南渡，而山东焦先生（瑗）以避地至，亦伊川门下也。宪敏辈以其所得共证明之，其所言多与杨氏合，于是日益请业，而吾乡之洛学遂日盛。②

由此可以看出，尽管“甬上四先生”所传为陆学，但或多或少也受到当时二程洛学后传弟子的影响。其中二程后学中的高闶（1097—1153），其影响最为显著。高闶为杨时弟子，其学以宗程颐，《宋史》本传称：“闶少宗程颐学。宣和末，杨时为祭酒，闶为诸生。胡安国至京师，访士于时，以闶为首称，由是知名。”③不仅高闶宣扬二程之学，杨时的弟子赵敦临、童大定等人也都在乡里教授二程之学。沈焕的父亲及其兄弟沈铭、沈镗都是程颐弟子焦瑗的高弟，可以说是程颐再传弟子。可以说，在“甬上四先生”之中，除了杨简比较纯粹

---

①　［宋］王应麟：《四明文献集·深宁先生文钞摭余编》卷一《城南楼先生传》，北京：中华书局，2010 年版，第 277 页。

②　［清］全祖望：《鲒埼亭集外编》卷十六《大函焦先生书院记》，清嘉庆十六年刻本，第 157 页。

③　［元］脱脱等：《宋史》卷四百三十三《高闶传》，北京：中华书局，1977 年版，第 12858 页。

的推尊陆学之外，袁燮、舒璘、沈焕三人受到家学的影响，或多或少受到接受了二程之学，并结合陆九渊心学作了适当的改进，所以他们在学说思想上，颇有理学、心学兼容的特点，故如从大体上而言，“甬上四先生”所传乃是二程洛学，是二程洛学在甬上的一种新发展。

第五章　南宋后期浙东诸派经学传承与思想演化

宋元时期，朱熹理学逐渐繁盛。在浙江一带，朱熹之学的传承主要有三支：一支是以何基为首的北山四先生所代表的金华朱学；一支是以黄震、史蒙卿等为代表的四明朱学；一支是以叶味道、陈埴为代表的永嘉朱学。其中金华朱学影响对后世影响最大，另外四明与永嘉两地的朱学弟子也在经学领域做出了突出的贡献。

第一节　金华经学：北山四先生的经学及其思想

北山四先生，即何基、王柏、金履祥、许谦四人。由于地处金华，故又称“金华四先生”。他们经由黄榦，传承朱学，是宋元之际朱熹之学最重要的传承者。尽管朱熹生前对浙学颇有成见，但最后能够张大其学的还是流传于浙江一带的北山四先生，正如《宋元学案》所言：“晦翁生平不喜浙学，而端平以后，闽中、江右诸弟子，支离、舛戾、固陋无不有之，其能中振之者，北山师弟为一支，东发为一支，皆浙产也”①，北山四先生以其推尊、诠释与完善了朱学，最

---

①　[清]黄宗羲原著，全祖望补修：《宋元学案》卷八十六《东发学案》，北京：中华书局，1986年版，第2884页。

终被视为朱学的正宗嫡传、理学正宗,在中国近世史上产生了深远的影响。北山四先生在经学上,注重以朱熹《四书》学为根柢,旁收博采,疏解群经,以传承朱学为己任。另一方面,他们在株守朱熹理学的基础上,也借助经典诠释的形式对朱熹理学体系做了一定程度的修补工作①,为朱熹理学的发展做出了突出贡献。

一、对朱熹《四书》学的推尊、注解及完善

以何基为首的北山四先生,他们在经学上最大的特点莫过于对朱熹《四书》学的推尊与诠释,进一步丰富朱熹《四书》学及经学思想体系。

(一)何基对朱熹《四书》学的"墨守"

何基(1188—1268),字子恭,号北山,婺州金华人。早年师从陈震学习,后随父到临川,师从朱熹高徒黄榦为学。《宋元学案》记载云:"(何基)父伯熭,丞临川,而黄勉斋榦(黄榦)知其县事,伯熭使二子师事之。勉斋告以必有真实心地、刻苦工夫而后可,先生悚惕受命。于是研精覃思,平心易气,以俟义理之自通,未尝立异以为高,徇人而少变也。凡所读书,朱墨标点,义显意明,有不待论说而自见者。"②这就说

---

① 对于北山四先生的理学,今人王锟《朱学正传:北山四先生理学》对此做了细致的梳理,可参考。(王锟:《朱学正传:北山四先生理学》,上海:上海三联书店,2010年版。)另外,还有很多学者对北山四先生的经学做了一定的研究,如高云萍:《北山学派研究》,浙江大学博士学位论文,2007年11月。周春健:《金履祥与〈论孟集注考证〉》,《中国典籍与文化》,2009年第1期。陈战峰:《王柏的〈诗经〉观与拟删诗》,《中国文化研究》,2010年秋之卷。周春健:《许谦与〈读四书丛说〉》,《中国典籍与文化》,2007年第4期。刘海泉:《许谦与金华学派》,湖南大学硕士学位论文,2009年5月。

② [清]黄宗羲原著,全祖望补修:《宋元学案》卷八十二《北山四先生学案》,北京:中华书局,1986年版,第2726页。

明，何基在其早期受学于朱熹嫡传弟子黄榦，在黄榦的指导下研习经典，“研精覃思，平心易气”，严格遵守师说，希望由此获知经典之思想义理，“以俟义理之自通，未尝立异以为高”。

后来，何基离开黄榦之后，隐居于家乡北山盘溪上，传道授业，将朱学传入金华，成为婺州金华朱学的首倡者。程开业曾说：

> 朱子嫡传，其在北者则有许鲁斋先生(许衡)。其在南者则有吾婺何、王、金、许四先生。而四先生中，又自何北山先生，受业黄勉斋之门，得亲传朱子之学始。则北山先生者，实朱子之冢孙，而吾婺之首庸也。①

这说明何基不但是朱熹的嫡传，更是浙江婺州地区朱学的最早倡导者，“婺之首庸”。由于婺州一直流行事功之学，何基在此地传承朱熹之学，这对当地传习朱学起到了直接的促进作用。何基一生著述甚多，有《大学发挥》《中庸发挥》《大传发挥》及《北山集》等多种，不过都已经散佚。后世辑有《金华何北山先生正学编》《何北山先生遗集》等。

何基之学，以朱熹《四书》学为根柢，据王柏记载，何基师从黄榦，黄榦告之以“但熟读《四书》，使胸次浃洽，道理自见。此先生所以终身服习，不敢顷刻忘也”②。何基对朱熹《四书》学非常推崇，他说：“学者读书先须以《四书》为主，而用《语录》辅翼之。”③这里的《四书》即朱熹《四书章句集注》，《语录》即朱熹对《四书》有关的

---

①　[宋]何基:《何北山先生遗集》卷四《何北山先生正学编序》，民国补刻金华丛书本，第 30 页。

②　[宋]何基:《何北山先生遗集》卷四《何文定公传》，民国补刻金华丛书本，第 27 页。

③　[宋]何基:《何北山先生遗集》卷四《何北山先生行状》，民国补刻金华丛书本，第 18 页。

语录。他希望以朱子平时对《四书》的点评语录作为研习《四书章句集注》的辅助，对朱熹《四书》学作深入研究。

何基治《四书》谨守朱熹思想，在为学方法上注重熟读而后自得于心，《宋史》本传称：

微辞奥义，研精覃思，平心易气，以俟其通，未尝参以己意、立异以为高……治经当谨守精玩，不必多起疑论，有欲为后学言者，谨之又谨可也。基淳固笃实，绝类汉儒，虽一本于熹，然就其言发明，则精义新意愈出不穷。①

何基为学不求立异，强调熟读体悟，"精玩不必多起疑论"，非常笃实严谨。虽然也发明新意，但也是立说"一本于熹"，在思想体系上没有超越朱子之学的框架。正如弟子王柏说他"平时不著述，惟研究考亭（朱熹）之遗书，兀兀穷年而不知老之已至"②。对于何基经学思想的特点，《宋元学案》曾说："北山之宗旨，熟读《四书》而已。……北山确守师说，可谓有汉儒之风焉。"③

由于何基秉承朱学传统，注重《四书》之学，所以他在解读诸部经典的时候，非常强调通过《四书》来解读儒经，如其所谓：

以《洪范》参之《大学》《中庸》，有不约而符者：敬五事则明明德也，厚八政则新民也，建皇极则止至善也；至于皇极，有休征而无咎征，有仁寿而无鄙殀，则中和位育之应，皇极之极功也。④

① ［元］脱脱等：《宋史》四百三十八《何基传》，北京：中华书局，1977 年版，第 12979 页。

② ［宋］何基：《何北山先生遗集》卷四《何北山先生行状》，民国补刻《金华丛书》本，第 30 页。

③ ［清］黄宗羲原著，全祖望补修：《宋元学案》卷八十二《北山四先生学案》，北京：中华书局，1986 年版，第 2727 页。

④ ［宋］何基：《何北山先生遗集》卷四《何基列传》，民国补刻《金华丛书》本，第 23 页。

何基强调用《大学》《中庸》来理解《尚书·洪范》，认为《洪范》的思想，其实在《大学》《中庸》之中也有对应的思想。这种思路在某种程度上，进一步突出了《五经》的道德属性。

(二)王柏对朱熹《四书》学的“修订”

王柏(1197—1274)，字会之，号鲁斋，金华人。其祖父王师愈为杨时门人，父王瀚曾师从吕祖谦、朱熹为学。王柏自幼受到家学熏染，喜好学求道。《宋元学案》记载：“(王柏)年逾三十，与其友汪开之同读《四书》，取《论》《孟》集义，别意铅黄朱墨，求朱子去取之意。”①后问学于朱熹门人杨与立、刘琰，转而师从何基。何基将朱学传于王柏，王柏是为朱熹三传弟子。王柏学问广博，精通经史，著述多达八百余卷。不过，大部分已佚，仅存《诗疑》《书疑》《鲁斋集》等。

王柏从何基为学后，王柏深受何基影响，高度重视《四书》，他说：“《四书》者，固非为文章设也，乃经天纬地之具，治世文教之书。”②他认为《四书》乃是经天纬地、治国文教之经典。他尤为推崇朱熹《四书章句集注》，说：“《集注》之书，虽曰开示后学为甚明，其间包含无穷之味，益玩而益深。”③在他看来，《集注》一书蕴意无穷，理义深厚。他对朱熹《四书》学作了深入细致的研习，并撰有《论语衍义》《论语通旨》《孟子通旨》《订古中庸》《标注四书》等。

---

① [清]黄宗羲原著，全祖望补修：《宋元学案》卷八十二《北山四先生学案》，北京：中华书局，1986年版，第2730页。

② [宋]王柏：《鲁斋集》卷八《答王栗山》，影印文渊阁《四库全书》本，台北：台湾商务印书馆，1986年版，第129页。

③ [宋]王柏：《鲁斋集》卷九《金吉甫管见》，影印文渊阁《四库全书》本，台北：台湾商务印书馆，1986年版，第143页。

对于朱熹《四书》学，王柏虽然尊崇有加，但是在具体的《四书》形成与内容上，却多有驳正。如他认为《论语》是子思所集，“窃谓集《家语》者，固出于门人弟子也。于《家语》中集其精粹而为《论语》者，疑子思也”①。这其实是对朱熹观点的补充，朱熹曾说：“《论语》多门弟子所集，故言语时有长长短短不类处。”②王柏以子思替代朱熹所言的“门弟子”，较朱子所言更加明确，不过此说颇为牵强。

另外，王柏受到车玉峰的启发，认为《大学》“致知”一章未亡，想通过重新编辑《大学》章句次第，以此来弥补程、朱《大学》改本的不足：

> 每读《大学》至此，未尝不为之掩卷太息。咸淳己巳，得黄岩玉峰车君书报予曰：致知格物传未尝忘也，自知止而后有定以下，合听讼一章，俨然为格致一传，于是跃然为之惊喜有是哉！异乎吾所闻也，苟无所增补而旧物复还，岂非追亡之上功乎！虽然程、朱三先生玩索非不久，离章析句非不精，而不以为传，何哉？予尝反覆而思之，此传之亡也，我知之矣，此传错简于至善之下，其逃亡也为甚切，其掩藏也为甚密，盖其承上句也为甚紧，此三先生所以确然信之，而不以为疑，然三先生不以为疑，后学乃敢一旦而更之，无乃僭妄乎？夫天下所以不可易者理也，二程子不以汉儒之不疑而不敢不更定，朱子不以二程已定而不敢不复改，亦各求其义之至善，而全其心之所安，非强为异而苟于同也。况朱子亦未尝截然而不相参也。

① ［宋］王柏：《鲁斋集》卷八《答叶通斋》，影印文渊阁《四库全书》本，台北：台湾商务印书馆，1986年版，第133页。

② ［宋］黎靖德编：《朱子语类》卷十九，北京：中华书局，1986年版，第433页。

予为之条疏于后，夫以经统传，以传附经，则其次第可知者，此朱子之言也。[1]

王柏指出，对于《礼记·大学》篇的内容，汉唐之际的学者连郑玄、孔颖达等大儒都没有任何异议。但是从二程开始，认为《大学》有脱简、错简的情况存在，便对《大学》原本做了改正[2]。后来朱熹肯定了二程改正《大学》的成就，并在其基础上重新编排《大学》，他采用"以经统传，以传传经"的原则，将《大学》分为两个经传两个部分，并认为经为"孔子之言，而曾子述之"。传则"曾子之意，而门人记之也"[3]。不仅如此，他还为经文"格物致知"一章补写传文。朱熹对此解释说："传之五章，盖释格物致知之义，而今亡矣。间尝窃取程子之意以补之"，此传文主要发挥程朱"格物穷理"的思想。

对于程、朱对《大学》的改定，并补写传文的做法，王柏虽然认同朱熹以经传相分的原则，但对于朱熹补写《大学》章句的传文予以质疑。王柏认为《大学》"致知格物"的传文并没有亡佚，不需要补写。他认为将"知之而后有定"与"听讼"两章合并，即为"格物致知"的传文。王柏对于自己的创见也在《大学沿革论》一文给出了十点理由，这十点理由"有理有据，丝丝相扣，而且处处以朱子的观点参证互校，颇有说服力"[4]。他非常自负地认为自己对朱熹

---

① ［宋］王柏：《鲁斋集》卷九《大学沿革论》，影印文渊阁《四库全书》本，台北：台湾商务印书馆，1986年版，第146页。

② 对于二程对《大学》的改定，可参见拙作《二程对〈大学〉的表彰和阐发》，《信阳师范学院学报》，2007年第3期。

③ ［宋］朱熹：《四书章句集注·大学章句》，宋刻本，第298页。

④ 王锟：《朱学正传：北山四先生理学》，上海：上海三联书店，2010年版，第75页。

《大学》所作的修订,“使朱子得闻此语,岂不莞尔一笑”①。总的来看,王柏对《大学》的改定并没有什么不妥,这无疑弥补了朱熹经学的不足,所言诸多理由也颇有依据。其实对于朱熹《大学》章句的改定、补写早已经有学者认识到此不足,只是由于在程朱理学被确立为官方学说的情况下,这种“悖逆”的做法,无疑会让很多人不满,但却一直未发,正如王柏所言:

> 闻《大学》“格致”章不亡,不特车玉峰有是言也,自董矩堂以来已有是言矣。考亭后学一时尊师道之严,不察是否,一切禁止之。此言既出,流传渐广,终不可泯。……然其意非喜其新,而喜其复于旧,非喜其奇而喜其归于常,以其不费词说之追补而经传俨然,无有亡缺,岂非后学之大幸!②

在王柏之前的董巨堂、车玉峰等人都已经意识到了朱熹编、补《大学》的问题所在,只是不过囿于朱熹之学的官学地位,故有悖于朱学的,“不察是否,一切禁止之”,所以鲜有言之。王柏对于自己的此举尽管担心引发新的质疑,但他依旧为他的创举感到高兴,因为“不费词说之追补而经传俨然”,这无疑弥补了朱熹《大学》上的不足。

王柏对朱熹《大学章句》质疑并修订之外,对朱熹《中庸章句》也有质疑并根据自己的理解作了修订。在他看来,《中庸》虽然语意相承,但全篇确有断简的情况存在,对此朱熹本人并没有指出,如王柏所谓“窃妄意而犹有疑焉者,以此书章节散漫,易于错简,朱

---

① [宋]王柏:《鲁斋集》卷八《答车玉峰》,影印文渊阁《四库全书》本,台北:台湾商务印书馆,1986年版,第128页。

② [宋]王柏:《鲁斋集》卷十《大学沿革后论》,影印文渊阁《四库全书》本,台北:台湾商务印书馆,1986年版,第152页。

子止从其旧，乃于中提出关键字为之联络，固为甚密”①，“实有断续不相属也，朱子却未尝言之，此正仆之所疑也”②，于是他根据《汉书·艺文志》“中庸说二篇”的字句，将《中庸》分为“中庸”“诚明”两个部分。不仅如此，王柏还对这《中庸》的章句次序做了重新编排，并对之进行注解。王柏此次对《中庸》章句结构的调整与注解，在一定程度上使得《中庸》更加连续、完整。当然，他之所以如此与朱熹立异，只不过在立足点、用意上与其师有所不同而已，“朱子的《中庸章句》结构顺序是以道之体用、费隐为枢纽而展开的，其目的是要发明《中庸》所蕴含的形上学意义，而王柏则更重视中庸、诚明在日常生活中的伦理道德意义，重视章句与章句之间的文义连属。”③

总的来说，王柏对朱熹《四书》学的修正与完善，其实是朱门弟子《四书》学的一个传统。正如王柏所说：“朱子于《四书》至死修改未毕，因门人之疑而修改者，历历可考。此朱子迁善之盛德而不可泯没者。”④他认为修订朱熹《四书》学，是朱门的传统做法，不过他强调说，这种修订要有实证，而非妄说，“但学者不可妄有指议，苟有证据，不妨致疑于其间”，由此也可以看出，王柏所谓的“疑辨”也是非常严肃的，非有“实证”不可质疑。而这种谨严的态度，既是朱熹经学风格的继续，更是王柏尊崇、继承、完善朱学的一个重要

---

① ［宋］王柏：《鲁斋集》卷十《中庸论下》，影印文渊阁《四库全书》本，台北：台湾商务印书馆，1986年版，第158页。

② ［宋］王柏：《鲁斋集》卷十《中庸论上》，影印文渊阁《四库全书》本，台北：台湾商务印书馆，1986年版，第156页。

③ 王锟：《朱学正传：北山四先生理学》，上海：上海三联书店，2010年版，第95页。

④ ［宋］王柏：《鲁斋集》卷八《答叶通斋》，影印文渊阁《四库全书》本，台北：台湾商务印书馆，1986年版，第133页。

体现。

（三）金履祥对朱熹《四书》学“疏解”

王柏之后，所传弟子中尤其以金履祥（1232—1303）为知名。金履祥，字吉夫，精通经史百家之学。初从王柏为学，后又师从何基，《元史》有传。撰有《尚书表注》《大学疏义》《论语集注考证》《孟子集注考证》《通鉴前编》等书。

金履祥作为朱熹的四传弟子，他在经典诠释上一尊于朱熹，并对朱熹经注的基础上进一步疏通、阐发，对朱熹之学多有发明，这主要体现在他对朱熹《四书章句集注》的字词疏证、大意阐明上。正如他自己所言：

> 古书有注必有疏，文公之于《论》《孟》制《集注》，多因门人之问而更定之。其问所不及者，亦或未之备也。……又以其非要而略之，今皆为之修补附益成一家言，题其编曰《论孟考证》。乃若《大学》，文公既为定次章句，而《或问》之作，所以反复章明其义趣者尤悉，然后之学者尚有疑焉，则复随其章第，衍为《疏义》，以畅其支；申为《指义》，以统其会。大学之教，于是乎无毫发之滞矣。①

金履祥认为“古书有注必有疏”，于是他希望对朱熹《四书》的注释进行疏解。换言之，金履祥对朱熹《论语集注》《孟子集注》作进一步疏解，尤其在朱熹《集注》中所略、阙的部分，由此形成了《论孟集注考证》一书。由于朱熹对《大学》颇为推崇，认为它是治学修身的入门书籍。对此，金履祥也颇为重视之。他对朱熹《大学》解释中“学者尚有疑焉”的地方进行疏解，是为《大学疏义》《大学指义》，

① ［宋］柳贯：《柳待制文集》卷二十《仁山先生金公行状》，《四部丛刊》本，第268页。

对此元代理学家柳贯曾评价说：

乃若《大学》，文公既为定次《章句》，而《或问》之作，所以反复章明其义趣者尤悉。然后之学者，尚有疑焉。则复随其章第，衍为《疏义》，以畅其支；申为《指义》，以统其会。《大学》之教，于是乎无毫发之滞矣。①

金履祥的《大学疏义》对以往朱熹的注解做了进一步的补充和说明，还作了《大学指义》以总言其意。对于朱熹《中庸》学，金履祥也做了深入探讨，并对之做了注解，正如金履祥的弟子吴师道所说："仁山于《大学》有《疏义》《指论》，盖有《考证》(《论孟集注考证》)，《中庸》有《标抹》。"②可知，金履祥针对《中庸》还曾撰有《标抹》一书。

总之，金履祥对于朱熹《四书章句集注》，主要做了很多疏解工作。当然，金履祥与其师王柏一样，他也对朱熹《四书》注解也进行了部分的辨析、考订，这主要体现在对《论语孟子集注》的考辨上。如《论语·宪问》"子问公叔文子于公明贾"一章，朱熹注解为："公叔文子，卫大夫公孙枝也。"金履祥对此则考辨说："公孙枝，按《左传》及《注》，当从'公叔发'。《集注》或传写之误。"③又如《孟子·滕文公上》"有神农之言者许行"，朱熹注解为："神农之言，'史迁所谓农家者流'。"金履祥辨正说："太史公《六家指要》无农家，至班固《艺文志》分九流，始有农家者流。此

① ［元］柳贯：《柳待制文集》卷二十《仁山先生金公行状》，《四部丛刊》本，第268页。

② ［元］吴师道：《吴礼部文集》卷十五《读四书丛说序》，民国《续金华丛书》本，第168页。

③ ［宋］金履祥：《论语集注考证》卷七《宪问》，清文渊阁《四库全书》本，第70页。

《集注》未及改。”①这样的例子还有很多。金履祥这些考订对于朱熹《集注》有重要的补充作用，后人对此评价甚高，说他：“于事迹典故，辨订尤多。盖《集注》以发明理道为主，于此类率沿袭旧文，未遑详核。故履祥拾遗补阙，以弥缝其隙，于朱子深为有功。”②

总的来说，金履祥对于朱熹《四书章句集注》作了详细的疏解、补充、考订，并在此基础上进一步阐发了朱熹的理学思想。这对于理解朱熹经学、理学思想有重要的疏导与阐明之意义，这正如四库馆臣所言：

> 《论孟考证》即《集注》之疏，以有纂疏故不名疏，而文义之详明者，亦不敢赘，但用《经典释文》之例，表其疑难者疏之。其书于朱子未定之说，但折衷归一，于事迹典故，考订尤多。盖《集注》以发明理道为主，于此类率沿袭旧文，未遑详核，故履祥拾遗补阙，以弥缝其隙，于朱子深为有功。③

金履祥对《论孟集注》所作的《考证》，对朱熹《四书章句集注》多有辨订、补阙、拾遗，这无疑丰富、完善了朱熹《四书》学与理学思想，对朱学的传播与弘扬也起到了重要的推动作用，“于朱子深为有功”。正如金履祥弟子许谦在《论孟考证序》中所评价的：“求孔、孟之道者，不可不读《论》《孟》，读《论》《孟》者，不可不由《集注》，有《考证》则精朱子之义，而孔、孟之道章章乎人心矣。”

---

① ［宋］金履祥：《论孟集注考证》卷三《滕文公上》，清文渊阁《四库全书》本，第106页。

② ［宋］纪昀等：《四库全书总目》卷三十五《〈论孟集注考证〉提要》，北京；中华书局，1997年版，第468页。

③ ［清］纪昀等：《四库全书总目》卷三十五《〈论孟集注考证〉提要》，北京：中华书局，1997年版，第468页。

(四)许谦对朱熹《四书》学的“考证”

许谦(1270—1337),字益之,自号白云山人,人称白云先生。他为金履祥的高徒。许谦一生博览群书,精于经史,著述宏富。有《读四书丛说》《读书丛说》《诗集传名物钞》《春秋温故管窥》《春秋三义传疏》《句读九经仪礼三传》等多卷。

他对朱熹《四书章句集注》尤为倾心,曾对弟子说:“圣人之事,舍其书何以得其心乎?圣贤之心,尽在《四书》,而《四书》之义备于朱子。”①他曾撰有《读四书丛说》二十卷,此书对朱熹《四书章句集注》多有疏解,对于其中名物典制作了进一步的考证,以补朱熹注解之不足,正如四库馆臣所言:“书中发挥义理,皆言简意赅。或有难晓,则为图以明之,务使无所疑滞而后已。其于训诂名物,亦颇考证,尤足补《章句集注》所未备。于朱子一家之学,可谓有所发明矣。”②另外,在思想体系上,许谦也吸收了陆九渊心学思想,表现出了折衷朱陆的倾向,这也为元代朱陆合流起到了重要的推动作用。

总的来说,何基将朱学传给了王柏、王柏授金履祥、金履祥授许谦,一脉相传,使朱学得以光大。北山四先生为学皆以朱熹《四书》学为核心,如黄宗羲所言:“北山之宗旨,熟读《四书》而已。”③而程朱《四书》学之所以在宋元之际传承不绝,也当归于以何基为

---

① [元]黄溍:《金华黄先生文集》卷八下《白云许先生墓志铭》,元抄本,第454页。

② [清]纪昀等:《四库全书总目》卷三十六《读四书丛说》提要,北京:中华书局,1997年版,第470页。

③ [清]黄宗羲原著,全祖望补修:《宋元学案》卷八十二《北山四先生学案》,北京:中华书局,1986年版,第2727页。

首的北山四先生,正如金履祥的及门弟子吴师道所言:

> 《四书》得二程子表章,肇明其旨,至朱子《章句集注》之出,折衷群言,集厥大成,说者固蔑以加矣。门人高第不为不多,然一再传之后,不泯灭而就微,则畔涣而离真,其能的然,久而不失传授之正,则未有如于吾乡诸先生也。①

北山四先生以程朱《四书》学为基础,然后根据自己的理解与现实需要对程朱经学、理学做进一步的发展或完善,进一步拓展了程朱之学的内容与方法。也正是由于北山四先生对程朱《四书》学的推崇与诠释,由此构建了北山学派的学术主体,使得他们成为程朱之后颇有影响力的理学一派,更是因此而成为朱学的正宗嫡传。北山四先生以朱熹《四书》学为根柢,并以此传授弟子,其后传弟子中也大多习《四书》学。如吴梅《四书发挥》、杨钰《四书辨疑》、牟楷《四书疑义》、戚崇僧《四书仪对》、蒋玄《四书书笺》、卫富益《四书考证》,等等。他们对于《四书》学的研习,对朱熹《四书》学、理学的传承与发展无疑起到了直接的推动作用,由此为中国近世朱熹学术思想的主导地位奠定了重要的基础。

此外,北山四先生在治学风格上,何基颇为笃实,而王柏、金履祥、许谦多有创获,这些对于朱学而言无疑具有重要的辅助意义。毕竟,北山四先生所处的宋代后期,程朱理学在官学化的发展历程中,理论开始进入了固化的状态,但是在治学方法、知识体系上依旧有很多需要完善的地方,而且也需要对当时依旧流行的陆九渊心学、浙东之学做出积极的回应。在这种情形下,北山四先生对陆学、浙学优长的汲取无疑对程朱之学都有重要的补充、丰富之功,

① [元]吴师道:《吴礼部文集》卷十五《读四书丛说序》,民国《续金华丛书》本,第168页。

更是为程朱之学的传承与发展、学派地位的稳固做出了突出的贡献。

二、全面疑辨、实证、疏解朱熹经学及思想

北山四先生对于朱熹经学除了继承之外,更为主要的是通过疑辨、考证、疏解的形式进一步修正完善了朱熹对群经的解释,这为朱熹经学的完善做出了突出的贡献。

(一)何基对朱学的考订、辑录之功

何基除了一生致力于朱熹《四书》学的研习、体悟之外,也对《五经》也颇为关注。不过,何基对《五经》的研习,也主要是以传承朱熹经学为主。他曾撰有《易系辞发挥》《大学发挥》《太极通书西铭发挥》《近思录发挥》等多种,这主要是考订、辑录朱熹对诸经的解释,传承朱学,正如金履祥门人柳贯所言:

> 文定(何基)确守师传,参订训义,于《易·大传》《本义》《启蒙》《大学中庸章句》《论孟集注》《太极图》《通书》《西铭》之外,凡文公语录、文集诸书,商榷考订之所及,取其已定之论,精切之语,汇叙而类次之,名为发挥,已与诸书并传于世矣。①

可以看出,何基对于朱熹经学作了较为细致的考订、辑录、整理工作,这对于朱熹经学的传承与发扬作了重要的文献学工作。总的来说,何基对于朱熹群经之解释,主要是恪守、传承,鲜有发明,不过这种述而不作之法对于朱熹经学而言,对保存朱熹之学有重要的学术价值。正如王柏在《启蒙发挥后序》中所说:"晚年纂辑朱子

---

① [清]戴殿江:《金华理学粹编》卷二《理学大宗》,清光绪刻本,第16页。

之绪论，羽翼朱子之成书，不敢自加一字，而条理灿然，群疑尽释。至于引《本义》之《彖辞》，参于变、占之后，使千百年离而未合者，两无遗恨。真有得于'体用一原，显微无间'之深旨，岂不为后人之大幸欤！”①

（二）王柏对朱学的疑辨、实证

王柏虽然师从何基，但与何基笃信朱学旨趣迥异，他注重疑古、辨论。王柏师从何基多年，在何基三十卷文集中，大半都与王柏的疑辨有关。对于王柏的为学旨趣，四库馆臣就曾说：

> 柏好妄逞私臆，窜乱古经，《诗》三百篇，重为删定，《书》之《周诰》《殷盘》，皆昌言排击，无所忌惮，殊不可以为训。其诗文虽亦豪迈雄肆，然大旨乃一轨于理。②

四库馆臣认为王柏喜好“妄逞私臆，窜乱古经”，曾对《诗》《书》等经典多有疑辨、改易，不过这种评价有些夸大，实际上，王柏对朱熹经学的疑辨多建立在“实证”基础之上，何况王柏这种疑经惑传的做法也是对朱熹“疑经”思想的继承与发展③。对此，全祖望在《宋元学案》中所言：

> 鲁斋（王柏）之宗信紫阳，可谓笃矣，而于《大学》则以为格致之传不亡，无待于补；于《中庸》则以为《汉志》有《中庸说》二篇，当分诚明以下别为一篇；于《太极图说》则以为无极一句

① ［宋］王柏：《鲁斋集》卷五《启蒙发挥后序》，影印文渊阁《四库全书》本，台北：台湾商务印书馆，1986年版，第73页。

② ［清］纪昀等：《四库全书总目》卷一百六十四《鲁斋集》提要，北京：中华书局，1997年版，第2182页。

③ 对于王柏的删《诗》、疑《书》及其疑经思想，已有学者对之进行了研究，此不赘述。参见杨新勋：《宋代疑经研究》，北京：中华书局，2007年版，第250～278页；王锟：《朱学正传：北山四先生理学》，上海：三联书店，第72～104页；陈战峰：《王柏的〈诗经〉观与拟删诗》，《中国文化研究》，2010年秋之卷。

当就图上说，不以无极为无形、太极为有理也；其于《诗》《书》，莫不有所更定，岂有心与紫阳异哉！①

王柏不仅对朱熹《四书》学进行了修正、补充，而且他对于朱熹所关注、研究的《太极图说》《诗经》《尚书》等都有自己的看法，比如朱熹曾认为《诗经》郑、卫等国风属于淫奔思想，于是王柏便希望删去这些淫奔之诗，他说：

《诗》三百五篇，岂尽夫子之旧？汉初诸儒，各出所记足之。夫子所删，容有存于闾巷浮薄之口者。乃以《二南》各十有一篇，两两相配，退《何彼襛矣》《甘棠》于《王风》，而削去《野有死麕》。郑、卫淫奔诸诗，皆所当删也。②

在王柏看来，《诗经》三百五零篇并不是孔子所删定的文本，因为里面充满了"郑、卫淫奔诸诗"。《诗经》应当是汉代初年，很多儒生根据自己的记忆，补充书写而成的。所以，为了保证《诗经》思想的纯正性，应当删去《野有死麕》等淫奔之诗。

王柏对于经义考辨主要是建立在广博为学的，借助"实证"的方式来实现的，为此，他对文字、音韵、训诂都非常重视，他说：

抑尝思之，不有音训类其同异，则不知诸儒之得失；不见诸儒之异同得失，则不知伊洛以来传义之精也。音训之有益于后学如此，知其所以异而能察其所当同，而后可以谓之善观。③

---

① ［清］黄宗羲原著，全祖望补修：《宋元学案》卷八十二《北山四先生学案》，北京：中华书局，1986年版，第2733页。

② ［清］黄宗羲原著，全祖望补修：《宋元学案》卷八十二《北山四先生学案》，北京：中华书局，1986年版，第2733页。

③ ［宋］王柏：《鲁斋集》卷九《古易音训》，影印文渊阁《四库全书》本，台北：台湾商务印书馆，1986年版，第145页。

> 考古，非易事也，此先儒之所甚谨，岂后学之所当妄议？必学博而理明，心平而识远，殆庶几乎得之。盖学不博，不足以该贯群书之言；理不明，不足以融会群书之旨；心不平，则不能定轻重之权；识不远，则不能断古今之惑！①

王柏认为经学、理学的研习，如果不借助音韵、训诂，并通过从细小处分类考察的方式，那么就不能知道诸儒在经解上的异同得失，如果不知道异同得失，那么就无法明白宋儒尤其是程朱理学家们的“传义之精”。另外，他认为“考古”非容易之事，这里的考古，即考辨古经之意。他认为只有广泛的学习，才可以为之，而这也是明理、辨识的根本所在。可以看出，王柏对小学功夫、博学经史的重视，实际上是为了更好的宣扬、践行程朱理学家们的理论。

总而言之，王柏在经学思想上尽管好疑辨、改经，并撰有《读易记》《读书记》《书疑》《书附传》《诗疑》《礼疑》《读春秋记》《左氏正传》等二十一种之多，这些对于朱熹经学及思想的补充与完善起到了重要的作用。当然，王柏在经学指归上“一轨于理”，严守理本论的思想，尽管对朱熹经学的完善做出了突出的贡献，但鲜有创新之处，但这也与程朱之学的官学化有直接的关系。

（三）金履祥对朱学的补正、考校

金履祥在经学研究上，深受何基、王柏思想的影响，四库馆臣说他，“师事王柏，柏勇于改经，履祥亦好持新说”②。不过金履祥折衷了何基、王柏治经之法，虽然有新意，但较为笃实，“柏之学诋

① ［宋］王柏：《鲁斋集》卷九《家语考》，影印文渊阁《四库全书》本，台北：台湾商务印书馆，1986 年版，第 148 页。

② ［清］纪昀等：《四库全书总目》卷四十七《通鉴前编》提要，北京：中华书局，1997 年版，第 661 页。

毁圣经，乖方殊甚，履祥则谨严笃实，犹有朱子之遗。”①他曾撰有《书经注》《尚书表注》《程颐易传标注》等多种。

金履祥对于群经的研究，主要体现在《尚书》上。他之所以对《尚书》如此重视，一方面是《尚书》乃帝王之书，是王道政治理念的集中体现。正如他在《尚书表注·序》中所言：“《书》者，二帝三王、圣贤君臣之心，所以运量、警省、通变、敷政、施命之文也。”在他看来，《尚书》是唐尧、虞舜、夏禹、商汤、周文等政治理念，“敷政施命”的重要记载。另一个方面是汉唐以来今古文的差异，与诸儒注疏的附会，皆致使圣人之心不能阐明。虽然朱熹也曾命蔡沈撰《书集传》，但此书成书于朱子之后，也多有疏漏，如他说：

> 朱子传注诸经略备，独《书》未及，尝别出《小序》辨正疑误，指其要领，以授蔡氏，而为《集传》，诸说至此，有所折衷矣。而书成于朱子既殁之后，门人语录未萃之前，犹或不无遗漏放失之憾。予兹《表注》之作，虽为疏略，苟得其纲要，无所疑碍，则其精详之蕴，固在夫自得之者！②

正是由于《尚书》的重要性，加上朱熹本人没有为《尚书》作注，而其弟子蔡沈所撰《书集传》也有不尽人意之处，所以金履祥打算“摆脱众说，独抱遗经，复读玩味，为之正句画段，提其章旨，与其义理之微，事为之概，考正文字之误，表诸四阑之外”③，亦即希望兼采众长，对朱熹、蔡沈的《尚书》学进行修正，进而他撰写了《尚书表注》一书，以弥补蔡沈《书集传》的不足与“遗漏放失之憾”。

---

① ［清］纪昀等：《四库全书总目》卷三十五《大学疏义》提要，北京：中华书局，1997 年版，第 467 页。

② ［宋］金履祥：《仁山金先生文集》卷三，明钞本，第 29 页。

③ ［清］纪昀等：《四库全书总目》卷十一《尚书表注》提要，北京：中华书局，1997 年版，第 149 页。

（四）许谦对朱学的补阙

许谦经学尚考辨、实证，学问笃实，这基本上也继承了朱熹、王柏、金履祥之风，如四库馆臣评价说其经学特点时云："宋末元初说经者多尚虚谈，而谦于《诗》考名物，于《书》考典制，犹有先儒笃实之遗，是足贵也。"①"虽受学王柏，而醇正过之。研究诸经亦多明古义，故是书（《诗集传名物钞》）所考名物音训，颇有根据，足以补《集传》之阙遗。"②许谦治经尚考据、实证，与宋元之际学者株守朱学，空谈性命之学颇为不同，这对于朱熹经学的发展与完善颇有裨益。

三、兼采众长，重视史学，强调经制事功之学

北山四先生尽管为朱熹后学，在朱学传承发展历程中扮演着至关重要的角色，但是在理学层面，他们并没有跳出朱学的窠臼。另外，他们也深受朱熹、浙东学派诸儒的影响，对史学颇为重视，并强调经制事功之学。毕竟，史学在宋代颇为发达，朱熹本人对于史学也颇为重视，只不过在他看来，经本史末，所谓"读书须是以经为本，而后读史"③，"若未读彻《语》《孟》《中庸》《大学》，便去看史，胸中无一个权衡，多为所惑"④。朱熹一再强调，读经尤其是研读《四书》，这对于道德修身有着重要的意义，而史学只是经学的补充而已。此外，由于北山四先生身处浙东地区，他们在经学研究旨趣

---

① ［清］纪昀等：《四库全书总目》卷十二《读书丛说》提要，北京：中华书局，1997年版，第150页。

② ［清］纪昀等：《四库全书总目》卷十六《诗集传名物钞》提要，北京：中华书局，1997年版，第199页。

③ ［宋］黎靖德编：《朱子语类》卷一百二十二，北京：中华书局，1986年版，第2950页。

④ ［宋］黎靖德编：《朱子语类》卷十一，北京：中华书局，1986年版，第195页。

与方法上虽然秉承朱门教诲，但在一定程度上也受到了当地重史以经世的治学传统的影响而有所变化，即北山四先生在注重性命道德之学的同时，也兼重史学，尤其是经制、事功之学。

整体而言，何基基本上持守朱熹、黄榦之进德修养的“内圣之学”。而后传弟子中的王柏、金履祥、许谦在治学内容与方法上已经发生了很大的转变，即注重史学、诸子百家之言。如王柏除了著有《四书》《五经》义理、性理之书之外，还著有《天文考》《地理考》《墨林考》《大尔雅》《六义字原》《正始之音》《帝王历数》等书。金履祥亦是如此，《元史》本传说他长大之后，“凡天文、地形、礼乐、田乘、兵谋、阴阳、律历之书，靡不毕究”①。许谦亦是如此，“若天文、地理、典章、制度、食货、刑法、字学、音韵、医经、术数之说，亦靡不该贯。旁而释、老之言，亦洞究其蕴”②。由于治学内容的丰富，在经学方法上，北山四先生也强调经史兼重，经史互证由此成为他们治经的基本方法。

具体来说，王柏对于历史、典制、考古、天文、地理等学问非常重视，他认为历史事关圣贤之法、治乱兴衰，有助于“阐圣学、淑人心、扶世教、揭民彝”，他说：

> 考古，士之常业也。考圣贤之成法，而后识事理之当然，虽天文、地理、律历、制度，凡所当考者不一，至于治乱成败，是非得失之迹，尤不可不考者也。③

---

① ［明］宋濂：《元史》卷一百八十九《金履祥传》，北京：中华书局，1976年版，第4316页。

② ［明］宋濂：《元史》卷一百八十九《许谦传》，北京：中华书局，1976年版，第4319页。

③ ［宋］王柏：《鲁斋集》卷四《考兰序》，影印文渊阁《四库全书》本，台北：台湾商务印书馆，1986年版，第59页。

考古今、别是非,特余事耳!更于应事接物得其当也,出而事君,小则承流宣化,大则谋王断国,真可以阐圣学、淑人心、扶世教、揭民彝,不为虚语矣!①

圣贤,吾不得而见之矣,而得见圣贤于书;治乱,吾不得而见之矣,而得知治乱于史。事纪于言,理寓于事,非事则理不可见,非言则事不可传。大哉!书与史之功乎!所以关万世之光明,立人心之好恶也!②

王柏看来,以往的历史非常重要,它是圣贤之道、治乱兴衰的重要载体,通过对历史的考察,我们不但可以知道古今之演变,明白是非对错,更为主要的是它关系到当下社会政治问题的解决,历史可以起到明道、治国、淑世的重要作用。历史与圣人之道是表里如一的关系,所以不可割裂,皆有助于修身、治国。不过在经史关系上,王柏依旧强调经本史末的观点,如他说:

横渠张先生曰:"观书且勿观史。"非史之不可观也,实未易观也。史未易观,而亦岂易断哉?宝鉴明而后妍丑可见,此心明而后是非可决。欲知妍丑先磨此鉴,欲决是非先治此心,实要法也。③

可以看出,王柏基本上沿袭了朱熹经本史末的思想,认为史学"未易观",乃是因为是非标准没有确立,所以要先明心修身,然后以此读史、断史方为正确之学。正因为如此,王柏曾撰有史部著作十六

---

① [宋]王柏:《鲁斋集》卷八《复天台陈司户》,影印文渊阁《四库全书》本,台北:台湾商务印书馆,1986年版,133页。

② [宋]王柏:《鲁斋集》卷九《通鉴讬始论》,影印文渊阁《四库全书》本,台北:台湾商务印书馆,1986年版,第139页。

③ [宋]王柏:《鲁斋集》卷十三《德夫弟史断跋》,影印文渊阁《四库全书》本,台北:台湾商务印书馆,1986年版,第203页。

种,包括点校朱熹《通鉴纲目》《续国语》等多种。

王柏注重经学研究,追求实证,强调经史并行,他在经学旨趣上,他追求"躬行",经世致用。他说:"平实是躬行工夫,古雅是讲学工夫。躬行不可不平实,讲学然后能古雅。若论轻重,则躬行重;若论后先,则讲学先。"①在他看来,若论先后,经学是躬行的前提,在轻重上,躬行更为重要。此说与黄震所强调的躬行思想颇为一致。不仅如此,在何基去世之后,王柏按照黄榦所考证的丧服制度来行礼,对时人起到了很好的示范作用。他还撰写了《上宗长书论扫松》一文,希望大力推广清明时期对族家的祭奠,等等。

金履祥注重经学,也注重史学,其书《资治通鉴前编》撰写缘起,就是有感于司马光《资治通鉴》只记载西周威烈王二十三年(前403)之后的历史,于是他采用邵雍《皇极经世书》、胡宏《皇王大纪》的体例,"损益折衷,一以《尚书》为主"而撰写之。对此,其弟子许谦在其《资治通鉴前编·序》中所云:

> 先生尝谓司马文正公作《资治通鉴》,秘书丞刘恕作《外纪》,以记前事,顾其志不本于经,而信百家之说,是非既谬于圣人,此不足以传信。自帝尧以前,不经夫子所定,固野而难质,夫子因鲁史以作《春秋》,始于鲁隐之元,实周平王之四十九年也。然王朝列国之事,非有玉帛之使,则鲁史不得而书,非圣人笔削之所加,况左氏所记或阙或诬,凡若此类皆不得以辟经为辞。乃用邵氏《皇极经世历》、胡氏《皇王大纪》之例,损益折衷,一以《尚书》为主,下及《诗》《礼》《春秋》,旁采旧史诸子、表年系事,复加训释,断自唐尧以下,接于《通鉴》之前,勒

---

① [宋]王柏:《鲁斋集》卷八《复吴太清书》,影印文渊阁《四库全书》本,台北:台湾商务印书馆,1986年版,第122页。

为一书,名曰《通鉴前编》。①

金履祥《资治通鉴前编》记载了上古时代的唐尧到战国周威烈王及其事迹,主要是为了阐发经义,“一以《尚书》为主,下及《诗》《礼》《春秋》”,此书以经传为纲,以旧史朱子、表年系事为目,以史证经、经史合一为思想指导,这对于经义的阐发尤其是完善朱熹《尚书》之学颇有贡献,对此四库馆臣亦云:“援据颇博,其审定群说亦多与经训相发明,在讲学诸家家中,犹可谓究心史籍,不为游谈者矣。”②“盖履祥于经史之学研究颇深,故其言有物,终与空谈性命者异也。”③从这也可以看出,作为金华地区朱熹的重要传人,在经典诠释上除了探究性命道德之学之外,同时也深受金华经制、事功风气的熏陶,倡导经史并用以求实用,这也不能不说是朱学后传弟子对朱学重要的发展。对于金履祥这种经史互证之法,其意义正如何俊先生也说道,“对于晚宋乃至元初的朱学来说,显然还是起着一种使思想阐发受到知识约束的作用,从而有助于改变空谈性命的现象,使朱学向学术化转型”④。

许谦著述甚富,撰有《读书丛说》《诗集传名物钞》《读四书丛说》《白云集》等。他曾经校订过金履祥的著述,其中《通鉴前编》对他有直接的影响。许谦自己对史学颇为关注,他曾经撰有《观史治忽几微》(今佚),此书便是“以史明理”之作的重要体现,《宋元

---

① [清]王鸣盛:《蛾术编》卷十一《通鉴外纪》引,清道光二十一年世楷堂刻本,第144页。

② [清]纪昀等:《四库全书总目》卷四十七《资治通鉴前编》提要,北京:中华书局,1997年版,第661页。

③ [清]纪昀等:《四库全书总目》卷一百六十五《仁山集》提要,北京:中华书局,1997年版,第2198页。

④ 何俊、范立舟:《南宋思想史》,上海:上海古籍出版社,2008年版,第247页。

学案》记载说此书：

放（仿）史家年经国纬之法，起太皞氏，迄宋元祐元年秋九月尚书左仆射司马光卒，总其年岁，原其兴亡，著其善恶，盖以为光卒，则中国之治不可复兴，诚理乱之几也，故附于续经而书孔子卒之义，以致其意焉。①

许谦秉承司马光治史的精神，记载历代兴亡故事，以期从中汲取复兴治国、经世致用的道理。不仅如此，他将道德性命思想贯注于社会历史的演进之中，以此突出朱学理先史后的思想。许谦曾受学于金履祥，而金履祥则教诲之以朱熹之言，元人黄溍《白云许先生墓志铭》记载此事云：

金先生尝告之曰："吾儒之学理一而分殊，理不患不一，所难者分殊耳。"先生由是致其辨于分之殊之要，其归于理之一。又曰："圣人之道，中而已矣。"先生由是事事求夫中者而用之。金先生殁，先生益肆充阐，多所自得。自谓："吾非有大过人，惟为学之功无间断耳。"②

许谦秉承金履祥的教诲，为学注重"理一"指导下的"分殊"，注重格物致知，通过自己的学习，许谦不仅对朱熹的经学、理学有所体悟，而且借助丰富的史学、天文、地理、典章、制度、食货、刑法、文学、音韵、术数等，为朱学理学思想体系增添了更多的内容。此外，许谦还汲取了浙东学派注重经制、事功的治学观念。由于许谦的努力，朱熹经史学思想在元代更加显著，正如《元史》本传所称："先是何基、王柏及金履祥殁，其学犹未大显。至谦而其道益著，故学者推

① ［清］黄宗羲原著，全祖望补修：《宋元学案》卷八十二《北山四先生学案》，北京：中华书局，1986 年版，第 2757 页。

② ［元］黄溍：《金华黄先生文集》卷三十二《白云许先生墓志铭》，元刻本，第 453 页。

原统绪以为朱熹之世嫡。”①另外，当时从许谦为学的弟子甚多，如揭傒斯、欧阳玄、苏友龙、胡翰、朱震亨、李唐、卫富益等多人皆入其门，这为朱熹经学在元代的传播也起到了重要的推动作用。

总而言之，北山四先生在经学方面，基本上继承了朱熹的经学思想体系，尤其注重朱熹《四书》学的继承和探究，并受到浙东学派注重史学的影响，他们也积极汲取浙东学派注重史实、经制以及史学思想与方法来探究经学、理学，强调经史互证、经史合一。不仅如此，在经学旨趣上，也更加受到浙东学派经世致用理念的影响，将浙东学派的发展推进到一个新的阶段。这一点正如全祖望所说："勉斋（黄榦）之传，得金华（吕祖谦）而益昌。说者谓北山（何基）绝似和靖，鲁斋（王柏）绝似上蔡（游酢），而金文安公（金履祥）尤为明体达用之儒，浙学之中兴也。”②何基、王柏、金履祥等北山四先生继承并发展了浙东学派的诸多思想，并将致用理念融入其间，进一步深入发展了浙学，由此也成为宋元之际浙学发展史上的重要桥梁。

在经学理路上，北山四先生跳出了朱熹注重由广博而化约的路数，强调从疑辨、考据角度出发，从经学、史学、子学等四部多个角度来论证或修正朱熹理学思想体系，以此维护朱学的合理性与纯洁性，而这一切自然和程朱理学在南宋后期取得的正统地位有直接的关系，也正是由于北山四先生的努力，使得朱学更加的成熟、完善，对此正如有学者对北山四先生的学术趋向进行总结时

---

① ［明］宋濂：《元史》卷一百八十九《许谦传》，北京：中华书局，1976 年版，第 4320 页。

② ［清］黄宗羲原著，全祖望补修：《宋元学案》卷八十二《北山四先生学案》，北京：中华书局，1986 年版，第 2725 页。

说道:"由理学《四书》拓展到五经乃至四部,由理学义理思辨性转向侧重考证、训诂,由形而上之关注转向形而下问题的探究,使朱学趋向于知识化、生活化和世俗化。"①另外,到了元代陆九渊心学影响依旧甚大,为了弥补朱学之不足,王柏、许谦等人也开始强调以陆补朱,朱陆合流,这在一定程度上也推动了朱熹之学的丰富与完善。朱熹后学的这些经学努力与成就都说明了在南宋末年,朱学虽然成为官方学说,由于具体历史情境的需要,朱学内容与方法也处于不断丰富完善的历程之中,但一直没有发生太大的变化,这也是其后来朱学面临着王阳明心学挑战的重要缘由之一。

第二节　四明经学:黄震的经学传承、诠释与思想

黄震(1213—1280)②,字东发,号文洁,慈溪(今浙江慈溪)人,人称于越先生。宝祐四年(1256)进士,历仕吴县尉、绍兴通判、江西常平仓司、江西提点刑狱、侍郎官等职。宋亡后,隐居乡里,讲学著述。黄震在经学上以朱熹之学为宗,他与何基等北山四先生同为浙江地区最重要的支派,正如全祖望在《宋元学案》中所言:

> 四明之专宗朱氏者,东发为最。……晦翁生平不喜浙学,而端平以后,闽中、江右诸弟子支离、舛戾、固陋,无不有之,其

① 高云萍:《北山学派研究》,浙江大学博士学位论文,2007年11月。

② 关于黄震的卒年,经由陈垣先生考证认为当为至元十七年(1280)(陈垣:《黄东发的卒年》,载于《辅仁学志》第十二卷第一、二合期,1943年12月。)侯外庐《宋明理学史》一书也采纳陈垣观点(侯外庐等:《宋明理学史》,1997年版,第622页)。本文依从陈、侯两先生的观点。

能中振之者，北山师弟为一支，东发为一支，皆浙产也。①

可以看出，黄震与北山四先生不仅是四明地区传布朱学的健将，更是朱熹之学在福建、江西、浙江地区最为知名的学者。其学宗朱熹，兼习浙东事功之学、陆九渊心学等。主张通经致用，反对空言义理。著有《春秋集解》《礼记集解》《黄氏日抄》《古今纪要》等。一般学者对其史学做了一定的研究与分析②，但对于经学研究甚少，其实黄震的经学及其思想在南宋后期浙东学派发展历程中具有重要的地位，故颇值得关注。

一、推尊朱熹之学，在四明地区传扬朱学

黄震的经学渊源，首先受其家学熏习。其父黄一鄂喜好朱熹之学，熟读《论语集注》，但始终未中第。黄一鄂对黄震管教甚严，常以《论语集注》教育他，这对于黄震后来研习朱熹之学有直接的启蒙意义。黄震一生传承朱学，《宋元学案》将他列为朱熹四传③。具体而言，便是黄震于理宗端平三年（1236）师从王文贯为学。王文贯精于《诗经》，其学以辅广为宗。而后来黄震以《诗》学登第，与

---

① [清]黄宗羲原著，全祖望补修：《宋元学案》卷八十六《东发学案》，北京：中华书局1986年版，第2884页。

② 张伟：《黄震与东发学派》，北京：人民出版社，2003年版。卢萍：《黄震的史学思想研究》，四川大学硕士学位论文，2003年5月。隋金波：《黄震实学思想研究》，湘潭大学硕士学位论文，2008年5月。

③ 对于黄震师承朱熹，但到底为朱熹几传的问题，《宋元学案·东发学案》列黄震为朱熹四传，今人吕思勉《理学纲要》也将之视为是朱熹四传。而章学诚、钱穆都将黄震视为朱熹三传。今人张伟《黄震与东发学派》一书经过考证，认为全祖望的观点，即黄震为朱门四传的说法比较客观。（参见张伟：《黄震与东发学派》，北京：生活·读书·新知人民出版社，2003年版，第42页。）本文亦从张伟说。

王氏的教诲有一定的关系。王文贯虽宗辅广，但却师事余端臣，对此黄震在《黄氏日抄》中叙述道：

> 庆元府旧有讷庵先生余君，以经学教授闾里，从之者数百人，后多出为名卿才士。余生也晚，犹幸得师其门人宗学谕王公贯道，因亦得窃闻先生绪论。①

另外清人钱维乔《鄞县志》对此亦有记载，他说：

> 余端臣，字正君，精毛氏《诗》，学宗庆源辅氏，以溯朱子之传。入太学，归，教授乡里，从游者数十百人，若王文贯其最著者。学者称讷庵先生。②

由上可以看出，余端臣本人"学宗庆源辅氏"，即朱熹弟子辅广。他教授于乡中时，王文贯是其最得意的弟子。而余端臣、王文贯师徒俩对《诗经》都非常精通。余端臣"学宗庆源辅氏"中的"辅氏"即辅广。辅广早年师从吕祖谦为学，后又问学于朱熹。辅广曾撰多种经学著述，如《四书答问》《四书纂疏》《六经集解》《诗童子问》等，其中《诗童子问》收入《四库全书》，此书"大旨主于羽翼《诗集传》"③。辅广在当时影响有限，不过他在浙东传承朱熹之功甚大，即朱学经由辅广，形成了朱熹辅广余端臣王文贯黄震一脉相承的学术传承谱系。黄震除了此一系之外，还曾师从王遂，王遂乃张栻高徒游九言的弟子，正因为如此，《宋元学案·东发学案》也将黄震列为游九言再传、张栻三传。总而言之，黄震虽然曾兼习吕祖谦、张栻之学，但最终以理学为根柢，传承朱熹之学。黄震在传承、弘

---

① ［宋］黄震：《黄氏日抄》卷九十七《余夫人墓志铭》，影印文渊阁《四库全书》本，台北：台湾商务印书馆，1986 年版，第 1058 页。

② ［清］钱维乔：《鄞县志》十三，清乾隆五十三年刻本，第 266 页。

③ ［清］纪昀等：《四库全书总目》卷十五《诗童子问》提要，北京：中华书局，1997 年版，第 196 页。

扬朱熹之学方面做出了突出的贡献，以至于钱穆先生曾说："后儒治朱学，能深得朱子奥旨者，殆莫逾于黄氏。"①

黄震作为朱门弟子，他盛推朱熹之学。朱熹在二程洛学后传弟子学说的基础上完成了理学的最终建构，成为宋代理学的集大成者，黄震对于朱熹理学地位给予了高度评价：

> 本朝理学阐幽于周子，集成于晦翁，《太极之图》《易通》之书，微晦翁万世莫之能明也。②

> 自孔孟殁，异端纷扰者千四百年，中间惟董仲舒"正谊""明道"二语，与韩文公《原道》一篇，为得议论之正。迨二程得周子之传，然后有以穷极性命之根柢，发挥义理之精微。议者谓比汉、唐诸儒说得向上一层。愚谓：岂特视汉、唐为然，风气日开，议论日精，濂、溪之言，虽孔、孟亦所未发。……二程甫殁，门人高弟多陷溺焉，不有晦翁，孰与救止！呜呼危哉！故二程固大有功于圣门，而晦翁尤大有功于程子。③

> 天地民物之所以位，天下国家之所以立者，道也。道非超出事外，有待于冥求而后得正，以日用常行者无非道。故取象于人，所共由之路，而以道名也。鸿荒而上邈矣，自伏羲阐其秘，而孔子集百圣之大成。秦汉而下驳矣，至濂溪溯其源，而先生集诸儒之大成，此皆道之所赖以维持不泯，而谓之道统者也。④

---

① 钱穆：《黄东发学述》，《中国学术思想史论丛》（六），北京：生活·读书·新知三联书店，2009 年版，第 1 页。

② ［宋］黄震：《黄氏日抄》卷三十三《读本朝诸儒理学书》，影印文渊阁《四库全书》本，台北：台湾商务印书馆，1986 年版，第 3 页。

③ ［宋］黄震：《黄氏日抄》卷三十三《读本朝诸儒理学书》，影印文渊阁《四库全书》本，台北：台湾商务印书馆，1986 年版，第 18 页。

④ ［宋］黄震：《黄氏日抄》卷九十四《临汝书院朱文公祠》，影印文渊阁《四库全书》本，台北：台湾商务印书馆，1986 年版，第 1008 页。

黄震极力推尊朱熹理学，并将之视为二程之后最伟大的理学家，“二程固大有功于圣门，而晦翁尤大有功于程子”。也正是由于朱熹的努力，他集孔孟之后性命、义理之精微，发孔孟所未发，完成了理学的最终建构。在这里，黄震甚至将朱熹视为孔子之后、秦汉以来儒学传道谱系中的集大成者，“秦汉而下驳矣，至濂溪溯其源，而先生集诸儒之大成”，由此将朱熹提升到与孔子齐高的地位。可以说，此乃宋儒评价中至高者，其推崇与褒奖可谓无以复加！

黄震在传承、修正、弘扬朱学方面，他的贡献甚大。理宗端平之后，朱学开始盛行于天下，但是在浙东一带陆学依旧盛行，而改变这一地区学术趋向，与黄震的倡导有直接的关系。明人谢肃就曾说：

> 宋季，朱子理学既行于天下，而明士犹守杨文元（简）、沈正献（焕）二公之说。及文洁（黄震）先生慈溪黄公稽经考史，一折衷于朱子，著书满家，于是士方翕然向风，尽变其所学，始知朱子有以继周、程而接孔、孟，实文洁有以倡之。①

黄震在四明地区，以朱学为旨归，研究经义、历史，这改变了当地南宋中期以来尊陆的学术取向。清人也说：“明州自慈湖（杨简）倡道，知有陆学而不知朱学。朱学之兴，盖自震始。”②

二、广征博引，以驳正朱熹经学之注解

黄震对朱熹经学给予了高度评价，如说：“晦庵以命世特出之才，任万世道统之托，平生用力尽在《四书》。《四书》归宿萃于《中

---

① ［明］谢肃：《密庵集》卷八《黄公墓志铭》，《四部丛刊》本，第110页。

② ［清］万经等撰：《宁波府志》卷十九《名臣·黄震》，上海：上海书店，1993年版，第720页。

庸》,其该贯精备,何可当也!”①在《黄氏日抄》中,黄震极力表彰朱熹经解上的简洁、精审。不过,他对于朱熹经解中的一些不足,也给予了客观公正的指摘,并兼采众说,以备其不足。可以说,作为朱熹后学,黄震在经学上的最大贡献莫过于补正朱熹经学上的不足,具体方法便是通过广征博引,来考察朱熹经学,以弥补他在经解上的不足之处,如:

> 直、方、大,伊川以“至大、至刚、以直”为说。晦庵止云:“其德内直外方,而又盛大”,其说径净。节斋蔡氏:“直者,发于内而无私曲之谓,方者,止于外而有定则之谓。内直外方,其德乃大。于释字尤切实,亦释晦庵者也。②

黄震认为对于《周易》中“直、方、大”的意义内涵,朱熹解释的非常简略,相比较而言,蔡元定、程颐的解释较为详细。所以存其说,以补朱熹解释之不足。

又如,针对朱熹《诗集传》不采《诗序》,黄震提出要以“晦庵《集传》为主”,至于其不足者,则兼采众说,以补其阙失,如言:

> 《毛氏》注释简古,郑氏虽以礼说《诗》,于人情或不通,及多改字之弊,然亦多有足以裨毛氏之未及者。至孔氏疏义出,而二家之说遂明。本朝伊川(程颐)与欧(阳修)、苏(辙)诸公,又为发其理趣,《诗》益焕然矣。南渡后,李迂仲(樗)集诸家,为之辩而去取之,南轩(张栻)、东莱(吕祖谦)止集诸家可取者,视李氏为径,而东莱之《诗记》独行。岷隐戴氏(溪)遂为《续诗记》,建昌段氏(昌武)又用《诗记》之法为《集解》,华谷

① [宋]黄震:《黄氏日抄》卷二十五《读礼记》,影印文渊阁《四库全书》本,台北:台湾商务印书馆,1986年版,第719页。

② [宋]黄震:《黄氏日抄》卷六《读易》,影印文渊阁《四库全书》本,台北:台湾商务印书馆,1986年版,第78页。

严氏（粲）又用其法为《诗缉》。诸家之要者多在焉，此读《诗》之本说也。雪山王公质、夹漈郑公樵始皆去《序》而言《诗》，与诸家之说不同。晦庵先生因郑公之说，尽去美刺，探求古始，其说颇惊俗，虽东莱不能无疑焉。

夫《诗》非《序》莫知其所自作，去之千载之下，欲一旦尽去自昔相传之说，别求其说于茫冥之中，诚亦难事。然其指《桑中》《溱洧》为郑、卫之音，则其辞晓然，诸儒安得回护而谓之《雅》音？若谓《甫田》《大田》诸篇皆非刺诗，自今读之，皆蔼然治世之音。若谓"成王不敢康"之成王为周成王，则其说实出于《国语》，亦文义之晓然者。其余改易，固不可一一尽知。若其发理之精到，措辞之简洁，读之使人瞭然，亦孰有加于晦庵之《诗传》者哉！学者当以晦庵《诗传》为主，至其改易古说，间有于意未能遽晓者，则以诸家参之，庶乎得之矣！①

黄震认为，历代《诗经》注解路径大体为两派，一派主要以郑玄为代表，他们藉由《诗序》"以礼说《诗》"，此乃汉唐之际"读《诗》之本说"，亦可以说是"尊序派"。到了北宋，虽然对《诗序》有所怀疑，如程颐的《诗解》、欧阳修的《诗本义》、苏辙的《诗集传》等，但依旧依《诗序》进行解释，没有彻底废弃。南宋张栻、吕祖谦诸人亦是如此。另一派是南宋王质《诗总闻》、郑樵《诗辨妄》开始"去《序》而言《诗》"。朱熹在此基础上，更是以"《诗·小序》全不可信""《大序》亦未必是圣人作"②，从而废《序》解《诗》。黄震对此的态度是，他既怀疑《诗序》为汉儒所作，不可尽信，但又认为"《诗》不可尽去

---

① ［宋］黄震：《黄氏日抄》卷四《读毛诗》，影印文渊阁《四库全书》本，台北：台湾商务印书馆，1986 年版，第 27 页。

② ［宋］黎靖德编：《朱子语类》卷八十，北京：中华书局，1986 年版，第 2072、2074 页。

《序》”;他盛赞朱熹《诗集传》,认为它“发理之精到,措辞之简洁,读之使人瞭然,亦孰有加于晦庵之《诗传》者”,但也承认“《诗》非《序》莫知其所自作”的弊端,所以他在《诗经》解释上采取折衷的态度,“当以晦庵《诗传》为主”“以诸家参之”,故在实际的《诗经》解读上,黄震便采取这种原则,如:

> 孔子言《关雎》“乐而不淫,哀而不伤”,盖淫者,乐之过;伤者,哀之过,惟此诗得性情之正。《大序》乃谓:“不淫其色,无伤善之心。”此《大序》之失也。晦庵辟之,当从晦庵。①
>
> 景山与京,古注谓:“景,大也。”诸家皆从之。晦庵《传》以景为日影,以“既景乃冈”为证,然恐语法不类也,合从众。②

可以说,黄震以折衷的方式维护朱熹《诗经》学的地位,另一方面也通过兼采众说的形式来弥补它废《序》言《诗》的不足,正如四库馆臣所言“黄震笃信朱学,而所作《日抄》,亦审《序》说”③,黄震此举这无疑丰富、完善了朱熹的《诗经》学,为朱学的传扬起到了重要的推动作用。

总的来说,黄震的经学虽然尊崇朱熹,但是在解经上追求实证,不拘门户之见,正如四库馆臣说他,“解说经义,或引诸家以翼朱子,或舍朱子而取诸家,亦不坚持门户之见。盖震之学朱,一如朱之学程,反复发明,务求其是。”④其实在黄震经学中,“引诸家以

---

① [宋]黄震:《黄氏日抄》卷四《读毛诗》,影印文渊阁《四库全书》本,台北:台湾商务印书馆,1986年版,第28页。

② [宋]黄震:《黄氏日抄》卷四《读毛诗》,影印文渊阁《四库全书》本,台北:台湾商务印书馆,1986年版,第34页。

③ [清]纪昀等:《四库全书总目》卷十五《诗序》提要,北京:中华书局,1997年版,第187页。

④ [宋]纪昀等:《四库全书总目》卷九十二《黄氏日抄》提要,北京:中华书局,1997年版,第1219页。

翼朱子”是其主要宗旨，而兼采众家，“反复发明，务求其是”也是羽翼朱子之学的重要体现。可以说，黄震虽宗朱熹，与朱门其他弟子不同，他并没有就理学进行专门论说，而是通过经义疏解的形式，进一步丰富、完善朱熹之学，这不能不说是一大特点，正如钱穆先生所言：“东发以一理学大儒，观其《日钞》，经史子集罔不搜罗，可谓繁夥矣，然独无语录，此为理学家一异。”①

三、不拘汉宋门户之见，以求经典之本义

黄震通过兼采众说的方式，进一步丰富完善朱熹经学。但实际上，他在经学上已经超越了这个基本目的，在经解上他并不株守朱熹之说，而是更加强调经义本身，如：

> “乐子之无知”，晦庵《诗传》以子指苌楚，言草木无知也。然下章“乐子之无室”，无家恐难指苌楚。东莱曰：“所谓赤子之心也。未有知识，未有室家之时也。”此意得之。以此知《诗》不可尽去《序》说也。②

在这里朱熹《诗集传》废《序》言《诗》，将“乐子之无知”的“子”解释为“苌楚”，朱熹此解主要是根据前一句“隰有苌楚”来确定，而实际上这种解释非常牵强。相比较而言，吕祖谦根据《诗序》的解释，更加符合原意。由此，黄震认为“《诗》不可尽去《序》”。

又如对《周易·解》章句的解释：

> “无所往，其来复吉，有攸往，夙吉。”古注云：“无难可解，则来复；有难而往，则以夙为吉。”盖两开其端也。程《传》乃

① 钱穆：《黄东发学述》，《中国学术思想史论丛》（六），北京：生活·读书·新知三联书店，2009年版，第1页。

② ［宋］黄震：《黄氏日抄》卷四《读毛诗》，影印文渊阁《四库全书》本，台北：台湾商务印书馆，1986年版，第42页。

云:"其始未暇有为,既安定则为可久之治。"晦庵非之。盖或为或不为,惟其当而已。合从古注。①

对于"无所往,其来复吉,有攸往,夙吉",古注即王弼《周易注》解释的解释更加简洁、正确。程颐的解释与王弼颇为近似。而朱熹《周易本义》的解释,尽管简洁,但是偏离本义,所以黄震认为"合从古注"。

又如《孝经》一书,从汉开始便有今古文《孝经》之争,唐玄宗曾为今文《孝经》作注并颁行天下,今古文之争从此渐息。但到了宋代,司马光依据古文《孝经》,作《古文孝经指解》,斥今文《孝经》为伪,从而又掀起了今、古文《孝经》的争论。对此,朱熹据古文《孝经》作《孝经刊误》一书,分经一章、传十四章,此本是为《孝经》诸本的根据,不过此书并没有止息《孝经》是古非今的门户之见。黄震对当时重古文《孝经》而轻今文的做法,他申明说:

按《孝经》一耳,古文、今文特所传,微有不同。如首章,今文云:"仲尼居,曾子侍。"古文则云:"仲尼闲居,曾子侍坐。"今文云:"子曰:先王有至德要道。"古文则云:"子曰:参先王有至德要道。"今文云:"夫孝,德之本也,教之所由生也。"古文则云:"夫孝,德之本,教之所由生。"文之或增或减,不过如此,于大义固无不同。至于分章之多寡,今文《三才章》"其政不严而治"与"先王见教之可以化民"通为一章,古文则分为二章。今文《圣治章》第九"其所因者本也"与"父子之道天性"通为一章,古文亦分为二章。不爱其亲而爱他人者,古文又分为一章。章句之分合,率不过如此,于大义亦无不同。古文又云:

① [宋]黄震:《黄氏日抄》卷六《读易》,影印文渊阁《四库全书》本,台北:台湾商务印书馆,1986年版,第88页。

> "闺门之内具礼矣乎？严父严兄，妻子臣妾，犹百姓徒役也。"此二十二字，今文全无之，而古文自为一章，与前之分章者三，共增为二十二，所异者又不过如此，非今文与古文各为一书也。①

黄震认为今、古文《孝经》之间的差别，"微有不同"，只不过是字词增减、多少以及"章句之分合"的不同，并非今古文《孝经》各为一书，而且今古文之间的差别对理解、践行《孝经》大义没有什么影响，所谓"不过如此，于大义固无不同"。并认为朱熹《孝经刊误》一书，对编辑、校勘、发明《孝经》大义的功劳甚大，说《孝经》大义"至晦庵疏剔瞭然矣"②。四库馆臣在《古文孝经指解》的提要中引述了黄震的观点，并对黄震给予了高度评价，说黄震此言"可谓持平"，并在按语中进一步强调说，"注《孝经》者，驳今文而遵古文，自此书(《古文孝经指解》)始。五六百年门户相持，则自朱子用此书作《刊误》始，皆逐其末而遗其本也。今特全录黄震之言，发其大凡，以著诟争之无谓。余一切纷纷之说，后不复载，亦不复辨焉。"③可以说，朱熹《孝经》学经由黄震的肯定，进一步得到了后人的认可，影响可谓深远。

由上可以看出，黄震虽然尊崇朱熹，但是就经典诠释上而言，黄震并不追求理论建构。此外，在经解上，黄震强调群经之本义，虽然也尊崇朱熹的解释，但实际上他还是博采众长，汉宋兼采，不

① ［宋］黄震：《黄氏日抄》卷一《读孝经》，影印文渊阁《四库全书》本，台北：台湾商务印书馆，1986 年版，第 2 页。

② ［宋］黄震：《黄氏日抄》卷一《读孝经》，影印文渊阁《四库全书》本，台北：台湾商务印书馆，1986 年版，第 3 页。

③ ［清］纪昀等：《四库全书总目》卷三十二《古文孝经指解》提要，北京：中华书局，1997 年版，第 416 页。

拘门户之见,“务求其是”,以期实现对经典本义的理解与解释。如他在《黄氏日抄·读礼记》中,就仿效卫湜、岳珂、贾蒙等人《礼记》集解的体例,兼采众家对《礼记》的注解,作《读礼记》十六卷,颇有朱熹《四书章句集注》的风格。其《读春秋》亦是如此,通过博采众长,吸收汉唐以来对《春秋》的注解,对《春秋》进行重新注解。总而言之,黄震吸收群经注解,对经书重新解释,尽管在思想框架上没有偏离朱熹理学,但是在经义内容上,他没有株守朱熹经解,从实证的角度出发,以追求“本义”为旨趣,这不能不说是其经学最为重要的特征。这对于南宋后期,进一步论证朱熹理学,改变黄震所处浙东地区陆学兴盛且空谈性理的风气而言,无疑具有重要的现实意义。

四、明经以“躬行”,经史并重以致用

黄震身处南宋后期,这一时期宋王朝面临着严峻的“内忧外患”,作为官僚统治阶层中的一员,除了积极致力于当时社会政治问题的解决之外,也通过阐发经义的形式来表达自己的政治理念。更为主要的是,黄震所处的时代,程朱理学已经确立为官方意识形态,成为社会政治、人文道德的指导思想。只是在实际中,当时上自皇帝、下至官僚士大夫、士子读书人都喜欢空言性命,而疏于问学、躬行,如他所说:“近世士大夫乃非性命不言,甚至疾有子言孝弟为支离。嘻!亦甚矣!”①,他又说:

> 今流布于天下者,无非言理之书,不善学者,遂或流而为空言矣。不知古之正心诚意者,正将推之治国平天下,言语文

① [宋]黄震:《黄氏日抄》卷九十《训族编序》,影印文渊阁《四库全书》本,台北:台湾商务印书馆,1986年版,第957页。

字云乎哉！①

自晦翁之学盛行，而义理之说大明，天下虽翕然而向，方流弊亦随之而渐生。盖论说之求多，恐躬行之或缺，苟诚用力于躬行，何暇往事乎！②

正是由于时人皆空言朱学性命之理，而疏于问学与躬行，所以作为朱学后传的黄震积极致力于经义考证、考据。黄震本人无论是在治经，还是在治史过程中都非常注重考证、考据，他对于文字、名物、地理、史事等都给予精细的考证，这自然是对朱熹对训诂之学重视的继承和发展，而这也可以说是对之前饶鲁、陈淳字义之学的传承，且与同时代的何基、王柏、金履祥等人遥相呼应，这种注重经学训诂、考据之学的方式方法对于朱熹之学的传承和弘扬有重要的意义，正如全祖望所言："朱徽公之学统，累传至双峰（饶鲁）、北溪（陈淳）诸学，流入训诂派。殆至咸淳而后，北山（何基）、鲁斋（王柏）、仁山（金履祥）起于婺，先生（黄震）起于明，所造博大精深，徽公瓣香为之重振。"③正是黄震等朱熹后学通过考据之法进行修正、论证，这为程朱理学的丰富与完善起到了重要的促进作用。

黄震除了沿袭朱熹考证、训诂之法，通过考据学的形式来发明义理之外，另一方面极力倡导躬行程朱理学。他曾向宋度宗上书说：

理学至本朝而后大明，至先皇帝而后心契。先儒朱熹大

① ［宋］黄震：《黄氏日抄》卷九十《晦庵与江玉汝往复帖序》，影印文渊阁《四库全书》本，台北：台湾商务印书馆，1986 年版，第 960 页。

② ［宋］黄震：《黄氏日抄》卷九十五《祭添差通判吕寺簿》，影印文渊阁《四库全书》本，台北：台湾商务印书馆，1986 年版，第 1022 页。

③ ［清］全祖望：《鲒埼亭集·外集》卷十六《泽山书院记》，清嘉庆十六年刻本，第 165 页。

中至正之说，至皇帝陛下而后力究。先皇帝心传面命之旨，凡阴阳造化之源，性命心情之别，儒生学士皓首穷经，而未能得其要者。陛下一一剖析曲当，领会无遗，真足以上继尧、舜、禹、汤、文、武之传矣。然此其讲明也，非其施行也。自昔帝王之学，始于格物致知者，正将推而极之于治国、平天下尔。①

黄震认为宋度宗对于朱熹理学已经领悟，他希望宋度宗能够在现实中践行朱熹大中至正之说，致力于社会政治的改造，实现治国平天下的重任。在他看来，朱熹经学归宿在于实践，而非空言性命。他甚至说："今日之所少者，不在讲说，而在躬行！"②

黄震认为从孔孟以至程、朱等理学家，探究性命义理，其目的不只是为了辟异端，更为主要的是为了躬行，他说：

二程先生讲明周子之说，以达于孔、孟之说，由性命而归之躬行，其说未尝不兼举。……二程既没，门人弟子多潜移于禅学而不自知，虽晦翁朱先生初年亦几陷焉，后始一切反而归之平实。平生用功多于《论语》，平生说《论语》，多主孝弟忠信。至其言太极性命等说，乃因一时行辈儒先相与讲论而发，亦本非其得已。文公既没，其学虽盛行，学者乃不于其切实，而独于其高远。讲学舍《论语》不言，而必先大《易》。说《论语》舍孝弟忠信不言，而独讲一贯，凡皆文公平日之所深戒。……正躬行者必精性理，精性理为正躬行设也。……窃意儒先讲贯已精之余，正学者敬信服行之日，由儒先之发明，以反求乎孔子之大旨，知性命之从来，以归宿于孝弟之实行，守之以谨，

① ［宋］黄震：《黄氏日抄》卷六十九《奏劄·第二劄》，影印文渊阁《四库全书》本，台北：台湾商务印书馆，1986年版，第674页。

② ［宋］黄震：《黄氏日抄》卷八十二《抚州辛未冬至讲义》，影印文渊阁《四库全书》本，台北：台湾商务印书馆，1986年版，第839页。

> 行之以信，爱众以推广乎此，亲仁以增益乎此。其本既立，其用斯溥，他日推之天下国家，特举而措之尔。故曰：人人亲其亲，长其长而天下平。恐必如此，斯为实学，又可更求多于言语间哉！①
>
> 唐中世以后，佛氏始改说心学，以荡此道。濂、洛诸儒讲性理之学以辟之，而道益明。伊川既没，讲濂洛性理之学者，反又浸淫于佛氏心学之说，晦庵先生复出，而加之是正，归之平实，而道大明。其说虽根柢于无极、太极，实则归宿于仁义中正；虽探原于阴阳性命，实则体验于躬行；践履虽亦未尝不主于心，实则欲正此心，以达之天下国家之用，非其他所谓即心是道，绝物而立于独弃，实而流于虚也。②

黄震认为濂、洛、关、闽诸儒尤其是理学的集大成者朱熹，虽然从性理角度言说儒学，除了辟佛，并改变中古以来儒学的颓势之外，更为主要的是“由性命而归之躬行”，即为儒学的践履提供本体论证，提升儒学实践的意义，由此进一步光大了孔孟学说。可以说，性理与躬行并行不悖，两者互为表里，“正躬行者必精性理，精性理为正躬行设也”。在黄震看来，程朱理学家已经讲明了相关的理论，躬行实践、遵循理学才是当下最重要的事情。所谓“理”或“道”就是“日用常行之理”，而不是别有一个道理。所躬行实践的内容，无非是君臣、父子、兄弟、夫妻等人伦道德，以及日常生活、饮食起居中的礼仪等细节，“当省其所自立，自君臣、父子之大伦，至服食起居之委细。天者无不在焉，则当省其所自行，且学者

① ［宋］黄震：《黄氏日抄》卷八十二《抚州辛未冬至讲义》，影印文渊阁《四库全书》本，台北：台湾商务印书馆，1986 年版，第 840 页。

② ［宋］黄震：《黄氏日抄》八十八《江西提举司抚州临汝书院山长厅记》，影印文渊阁《四库全书》本，台北：台湾商务印书馆，1986 年版，第 942 页。

之用工，亦各有自得”①。可以说，黄震突出实践的重要性，而不是空言道理、性理，这在某种程度上来说，黄震之学是对朱学后学的一种修正，如有学者所言，“黄震虽学宗朱熹，然后朱熹之学到了黄震这里易经表现出了明显的修正倾向”②。实际上，由于南宋后期，程朱理学被确立为官学之后，儒士大夫、科举士子们空言性理、记诵语录，而不知躬行，黄震希望每个人都正心诚意，以求真心践履程朱之学，唯有这样才能真正领悟程朱理学的思想精髓。

黄震经学注重阐明朱熹理学，更为主要的是在他看来，经世致用才是为学的归宿所在，正是因为如此，他也发挥了朱学中论说心学的部分，进而注重正心诚意以修身明德、治国安邦。另外，黄震地处浙东一代，也深受当地注重史学风气的影响，何况朱熹本人对史学也颇为重视。故黄震在经学上，也注重吸收以史明理的理想，主要体现在他借助对历史史实的考察与总结，分析历代盛衰兴亡的得失，从而为现实整治提供借鉴。在黄震看来，史学与经学一样都旨在致用，所谓：“夫学者将以明理而施之用。六经，治道之根源；诸史，行事之龟鉴。”③其中，最突出的表现，就是黄震以《春秋》编年的形式，撰述《古今纪要》十九卷，记载了上古传说的伏羲、神农，下到北宋哲宗时代的历史。四库馆臣评价此书说：“是书撮举诸史，括其纲要，上自三皇，下迄哲宗元符。每载一帝之事，则以一帝之臣附之，其僭窃割据亦随

① ［宋］黄震：《黄氏日抄》卷八十六《省斋记》，影印文渊阁《四库全书》本，台北：台湾商务印书馆，1986 年版，第 902 页。

② 隋金波：《黄震实学思想研究》，湘潭大学硕士学位论文，2008 年 5 月。

③ ［宋］黄震：《黄氏日抄》卷五十《王荆公》，影印文渊阁《四库全书》本，台北：台湾商务印书馆，1986 年版，第 340 页。

时附见。词约事该,颇有条贯。"①此书的编纂体例,深受朱熹《通鉴纲目》与其师王文贯《春秋传》的影响,全书也采用"纲目"的形式。《古今纪要》以历史的形式,专就治国安邦之道进行说解,此书虽说治史,其实乃是治经、明理之作。不仅如此,在黄震的著述之中,史学著述占有相当大的比重,如《戊辰修史传》《古今纪要逸编》《黄氏日抄》的部分,等等。黄震对史学的重视,这在宋学中具有重要的意义,如有学者所言:"一方面,黄震史学继承了程朱等义理史家以理阐史、以史证理的治史宗旨;另一方面,则又纠正了朱子后学中'多忽史学'的粗疏之弊。可以说,他是继吕祖谦以来浙东学者中'言性命者必究于史'的一个典型代表。"②

总的来说,黄震虽为朱熹后学,但并没有执着于朱熹经学、理学的核心《四书》学的研习,而是博览群籍,经史子集兼重,从经传注疏之学入手,注重考订朱熹经解中的错谬与不足,除了广征博引以备朱熹解经之阙,更为其理学理论提供更为坚实的经典文献之依据。更为主要的是,他对于修正、弘扬朱学起到了重要的促进作用,对此何俊先生也曾说道:"黄震能够在将朱学由思想转化成学术的过程中,最终还能对朱学本身作出修正,除了依靠上述经学上的工作以外,在极大程度上还得力于他将学术视野由经学扩大到史部、子部与集部,其中尤其重要的是包括了宋代的学术思想。"③

---

① [清]纪昀等:《四库全书总目》卷五十《古今纪要》提要,北京:中华书局,1997年版,第694页。

② 张伟:《黄震生平及学术成就述略》,《浙江万里学院学报》,2001年第3期。

③ 何俊、范立舟:《南宋思想史》,上海:上海古籍出版社,2008年版,第250~251页。

这样一来,经由黄震的努力不仅是的朱学更加丰富、完善,也更使得朱学更加富有实践性。

黄震所处的时代,虽然朱学为官学,但陆学依旧盛行,尤其是其所处的四明地区。但是黄震"独崇朱氏学,其为文悉本之"①。在他的倡导下,四明地区之士"翕然向风,尽变其所学"②可以说,经过黄震的倡导,后经史蒙卿、程端礼、程端学等人的努力,四明地区的儒学之士改习朱学以代陆学。可以说,作为朱熹后学弟子,黄震传承朱学,论证其说,弘扬其理,传承其道,其功甚伟。不过,与同时代朱学传承的另一支派金华北山四先生相比,由于黄震传承弟子甚少而趋于暗淡。正如全祖望所言:"婺学由白云以传潜溪,诸公以文章著,故倍发扬其师说;先生独与其弟子唱叹于海隅,传之者少,遂稍暗淡。"③而北山四先生弟子传承不绝,成为宋元之际朱学的最主要传承者。

第三节　永嘉经学:陈埴、叶味道的经学及思想

尽管永嘉之学的代表人物,薛季宣、陈傅良、叶适力主事功之学,而排斥程朱之学,但实际上他们的经典诠释思路并没有跳出二程的经学理路,即"内圣""外王"的学术框架,只是他们对于外王事业的关注更为强烈,故在经学旨趣上,更加注重"外王"部分。但是

---

① [元]袁桷:《延祐四明志》卷五《黄震》,清咸丰四年《宋元四明六志》本,第79页。

② [明]谢肃:《密庵集》卷八《黄公墓志铭》,载[明]程敏政:《明文衡》卷八十三,《四部丛刊》本,第812页。

③ [清]全祖望:《鲒埼亭集·外编》卷十六《泽山书院记》,清嘉庆十六年刻本,第165页。

这种治学风尚并没有得到继续，到了叶适的弟子陈埴、叶味道那里重心有所转向，又转向对“内圣”之学的探究。也就是说，陈埴、叶味道除了继承浙东学派经制、事功的思想之外，他们对程朱理学化经学颇为认同，并结合他们进一步丰富完善了浙东永嘉学派的思想，由此成为南宋后期永嘉学派经学发展的新趋向。

陈埴，字器之，永嘉人，尝举进士，授通直郎致仕，其学出于朱子。其著述《木钟集》流传于世。叶味道（1167—1237），乃叶适之子，曾受父之命师事朱熹，迁居莒口后山。时人称之为溪山先生。著有《四书说》《大学讲义》《易会通》等。

一、传承叶适之学，并兼采朱陆之学

陈埴师承叶适，但是后又拜朱熹为师，叶味道也曾师从朱熹为学。可以说，陈埴、叶味道二人是永嘉诸子师从朱子为学的发起者。正是因为如此，陈埴、叶味道他们在经学解释中，将儒家经典中的仁用“理”来解读，换言之，“以理解经”是其经学解释学的重要特征：

> 私欲净尽，天理浑全，方可言仁。谓苟息忠于所事，则可谓死当于理，而无私心则未也。比干以谏死谓之忠可也，而孔子谓之三仁，是忠可为仁也。至子张问令尹子文何如，孔子只许之以忠，以为未知焉得仁。是忠与仁，犹有径庭也。不是将忠便唤作仁，此心统体，无私浑是天理，方可言仁，子文于此处保明未过。在知及之，仁不能守之，固不可仁，既能守之而犹有不庄不以礼之戒，《集注》谓有气习之偏，何邪？①

① ［宋］陈埴：《木钟集》卷一，影印文渊阁《四库全书》本，台北：台湾商务印书馆，1986年版，第555页。

陈埴将“仁”视为“理”“天理”，它们尽管表述不同，但是都具有本体的意味，这无疑是朱熹理学的重要体现，也是陈埴、叶味道推崇并传扬理学的重要体现。陈埴、叶味道不仅重视朱熹理学，同样他们在解经过程中注重“心”的主体意义，如：

> 辞之偏诐者，由其心之蔽于理；辞之淫放者，由其心之陷于欲。辞之邪僻者，由其心之离于道；辞之逃遁者，由其心之穷屈于义理也。①

> 言者，心之声也。言上有病，便是他心上有病，当反求诸心可也。告子乃言不求于心，此是他不知言处。孟子法门与告子正相反，故于诐淫邪遁之辞，而知其所受病之处，盖诐淫邪遁，言之病也；蔽陷离穷，心之病也。因其言之病，知其心之病，孟子所以为知言。②

将心视为体悟圣人之道、天地之理的主体，认为言语不当，不合天理，乃是“心”的作用，更是“心”不正、不合理的反映，所谓“因其言之病，知其心之病”。这种对“心”的高度重视，在某种程度上也是心本论的一种体现。

正是由于陈埴、叶味道在传承永嘉之学的同时，颇推崇朱熹之学，并兼采心学思想，这就使得永嘉之学在此时更加转向“内圣”，进而造成了永嘉之学的“衰微”。如全祖望评价所说：

> 永嘉为朱子之学者，自叶文修公（叶味道）与潜室（陈埴）始，文修之书不可考，《木钟集》犹有存焉。自是而永嘉学者渐

① ［宋］陈埴：《木钟集》卷二，影印文渊阁《四库全书》本，台北：台湾商务印书馆，1986 年版，第 610 页。

② ［宋］陈埴：《木钟集》卷二，影印文渊阁《四库全书》本，台北：台湾商务印书馆，1986 年版，第 611 页。

祧艮斋(薛季宣)一派矣。①

清人孙希旦对此也说:

> 吾乡儒术之兴,虽肇于东山、浮沚,而能卓然自成为永嘉之学,以鼎立于新安、东阳间,虽百世后不能强为轩轾者,必推之乾、熙诸儒。至叶文修(味道)、陈潜室(埴)师事朱子以传新安之学,元儒史伯睿实其绪余,以迄于明之黄文简淮、张吉士文选,而项参政乔、王副使叔果,当姚江方火之时,不能无杂于陆学,而永嘉先生之风微矣!②

尽管乾道、淳熙之际的薛季宣、陈傅良、叶适等乾淳诸儒开创了通经史以致用的永嘉学派,但是到了南宋末年,永嘉后学弟子的代表陈埴、叶味道等人汲取了朱熹性命之学的精髓,开始淡化对事功之学的关注,而大谈性命道德之学,这标志着永嘉事功之学开始衰落了。

当然,永嘉学派在南宋末年衰落也和永嘉学派的思想体系有着直接的关系,叶适作为永嘉事功之学的集大成者,其学说兼具事功、理学、心学等内容,并没有将之整合为一个有机整体,这就使得其后传弟子在学术宗趣上各究一面,分为数家,这一点如全祖望所云:

> 水心之门,有为性命之学者,有为经制之学者,有为文字之学者,先生(王大受)欲以事功见其门庭,盖又别为一家。③

可以看出,叶适弟子中并没有完全遵循叶适注重事功之学的特点,而是根据自己兴趣爱好各有不同,如有性命之学、经制之学、文字之学、事功之学等,而这与叶适的学术思想体系有直接的关联。如

---

① [清]黄宗羲原著,全祖望补修:《宋元学案》卷六十五《木钟学案》,北京:中华书局,1986 年版,第 2087 页。

② [清]孙衣言:《逊学斋文钞》卷六,清同治刻增修本,第 94 页。

③ [清]黄宗羲原著,全祖望补修:《宋元学案》卷五十五《水心学案下》,北京:中华书局,1986 年版,第 1816 页。

陈耆卿、王象祖、邵持正注重文字之学等。

总而言之，由于叶适后传弟子缺乏自己的特色，更为主要的是随着程朱经学、理学的官学化，他们在仕途上并不得意，反而受到排斥，如以经世济用自负的王大受，最终没有得到朝廷重用，反而转向文字之学。又如宋驹“学于水心，乃从事于古今伦贯，物变终始，所当究极，用功甚锐”，但也是不求仕进，“以读书为乐”①。还有厉仲方，“素留意于事功之学”②，但也最终受到冷遇。叶味道、陈埴作为叶适门下最著名的弟子，他们经学思想的转向最能说明在南宋末年永嘉之学的发展特点与趋势了。

二、注重《四书》之学与道德性命之理

宋人赵顺孙撰有《四书纂疏》，这部书旁征博引，以传述程朱之学，其中所旁引者有黄榦、辅广、陈淳、陈孔硕、蔡渊、蔡沈、叶味道、胡泳、陈埴、潘柄、黄士毅、真德秀、蔡模一十三家，这些皆被视为朱学的传述者，而陈埴、叶味道也在其中，这自然也表明了他们在经学旨趣上开始注重对《四书》学、性理之学的关注。

由于陈埴、叶味道注重程朱理学，并在解释《四书》的过程中，多次阐发性命道德之理，比如：

> 性与天道，圣人罕言，乃不躐等之教，学问之家所理会者何事，却禁人口不言邪？③

---

① ［清］黄宗羲原著，全祖望补修：《宋元学案》卷五十五《水心学案下》，北京：中华书局，1986 年版，第 1816 页。

② ［清］黄宗羲原著，全祖望补修：《宋元学案》卷五十五《水心学案下》，北京：中华书局，1986 年版，第 1816 页。

③ ［宋］陈埴：《木钟集》卷一，影印文渊阁《四库全书》本，台北：台湾商务印书馆，1986 年版，第 577 页。

性者,人心所具之天理,以其禀赋之不齐,故先儒分别出来谓有义理之性,有气质之性。仁义礼智者,义理之性也;知觉运动者,气质之性也。有义理之性而无气质之性,则义理必无附着;有气质之性而无义理之性,则无异于枯死之物。故有义理以行乎血气之中,有血气以受义理之体,合虚与气而性全。孟子之时,诸子之言性,往往皆于气质上有见,而遂指气质作性,但能知其形而下者耳。故孟子答之,只就他义理上说,以攻他未晓处。气质之性,诸子方得于此,孟子所以不复言之义理之性,诸子未通于此。孟子所以反复详说之。程子之说,正恐后学死执孟子义理之说,而遗失血气之性,故并二者而言之曰:论性不论气不备,论气不论性不明。程子之论,举其全孟子之论,所以矫诸子之偏,人能即程子之言,而达孟子之意,则其不同之意,不辨而自明矣。①

义理不胜气禀,则性与命皆随气禀中去,所以多不善;若义理胜气禀,则性与命皆向义理中来,所以为善。德谓义理之性,气谓血气之性。学问之道无他,不过欲以义理胜血气。②

寡欲是操存持养工夫,乃学者事若德盛仁熟之后,心不待养而存,即欲不待寡而无。当此境界,欲即是理,理即是欲,从心所欲,无非义理,虽谓之无可也。③

知性即穷理,格物之学是工夫最先者。尽心即大学知至

---

① [宋]陈埴:《木钟集》卷十,影印文渊阁《四库全书》本,台北:台湾商务印书馆,1986 年版,第 704 页。

② [宋]陈埴:《木钟集》卷十,影印文渊阁《四库全书》本,台北:台湾商务印书馆,1986 年版,第 702 页。

③ [宋]陈埴:《木钟集》卷二,影印文渊阁《四库全书》本,台北:台湾商务印书馆,1986 年版,第 615 页。

境界,存心即诚意,正心之谓养性在中矣,非存心外别有所谓养性工夫,故养性在存心下。①

陈埴对于性理、天命、道德、工夫等方面的认知,一方面强调"性与天道"的重要性,并进一步肯定了二程、朱熹等人对心性之学的建构,其思想基本上继承并发展了思孟学派、二程、朱熹等人的看法,他所做的工作只不过是传承洛学思想,并进而丰富、完善。在陈埴的理学思想体系之中,他突出了"心"的主体与主导地位,比如:

周之得天下来历,自泰伯之让始。故其让国处人得见其迹,其让天下处人莫知其心,所以圣人表出来。泰伯之让在太王时,事迹甚微,人莫能知圣,人推见至隐,以其本心与文王同。故俱称为至德,使不僭逃,亦自足以造周,故又言以天下让。②

君子容有不仁处,此特君子之过耳,盖千百之一二。若小人本心既丧,天理已自无有,何得更有仁在?已自顽痹如铁石,亦无醒觉之理,甚言小人之不仁也。此君子、小人指心术邪正,言君子存心虽正,犹有私意间发之时;小人本心既无,纵有隙光暂见,决不胜其虺蛇之毒,此章深惜小人之丧失本心也。③

此闻非谓耳闻,谓心悟也。即程门所谓"一日融会贯通处,为学若不见此境界,虽皓首穷经亦枉过一生。若已到此境

---

① [宋]陈埴:《木钟集》卷二,影印文渊阁《四库全书》本,台北:台湾商务印书馆,1986年版,第629页。

② [宋]陈埴:《木钟集》卷一,影印文渊阁《四库全书》本,台北:台湾商务印书馆,1986年版,第557页。

③ [宋]陈埴:《木钟集》卷一,影印文渊阁《四库全书》本,台北:台湾商务印书馆,1986年版,第561页。

界，虽死无憾，亦不虚了一生也"。非是闻道之人必要夕死，但苟得闻道，虽便死亦可无憾。深言学者贵早闻道耳。①

从以上几句解经的内容，我们可以看出，陈埴在借助经学解释来表达自己思想的时候，除了凸显天理的本体地位之外，也将"心"提升到与天理一样的高度，并将之视为道德修养工夫的本体与主体所在。这种思想观念的出现，说明心在其道德性命之学中的重要地位，也标志着永嘉学派在南宋后期的思想转向。同时，这也说明了在程朱理学成为官方之后，理学日渐成了当时主流的思想观念，无论是陈埴，还是其他浙东诸儒都开始有意识地在学理上做进一步的调整。一般而言，在南宋后期，浙东学派与心学、理学都开始趋同，而这一点也是程朱理学派学者解经的基本表现形式。换言之，这种表现方法也为浙东、心学等弟子所接纳，由此浙东事功之学、心学、理学开始在南宋后期日渐出现思想方法上的合流。

整体来看，陈埴在大体理论架构上，并没有跳出二程、朱熹等人的理学思想体系。当然，他们对于二程、朱熹理学所言并非一味遵循，而是批判性地理解与接受：

亲亲而仁民，仁民而爱物，所谓一理万殊，称物平施，此仁字是用，援《集注》误矣。待禽兽只有爱心，不可使失所，若夫牛不穿鼻，马不络首，一以人理奉之，则亲民何别，不几于同人类于马牛乎？仁者，人心也，有人理存焉。施于人者，不可施于物，乃理一分殊处。②

陈埴对朱熹《论语集注》中的对亲民、爱物的解释颇不认同，认为人

① ［宋］陈埴：《木钟集》卷一，影印文渊阁《四库全书》本，台北：台湾商务印书馆，1986 年版，第 566 页。

② ［宋］陈埴：《木钟集》卷二，影印文渊阁《四库全书》本，台北：台湾商务印书馆，1986 年版，第 614 页。

与物有所不同,不可以有“民胞物与”的思想。实际上,陈埴的这种理解颇有因文生义的偏颇,也没有完全清晰理解朱熹“理一分殊”的思想旨趣。尽管如此,这并不影响陈埴对二程、朱熹理学化经学、思想体系的继承与发展。

总的来看,陈埴、叶味道虽然作为叶适后传弟子,为浙东学派的重要组成部分。但随着程朱之学官学化之后,他们的学说发生了转向,并没有像陈傅良、叶适等人积极倡导经制、事功之学,而是转向了对性理之学的传承与弘扬。在经学解释上,他们不仅注重以理解经,将理、天理视为宇宙万物、圣人之道的内在根据,更是将经学、史学融通,强调“经史互证”“以史解经”,进一步提升了史学在经典诠释、明道传道中的价值与意义。此外,他们在其经学诠释上,他们并没有放弃经世致用的基本理念与学术旨趣,他们结合当时道德伦理、社会政治的需要,借助经学诠释提出了一系列治国安邦的思想与方法,进一步发展了永嘉经学、浙东学说。

本章小结

在南宋后期,随着朱熹之学成为官方之学之后,其影响开始越来越大,其弟子也越来越多。在浙江一带,朱熹之学所传承三支中,以何基为首的北山四先生所代表的金华朱学、以黄震、史蒙卿等为代表的四明朱学、以叶味道、陈埴为代表的永嘉朱学等都极大地彰显了朱熹之学的影响力,更是在更大范围内传承、弘扬了朱熹的经学。最为主要的是,金华、四明、永嘉诸儒并没有固执于朱学的束缚,而是兼采众长,尤其从经学的角度对朱熹之学做了最大程度的疏解、考辨、实证等工作,而这些对于朱熹理学、哲学的丰富、完善无疑有着重要的作用。此外,金华、四明、永嘉诸儒在研究方法上、学术内容上也并没有完全恪守门户之见,而是兼采众长,广泛援引了心学、浙东之学的方法与内容,由此弥补了朱学在心学、经制事功之学方面不足。

总之,在南宋后期朱熹后学在经学上除了继承朱熹注重《四书》学、理本论的思想体系之外,更为主要的是在方法上,他们多注重以考据之学的形式来丰富完善朱熹之学,为朱熹之学的传承、发展起到了重要的推动作用。此外,朱熹后学也积极汲取了浙东事功之学、心学的一些思想与方法,强调经学经世致用的精神,强调经学的躬行实践性,而不拘泥于理论的传承与完善。反过来讲,在南宋后期,浙东学派虽然受到了理学诸派的批判,但同时以其事功、致用的思想极大地满足了当时社会政治的现实需要,推动了朱熹官学化之后理学的实证性与知识化的体系建构,这在某种程度上也是对理学的发展与完善,进而使得浙东学派成为南宋经学史、儒学史上的重要组成部分。

第六章　宋元之际王应麟“集诸儒之大成”之经学

王应麟(1223—1296),字伯厚,号深宁居士,进士出身,是南宋著名的学者、教育家、政治家。王应麟作为浙东地区著名的学者,他不拘门户,兼采众说,对于经史子集文献之学贡献甚大。他在经学方法上与金华吕祖谦颇为近似,故被视为吕学之大宗。在南宋末期,程朱经学、理学被确立为官方学说之后,与其他儒者一样,他在经学上注重考证、考据,并做了大量的校雠、辑佚的工作,这对于经学文献的保存、流传起到了重要的作用,成为宋代最有影响的经史考据者①。王应麟曾撰有三十余种著述,六百余卷,在经学、历史考据学等方面做出了突出的贡献,可以说“实集诸儒之大成”②之重要人物。

第一节　王应麟经学的传承、考据及特征

王应麟为学不拘门户,兼采众说,在经学方法上与金华吕祖谦

---

① 对于王应麟的经学及思想,已经有很多学者做了一定的探讨。比如何泽恒:《王应麟之经史学》,新北:花木兰文化出版社,2009 年版。

② [清]翁元圻:《困学纪闻·序》,上海:上海古籍出版社,2008 年版,第 14 页。

颇为近似，故被视为吕学之大宗。王应麟博学多才，年九岁，已通《六经》，对经史子集、天文地理都有研究，是南宋末年重要的政治人物和经史学者。南宋灭亡以后，他隐居乡里，闭门谢客，著书立说。全祖望称他“独得吕学之大宗”①。王应麟是吕祖谦门人最为出色的弟子。他受吕学影响，在学术思想上旨在调和朱、陆之间的不同，并倾向于陆学，是“浙东学派从南宋末年过渡到元朝初年的一位重要学者”②。王应麟作为吕祖谦之学的真传弟子，在名物训诂、经学义理等方面都有很大的成就，涉及面广，造诣精深，四库馆臣称他“博洽多闻，在宋代罕其伦比”③。考据学是王应麟为学的根本，清人王鸣盛旧说：“王氏之学，主于考据。”④王应麟作为南宋时期最有影响的经史考据学者⑤，更是对浙东学派经学的发展具有重要的推动作用。

---

①　［清］黄宗羲原著，全祖望补修：《宋元学案》卷八十五《深宁学案》，北京：中华书局，1986 年版，第 2858 页。

②　王凤贤、丁国顺：《浙东学派研究》，杭州：浙江人民出版社，1993 年版，第 101 页。

③　［清］纪昀等：《四库全书总目》卷一百一十八《困学纪闻》提要，北京：中华书局，1997 年版，第 1589 页。

④　［清］王鸣盛：《十七史商榷》卷一百《缀言二》，清《广雅书局丛书》本，第 678 页。

⑤　对于王应麟的经学也有学者对之做了一定的探究，比如魏殿金、杨渭生：《论王应麟的学术成就及其特点》，《浙江学刊》，1995 年第 3 期。马丽丽：《王应麟学术思想研究》，南开大学博士学位论文，2009 年 5 月。李凌：《论王应麟的〈诗经〉学成就》，山东大学硕士学位论文，2009 年 5 月。李刚：《从〈困学纪闻〉看王应麟的经学特点》，《四川文理学院学报》（社科版），2007 年第 4 期。

一、“不名一师”，并“兼治朱、吕、陆之学”

王应麟就其思想来源而言，除了十六岁时，从学于“乡先生吴参倚学”之外，更多的时间是在其父王撝的影响下并形成自己的思想与方法。其中，吴参倚史书记载不详，其父王撝是吕祖谦高徒楼钥的弟子，可见吕学是王应麟家学的重要方面。由于王应麟家乡鄞县，地处四明，此地尽管在早年盛行伊洛之学，但后来经过其陆学弟子四明学者杨简、袁燮等人的宣扬，陆学在此也非常兴盛。加上王应麟其父王撝又曾师从陆象山高弟杨简的门人史独善，这样一来，王应麟除了受到家学影响，与陆九渊心学也颇有渊源，王应麟被视为陆九渊三传。另外，王应麟侍父于婺州时，又从王埜问学。王埜之父王介是吕祖谦的高徒，后又从学于朱熹再传弟子真德秀，因此，王应麟又经由王介，接触朱学，故《宋元学案》列王应麟为朱熹四传。在王应麟为官期间，又与“兼治朱、吕、陆之学者”的汤东涧比邻而居，朝夕讲道。

总的来看，王应麟本人师从多人为学，与朱熹、陆九渊、吕祖谦等学说都有一定的关联，“不名一师”“不主一家之学”，对此《宋元学案》总结称：

> 深宁（王应麟）之父，亦师史独善，以接陆（九渊）学，而深宁绍其家训。又从王子文（王介）以接朱氏（熹），从楼迂斋（楼钥）以接吕氏（祖谦）。又尝与汤东涧游，东涧亦兼治朱、吕、陆之学者也。和齐斟酌，不名一师。①

可以看出，王应麟为学博览群籍、兼收并蓄，传承了陆九渊、朱熹、吕祖谦三家之学，从字词训诂、经义注解，无不体现出他兼收、笃实

---

① ［清］黄宗羲原著，全祖望补修：《宋元学案》卷八十五《深宁学案》，北京：中华书局，1986 年版，第 2856 页。

的学术风格。当然,他研治经学、博览群籍的最终目的是为了通经明理,他曾说:

> 圣人作经载道,学者因经明道。学博而不详说,无以发群献之眇指;说详而不反约,无以折众言之淆乱。故必溯正学之源,而后能通乎圣人之海。①

在他看来,圣人作经的目的在于明道,后世学者欲要明道,就须“因经明道”。他认为只有笃实为学群经,方可以明理,“不以笃实为本,则学不足以成德,文不足以明理”②。为了“明理”,王应麟一方面广泛博览群籍,“发群献之眇指”,探究经典中的道理。另一方面,他也注意提炼儒经中的精髓,即“反约”“以折众言之淆乱”,他甚至汲取了陆九渊“六经注我”的观点,“六经即圣人之心,随其所用,皆切事理,此用经之法”③。

其实,王应麟不仅兼采当时理学大家陆九渊、朱熹、吕祖谦、陆九渊等人的成果,即使是南宋时期倍受学者们诋毁的王安石之学也得到了王应麟的一定认可,比如:

> 《井》之九三:荆公解云:“求王明。孔子所谓异乎人之求也。君子之于君也,以不求求之;其于民也,以不取取之;其于天也,以不祷祷之;其于命也,以不知知之。《井》之道,无求也,以不求求之而已。”文意精妙,诸儒所不及。④

---

①　[宋]王应麟:《玉海》卷四十二《艺文》引,元至元庆元路儒学刻明递修本,第832页。

②　[宋]王应麟:《困学纪闻》卷一《易》,上海:上海古籍出版社,2008年版,第97页。

③　[宋]王应麟:《困学纪闻》卷三《诗》,上海:上海古籍出版社,2008年版,第446页

④　[宋]王应麟《困学纪闻》卷一《易》,上海:上海古籍出版社,2008年版,第41页。

"凡百君子,各敬尔身;胡不相畏,不畏于天。"荆公谓:"世虽昏乱,君子不可以为恶,自敬故也,畏人故也,畏天故也。"愚谓《诗》云:"周宗既灭,哀痛深矣,犹以敬畏相戒。圣贤心学守而勿失,中夏虽亡,而义理未尝亡;世道虽坏,而本心未尝坏。君子修身,以俟命而已。"①

南宋以来,王安石之学受到了朝野上下的批判,在这里王应麟并没有彻底抹杀他在经学解释上的贡献,援引他对《周易》《诗经》的解释,并在其基础上进行思想阐发,由此可见王应麟"不名一师",兼采众长的经学特点。

尽管王应麟"不名一师",兼采众长,尽管在南宋末年,程朱理学已经官学化,王应麟对其也颇为尊崇,但也"不能依此就把王应麟视为朱子之学统"②。何况,王应麟在其《困学纪闻》之中对朱熹的经学解释多有驳正。总之,王应麟兼采众长,但在学术方法上还是以吕祖谦为宗,如全祖望在《宋王尚书画像记》中就说:"先生之学,私淑东莱,而兼综建安、江右、永嘉之传。"③"论学盖亦兼取诸家,然其综罗文献,实师法东莱"④。今人张三夕《论王应麟的学术渊源》一文也认为,"无论在思想上还是在学风上,王应麟都与吕祖谦更为接近","在学术特色上,王应麟受到吕祖谦的影响更为深刻"⑤。

正是由于王应麟秉承吕祖谦中原文献之学的精神,他在经学

---

① [宋]王应麟:《困学纪闻》卷三《诗》,上海:上海古籍出版社,2008 年版,第 365 页。

② 张三夕、杨毅:《论王应麟的学术渊源》,《浙江学刊》,2010 年第 1 期。

③ [清]全祖望:《鲒埼亭外编》卷十九《宋王尚书书画像记》,清嘉庆十六年刻本,第 192 页。

④ [清]黄宗羲原著,全祖望补修:《宋元学案》卷八十五《深宁学案》,北京:中华书局,1986 年版,第 2858 页。

⑤ 张三夕、杨毅:《论王应麟的学术渊源》,《浙江学刊》,2010 年第 1 期。

上，不拘于门户之见、汉宋之别，“益沈潜先儒之说而贯通之，于汉唐取其事核，于两宋取其理胜”①，兼综百家、博通经史，将吕学之经学特点发挥到极致。王应麟这样做的目的就是希望将经学、历史、心性、事功诸学打通，融为一体，更好地发挥经世致用的精神，如有学者所评价的：“凡讲求心性，抽讨载籍，究明古今，经制治法可以佐庙谟，禆掌故者，罄生平著书之蕴，一见诸文。故所列各首，经史理学隐现其中。大而法象于地，小而名物数度，无不研极原本。”②

二、以小学为根柢，注重经文考辨、追本溯源

王应麟通过扎实的训诂、考据，然后在此博览、考订的基础上，抽绎其中的思想旨趣，而非单纯地格物、考索，在观念上没有门户之见，这可以看成是对吕祖谦、朱熹、陆九渊经典解读之法的综合。王应麟在经学解释上，非常注重经传训诂、小学名物的根柢之学，他认为小学是大学成德之学的核心与基础，他说：

> 小学者，大学之基也。见末知本，因略致详，诵数以贯之，伦类以通之，博不杂，约不陋，可谓善学也。③

他认为只有小学、大学并举，彼此“贯之”“通之”，才可谓善学。他注重对儒经中出现的名物典制、字词章句进行分析、梳理，如在他所撰的《小学绀珠》一书中，对有关儒经中常出现的天道、四时、律历、九州、二南、九族、五伦、五礼等名物典制注解都有所涉及，所进

---

①　[清]翁元圻：《困学纪闻·序》，上海：上海古籍出版社，2008 年版，第 14 页。

②　[清]童槐：《深宁先生文钞后序》，载《四明文献集（外二种）》，北京：中华书局，2010 年版，第 378 页。

③　[清]陆心源：《皕宋楼藏书志》卷六十一《子部》引，清光绪万卷楼藏书本，第 647 页。

行的考证,多据语言文字进行。

王应麟曾编纂《诗地理考》,他对《诗经》之中有关名物、山水、地理等多有考证,所谓"因事以存其地,其征引实为该洽,固说《诗》者所宜考也"①。如解释"南有樛木"中的"南"时就说道:

> 毛氏曰"南。南土也。"郑氏曰:"南土谓荆扬之域。"孔氏曰:"木盛莫如南土。"《禹贡》:"扬州,厥木惟乔。"《周官·正南》曰:"荆州东南曰扬州,二州竟界连接,故以南土为荆扬,与南有乔木同。"②

王应麟援引毛《传》、郑《笺》、孔颖达《诗经正义》《尚书·禹贡》《周礼》等经典来解释"南"为荆扬一带。又如在解释"殷土"时说道:

> 郑氏曰:"汤始居亳之殷地。"孔氏曰:"殷是亳地之小别名。"《书序》:"盘庚将治亳殷。"注:商家改号曰殷。"周氏曰:"商人称殷自盘庚始,自此以前称商。自盘庚既都亳,于是殷商兼称。故单称殷。"补传曰:"殷以溵水得名。"

在这里,王应麟引用郑《笺》、孔颖达《正义》《尚书序》等经典解释"殷"的地名情况,并就其历史沿革做了细致说明。总之,在这部书中,王应麟广收博采、考据详实,正如四库馆臣所言:"其书全录郑氏《诗谱》,又旁采《尔雅》《说文》《地志》《水经》,以及先儒之言,凡涉于《诗》中地名者,荟萃成编。"③可以说,这部书基于《诗谱》而为,对《诗经》地名及风土人情都做了一定的研究,具有

---

① [清]纪昀等:《四库全书总目》卷十五《诗地理考》提要,北京:中华书局,1997年版,第198页。

② [宋]王应麟:《诗地理考》卷一《南有樛木》,影印文渊阁《四库全书》本,台北:台湾商务印书馆,1986年版,第638页。

③ [清]纪昀等:《四库全书总目》卷十五《诗地理考》,北京:中华书局,1997年版,第198页。

重要的人文地理意义，正如学者所言：“受《诗谱》的启发，南宋末年王应麟完成了我国第一部《诗经》地理学研究的专著——《诗地理考》，而且它将汉代的‘政教风俗’的《诗》地理观进一步发展成为人心性情的《诗》地理观。”①这部书以儒经地名为点进行考证，对于理解《诗经》地名提供了重要的帮助，这对于后来儒经地理考证也产生了深远的影响，如清代江永《春秋地名考实》、阎若璩《四书释地》、胡渭《禹贡锥指》等都是以考据学的方法，对儒经地名进行考证的，不能不说王应麟《诗地理考》对他们有一定的启发意义。

王应麟除了考证《诗经》中的地理名物，他还在其《六经天文编》一书中，将“六经”中有关天文历法的内容进行编辑整理，以《周礼》《仪礼》《礼记》《诗经》《尚书》《论语》《孟子》《国语》《春秋公羊传》《说文解字》为纲，对汉代的社会政治制度作以详细的梳理，此书所采录的以“先儒经说为多，义有未备，则旁涉史志以明之”②，是研究上古三代天文历法的必备书目。此书非常注重小学、训诂、考据，对南宋末年空谈心性的风气也有一定的矫正作用，正如四库馆臣所言，此书“大致精核，具有依据，较南宋末年侈空谈而鲜寔征者，其分量相去远矣”③。

王应麟在其《困学纪闻》一书中，用“盖……之误”“当从……”“非……也”“岂……哉”等句式，来发表自己对诸多经书、经解的考

---

① 李凌：《论王应麟的〈诗经〉学成就》，山东大学硕士学位论文，2009年5月。

② ［清］纪昀等：《四库全书总目》卷一百零六《六经天文编》提要，北京：中华书局，1997年版，第1387页。

③ ［清］纪昀等：《四库全书总目》卷八十一《汉制考》提要，北京：中华书局，1997年版，第1081页。

辨意见,如:

> 四岳,孔注云:"即上羲和四子,分掌四岳之诸侯。"按:《周语》太子晋曰:共之从孙四岳,佐禹胙国命为侯伯,赐姓曰姜氏,曰有吕。《左传》许大岳之胤也。杜氏注谓大岳神农之后,尧四岳也。当从《周语》之说。①
>
> 宵雅肄三,《丽泽论说》以为夜诵,此门人记录之失。《读诗记》取郑、董二子,以"宵"为"小",则夜诵之说非矣。②

王应麟对经书、经解的考辨,广征博引,提出诸多证据,然后进行判定;对不能判定的,就用"恐非""恐误"等词语来下结论。可以说,《困学纪闻》涉及经史子集、天文地理各部,都有精详的考证。为了详考群经,他在经解上,反对门户之见,即注重汉唐之际的经传注疏之学,也兼重宋代诸儒义理之说,他博采众家之长,辨证异同,所言具有根柢,并不空言说经。总之,王应麟博览群籍、精于稽考之法对后世影响深远,《困学纪闻》被近代学者梁启超视为"清代考证学先导"③。

王应麟不仅对经书中的名物典制进行细致考释,还对群经的内容包括一些姓氏、人名、地名、制度、风俗等源流都有所考订、纠谬和辨析它们的源流进行考辨,他甚至还对一些儒经的源流、学派特点及版本情况等情况都做了较为细致的梳理,如云:

> 古以车战,春秋时郑、晋有徒兵,而骑兵盖始于战国之初。

---

① [宋]王应麟:《困学纪闻》卷二《书》,上海:上海古籍出版社,2008年版,第161页。

② [宋]王应麟:《困学纪闻》卷三《诗》,上海:上海古籍出版社,2008年版,第354页。

③ 梁启超:《论清学史二种》,上海:复旦大学出版社,1985年,第380页。

>《曲礼》前有车骑，《六韬》言骑战，其书当出于周末。然《左氏传》左师展将以昭公乘马而归，《公羊传》齐、鲁相遇，以鞍为几，已有骑之渐。①

在这里，王应麟对先秦时期的车战情况做了梳理，这对我们了解其历史沿革颇有帮助。又如他在其《汉艺文志考证》一书中对于记载丁宽《易》的“丁氏八篇”时云：

> 丁宽事田何，学成，复从周王孙受古义，号《周氏传》。宽作《易说》三万言，训故举大谊而已，今小章句是也。高相专说阴阳灾异，自言出于丁将军。艾轩林氏曰：“先秦之为《易》者未有及理义也，自田何而后，章句传说多矣，见于今者，独有费氏之书。费氏旧亡章句，而学者宗王弼之说。至于京氏之阴阳、占筮，其书虽存，视之为术数之流矣。《易》有圣人之道四焉，理义之学以其辞耳。王弼而下，其说纷纷，不若象数之粗有所明也。”②

王应麟对于丁宽《易》学师从关系、传承、特点都作了梳理，不仅如此，还通过援引宋人林艾轩之语，对与丁宽相关的费直、高相、王弼、京房等人的《易》学特点作了简要的概括，词条颇为简略，但内容丰富，对于我们理解汉代《易》学的源流提供了重要的帮助。另外，王应麟在其《玉海·艺文类》二十八卷中，对《易》《书》《诗》、三《礼》《春秋》《论语》《孝经》《孟子》《石经》等多种儒家文献进行辑佚、辨伪、版本源流考订，这对于了解宋以前的经学源流、传承及学派研究提供了重要的帮助。

---

① ［宋］王应麟：《困学纪闻》卷五《礼记》，上海：上海古籍出版社，2008年版，第603页。

② ［宋］王应麟：《汉艺文志考证》卷一，元至元庆元路儒学刻明递修本，第3页。

总的来说，王应麟对于经书内容的考订主要是基于小学，并兼采各家之说。换言之，王应麟为学兼收并蓄，汉宋兼采，对这一点四库馆臣也曾评价说：

> 应麟博洽多闻，在宋代罕其伦比。虽渊源亦出朱子，然书中辨正朱子语误数条，如《论语注》“不舍昼夜”“舍”字之音，《孟子注》曹交曹君之弟，及谓《大戴礼》为郑康成注之类，皆考证是非，不相阿附，不肯如元胡炳文诸人坚持门户，亦不至如明杨慎、陈耀文、国朝毛奇龄诸人肆相攻击。盖学问既深，意气自平，能知汉、唐诸儒，本本原原，具有根柢，未可妄诋以空言，又能知洛、闽诸儒，亦非全无心得，未可概视为弇陋，故能兼收并取，绝无党同伐异之私，所考率切事可据，良有由也。①

王应麟虽然师从过朱熹，但并没有唯朱熹是从，如元胡炳文那样坚持门户，更没有明清杨慎、陈耀文、毛奇龄等人那样党同伐异，而是博取“汉唐诸儒”“洛闽诸儒”之言，汉宋兼采，“本本原原，具有根柢，未可妄诋以空言”，注重考证切实、绝无“党同伐异之私”。由此也反映出王应麟秉承吕祖谦中原文献之学“不名一师”“不主一家”的治学特点，由于他博洽多闻、兼收博采，由此成为吕祖谦之后最为重要的吕学传人。

三、“搜罗放失”，对经学文献及注解的辑佚

王应麟博学多闻，在经学著述上多有成就，撰有《周易郑康成注》《尚书郑注》《古文论语》《齐鲁韩三家诗考》《诗地理考》《六经

---

① ［清］纪昀等：《四库全书总目》卷一百十八《困学纪闻》提要，北京：中华书局，1997 年版，第 1589 页。

天文编》等。其中，他辑录了以往经传注疏之作，其中有代表性的便是对郑玄《易》学的辑佚、考订，也就是《周易郑康成注》。郑玄所撰《周易注》在唐代以后几乎不传，宋代诸家目录书也多不见载此书。王应麟鉴于此，乃“旁摭诸书”，条分缕析，从李鼎祚《周易集解》《经典诗文》《诗经》、三《礼》《春秋》等义疏中进行缀辑，最终辑成《周易郑康成传》一书，“以存汉《易》之一线”，后世探究郑玄《周易注》者多赖此书。此书在《易》学史上有重要的价值与意义，正如四库馆臣所云：

王弼注《易》，玄学之所宗。今若崇儒，郑注不可废，其论最笃。唐初，诏修《正义》，仍黜郑崇王，非达识也。应麟能于散佚之余，搜罗放失，以存汉《易》之一线，可谓笃志遗经，研心古义者矣。近时，惠栋别有考订之本，体例较密，然经营创始实自应麟，其捃拾之劳亦不可泯。

可以说，王应麟所辑佚的《郑氏周易注》是后代研究郑玄《易》学最为重要的文献依据，至清代，惠栋有感于王应麟辑佚尚有不足，故在此基础上，广为搜求，重新厘定体例，成新本《郑氏周易注》。尽管如此，但“经营创始实自应麟”。

另外，王应麟有感于汉代齐、鲁、韩、毛四家《诗经》，在宋代只有《毛传》流传，便搜集群籍，搜集有关三家《诗经》的只言片语，并对之进行作以校勘、辑佚、考辨，他在《诗考自序》中说道：

今惟《毛传》《郑笺》孤行，韩仅存《外传》，而《鲁》《齐》诗亡久矣。诸儒说《诗》，壹以毛、郑为宗，未有参考三家者，独朱文公《集传》，闳意眇指，卓然千载之上。……一洗末师专己守残之陋，学者讽咏涵濡而自得之，跃如也。文公语门人《文选》注多《韩诗》章句，尝欲写出，应麟窃观传记所述三家绪言，尚多有之，罔罗遗帙，以《说文》《尔雅》诸书，粹为一编，以扶微学，广异义，亦文公之意云尔。读《集传》者，或有考于斯。①

王应麟鉴于学者多专心于《毛传》《郑笺》的传习，但对于三家《诗》鲜有传言。独有朱熹参考三家《诗》说，以成《诗集传》，改变了学者"专己守残之陋"。由于朱熹对三家《诗》的重视，但是却没有三家《诗》的专门书籍，于是王应麟决定从《尚书》《尔雅》、传记等书中"粹为一编，以扶微学"，以辅翼朱熹《诗集传》的学习。经过王应麟的努力，最终辑为《诗考》一书，这部书对散佚的三家《诗》进行了广泛搜集，他在很多诗句的后面，都用"《释文》""《文选注》""《外传》""《太平御览》""《玉篇集韵》""《周礼疏》""《初学记》""《礼记正义》""《史记》《荀子》"等字句，注明它们的来源。不仅如此，王应麟对三家《诗》的文字差异、内容都在后面做了尽可能的注释，如在"蝃蝀"后面注释有"《说文》作螮蝀"，又如在"自杜沮漆"后面注释到：

《汉书·地理志》："《诗》曰：自杜。"师古曰："《大雅·绵》之诗曰：'自土沮漆。'《齐诗》作'自杜'，言公刘避狄而来，居杜与沮漆之地。"

又如在"八阕"的后面注释到：

《吕氏春秋》：葛天氏歌八阕，一曰载民，二曰玄鸟，三曰遂草木，四曰奋五谷，五曰敬天常，六曰达帝功，七曰依地德，八曰总禽兽之极。

总的来看，王应麟的《诗考》对三家《诗》做了尽可能的辑佚，并对所辑佚的字词、章句都做了尽可能的注释。《诗考》一书无论是在《诗经》学史上，还是辑佚学史上都有重要的价值，正如四库馆臣所言：

---

① [宋]王应麟：《诗考·自序》，影印文渊阁《四库全书》本，台北：台湾商务印书馆，1986年版，第598页。

“应麟检诸书所引，集以成帙，以存三家逸文。又旁搜广讨，曰诗异字、异义，曰逸诗，以附缀其后，每条各著其所出、所引”“古书散佚，搜采为难，后人踵事，增修较创始易于为力，筚路褴褛，终当以应麟为首庸也。”①王应麟在《诗经》辑佚上具有开创之功，此书的编纂对于三家《诗》的研究无疑具有重要的学术价值。

王应麟除了辑佚古代散佚的儒家经典，他为了解释儒经中的人名、姓氏、典制沿革、儒学观等，非常注重辑录历代儒者的注解或观点，以此荟萃古今、兼采众长，而自已对它们一般都不发表看法，如：

祖甲，孔安国、王肃云：“汤孙太甲也。”马融、郑玄云：“武丁子，帝甲也。”《书正义》以郑为妄。《史记正义》按帝王年代历：帝甲十六年，太甲三十三年，明王、孔说是。王肃云：“先中宗后祖甲，先盛德后有过。”蔡氏《书传》从郑说，谓非太甲。按邵子《经世书》：高宗五十九年，祖庚七年，祖甲三十三年，世次历年皆与《书》合，亦不以太甲为祖甲。②

“《诗》亡然后《春秋》作”，胡文定谓：“自《黍离》降为《国风》，天下不复有《雅》，《春秋》作于隐公，适当《雅》亡之后。”吕成公谓：“盖指笔削《春秋》之时，非谓《春秋》之所始也。诗既亡则人情不止于礼义，天下无复公好恶，《春秋》所以不得不作欤？”艾轩曰：“文中子以为《诗》者，民之情性。人之情性不应亡，使孟子复出，必从斯言。”③

---

① ［清］纪昀等：《四库全书总目》卷十五《诗考》提要，北京：中华书局，1997 年版，第 198 页。

② ［宋］王应麟：《困学纪闻》卷二《书》，上海：上海古籍出版社，2008 年版，第 243 页。

③ ［宋］王应麟：《困学纪闻》卷三《诗经》，上海：上海古籍出版社，2008 年版，第 345 页。

从以上王应麟对《尚书》“祖甲”“《诗》亡然后《春秋》作”的解释中，我们可以看出王应麟在经学注解、梳理的过程中，既收取了汉唐诸儒如孔安国、马融、郑玄、王肃等人的观点，也罗列了胡安国、吕祖谦、朱熹等人的解释，在这些所罗列的文献、论点中，亦有训诂考据、思想义理之言。

总的来说，王应麟对于《周易》《诗经》及众经所作的稽考工作，这对于后世来说，无论是在经解内容上，还是在研治方法上都奠定了非常重要的基础，对此四库馆臣也高度作了评价，“古书散佚搜采为难，后人踵事增修，较创始易于为力，筚路蓝缕，终当以应麟为首庸也”①。王应麟辑佚群经、精于考辨，这对后世尤其是清代经学考据、辑佚、辨伪之学起到了重要的启示作用，清人章学诚对此曾说：“昔王应麟以《易》注独传王弼，《尚书》止存伪孔传，乃采郑玄《易》注、《书》注之见于群书者，为《郑氏周易》《郑氏尚书注》。又以四家之诗，独《毛传》不亡，乃采三家诗说之见于群书者，为《三家诗考》。嗣后好古之士，踵其成法，往往缀辑逸文，搜罗略遍。”②在清儒皮锡瑞看来，清代学者余萧客《古经解钩沉》、王谟《汉魏遗书钞》、马国翰《玉函山房辑佚书》等，都曾受到王应麟的启示而作经学辑佚、考据的工作，由此可见，王应麟经学考据之学影响颇为甚远，对于清代考据学的兴起与兴盛起到了一定的推动作用。

四、以史证经，传承浙东经史并重的诠释传统

王应麟在经学解释的过程中，非常强调利用历史史实来解读

---

① ［清］纪昀等：《四库全书总目》卷十五《诗考》提要，北京：中华书局，1997年版，第198页。

② ［清］章学诚：《校雠通义》卷一《补郑篇》，清《粤雅堂丛书》本，第8页。

经文，比如在《困学纪闻》卷一《易》之中有云：

> “城复于隍，其命乱也”，汤伯纪云：乱，如“疾病则乱”之“乱”。愚谓：唐玄宗极炽而丰，泰之极也。以李林甫、杨国忠为周、召，以安禄山、哥舒翰为方、虎，非命乱而何？

在这里，“城复于隍，其命乱也”是《周易·泰》中的一句经文，讲的是城墙倒塌在了护城河里，是为乱兆。王应麟用唐玄宗时期的政治由盛转衰，就是因为唐玄宗将李林甫、杨国忠视为周武王时期的贤臣周公、召公，将安禄山、哥舒翰视为周宣王时期的贤臣方叔、召虎，所以出现了“命乱”的结果。

又如《困学纪闻》卷四《周礼》中有云：“古者，国有闲田，田有余夫，夫有闲民，民有羡卒，不尽其财力也。至秦而自实田，至汉而核垦田，至隋而阅丁口，至唐而括逃户隐天田，于是财殚力尽，民无乐生之心矣。”在这里，王应麟用秦汉隋唐时期“实田”“核垦田”“阅丁口”“括逃户隐天田”等例子，来说明朝廷过份敛财的政治行为，导致了“财殚力尽，民无乐生之心”的道理。

可以说，王应麟重视史学，并在经典诠释中多次运用到以史证经、经史互证之法，如他在解释《周礼》“岁终，令教官正治而致事”一句时云：

> 岁终正治而致事，注：上其计簿。《疏》云：“汉时考吏，谓之计吏。”今按：《说苑》：晏子治东阿三年，景公召而数之；明年上计，景公迎而贺之。《韩子·外储说》：西门豹为邺令，居期年，上计，君收其尔。《新序》：魏文侯东阳上计，钱布十倍。《史记》：秦昭王召王稽，拜为河东守，三岁不上计。然则春秋、战国时已有上计，非始于汉。①

---

① ［宋］王应麟：《困学纪闻》卷四《周礼》，上海：上海古籍出版社，2008年版，第498页。

对于《周礼》中“岁计”的解释，《周礼注疏》认为，这种上计的制度开始于汉代。王应麟认为这种制度在春秋、战国时期就已经开始了。为了证明其说，他援引了《说苑》《韩非子》《新序》《史记》等子书、史书来证明他的观点。总之，王应麟正是通过这种经史互证的方式，为儒家经典的解释提供了确凿的文本依据。另外，即使是考证史实，王应麟也表达了自己在政治治理方面的态度和做法，充分展现了他经世致用的精神。正如有的学者所言：“王应麟并不是为了考史而考史的，他对史实的核实求真，固然有其笃实的治学观的影响，但是更多的是为了正确的评论历史，从而以为兴替成败之鉴。”①

王应麟不仅在经学解释中运用历史史实来强化对经文的理解和解释，而且他本人对史学颇为重视，在其所作的《汉制考》《通鉴地理通释》《困学纪闻》等著述中，他都对先秦、汉唐时期的历史史实、典籍都做了细致的考索与驳正，如对先秦、汉代时期的历史史实、典章制度等都做了考订，由此成为宋代考史的代表性人物。比如《困学纪闻》中有云：

> 帝阳甲之时，殷衰。自中丁以来，废嫡而更立诸弟子，弟子或争相代立，比九世乱。《皇王大纪》曰：以其世考之，自沃丁至阳甲，立弟者九世。中丁之名，误也。②

对于商代出现的历史史实的错误，王应麟引用胡宏《皇王大纪》来说明历史史实的错误。又如王应麟对《史记》“三家注”也指出了其中很多的谬误：“乐书‘作十九章’，《索隐》云：《安世房中乐》。今

---

① 马丽丽：《王应麟学术思想研究》，南开大学博士学位论文，2009年5月。

② ［宋］王应麟：《困学纪闻》卷十一《考史》，上海：上海古籍出版社，2008年版，第1333页。

考之《汉志》:《安世房中歌》十七章,《郊祀歌》十九章。《索隐》误。”①总之,在王应麟的著述中,类似这种“误也”“谬”“妄说”“非也”等指摘谬误的词语非常多,这对于正确理解历史、阅读史籍颇有帮助,对后世也颇有影响,以至于梁启超指出:“《困学纪闻》为清代考证学先导。”②他的《通鉴地理通释》一书,也被学者视为“我国流传至今的第一部系统论述历代疆域政区沿革的著作”③,后清代顾祖禹《读史方舆纪要》一书便是在此基础上进一步考证精详,将历代疆域政区沿革的研究推向一个新的高度,王应麟的首倡之功不可忽视。

可以说,王应麟博览群书,其学贯通经史子集,他秉承了吕祖谦婺学经史并重的学术特点。另外,由于王应麟还受到了重视史学的永嘉学者陈傅良、叶适等人的影响,提倡通经史以致用。在经史关系的认识上,他肯定了王通、陆龟蒙亦经亦史的观点:

> 文中子(王通)言:“圣人述史三焉:《书》《诗》《春秋》,三者同出于一。”陆鲁望(陆龟蒙)谓:“六籍之中,有经有史,《礼》《诗》《易》为经,《书》《春秋》实史耳。④

王通、陆龟蒙都认为儒经出自史官,亦经亦史,王应麟也认为“文中子之言当矣”,也正是因为如此,他在其《困学纪闻》一书中,博采诸

---

① [宋]王应麟:《困学纪闻》卷十二《考史》,上海:上海古籍出版社,2008年版,第1403页。

② 梁启超:《中国近三百年学术史》,上海:东方出版社,1996年版,第302页。

③ 吴漫:《论王应麟〈困学纪闻〉的注释特点》,《河南图书馆学刊》,2008年第3期。

④ [宋]王应麟:《困学纪闻》卷八《经说》,上海:上海古籍出版社,2008年版,第1085页。

儒经传注疏之长，对于经传之解释并不仅仅拘泥于门户之见，“因经以明道”，为了申明经义、道理，他还广征博引历代史实以证经义，以为经义提供具体而真实的历史验证，亦即通过经史互证之法，以展现其所言经义、道理的合理性与可行性。童槐在《四明文献集后序》中也盛赞王应麟博洽多识、有裨益于经史之功，他说：

先生承明招学派，兼绍朱、陆，旁逮永嘉，凡讲求心性、抽讨载籍、究明古今、经制治法，可以佐庙谟、裨掌故者，罄生平著书之蕴一见诸文。故所列各首经史，理学隐现其中，大而法象舆地，小而名物数度，无不研极原本，昌黎所谓“侈之以《诗》《书》六艺之学，先圣贤之德音，以成其文，以辅其贤”，非大儒孰能与于斯？……昔西山真氏卜吕成公有千载之功、数世之泽，先生与成公代兴者，斯文功泽之远且广，则吾乡固不得而私之也。①

童槐认为王应麟师承吕祖谦之学，兼采朱熹理学、陆九渊心学、永嘉事功之学，对心性义理、古今沿革、经制事功等问题，无论大小，都“无不研极原本”。真德秀曾称赞吕祖谦文献之学，有“千载之功、数世之泽”，童槐认为作为吕祖谦后传的王应麟，能够承传吕氏中原文献之学，且“功泽之远且广”。可见，童槐将王应麟视为吕祖谦之后又一位非常重要“斯文”之传人。

总的来说，王应麟的经学特征，正如清人王鸣盛所说：“王氏之学，主于考据。”②他不仅对很多经书的名物典制进行详细的考证，

---

① ［清］童槐：《深宁先生文钞后序》，载《四明文献集（外二种）》，北京：中华书局，2010年版，第378页。

② ［清］王鸣盛：《十七史商榷》卷一百《通鉴答问》，清乾隆五十二年洞泾草堂刻本，第678页。

还通过“辨章学术，考镜源流”的方式，汉宋兼采，古今兼通，对经学的一些名物、概念及解释进行追本溯源式的梳理，彻底厘清了一些经学解释上的谬误、源流关系。王应麟对儒家经典的考据，不仅丰富、完善了经学注解的内容，加深了人们对儒象经典的认知和理解。在南宋后期，程朱理学被立为官学，儒士们多空言性命之学，学风日渐空疏，加上严峻的社会政治危机，朝野上下显得非常无力。在这种情形下，王应麟从实际出发，注重经学考证、历史考据，并撰有《汉制考》《汉河渠考》《历代田制考》《历代漕运考》等书，希望从中历代制度中寻求借鉴，为现实的政治文化重建提供一定的帮助。

可以说，王应麟注重考据是针对当时空谈性命之学而为之，积极倡导经世致用也是其为学的重要旨趣。他的经史考据学对后代也产生了深远的影响，正如有学者所言：“南宋末年，学者们因侈论性命之学而趋于空谈。王应麟反其道而行之，多实证而少空谈，开清代考据学之先河。”①近人张舜徽先生也曾说过：“宋代学者气象博大，学术途径至广，治学方法至密，凡举清代朴学家所矜为条理缜密、义据湛深的整理旧学的方式与方法，悉不能超越宋代学者治学的范围，并且每门学问的讲求，都已由宋代学者创辟了途径，准备了条件。宋代学者这种功绩，应该在中国学术史上大书特书，而不容忽视或湮没的。”②

---

①　魏殿金、杨渭生：《论王应麟的学术成就及其特点》，《浙江学刊》，1995 年第 3 期。

②　张舜徽：《论宋代学者博大气象及替后世学术界所开辟的新途径》，《中国史论文集》，武汉：湖北人民出版社，1956 年版。

第二节　王应麟后传弟子的经史考据学及其思想

王应麟之后，其学有众多传承者，其中名者有胡三省、戴表元、袁桷、史蒙卿等人。如王梓材在《宋元学案》曾有案语说道："考《深宁年谱》，弟子著名者：胡三省、戴表元、袁桷、黄叔雅、史晏卿、史蒙卿、赵孟僳、杨湲、王惟贤。知先生为王门首座云。"①其弟子并没有完全继承王应麟经史考据之学的传统，而是各名其家。其中，众弟子之中以胡三省最为知名。不过，胡三省强调《春秋》之学，关注史学，并为《资治通鉴》作注解，闻名于世。戴表元则注重文学，并在元代中前期，以文学闻名于世，"至元、大德间，东南以文章大家名者，唯先生而已"②。不过，史蒙卿、袁桷则在经学领域则多有建树，并提出了很多创建性的思想和方法，进一步光大了深宁之学，成为南宋晚期浙东经学发展的重要组成部分。

一、史蒙卿的经学传承、特征及其思想

史蒙卿（1247—1306），字景正，庆元府鄞县人。咸淳元年（1265）中进士，授景陵主簿，咸淳十年改江阴、平江教授。入元后不仕，寓居于天台。曾自号"静清处士"，因称所创学派为"静清学派"。史称"四明之学，祖陆氏（陆九渊）而宗杨（机简）、袁（袁燮），其言朱子之学，自黄氏震（黄震）、史氏蒙卿始"③。

---

① ［清］黄宗羲原著，全祖望补修：《宋元学案》卷八十五《深宁学案》，北京：中华书局1986年版，第2870页。

② ［清］黄宗羲原著，全祖望补修：《宋元学案》卷八十五《深宁学案》，北京：中华书局1986年版，第2875页。

③ ［元］黄溍：《文献集》卷九下《将仕佐郎台州路儒学教授致仕程先生墓志铭》，影印文渊阁《四库全书》本，台北：台湾商务印书馆，1986年版，第562页。

在南宋四明地区的史氏一般都尊崇陆学，但随着程朱理学的官学化，越来越多的学者开始放弃陆学，研习朱学，其中最有代表性的当属四明的史蒙卿，对此全祖望曾评价说道：

> 四明史氏皆陆学，至静清始改而宗朱，渊源出于莲塘戛氏。然尝闻深宁（王应麟）不喜静江之说《易》，以其嗜奇也，则似乎未必尽同于朱。其所传为程畏斋（端礼）兄弟，则纯于朱者。①

四明一带的史氏家族，基本上恪守陆九渊心学，但从史蒙卿开始转向对朱学的学习，这说明了当时社会上学术风气发生了转变。由此也表明四明地区的学术，从之前黄震转向对朱学的研习之后，到史蒙卿时代，研习朱学已经蔚然成风了。与黄震重考辨、躬行朱学的风格相比，史蒙卿的经学更强调“明体达用”，对此元人黄溍就评价说道：

> 四明之学，祖陆氏而宗杨（简）、袁（燮），其言朱子之学，自黄东发与先生始。黄氏主于躬行，而先生务明体以达用。②

从上我们可以看出，四明地区到了史蒙卿这里，已经有了很大的发展，不仅仅只是躬行朱学，而是在以往的基础上，探讨体、用两个方面。

史蒙卿之学继承了王应麟，不过，与其师兼采众家之长的做法不同，他更推崇朱熹之学。与此同时，史蒙卿的经学与王应麟不同的是，他更注重《四书》学，并希望借助《四书》中的思想进行明道修身，如其所言：

---

① ［清］黄宗羲原著，全祖望补修：《宋元学案》卷八十七《静清学案》，北京：中华书局1986年版，第2910页。

② ［清］黄宗羲原著，全祖望补修：《宋元学案》卷八十七《静清学案》，北京：中华书局1986年版，第2910页。

学问进修之大端，其略有四：一曰尚志，二曰居敬，三曰穷理，四曰反身。大抵为士莫先于尚志。孔子曰："吾十有五而志于学。"孟子曰："士何事？"曰"尚志""仁义而已矣。"程子亦曰："言学便当以道为志，言人便当以圣为志，苟此志不立，而惟流俗之徇，利欲之趋，则终身堕于卑陋，而不足与诣高明光大之域矣，何足以为士哉！"此志既立，便当居敬以涵养其本原，盖人心虚灵，天理具足，仁义礼智皆吾固有。圣贤之所以为圣贤者，非自外而得之也，苟能端庄静一以涵养之，则志气清明，义理昭著，而人欲自然退听。以此穷理，理必明；以此反身，身必诚，乃学问之大原也。夫既知涵养其本原，则天理之全体，固浑然于吾心矣。然一心之中，虽曰万理咸具，天叙天秩，品节粲然，苟非稽之圣贤，讲之师友，察之事物，验之身心，以究析其精微之极至，则知有所蔽，而行必有所差，此《大学》之诚意、正心、修身，所以必先格物、致知，《中庸》之笃行，所以必先博学、审问、慎思、明辨也。既知所以穷理矣，则必以其所穷之理，反之于身，以践其实，日用之间，微而念虑，著而云为，其当然者，皆天理之公，其不当然者，皆人欲之私也。于此谨而察之，果当然乎？则充之惟恐其不广，行之唯恐其不至。果不当然乎？则改之惟恐其不速，去之唯恐其不尽。从事于斯，无少间断，人欲日以消泯，天理日以纯熟，而圣贤之道，忽不自知，其实有于我矣。穷则独善其身，可以继往圣而开来学；达则兼善天下，可以参天地而赞化育，其功用有不可胜穷者。若夫趋向卑陋，而此志不立，持养疏略，而此心不存，讲学之功不加，而所知者昏蔽，反身之诚不笃，而所行者悖戾，将见人欲愈炽，天理愈微，本心一亡，亦将何所不至哉！《书》曰："惟圣罔念作狂，惟狂克念作圣。"圣狂之分，特在念不念之间而已矣，并惟同志勉之。①

从史蒙卿的这段话可以看出，他推崇程颐、朱熹的理学思想体系，并强调《四书》中所言的修身穷理的思想，认为只有以诚敬的心态体悟天理，以仁义礼智作为修身明心的重要依据，进而成就圣人人格。如何成就圣人人格理想，史蒙卿推崇《大学》《中庸》的格物、博学等思想，强调只有不断地为学明理，自然会实现对天理的真正体悟，进而成就圣人品格。尽管史蒙卿推崇天理学说，但是在论证他的理学思想之时，他也利用心学的思想进行分析，并将“心”看成是明理悟道的主体所在，在一定程度上也突出了“心本论”，所谓“天理之全体，固浑然于吾心”“一心之中，虽曰万理咸具”，等等。可以说，史蒙卿虽然推崇朱学，但是他也汲取了心学的思想，并融会贯通，希望成就圣人品格、实现圣人之道。

二、袁桷的经学传承、诠释与事功思想

袁桷（1266—1327），字伯长，号清容居士。庆元鄞县（今属浙江）人。历任应奉翰林文字、同知制诰、国史院编修官、集贤院直学士、翰林侍讲学士等。他始从戴表元学，后师事王应麟。他曾撰有《易说》《春秋说》《清容居士集》《延祐四明志》等10余种。袁桷作为王应麟经学的重要传承者，他也极力批判汉唐注疏之学，而盛赞朱熹之学，并精通史学，颇继承了宋元之际浙东诸儒兼通经史之学，融会诸家之说的风格，由此成为浙东经学在宋元之际的重要学者。

① ［清］黄宗羲原著，全祖望补修：《宋元学案》卷八十七《静清学案》，北京：中华书局1986年版，第2911～2912页。

(一)批判汉唐注疏经学,盛赞宋代经学

袁桷对古代的经学多有梳理总结,他对汉代的章句训诂之学、魏晋的玄学化经学都颇为不满,认为它们要么繁言琐辞、要么归于玄理,陷于偏执。袁桷盛赞宋代经学,在他看来宋代诸儒兼采众长,成绩较汉唐诸儒经学颇为卓著,如其所言:

> 《五经》专门之说不一,既定于石渠鸿都,嗣后学者靡知有异同矣。《易》学以辞、象、变、占为主,得失可稽也。王辅嗣出,一切理喻,汉学几于绝熄。宋邵子、朱子震始申言之,后八百余年而始兴者也。《春秋》家,刘歆尊左氏,杜预说行,《公》《谷》废不讲。啖、赵出,圣人之旨微见。刘敞氏、叶梦得氏、吕大圭氏其最有功者也。尊王褒贬则几于赘,是千余年而始著者也。《书》别于今文、古文,晋世相传驯致后,宋时则有若吴棫氏、赵汝谈氏、陈振孙氏疑焉有考,过千百年而能独明者也。《诗》本于大、小《叙》,诸家《诗》已废,毛公说独尊。苏辙氏始删,郑樵氏悉去之,朱子祖之,此又几二千年而置议焉者。三《礼》守郑玄氏,《正义》皆旁正曲附,唐赵匡氏始知其非。宋诸儒驳郑,几不能以立,甚者疑《周官》非圣人书,卓识独见,虽逾千百世,亘万古而不泯,是则宁能以一时定论为是哉?①

袁桷系统分析总结了汉宋之际经学的传承、发展与演变情况,在他看来,汉《易》得失明显,王弼矫正了汉《易》之失,但宋儒邵雍、朱震等人比他们做出了更多的贡献。在《春秋》方面,汉唐之际《左传》学较为盛行,啖赵学派出现之后,开始摒弃门户之见,舍传求经,圣人之意开始复现,而宋儒刘敞、叶梦得、吕大圭等人在他们的基础

① [宋]袁桷:《清容居士集》卷二十一《龚氏四书朱陆会同序》,影印文渊阁《四库全书》本,台北:台湾商务印书馆,1986年版,第286页。

上做出了更为卓著的贡献。《尚书》学在汉代以后今古文之学互相争胜，且有伪古文《尚书》出现，而宋儒吴棫、赵汝谈、陈振孙等人对之有所考辨，圣人之道复明。《诗经》学方面，宋儒苏辙、郑樵、朱熹等人也改变了对汉唐诸儒经解的墨守，思想上颇有创见。三《礼》学方面亦是如此。总之，在袁桷看来，宋儒较汉唐诸儒而言，他们在经学解释上不仅独树一帜，而且颇有创见。并认为，宋代经学整体上超越了汉代经学，成为经学发展的新时代。

袁桷盛赞宋代经学，并对诸儒的经学都做了分析和总结，在他看来，宋儒之中朱熹的经学更是兼采众长，成为宋代诸儒经学的典范：

解经莫严于圣贤，见于《语》《孟》，其语简，其旨明，子思之释经，尤得圣人之微旨，今其书具在也。自汉传注之学兴，蔓辞衍说，漫淫乎万言，魏晋一切扫削。明理之说，归乎空玄。二者之弊，遂沦于偏滞，学者昧昧无所依凭焉。逾千有余载矣，至宋春陵硕儒，开伊洛之绪，正说至道，粲于简册，良谓大备。后朱文公出，惧其剽窃之近似也，源同而派别之，统宗据要，盖将使夫学者不躐等，而进若律之有均，衡之有权，不得以锱铢差也。既又惧其疑之未释，复为《问答》以曲喻之，其详且尽，不复可以有加矣。书大行于天下。①

唐儒作《五经正义》，疏必先之，以衍义而始明其传注。其先之者何？惧汩于经也，释之以义疏焉者。有训诂焉，有制度焉，至于名物、象器、疆理、飞走、潜动之辨，不博不足以尽约之，以衍义非背于传经之说也，理唯约足以见汉稽古三万言，

① ［宋］袁桷：《清容居士集》卷二十一《辅汉卿先生语孟诸序》，影印文渊阁《四库全书》本，台北：台湾商务印书馆，1986年版，第284页。

后世嗤之。至朱文公承濂洛之正传，始为《语孟精义》，久之慊然曰："宜尊所闻，今所传《集注》，具训中外，下逮荒陬绝岛，家有而人诵，文奥义古，至于不揣者断章讥驳，识者哂之。"①

象数可以图言，名意不可以图言。以图言之，其亦有所本乎？昔者圣人观象著图，因图为书，范围发挥，由书而始通。则夫图之秘，非书不能以尽是，书之明于图者也。后圣继述，遵文演图，器度物象之微，刚柔善恶之应，若天旋之默运于枢纽，其不可以绘画得之者，犹因名以立义，此图之辅于书，而不可废焉者也。二者之用，各有先后，合而言之者，吾不知其说也。自正心诚意之说，兴茫无畔岸，朱子忧之，遂以其可据依者为之主，而体用知行之说，实切于学者之功用。……新安程子见取《论》《孟》《中庸》《大学》之书切于吾身者，析而为图，以辅翼朱子之教，抑亦使夫人知为学之叙。非字义之可尽，条分目举，必有能笃行而亲识之者，斯足以尽夫斯道之要，其勤且备，可谓能矣。②

袁桷对于汉唐经学的批判，尽管对《五经注疏》有称赞之处，但依旧认为其不足以传承圣人之道。袁桷盛赞朱熹之学，认为朱熹改变了以往汉唐注疏经学发展的不足，注重考据、义理两端，并多有发明，从而能够阐明孔孟之道，使学者们有章可循，有法可依。比如袁桷认同朱熹"《易》为卜筮之书"的观点，并继承了朱熹易学对筮占、图数的强调，他将理、天理视为《周易》及儒家经典的内在价值依据。在袁桷看来，象数、图数都是理解《周易》之道、圣人之理的

---

① ［宋］袁桷：《清容居士集》卷二十一《郭好德论语义序》，影印文渊阁《四库全书》本，台北：台湾商务印书馆，1986 年版，第 285 页。

② ［宋］袁桷：《清容居士集》卷二十一《新安程子见四书图训序》，影印文渊阁《四库全书》本，台北：台湾商务印书馆，1986 年版，第 284 页。

重要手段,两者不可废弃。当然,他也强调《四书》之学在易学解释中的意义和重要性,正是由于《四书》之学使得《周易》更切于体用知行之说。袁桷对朱熹的尊崇,实则是对王应麟为学旨趣的继承与发展。

(二)重视理学化经学,将天理视为理学之根本

袁桷重视宋代理学化经学,尤其是朱熹经学,将天理视为儒家经典的根本,并在经学解释中注重以理解经。在他看来,群经之中,《周易》最能体现天理,“五经言理,莫详于《易》”①,故他在解释《周易》的时候,极力强调天理的重要性:

> 原夫八卦既列,象斯立焉,故卦有理者焉,有象者焉,理有以言为象,象有以理为用,理与象不得而偏也。圣人惧其言之杂也,诸卦之《彖》专言夫理而取身取物,悉见于爻辞矣。又惧夫设卦之理,《彖》不足以尽也,复系之以上下《传》,而其象位之明著,悉见于《说卦》,至矣尽矣。②

> 事莫尚乎辞,辞非理不能以定人事吉凶,繇妄而咎以兴,先之以变占,是《易》殆卜筮之书矣。器繇动成,动斯静矣。取静观动,将于是乎,则斯其为象也,大矣。夫子于《说卦》焉始汇之,汇以穷其变占,则变占者筮之始也。故其首章先于蓍,二章次于卦。先天之说七言之惧,溺于占也,后天之说一言之,人事之本也,而终之以象焉。③

---

① [宋]袁桷:《清容居士集》卷二十一《乐侍郎诗集序》,影印文渊阁《四库全书》本,台北:台湾商务印书馆,1986年版,第295页。

② [宋]袁桷:《清容居士集》卷二十一《大易通义序》,影印文渊阁《四库全书》本,台北:台湾商务印书馆,1986年版,第289页。

③ [宋]袁桷:《清容居士集》卷二十一《易集传序》,影印文渊阁《四库全书》本,台北:台湾商务印书馆,1986年版,第283页。

袁桷盛赞天理，他在解释《周易》的时候，将天理视为易学、易理的根本所在。理是卦象的内在根据，也是吉凶祸福的根本，圣人作《易》，言、象、《易传》皆是为了明理而作。总之，袁桷将天理看成是经学、道德修身的根本所在，“世之为学，非止于辞章而已也，不明乎理，曷能以穷夫道德性命之蕴？”①

由于朱熹是理学化经学体系的集大成者，《四书》学是其经学的基石与核心，所以，对此袁桷也发表了看法，在他看来当时的《四书》学尽管兴盛，但是在当时已经流于形式：

> 数十年来，朱文公之说行，祠宇遍东南各以《四书》为标准，毫杪摘抉于其所不必疑者而疑之，口诵心臆，孩提之童皆大言以欺世。故其用功少而取效近，礼乐政刑之本、兴衰治乱之迹，茫不能以知，累累冠緌，碍于铨部，老死下僚，卒莫能以自见，良有以也。②

袁桷认为宋元之际《四书》学尽管盛行于东南一带，士子们多诵读《四书》，但是已经成为教条，而不能明了“礼乐政刑之本、兴衰治乱之迹”，使得人才难以真正产生，也最终导致了宋朝的灭亡。所以，袁桷对《四书》的评价并不高，在他看来，《四书》学偏于道德性命之学，已经远离了圣人之本旨，故他对《五经》之学颇为关注，并借此发表了很多观点。

（三）重视经史之学，强调经世致用的精神

袁桷作为浙东学派的一员，他经历了南宋灭亡的历史，自然对南宋经学、社会政治的发展颇有感悟。在他看来，尽管《四书》之学事关道德性命之学，显得非常重要。但实际上，朱熹《四书》之学在

① ［宋］袁桷：《清容居士集》卷二十一《王先生〈困学纪闻〉序》，影印文渊阁《四库全书》本，台北：台湾商务印书馆，1986年版，第288页。

② ［宋］袁桷：《清容居士集》卷二十三《送陈山长序》，影印文渊阁《四库全书》本，台北：台湾商务印书馆，1986年版，第318页。

当时已经沦为了教条，所以他强调恢复《五经》之学与经世致用的精神，如其所言：

> 夫唐明经、帖括之弊，唐杨绾尝曰：“进士诵当代之文而不通经史，明经但记帖括，投牒自举，非侧席待贤之意。”宋之末造，类不出此。今科举既废，而国朝国学定制，深有典乐教胄子之古意，傥得如唐制《五经》，各立博士，俾之专治一经，互为问难，以尽其义，至于当世之要务，则略如宋胡瑗立湖学之法，如礼乐、刑政、兵农、漕运、河渠等事亦朝夕讲习，庶足以见经济之实。往者朱熹议贡举法，亦欲以经说荟萃，如《诗》则郑氏、欧阳氏、王氏、吕氏；《书》则孔氏、苏氏、吴氏、叶氏之类。先儒用心，实欲见之行事。自宋末年，尊朱熹之学，唇腐舌弊止于《四书》之注，故凡刑狱、簿书、金谷、户口、靡密出入皆以为俗吏而争鄙弃，清谈危坐，卒至国亡而莫可救。近者江南学校教法，止于《四书》，髫龀诸生相师成风，字义精熟，蔑有遗忘，一有诘难则茫然不能以对，又近于宋世之末尚甚者，知其学之不能通也。于是大言以盖之，议礼止于诚敬，言乐止于中和，其不涉史者，谓自汉而下皆霸道，其不能词章也，谓之玩物丧志。又以昔之大臣见于行事者，皆本于节用而爱人之一语，功业之成，何所不可，殊不知通达之深者，必悉天下之利害，灌膏养根，非终于《六经》之格言不可也。又古者教法，春夏学干戈，秋冬学羽籥，若射、御、书、数，皆得谓之学，非若今所谓《四书》而止儒者博而寡要。故世尝以儒诟诮，由国学而化成于天下，将见儒者之用，不可胜尽，儒何能以病于世，作《国学议》。①

---

① ［宋］袁桷：《清容居士集》卷四十一《国学议》，影印文渊阁《四库全书》本，台北：台湾商务印书馆，1986年版，第549页。

在袁桷看来，朱熹在讲解经学之时，尚且兼采众长，道德性命、经济事功都有涉及，并没有完全停留在《四书》与道德性命之学上。但到了宋代末年，随着朱学官学化之后，当时的学校教育盛行《四书》之学，士子们多专注于道德性命之学，并执着于字词、教条的诵习，而忽略对社会政治、经济事功的关注，由此已经偏离了朱熹之学的宗旨与古圣先贤对内圣外王的兼顾。所以，袁桷强调五经之学，强调儒家经世致用的精神，而不要完全停留在道德性命之学的基础之上。

袁桷不仅强调五经之学、经世致用的精神，也非常强调史学，在他看来，《尚书》《春秋》《左传》等都是史书，记载了兴衰成败的史实，颇值得推崇：

> 夫《书》者，即古之史，孔子删述，自《唐》《虞》二典，以讫于周之《文侯之命》，附以《费誓》《秦誓》，而三坟、八索、九丘诸书，皆芟而不录。至其约史记、修《春秋》，托始于鲁隐公元年，实周平王之四十九年也。褒善贬恶，特书屡书，至获麟而绝笔，前乎唐、虞之所著，岂不过于《文侯之命》等篇而去彼取此，溯平王而上沿获麟而下，岂无可纪之事而绝不为书，是皆有深意存焉。司马子长创为《史记》，首轩辕以逮汉武，或有孔子所芟者，子长乃从而录之，后人翕然以为有良史之才，爱其雄深雅健。凡操史笔者，如班孟坚、范蔚宗诸儒，争相蹈袭，是祖是式，而未有取法于《春秋》者焉，岂圣言宏远，匪常人所可拟其彷佛邪？自荀悦仿《左氏传》为《汉纪》，体制稍为近古，于是袁宏、孙盛之徒并为编年之书，而学者或忽而不习，终不若子长《史记》盛行于世。司马公编《资治通鉴》，造端于周威烈王二十三年，系年叙事，历汉唐以终五代，勒成一家之言，渊乎博哉！此近代所未有也，其亦得圣人之意否乎？我国家隆平

> 百年，功成治定，礼乐方兴，纂述万世之鸿规，敷阐无穷之丕绩，吾儒之事也。故乐与诸君子讨论之，诸君子游心载籍，闻见滋广，其于《书》《春秋》之所始终，《史记》《通鉴》之所以制作，必详究而明辩之矣。①

袁桷认为《尚书》为“古之史”，乃孔子所删定，不仅如此，孔子还根据鲁国史记修撰《春秋》，《尚书》《春秋》包括《左传》对古代的历史有重要的启示、典范的意义。故后代司马迁、班固、范晔、荀悦、袁宏、司马光等人都根据孔子编纂《尚书》《春秋》的原则、方法创造了新的历史题材与史书，进而弘扬了圣人之道。在袁桷看来，《史记》《资治通鉴》等尽管是史书，但与经书一样传承了圣人之道，弘扬了圣人之意。正是因为如此，袁桷自己也根据《尚书》《春秋》的编纂思想与方法，编撰了《延祐四明志》等史书，来记载兴衰成败之理，传扬圣人之道。

从整体上来看，袁桷对于经学颇为重视，尤其对朱熹之学颇为推崇，这也是南宋后期经学发展的现实决定的，毕竟在当时朱熹之学已经被朝廷立为官学，进而开始成为当时最为流行的经学流派。在这种情形下，袁桷虽然身为浙东学派一员，继承了王应麟的经史考据之学与经世致用的思想，对《五经》之学颇为重视，但也对《四书》之学、性命道德之学发表了自己的观点，并强调道德伦理在社会政治中的价值与意义。袁桷的这种经学思想与方法，与王应麟颇有一脉相承之处，不过与王相比他在经学考据的范围、思想方法却局限得多。这也不能不说，浙东学派在南宋后期发展日渐萎缩，

---

①　[宋]袁桷：《清容居士集》卷四十二《会试策问》，影印文渊阁《四库全书》本，台北：台湾商务印书馆，1986年版，第556页。

进而促使他们积极向朱学靠拢，并兼采朱学、陆学的解经方法，最终使得朱学成为他们经学与思想的主体所在。

本章小结

王应麟作为吕祖谦之后学，秉承了吕学“不名一师”“不主一说”的治学精神，广为搜求、精于稽考，讲求实证，不空言说理，将义理的阐发建立在扎实而翔实的文献基础之上，汉宋兼采，没有门户之见。王应麟之学虽然以古文献的编撰、整理为主的，但是在经学旨趣上依旧以经世致用为目的，如他所撰的《诗地理考》，其目的便是要“稽风俗之薄厚，见政化之盛衰，感发善心而得性情之正”①，即此书之作是为了正风俗、知兴衰、兴教化。他作《汉制考》的目的，是“以俟后之君子，自流遡源三代之礼，庶乎其可识矣”②，即此书是为了学者以此为据了解上古三代之礼制，以便兴复三代之治。王应麟之后的诸弟子，史蒙卿、袁桷等人进一步传承、发展了王应麟的思想与方法，并将之多元化、知识化，而这些对于元代南方经学的丰富和发展奠定了重要的学术思想基础。

实际上，“不名一师”、兼采众长不只是王应麟为学的基本特征，在南宋后期经学不同流派之间的学术兼采、融通已经成为一种主流趋向。比如当时的朱熹后学弟子北山四先生在经学解释的时候，不仅传承、疏解了程朱经学，而且还积极汲取心学、浙东诸儒解经的方法与旨趣，倡导以心解经、经世致用的精神。与此同时，陆

① ［清］朱彝尊：《经义考》卷一百九引，北京：中华书局，1998 年版，第 585 页。

② ［清］陆心源：《皕宋楼藏书志》卷三十五引，清光绪万卷楼藏本，第 366 页。

九渊后学杨简、袁燮等人也是汲取朱学、浙学的优长，积极弥补心学解经所带来的不足与弊端。浙东诸儒如陈亮、陈傅良等人更是如此，他们在积极宣扬经制事功之学的同时，并没有放弃对经学、心性理气的关注。王应麟后传弟子史蒙卿、袁桷也都是如此。

可以说，兼采众长、相互融通是南宋后期经学发展的基本特征，这很大程度上源于经学自身的包容性、延展性，也源于不同学派之间的竞争更加激烈化，以兼采众长的形式来完善自我，进而强化自我的竞争力。毕竟，随着朱学被官方认可之后，陆学、浙东为了凸显自己学派的属性与存在，他们在积极批判否定对方的同时，也积极地汲取对方的思想与方法，以期丰富、完善自己，促使更多朝野儒士大夫的认同与肯定，并进而获得学派的发展、传承与显达。

第七章　宋代浙东学派经学的传承、诠释及范式意义

浙东学派作为宋代非常重要的学派，不仅仅是因为他们积极倡导事功、经制之学，倡导经世致用，更为主要的是他们借助经学诠释建构了全新的经学范式，这个范式不仅仅体现为他们经学解释经典主要为《六经》《三礼》，同时也注重经史并重、以史证经、义理考据兼采等经学解释的方法。在经学思想的落脚点上他们更注重社会政治、思想文化建设，而这些与当时朱学、陆学的经学范式多有不同。可以说，我们利用范式理论将之与朱学、陆学进行比较分析，进而使学者对浙学有更加深刻而清晰的认知。

第一节　从理到礼：宋代浙东学派经学诠释的范式转换

浙东学派是宋清之际非常重要的一个学派，浙东的地理范围根据乾隆《浙江通志》卷一的记载："元至正二十六年，置浙江等处行中书省，而两浙始以省称，领府九。明洪武九年，改浙江承宣布政使司。十五年割嘉兴、湖州二府属焉，领十一府。国朝因之，省会曰杭州，次嘉兴、次湖州，凡三府，在大江(注：钱塘江)之右，是为浙西。次宁波、次绍兴、台州、金华、衢州、严州、温州、处州，凡八府，皆大江之左，是为浙东。"在宋代，这个地域之内出现了永嘉学派、永康学派、金华学

派、四明学派等。总之，宋代浙东学派是一个非常重要的学派，在南宋时期社会政治、思想文化领域中扮演着非常重要的角色，尤其在经学思想体系的建构上异于当时的程朱理学家们，这对于南宋后期经学的传承、发展与思想建构起到了重要的推动作用。很多学者对宋代浙东学派已经做了一些研究，包括对它的学术思想、政治观念等都做了一定的分析，这对于我们进一步研究浙东学派奠定了重要的基础。不过，以往很多学者很少关注作为浙东学派存在的基础：经学、史学的特征及其意义问题，而这对于理解浙东学派的内涵、特质及其演变有着重要的意义，而基于经史之学的浙东学派新范式对于元明清时期浙学的发展有着重要的奠基意义。所以，从经学诠释思想、史学编纂理念的角度出发，对它们进行分析，并找出浙东学派在经学、史学之间的内在关联，以及在此基础上进一步探究浙东学派作为一个学派在有宋一代如何从最初的萌芽、发展，到借助理学形成自己的体系，并在南宋特殊的历史情境下形成了自己的学术范式。

一、从性理到事功：经学思想旨趣重心的转向

在宋代，浙东学派在庆历之际就开始兴起，当时浙东明州（今宁波）的四明五先生，即杨适、杜醇、王致、楼郁、王说五人与永嘉（今温州）的王开祖、丁昌期等人，已经在当时宣扬新学、开启学术新风气，强调思想义理之学。正如《宋元学案》所言："庆历之际，学统四起。齐、鲁则有士建中、刘颜夹辅泰山而兴。浙东则有明州杨、杜五子，永嘉之儒志、经行二子，浙西则有杭之吴存仁，皆与安定湖学相应。"①另外，在瑞安还有林石的讲学授徒。总体来说，在

① ［清］黄宗羲原著，全祖望补修：《宋元学案》卷六《士刘诸儒学案序录》，北京：中华书局，1986 年版，第 251 页。

庆历之际，浙东学派中的明州、永嘉诸子开始兴起，与当时有名的“宋初三先生”一样成为北宋“经学变古”的重要一支力量。

不过根据《宋元学案》的学术谱系，浙东学派开始探究性理之学则真正开始于北宋中后期的熙宁、元丰之际。当时深受二程洛学影响的浙东学派的先驱——“永嘉九先生”，在浙东一带开始大力传播二程之学。全祖望在《宋元学案·周许诸儒序录》中称：“考所谓‘九先生’者，其六人及程门，其三则私淑也。”①他们九人在元丰年间传承二程之学，并在当时已经产生了一定的影响。换言之，浙东学派的真正盛言性理之学，主要开始于熙宁、元丰之际二程的启蒙。到了乾道、淳熙年间，性理之学已经得到了儒士大夫们甚至是很多读书人的认可，越来越多的人都开始研习程朱之学，这在浙东地区也是如此，如叶适所言：

> 昔周、张、二程，考古圣贤微义，达于人心，以求学术之要，世以其非，笺传旧本有信有不信，百年之间更盛衰者再三焉。乾道五、六年，始复大振，讲说者被闽、浙，蔽江湖，士争出山谷，弃家巷，赁馆贷食，庶几闻之。②

在乾道年间，理学已经大兴于世，这在当时盛极一时，“讲说者被闽、浙，蔽江湖”，在这种情形下，理学不仅仅是当时最流行的经学形态，更为主要的是在朝廷已形成一股相当大的政治势力，使得当时的孝宗为了维护自己的政治地位也不得不任用理学人士。如此一来，作为当时靠近政治中心的浙东诸儒，也不得不承认这种学术背景，不仅仅传承二程洛学，也在他们自己的学说体系中，纷纷就

---

① ［清］黄宗羲原著，全祖望补修：《宋元学案》卷三十二《周许诸儒学案》，北京：中华书局，1986年版，第1131页。

② ［宋］叶适：《水心集》卷十三《郭府君墓志铭》，影印文渊阁《四库全书》本，台北：台湾商务印书馆，1986年版，第265页。

性理之学发表自己的观点，甚至将之作为学说的基础和思想源泉。可以说，浙东经学谈论事功、经制之学，只不过是其经学的重要旨趣，但是在他们经学体系中并没有完全抛弃性理经学。

浙东学派经学思想旨趣的转移主要开始于薛季宣，他作为永嘉之学由性理之学转向事功之学的关键性人物，在经学上强调先《四书》学而后《五经》，并在思想体系上承传了二程“体用一源，显微无间”的思想，强调道体与致用当为一体，不可分离，他说：

> 夫道之不可迩，未遽以体用论。见之时措，体用疑若可识，卒之何者为体，何者为用？即以徒善徒法为体用之别，体用固如是耶？上形下形，曰道曰器，道无形埒，舍器将安适哉？且道非器可名，然不远物，则常存乎形器之内。昧者离器于道，以为非道遗之，非但不能知器，亦不知道矣！①

在薛季宣看来，道器不可分离，他们彼此表里如一，如果强行割离，离器言道，或离道言器，不但不能识得道器本身，反而会差之毫厘，谬以千里。薛季宣“道器合一”的主张其实是想表述日常行事离不开道德修养，道德修养应当致用，而这种思想理路与二程所言的“体用一源，显微无间”颇为近似，而其思想旨趣也与二程等人经世致用的主张一脉相承。

当然，薛季宣经学思想从心性理命转向经制、事功，其师袁溉有直接的影响作用。袁溉曾经以程颐为师，得程颐真传，精通易学、礼学，《宋元学案·刘李诸儒学案》中也称：“道洁之学，自《六经》百氏，下至博弈小数，方术兵书，无所不通。”②可以看出，袁溉师从程颐为学，属于

---

①　[宋]薛季宣：《浪语集》卷二十三《答陈同父书》，影印文渊阁《四库全书》本，台北：台湾商务印书馆，1986 年版，第 369 页。

②　[清]黄宗羲原著，全祖望补修：《宋元学案》卷三十《刘李诸儒学案》，北京：中华书局，1986 年版，第 1691 页。

程颐再传弟子，但他为学博杂，并非专于内圣之学，且其学术旨趣就已经发生了很大的变化，即对于礼学、经史百家、名物典制都颇有兴趣，且“无所不通”。这些都表明了袁溉对经史百家的精通，为学相当博杂。袁溉的“博杂”之学对弟子薛季宣关注经制、事功之学产生了最为直接的影响，《宋史》本传就称：

> 季宣既得溉（袁溉）学，于古封建、井田、乡遂、司马法之制，靡不研究讲画，皆可行于时。①

《宋元学案》亦称：

> 道洁（袁溉）之学，自《六经》百氏，下至博弈小数、方术兵书，无所不通。先生（薛季宣）得其所传，无不可措之用也。……季宣既得道洁（袁溉）之传，加以考订千载，凡夫礼乐兵农莫不该通委曲，真可施之实用。②

可以看出，薛季宣深得其师袁溉治学的精髓，对“古封建、井田、乡遂、司马法”等礼制、兵农等都有深入的了解，“靡不研究讲画”“加以考订”，而这些都能够满足现实社会的需要，所谓“皆可行于时”“真可施之实用”。可以说，薛季宣在经学上已经摆脱了拘泥于“格物穷理”“修身养性”的性理之学的束缚，积极根据现实的需要，兼治经史百家之学，以期经世致用。薛季宣博览经史百家之学，精于考订、自成一家。如四库馆臣所说：

> 季宣学问最为淹雅，自《六经》、诸史、天官、地理、兵农、乐律、乡遂、司马之法，以至于隐书小说、名物象数之细，靡不搜采研贯。故其持论明晰，考古详核，不必依傍儒先余绪，而立

---

① ［元］脱脱等：《宋史》卷四百三十四《薛季宣传》，北京：中华书局，1977年版，第12883页。

② ［清］黄宗羲原著，全祖望补修：《宋元学案》卷五十二《艮斋学案》，北京：中华书局，1986年版，第1691页。

说精确，卓然自成一家。①

薛季宣为学“最为淹雅”，对儒经、史籍、兵农、地理，甚至小说、名物，“靡不搜采研贯”，并且对之进行考辨分析，不惑于前人所说，可谓是“立说精确，卓然自成一家”。可以说，薛季宣作为永嘉之学的重要传承者，开始将注重性理之学的永嘉之学带向注重事功之学的发展路途之上，由此成为永嘉之学学术思想的转关者。其后，其弟子陈傅良、叶适在其基础上，更加强调事功之学，并最终使经制、事功之学成为永嘉之学的主要特征，与朱熹理学、陆九渊心学并立于世。南宋后期的浙东诸儒如北山四先生、黄震、王应麟等也都是如此。

浙东诸儒经学旨趣的重心，之所以由性理之学转向事功之学，主要是当时严峻的社会政治局势所迫，另外也与宋孝宗以后诸帝、权臣韩侂胄等人的好恶有直接的关系。如孝宗就认为理学强调内圣，大谈性命道德之学，容易陷入空谈、清议，对当时的现实问题没有任何利好。在朝的一些官吏如王淮、虞允文、唐仲友等人也出于现实问题的解决或者是权益之争，也对朱熹、张栻等人的性命道德之学颇为反感。随即当时的刘德、沈继祖等人也都对性命道德之学进行批判。随着批判的推进，道学开始被视为伪学，伪学之禁也由此产生。这次禁止道学，本来直指朱熹及其弟子，随即也有所扩大，并将朱子语类与《四书章句集注》等视为禁书，“庆元党禁”也随之形成，“党禁”虽然是针对朱熹闽学而发，但实际上已经波及到当时朱学、陆学、浙学、湘学等主要理学学派，这不能不说是理学诸派在南宋时期的一次集体灾难，而理学化经学的发展也无疑受到了

① ［清］纪昀等：《四库全书总目》卷一百六十《浪语集》提要，北京：中华书局，1997 年版，第 2142 页。

极大的冲击和阻碍。庆元党禁发生之后，当时的道学人士被列为党籍，他们的著述也遭到了禁毁，经学、理学也由此遭到严重打击。庆元六年（1200）朱熹死于建阳之考亭。但是随着“开禧北伐”的惨败与韩侂胄的被杀，“庆元党禁”真正宣告结束。

可以说，庆元时期对朱熹为首的理学批判，表面上是对其学术思想、政治理念的攻击，反对正心、修身，而争权夺利才是批判的本质所在。即使是“伪学”一辞，也只是韩侂胄等人争权夺利的借口而已，这一点何忠礼先生也研究认为：“理学的兴起，直接关系到如何重新制定南宋内外政策的大事，也直接影响到当时士大夫们的权力再分配。拥护者将其推崇为圣贤之学，是修身、齐家、治国、平天下的良方；反对者称其矫揉造作，沽名钓誉，乃是伪学。”①可以说，随着孝宗、宁宗及韩侂胄等人对程朱理学的不满度直接促使了很多学者开始转向事功、经制之学，希望就“外王”之学进行深入探究。当然，我们不能否认，在孝宗、光宗时期，朝廷面临着越来越严重的“内忧外患”，具体而实用的学说更会引发人们的重视，“迂阔”的程朱理学自然会遭到倡导事功学者的抵制。正如有的学者所言：“在南宋民族矛盾、社会矛盾尖锐的历史条件下，它的理想主义的道德说教于解决迫在眉睫的现实问题毫无益处，而且会妨碍对问题的思考和判断，因而其空疏缺陷更显突出。因此，受到注重实际的事功学者的反对，也是由历史所决定的必然结果。”②当然，我们也不否认，作为浙东学派起源的另一个主要源头王开祖等人，也一致推崇经世致用之学，而这个作为浙东之学的根本所在。

---

① 何忠礼：《南宋政治史》，北京：人民出版社，2008 年版，第 272 页。
② 高威：《陈傅良思想研究》，暨南大学硕士学位论文，2008 年 5 月。

二、从《四书》到《六经》:经典诠释上的转移

如果抛开浙东诸儒是二程后学这一历史谱系,实际上,在北宋中期的庆历之际,浙东经学已经开始表现出自己的独有特色,如其学术的开山祖——王开祖就非常注重《周礼》及《六经》之学,而这个也是后来浙东诸儒的基本经学特征。王开祖本人肯定《周礼》中的思想,他说:"吾读《周礼》终始,其间名有经、礼有方者,周公之志为不少矣。"他非常重视历史,在其《儒志编》中援引了大量春秋、战国时期的历史史实,来论证儒家经典中的治国安邦之道,此法与后来永嘉诸子所推崇的"经史互证"颇具一脉相承。

薛季宣是永嘉之学由性理之学转向事功之学的关键性人物,薛季宣与当时张栻、朱熹一样注重《四书》"修身明德",但相比之下,他对《六经》也极为关注,希望发掘《六经》经世济用的思想,他说:

> 巧匠不世出,其法具乎规矩绳墨。圣人不世出,其言在乎《礼》《易》《诗》《书》。然则《礼》《易》《诗》《书》与夫规矩绳墨,往之所以贻后,今之所以求古也。即规矩绳墨以为圆方,虽非巧匠,而巧匠之制作于此乎在。由《礼》《易》《诗》《书》以趋理义,虽非圣人,而圣人之精诚备于吾身。学者为道而舍经,犹工人而去其规墨也,虽有工垂之指,其能制器乎!①

在薛季宣看来,《六经》如同工匠的"规矩绳墨",它们是圣人之道的重要载体,是治国安邦的重要指南,所谓"不读《诗》《书》《易》《春

① [宋]薛季宣:《浪语集》卷三十《论语直解序》,影印文渊阁《四库全书》本,台北:台湾商务印书馆,1986年版,第476页。

秋》,则不知圣人之心”①。王道政治的理念都载于《六经》,只要真正体悟了圣人之意,就可以实现王道政治:

> 文武之道具在方册,其人存其政举,苟非其人道不虚行,要须自得之也。……古人言:“读书百遍,其义自见。”未易以浅近夺,信能反复涵泳,会当有得,得之小大,则系乎精诚所至。时文称,于一经之内有一言之悟,则《六经》之义粲然矣。②

在他看来,三代王道政治都体现在《六经》之中,所以为学一定要“反复涵泳”,真正体悟经典之精髓,“自得”于心,将之转化为自己的价值理念,就可以真正实践《六经》之义,重建新的社会政治秩序。薛季宣注重将《六经》中有关社会政治治理的思想运用到具体社会事务上,而不是空谈经义,注重“学以致用”,教导学者“求经学之正,讲明时务本末利害,必周知之,无有空言,无戾于行”③。为学主张实事实功,“教人就事上理会,步步著实。言之必使可行,足以开物成务”,主张所学要有“用处”。反对空谈义理性命,认为“自附道者,于古今事物之变,不知为何等”④,全无用处,为此薛季宣撰写了多篇有关抗金、天赋、兵制、水利等方面的文章,并直接上书朝廷,希望能够付诸实施。在薛季宣的经学思想中,研究儒经的目的在于服务于社会政治,旨在解决社会具体问题,正如黄宗羲所云:

---

① [宋]薛季宣:《浪语集》卷三十《书古文训序》,影印文渊阁《四库全书》本,台北:台湾商务印书馆,1986 年版,第 479 页。

② [宋]薛季宣:《浪语集》卷二十三《答沈应先书》,影印文渊阁《四库全书》本,台北:台湾商务印书馆,1986 年版,第 374 页。

③ [宋]薛季宣:《浪语集》卷二十五《答象先侄书》,影印文渊阁《四库全书》本,台北:台湾商务印书馆,1986 年版,第 395 页。

④ [清]黄宗羲原著,全祖望补修:《宋元学案》卷五十二《艮斋学案》,北京:中华书局,1986 年版,第 1696 页。

“永嘉之学，教人就事上理会，步步著实，言之必使可行，足以开物成务。”①总而言之，薛季宣作为永嘉学派学术转型的一位关键人物，对于永嘉经学的走向事功有直接的促进作用。

陈傅良基本上继承了薛季宣注重经制、事功的学术特点，他对于《六经》非常推崇，提出了“《六经》之义，兢业为本”②的经学宗旨，他说：

> 《六经》之义，兢业为本。《诗》可以言，《礼》可以立，玩味服行，自觉粗厉，此某近所窥见且以勉同志者。③
>
> 《六经》之教与天地并，区区特从管窥见得兢业一节，足了一生受用。④

可以看出，他对《六经》甚为推崇，并将《六经》视为修身、齐家、治国的重要法典。不仅如此，在陈傅良看来，研习《六经》的目的在于转化为自己的实际行动，“玩味服行”，如果能如此，“一生受用”。可以说，“《六经》之义，兢业为本”，反映了陈傅良通经致用的治经思想，也由此将永嘉事功之学推向新的高度。正如有的学者所言：“‘六经之义，兢业为本’的提出，使他的治学进入一个新境界。如果说此前，他对理学的理论观点还存有某些模糊认识的话，那么自此，他终于与理学划清了思想界线，抱定了求实致用的宗旨，把事

① ［清］黄宗羲原著，全祖望补修：《宋元学案》卷五十二《艮斋学案》，北京：中华书局，1986 年版，第 1696 页。

② ［宋］陈傅良：《止斋集》卷三十七《与吕子约二》，影印文渊阁《四库全书》本，台北：台湾商务印书馆，1986 年版，第 788 页。

③ ［宋］陈傅良：《止斋集》卷三十七《与吕子约二》，影印文渊阁《四库全书》本，台北：台湾商务印书馆，1986 年版，第 788 页。

④ ［宋］陈傅良：《止斋集》卷三十七《与沈叔晦》，影印文渊阁《四库全书》本，台北：台湾商务印书馆，1986 年版，第 793 页。

功之学,提升到一个新阶段。”①

在叶适的思想中,多言说《六经》《周礼》中有利于治世的思想,不仅如此,他与薛季宣、陈傅良一样,对史学、诸子、文学等都非常感兴趣,在其《习学记言》一书中集中体现了他的学术旨趣,他在此书中除了论及《六经》之外,还对《史记》《汉书》《后汉书》《晋书》《南史》《北史》《隋书》《唐书》《老子》《子华子》《荀子》《扬子》《管子》《孙子兵法》《六韬》《三略》《司马法》《吕氏文鉴》等甚为感兴趣,其学术宗趣正如其弟子孙之宏所云:

> 窃闻学必待习而成,因所习而记焉,稽合乎孔氏之本统者也。夫去圣绵邈,百家竞起,……盖学失其统久矣。汉、唐诸儒,皆推宗孟轲氏,谓其能嗣孔子。至本朝,关、洛骤兴,始称子思得之曾子,孟轲本之子思,是为孔门之要。传近世,张、吕、朱二三巨公,益加探讨,名人秀士,鲜不从风而靡。先生后出,异识超旷,不假梯级,谓洙泗所讲,前世帝王之典籍赖以存,开物成务之伦纪赖以著。《易·彖》《象》,仲尼亲笔也,《十翼》则讹矣。《诗》《书》,义理所聚也。《中庸》《大学》则后矣。曾子不在四科之目,曰“参也鲁”,以孟轲能嗣孔子,未为过也。舍孔子而宗孟轲,则于本统离矣。故根柢《六经》,折衷诸子,剖析秦、汉,迄于五季,以《吕氏文鉴》终焉。其致道成德之要,如渴饮饥食之切于日用也,指治摘乱之几,如刺腧中肓之速于起疾也。推迹世道之升降,品目人材之短长,皆若绳准而铢称之。前圣之绪业可续,后儒之浮论尽废,其切理会心,冰消日朗,无异新造孔室之闳深,继有宗庙百官之美富,可

① 高威:《陈傅良思想研究》,暨南大学硕士学位论文,2008年5月。

谓稽合乎孔氏之本统者也。①

在叶适弟子看来，孔子之后，后儒曾子、子思、孟子不能尽传圣人之道，尽管如此，本朝张载、二程等人却依旧尊奉思孟之学，将《四书》之学作为"孔门之要"，传习并宣传甚广，在南宋张栻、吕祖谦、朱熹等人的推动下，"明人秀士，鲜不从风而靡"。叶适随后出现，摒弃周、程、张、朱、吕等人所奉行的思孟心性之学，注重《六经》，兼重诸子之学，兼及史学、文学，其为学注重治乱兴衰、用人典制方面，在孙之宏眼中，这才是真正继承了孔子之道。孙之宏的解析可谓切中叶适为学的宗旨，对此《宋元学案》亦称"先生（孙之宏）之论如此，其于《记言》大旨，盖发明殆尽"②。同样，南宋后期的北山四先生、黄震、王应麟等人也都非常重视六经之学，并注重探究其中所蕴含的礼制、规范，希望以此来通过外在的制度、规范来约束人心，重建新的社会秩序。

浙东学派诸儒在《六经》之学之中，尤其注重三《礼》与《春秋》之学，这与当时社会秩序的重建、内忧外患的加剧有直接的关系。就三《礼》之学而言，在宋代尤其以浙东为主，正如有的学者研究所认为的："宋代两浙礼学研究主要以浙东为主要。……宋代浙东礼学主要集中在南宋时期，明、婺、温、台四州的学术发展也主要体现在这一时期。"③不过，在三《礼》之中，《周礼》之学最为发达，《仪礼》之学最为寂寥。在浙东诸派之中，其中永嘉一派最重礼学，人

---

① ［清］朱彝尊：《经义考》卷二百四十三引，北京：中华书局，1998 年版，第 1234 页。

② ［清］黄宗羲原著，全祖望补修：《宋元学案》卷五十五《水心学案下》，北京：中华书局，1986 年版，第 1812 页。

③ 程继红：《近两千年浙东学派礼学研究史概观》，《浙江海洋学院学报》（人文科学版），2010 年第 4 期。

数也最多。如郑伯谦《太平经国之书》、陈傅良《周礼说》等多是注重制度建设。正是因为如此，他们对兵制、法制、赋税、财政等多种制度等都有所论述，如陈傅良《历代兵制》"追言致弊之本，可谓切于时务者"，钱文子《补汉兵制》"所论切中宋制之弊"①，这些都有助于制度革新。为了辨明"华夷之别"，弘扬尊王攘夷的精神，浙东学者撰有多部《春秋》学著述，如陈傅良就"深于《春秋》，其于王霸尊卑、华夷消长之际，及乱臣贼子之所由来，发明独至"②。

总之，从《四书》到六经的转变，说明了宋代浙东经学在思想观念上的变化。毕竟，《四书》学主要是性理道德之学的重要体现，充分展现了南宋以来随着洛学成为当时学术界的主流之后，以道德、伦理作为治国理政的重心所在。相比较而言，《六经》学在宋代则是礼法、制度的重要体现，说明随着当时社会矛盾日益激化，浙东诸儒更强调从制度、秩序的角度去解决具体的问题，而不是通过修身、明德的方式去面对。何况，在《六经》之中，浙东诸儒更加关注三《礼》《春秋》学，这也进一步表明了浙东诸儒在解决社会政治问题的态度。另外，即使南宋时期的理学诸儒他们在推崇《四书》学、性理之学的同时，也都纷纷借鉴浙东学派对礼制、事功的重视，在性理经学的基础上，融入了对礼治秩序、现实政治的关注。换言之，他们在经学解释上，也注重《四书》学与《六经》之学的会通、性命道德之学与经制事功的融通。

---

① [清]纪昀等：《四库全书总目》卷八十二，北京：中华书局，1997 年版，第 1100 页。

② [宋]陈傅良：《止斋集》附录二《陈公行状》，影印文渊阁《四库全书》本，台北：台湾商务印书馆，1986 年版，第 930 页。

三、从思辨到考据：经学解释方法的调整

浙东诸儒虽然在经学上也强调思想义理，但实际上他们都非常强调对文本的重视，强调经学考据、实证的重要性。他们对于考据的重视，源远流长，这不仅源于王开祖等人，也受到二程经学中注重考据的影响。当然，最为主要的是，浙东诸儒对于经学考据学的重视，很大程度上由于程朱理学官学化后，出于经学知识体系健全的需要；同样，也是由于当时社会政治问题日益严重，浙东诸儒希望通过对传统经学知识的考据、史学的融入，旨在解决现实社会问题。

宋代浙东诸儒注重考据由来已久，这在薛季宣那里就表现得尤为明显。薛季宣强调经学义理之学，但他同时也强调经学考证、考据的必要性，如其所谓："学经而他求于传，不若专意于经。传皆不同，则经学之文，不几于惑矣。"①"圣人之道行于古，圣人之法具于经。学者不务穷经，泥夫师说，故圣经法则晦以不明。士当以经为据依，断然不惑于习，略去众多之论，以尽其心，夫然后圣典森然无不得也。"②薛季宣强调经学实证的重要性，反对离经言道。同时，他还关注对史学、天文、地理、军事等百家之学的考证，如四库馆臣所说：

> 季宣学问最为淹雅，自《六经》、诸史、天官、地理、兵农、乐律、乡遂、司马之法，以至于隐书小说、名物象数之细，靡不搜采研贯。故其持论明晰，考古详核，不必依傍儒先余绪，而立

---

① ［宋］薛季宣：《浪语集》卷二十四《答何商霖书三》，影印文渊阁《四库全书》本，台北：台湾商务印书馆，1986 年版，第 393 页。

② ［宋］薛季宣：《浪语集》卷二十七《书庄季绰揲蓍新谱》，影印文渊阁《四库全书》本，台北：台湾商务印书馆，1986 年版，第 420 页。

说精确，卓然自成一家。①

薛季宣为学“最为淹雅”，对儒经、史籍、兵农、地理，甚至小说、名物，“靡不搜采研贯”，并且对之进行考辨分析，不惑于前人所说，可谓是“立说精确，卓然自成一家”。可以看出，薛季宣经学注重义理之学，但也非常强调训诂、考据之学，由此与当时的闽学、心学强调反求内省之学有所不同。同样，作为薛季宣的得意弟子的陈傅良也是如此，为学也注重实证考索，知识考据涉及百家之学，“公淹贯《六经》，包括百氏，洞彻天人之奥，而于历代经制大法，与夫当世制度沿革失得之故，稽验钩索，委曲该洽”②。

不仅是永嘉之学如此，当时浙学其他流派也都是如此。如婺学宗师吕祖谦，在解经方面就非常重视章句训诂之学。在他看来，只有从字词入手，仔细体悟，才对儒经之意、圣人之道有所得，反对一味地废弃章句训诂、注疏之学，他说：

学者多举伊川语云：“汉儒泥传注。”伊川亦未尝令学者废传注，近时多忽传注而求新说，此极害事。后生于传注中，须是字字考，始得。③

吕祖谦重视训诂、传注之学，认为即使是理学奠基人程颐也没有“令学者废传注”。他对经学考据学的重视，实际上对当时空言性理之学风气的批判。不仅注重文献之学的吕祖谦是如此，当时注重心学的重要代表杨简也非常强调经学考据之学，其所撰写的《杨

① ［清］纪昀等：《四库全书总目》卷一百六十《浪语集》提要，北京：中华书局，1997年版，第2142页。

② ［宋］陈傅良：《止斋集·序》，影印文渊阁《四库全书》本，台北：台湾商务印书馆，1986年版，第500页。

③ ［宋］吕祖谦：《东莱外集》卷六《己亥秋所记》，影印文渊阁《四库全书》本，台北：台湾商务印书馆，1986年版，第436页。

氏易传》《先圣大训》《五诰解》《慈湖诗传》等都非常注重训诂注疏、兼采众家之说，反映了杨简训诂与义理兼备的解经思路。四库馆臣在评价杨简《慈湖诗传》时就说道：

> 其于一名一物，一字一句，必斟酌去取，旁征远引，曲畅其说。其考核六书，则自《说文》《尔雅》《释文》以及史传之音注，无不悉蒐。其订正训诂，则自齐、鲁、毛、韩以下，以至方言、杂说无不博引，可谓折衷同异，自成一家之言，非其所作《易传》以禅诂经者比也。①

从这个评价可以看出，虽然杨简在解释《诗经》的过程中，以心解经，借助对《诗经》诗篇的解释来阐发其心学思想，虽然有穿凿附会之处，但是在具体内容、字词章句的分析上，却做到了"斟酌去取，广征博引"，所引文献从《说文解字》《尔雅》《经典诗文》以及历代史传、方言杂说都有摄取，可谓"折衷同异，自成一家之言"。

不仅两宋之际的浙学诸儒注重经学考据之学，南宋中后期的浙学诸儒也是如此。如北山四先生之一的何基，他曾撰有《易启蒙发挥》《大传发挥》《太极通书西铭发挥》《近思录发挥》等多种，主要文本都是通过考订、考据的形式来传承理学，正如金履祥门人柳贯所言：

> 文定（何基）确守师传，参订训义，于《易·大传》《本义》《启蒙》《大学中庸章句》《论孟集注》《太极图》《通书》《西铭》之外，凡文公语录、文集诸书，商榷考订之所及，取其已定之论，精切之语，汇叙而类次之，名为发挥，已与诸书并传于世矣。②

---

① ［清］纪昀等：《四库全书总目》卷十五《慈湖诗传》提要，北京：中华书局，1997 年版，第 194 页。

② ［清］戴殿江：《金华理学粹编》卷二《理学大宗》，清光绪刻本，第 16 页。

可以看出，何基对于朱熹经学做了较为细致的考订、辑录、整理工作，这对于朱熹经学的传承与发扬做了重要的文献学工作。何基弟子王柏的经学虽然注重辨疑，但这也多建立在经学考据的基础之上①。王柏本人也多次发表注重考据的言论，如说：

> 考古，非易事也，此先儒之所甚谨，岂后学之所当妄议？必学博而理明，心平而识远，殆庶几乎得之。盖学不博，不足以该贯群书之言；理不明，不足以融会群书之旨；心不平，则不能定轻重之权；识不远，则不能断古今之惑！②

王柏认为经学、理学的研习，如果不借助音韵、训诂，通过从细小处分类考察的方式，那么就不能知道诸儒在经解上的异同得失，如果不知道异同得失，那么就无法明白宋儒尤其是程朱理学家们的“传义之精”。另外，他认为“考古”非容易之事，这里的考古，即考辨古经之意。他认为只有广泛的学习，才可以为之，而这也是明理、辨识的根本所在。总之，在经学解释上，北山四先生跳出了朱熹注重由广博而化约的路数，强调从疑辨、考据，希望从多个角度出发对经学进行考据、分析，进而进一步为当时官学程朱理学的论证，正如有学者所评价他们的经学特征，“由理学《四书》拓展到《五经》乃至四部，由理学义理思辨性转向侧重考证、训诂，由形而上之关

---

① 对于王柏的删《诗》、疑《书》及其疑经思想，已有学者对之进行了研究，此不赘述。参见杨新勋：《宋代疑经研究》，北京：中华书局，2007 年版，第 250 ~ 278 页；王锟：《朱学正传：北山四先生理学》，上海：上海三联书店，2010 年版，第 72 ~ 104 页；陈战峰：《王柏的〈诗经〉观与拟删诗》，《中国文化研究》，2010 年秋之卷。

② ［宋］王柏：《鲁斋集》卷九《家语考》，影印文渊阁《四库全书》本，台北：台湾商务印书馆，1986 年版，第 148 页。

注转向形而下问题的探究，使朱学趋向于知识化、生活化和世俗化”①。

实际上，不仅当时浙东诸儒的各派如此，即使是以朱学为宗的四明学者黄震也是如此。黄震解经更是强调注重考证、考据，他对于经书之中的文字、名物、地理、史事等都给予精细的考证。这种解经之法与同时代的何基、王柏、金履祥等人遥相呼应，也是当时朱熹后学经学解释的基本思想与方法，正如全祖望所言：“朱徽公之学统，累传至双峰（饶鲁）、北溪（陈淳）诸学，流入训诂派。殆至咸淳而后，北山（何基）、鲁斋（王柏）、仁山（金履祥）起于婺，先生（黄震）起于明，所造博大精深，徽公瓣香为之重振。”②正是黄震等朱熹后学通过考据之法进行修正、论证，这为程朱理学的丰富与完善起到了重要的促进作用。南宋晚期集诸家大成的浙东大儒王应麟更是经学考据之学的代表。王应麟经学解释注重考据、训诂之学，并兼采众家之长，成为宋代浙东经学考据学的典范，四库馆臣对他给予高度评价，“博洽多闻，在宋代罕其伦比。……盖学问既深，意气自平，能知汉、唐诸儒，本本原原，具有根柢，未可妄诋以空言，又能知洛、闽诸儒，亦非全无心得，未可概视为弇陋，故能兼收并取，绝无党同伐异之私，所考率切事可据，良有由也”③。

可以说，从思辨到考据，充分反映了经学解释在南宋时期的转变，思辨更注重性命道德之学中对天理、人性、道德、工夫等的学理

---

① 高云萍：《北山学派研究》，浙江大学博士学位论文，2007 年 11 月。

② ［清］全祖望：《鲒埼亭集·外集》卷十六《泽山书院记》，清嘉庆十六年刻本，第 165 页。

③ ［清］纪昀等：《四库全书总目》卷一百十八《困学纪闻》提要，北京：中华书局，1997 年版，第 1589 页。

论证,随着朱熹集理学之大成,进而成为官方学说之后,宋代理学的建构基本完成。随后,理学开始成为官方意识形态而流行于世,这对于当时各家各派的思想都有直接的影响,浙东诸儒很大程度上作为程朱之学后传之学,他们也开始将为学重心转向为传播、实践,而不再拘泥于理学、哲学的理论建构。实际上,程朱理学在传承过程中,日益教条化、虚无化,为此朱熹后传弟子与浙东诸儒一方面在躬行实践,一方面从知识的角度,通过考证、考据的形式来完善程朱理学,由此促使了宋代经学方式从义理、性理之学的探讨与体悟,转向了知识化的考古、考据与践行。

总而言之,浙东学派作为宋代非常重要的一支派别,尤其在南宋时期薛季宣、陈傅良、叶适等人的推动下,经学旨趣开始由以往注重性理之学彻底转向事功之学。在这个过程中,无论是王开祖、周行己、许景衡、郑伯熊,还是薛、陈、叶等人,他们都以现实问题为导向,强调经世济用。尽管他们与同时代的张栻湖湘学、朱熹闽学、陆九渊心学等理学家们都强调思想义理之学,但浙东学派则更强调《六经》之学,尤其是《春秋》学、三《礼》学,并以此为思想理论依据,通经以致用,推崇经制、事功之学。这自然与当时的理学家们注重《四书》之学、"格物穷理""体悟本心"形成了鲜明的对比。当然,他们之间不仅仅是经学旨趣的分别,也是对知识与道德关系认知的分别。理学更注重道德,而浙学诸儒更强调经世致用的知识梳理与考察。

另外,浙东学派强调经史兼重,发挥史学"通古今之变",考历代政治得失的功能,这对于当时学者空谈性理,缺乏具体而生动的历史事实的证实,这无疑也有着重要的现实意义。换言之,浙东诸儒将二程、朱熹、陆九渊等注重思辨体悟的理学模式,转化为注重考据的经学模式，并强调经学在历史、现实中的价值与意义。尤其是浙东诸儒重视史学，强调经史互证、以史证经是他们的重要治学特色，正如章学诚《文史通义·浙东学术》中所言："浙东之学，言性命者必究于史，此其所以卓也。"永嘉学派这种经史兼重、经世致用的思想，成为元、明、清时期浙东学派经学思想的重要渊源。而陈傅良、叶适"六经皆史"的观念对后世的影响也非常深远，这对于南宋王应麟、明代王阳明、王世贞、李贽，清代顾炎武、章学诚等人的"六经皆史"的思想都有一定的启示意义。

第二节　宋代浙东学派经史兼重观念的形成、特质及影响

浙东学派作为宋代非常重要的一个地域性学术派别，并受到二程洛学的影响而重视性命道德之学。进入南宋，袁溉、薛季宣等浙东诸儒基于当时日益严重的社会政治危机，开始对当时朱熹、张栻、陆九渊等理学家所宣扬的性命道德之学提出质疑，并极力宣扬经制事功之学，力主从当时社会政治的现实出发，着力于解决各种社会文化危机，故在经学诠释上，薛季宣、陈傅良、叶适、吕祖谦、陈亮、北山四先生、王应麟等浙东诸儒在探究性命道德之学的同时，将更多的注意力转向了经制、事功与现实社会政治问题的解决。不仅如此，他们还非常重视史学，将大量的历史史实融入到经学解释中，以此作为其经世致用思想的历史佐证。换言之，"以史证经"、经史兼重是浙东诸儒治学的重要思想与方法。浙东学派对史学的重视，在某种程度上是对当时朱熹、张栻、陆九渊等重视性命道德之学的一个反叛，更是积极应当当时社会政治危机的一个重要体现。宋代浙东诸儒重视史学，由此成为其学派的基本特征，并

直接影响到了南宋以后浙东诸儒，正如清人所云，“南宋以来，浙东儒哲，讲性命者，多攻史学，历有师承”①，“浙东之学，言性命者必究于史，此其所以卓也”②。

一、从“通经穷理”到“经制事功”学术宗旨的转变

宋代浙东学派开始于永嘉“儒志、经行二子”，儒志即王开祖，经行即丁昌期。在宋仁宗时期，他们已经与当时的宋初三先生遥相呼应，成为宋代经学变古的重要代表人物。全祖望曾说：“是时，伊洛（二程）未出，安定（胡瑗）、泰山（孙复）、徂徕（石介）、古灵（陈襄）诸公甫起。而先生（王开祖）之言，遥与相应。永嘉后来问学之声，盖始基之。”③王开祖、丁昌期注重义理之学，强调“通经穷理”，旨在传承圣人之道。王开祖推崇《六经》之学，认为圣人之道皆载于其中，借助他们就可以实现经世致用的目的，“孔子章章乎《六经》，万世之人饮食、衣服之所以生，是岂不得其用也耶？微孔子，吾其失道左衽矣！”④不仅如此，他还对“性与天道”做了一定的阐发，认为性与情是统一的关系，“夫情本于性，则正；离于性，则邪，学者不求其本，离性而言之，奚情之不恶？”⑤并提出了“复性”的思想，认为读《诗》可以知

---

① ［清］钱仪吉：《碑传记》卷五十《又邵与桐别传》，清道兴刻本，第1021页。

② ［清］章学诚：《文史通义》内篇卷五《浙东学术》，北京：中华书局，2014年版，第606页。

③ ［清］黄宗羲原著，全祖望补修：《宋元学案》卷六《士刘诸儒学案》，北京：中华书局，1986年版，第253页。

④ ［宋］王开祖：《儒志编》，影印文渊阁《四库全书》本，台北：台湾商务印书馆，1986年版，第786页。

⑤ ［宋］王开祖：《儒志编》，影印文渊阁《四库全书》本，台北：台湾商务印书馆，1986年版，第785页。

情尽性，“知夫《诗》者，则知人之情；知人之情，则知人之性；知人之性，则知物之性；知物之性，则知天地之情矣”①。尽管王开祖在性理之学方面的理论水平还无法与之后的张载、二程等人相比拟，但也是后来浙东性理之学的重要起源，这一点正如四库馆臣所言：“在濂、洛未出以前，其学在于修己治人，无所谓理气心性之微妙也。其说不过诵法圣人，未尝别尊一先生号召天下也。”②到了庆历之际，浙东明州(今宁波)的四明五先生，即杨适、杜醇、王致、楼郁、王说五人，也都积极倡导义理之学。他们在经学上，也多倡导义理之学，又强调经世致用，而非单纯章句注疏之学，体现了浙东学术注重经世致用的传统。

浙东学派思想转向事功的过程中，“元丰太学九先生”起到了重要的推动作用。“永嘉九先生”，即周行己、许景衡、刘安节、刘安上、沈躬行、戴述、赵霄、张辉、蒋元中，后人统称为“元丰太学九先生”，或“永嘉元丰九先生”。九先生是两宋之际关、洛之学在浙东的主要传扬者，《宋元学案·范许诸儒学案》中说“当南北宋之交，关、洛之书盛行浙东，永嘉九先生而后，默成一辈多属杨、尹之徒。”③可以看出，永嘉九先生尤是二程洛学在浙东传播的关键人物。在永嘉九先生之中，尤其以周行己为代表。周行己深受程颐影响，究心于道德性命之学，这对浙东学派尤其是永嘉之学的形成和发展影响颇为深远，如黄百家所云：

伊洛之学，东南之士，龟山、定夫之外，惟许景衡、周行己亲

---

① ［宋］王开祖：《儒志编》，影印文渊阁《四库全书》本，台北：台湾商务印书馆，1986年版，第783页。

② ［清］纪昀等：《四库全书总目》卷九十一《儒志编》解题，北京：中华书局，1997年版，第1203页。

③ ［清］黄宗羲原著，全祖望补修：《宋元学案》卷四十五《范许诸儒学案》，北京：中华书局，1986年版，第1439页。

见伊川，得其传以归。景衡之后不振；行己以躬行之学，得郑伯熊为之弟子，其后叶适继兴，经术文章，质有其文，其徒甚盛。①

周行己与当时的杨时、游酢一样都是程颐的及门弟子，随后周行己传道于东南，是二程洛学在永嘉地区最早的传扬者。周行己之后，其弟子郑伯熊发扬其学，其后叶适又从郑伯熊学，故其所传二程之学在东南得以传布，周行己作为肇始者，功劳可谓最大。《宋元学案》也称"永嘉诸先生从伊川者，其学多无传，独先生尚有绪言。南渡之后，郑景望私淑之，遂以重光"②。周行己在经学上，他与二程一样，将"理"或"天理"视为经学或万事万物的本源，其《浮沚集》中多处都有记载：

君子所以知天者，知其性也；所以事天者，事其心也。性之不明，心之不存，则在我者与天不相似。故有长傲以悖天德，从欲以丧天性，所见者小则其志易满，天道亏矣；所慕者外则其乐易极，天理灭矣。③

周行己在解释《礼记》"傲不可长，欲不可纵，志不可满，乐不可极"时，将"天理"视为价值依据，将"通经穷理"作为经学研习的目的。周行己除了根柢二程之学、探究《四书》中的道德性命之学以外，对礼制、乐律、天文、地理、兵略、经济、辞章等兼收并蓄。可以说，周行己为学兼涉洛学、关学、蜀学三家之学，兼采众长，注重经世致

① [清]黄宗羲原著，全祖望补修：《宋元学案》卷三十二《周许诸儒学案》，北京：中华书局，1986年版，第1133页。

② [清]黄宗羲原著，全祖望补修：《宋元学案》卷三十二《周许诸儒学案》，北京：中华书局，1986年版，第1132页。

③ [宋]周行己：《浮沚集》卷二《经解·傲不可长欲不可纵志不可满乐不可极》，影印文渊阁《四库全书》本，台北：台湾商务印书馆，1986年版，第612页。

用,这种思想与理路对后来浙东之学的经制、事功之学有一定的影响。

周行己尽管开始注重“通经穷理”,但开始将思想旨趣由“穷理”转向致用,并将知识的重心转向了天文、地理、经济、礼制等百家之学,这为浙东学派的思想转向奠定了重要的基础。“永嘉九先生”之后,伊洛之学在浙东地区开始得到广泛传播。在乾、淳之际,“永嘉之学,自朱子时已自为一派”①,这就表明浙东诸儒如郑伯熊、薛季宣、吕祖谦、陈傅良、叶适等人与当时的湖湘学张栻、闽学朱熹等并立成为重要的学术群体和重要代表。不过,在两宋之际,真正促成浙东学派由注重性命道德之学转向经制、事功之学,当属郑伯熊、郑伯谦、袁溉等人。

郑伯熊(1124—1181)是周行己的私淑弟子,他与郑伯英、郑伯谦同为乾、淳之际浙东永嘉学者的领军人物,全祖望对此就说:“乾(道)、淳(熙)之间,永嘉学者联袂成帷,然无不以先生兄弟(指伯熊、伯英、伯谦)为渠率。”②郑伯熊尽管注重以理解经,将“理”视为经学及价值规范的本源所在。但郑伯熊注重礼学,对典章制度、治道尤为精通,“当是时,永嘉郑伯熊、薛季宣皆以学行闻,而伯熊于古人经制、治法讨论精”③。郑伯熊为学注重经制、事功的这种学术旨趣无疑成为之后浙东永嘉诸子为学的基本特征。当然,他的经学基本上没有彻底跳出二程之学的影响,所言只不过开始更多地

① [清]纪昀等:《四库全书总目》卷一百二十一《佩韦斋辑闻》提要,北京:中华书局,1997年版,第1624页。

② [清]黄宗羲原著,全祖望补修:《宋元学案》卷三十二《周许诸儒学案》,北京:中华书局,1986年版,第1153页。

③ [元]脱脱等:《宋史》卷四百三十四《陈傅良传》,北京:中华书局,1977年版,第12886页。

融入了外王的思想。

浙东学派的袁溉更注重经制事功之学，强调经世致用，直接促成了学术旨趣的思想转变。可以说，袁溉是浙东事功之学由性命道德之学转向经制事功的最为关键的人物。袁溉之学对薛季宣产生了直接的影响，这对于薛季宣在袁溉经制事功之学的基础上，促成了永嘉之学的最终转向。《宋元学案》说他对"田赋兵制地形水利甚下功夫"①。薛季宣之后的陈傅良、叶适更是如此，他们都将主要的精力放在了与现实社会政治有关系的实务上，而这与同时代的朱熹、陆九渊、张栻等人将精力放在道德心性的体悟，着眼于"内圣"大相径庭。其实也正是袁溉、薛季宣的学术转向，让永嘉之学从学术中心位置又一次走向了边缘，在当时的道学家看来，陈傅良、叶适并不是理学范畴，由此遭到朱熹及其弟子注重"内圣"之学的批判。尽管如此，他们在经学的根本归宿上依旧是一致的，即都为了解决南宋朝廷所面临的"内忧外患"，都是为了重建新的社会政治秩序。

总之，宋代浙东学派从其产生开始便具有了通经致用的思想倾向，尽管在熙宁、元丰乃至两宋之际深受当时洛学一派的影响，也强调性命道德之学，但始终没有放弃对现实社会政治问题的解决，故其学术的核心经学始终强调致用的一面。在南宋中期，随着社会危机的进一步加剧，薛季宣、陈傅良、叶适、陈亮、吕祖谦等人更是将学术的重心放在经制、事功之上，而不是注重性命道德之学。可以说，正是经由薛季宣、陈傅良、叶适等人的努力，浙东事功经学在当时独树一帜，成为与程朱理学并立的最有影响力的学派，

① ［清］黄宗羲原著，全祖望补修：《宋元学案》卷五十二《艮斋学案》，北京：中华书局，1986 年版，第 1696 页。

正如有的学者研究所认为的："在浙东学派中，真正在思想上、方法上与宋代理学、心学构成鼎足之势的哲学流派只有永嘉学派，其旗帜便是事功。"①换言之，浙东诸儒与程朱等理学家注重《四书》学、"通经穷理"的道德修身不同，他们更注重《六经》、三《礼》学，更强调制度建设与现实社会问题的解决。这不仅是两种经学观念，更是两种治国理念，一个通过内圣进而实现外王、王道的社会理想，一个则直接注重外王，而淡化内圣的必要性。尽管如此，它们都是儒家中的流派，只不过在针对社会治理的时候，解决问题的角度和方法不同罢了。

二、"以史证经"：浙东学派经史兼重观念的展现

经史兼重是浙东学派最基本的学术特征，也是其经世致用思想的具体展现。浙东学派对史学的重视，将之视为经学的重要辅助与浙东学派形成之初王开祖等人的影响有一定的关系。王开祖在经学上，强调思想义理之学，他甚至认为《春秋》是史书，这与当时孙复、孙觉等人尊崇《春秋》有很大的不同。同时，他对史学也相当重视，他在其《儒志编》中援引了大量春秋、战国时期的历史史实，来论证儒家经典与治国安邦之道的重要性，此法与后来永嘉诸子所推崇的"经史互证"颇一脉相承。

作为浙东学派转关的关键人物薛季宣同样对史学颇为重视，他曾撰有《资治通鉴约说》《十国纪年校雠》等。薛季宣在经学上已经摆脱了拘泥于"格物穷理""修身养性"的性理之学的束缚，积极根据现实的需要，兼治经史百家之学，以期经世致用。"自《六经》、诸史、天官、地理、兵农、乐律、乡遂、司马之法，以至于隐书小说、名

① 何隽：《论南宋的永嘉事功学》，《浙江大学学报》，1994 年第 4 期。

物象数之细，靡不搜采研贯。”①可以说，他对历史非常精通，并认为：“古之所以贻今，今之所以观古者，惟凭史籍。”②陈傅良重视史学，除了极力借助经典诠释来发挥其经世功能之外，还积极利用发挥史学经世济用的辅助作用。他反对程朱理学家先经后史、重经轻史的观点，而是主张经史互证、经史并重。如他说：

> 《春秋》同是圣人经世之用，要其托史见义，以五霸为据案。而《左氏》合诸国之史，发明经所不书，以表见其所书，因五霸之兴衰，究观王道之缺，则战国之事起，周亡而秦汉出矣，此其大略。若夫精详非面莫究太史公书，又以接《尚书》《春秋》之统绪，而下逮秦汉，其用功略与《左氏》同。③

陈傅良认为，《春秋》是圣人之道在现实中的运用，不过它“讬史见义，以五霸为据案”，即《春秋》尽管是经书，反映圣人之道，但并没有离开具体的历史史实作为依托。不仅《春秋》如此，《左传》也是如此，它通过叙述历史史实来发明“经所不书”，通过五霸的兴衰历史，来观“王道之缺”。他甚至认为《史记》虽然是史书，但是却也是上接《尚书》《春秋》，通过历史史实的表述，来表达圣人之道，也发挥着经学经世的功能，“其用功略与《左氏》同”。

陈傅良注重史学，甚至也提出了“六经皆史”的思想。他说：“舍中军从祀，先公皆善辞也，微国史无以知舍中军为季氏，专鲁从祀先公，为阳虎专季氏也。然则《春秋》固不可以无史欤？岂惟《春

① ［清］纪昀等：《四库全书总目》卷一百六十《浪语集》提要，北京：中华书局，1997年版，第2142页。

② ［宋］薛季宣：《浪语集》卷二十八《策问二十道》，影印文渊阁《四库全书》本，台北：台湾商务印书馆，1986年版，第438页。

③ ［宋］陈傅良：《止斋集》卷三十五《答贾端老五》，影印文渊阁《四库全书》本，台北：台湾商务印书馆，1986年版，第779页。

秋》，孔氏之述《六经》也，则以万世之史笔削之焉。尔于《书》，录《康诰》，不录《唐诰》；于《诗》，录《鹊巢》、《驺虞》，不录《狸首》，其甚彰彰者也。史行于天下，《六经》修于圣人，万世之后，史与经并衡焉。"①陈傅良认为，《春秋》的编纂离不开国史作为史料，否则后人就无法凭借国史知道"舍中军为季氏，专鲁从祀先公"等具体的历史史实。不仅《春秋》这样，孔子所述《六经》都是笔削"万世之史"的结果。所以，有了"史行于天下"，方有了圣人修《六经》，"万世之后，史与经并衡"。在他看来，《六经》就是圣人对笔削、编纂史书而成，史学与经学有着共同的功能，都是圣人之道的体现，都有经世济用的功能。可以说，陈傅良对史学的重视，其实也是对事功之学重视的一个突出体现，他希望借助史学来弥补经学在经世致用思想阐发上的不足，他希望从历代文献汲取治国安邦之策，进一步强调对现实社会政治的关注与解决，可以说，陈傅良是永嘉学派中继薛季宣之后继续推进事功之学的又一个关键性人物，"薛经其始陈纬其终"，这为叶适集永嘉事功学之大成奠定了重要的文献与理论基础。陈傅良在经典诠释上，进一步抛弃了性命之学，不再强调因经明理、据经修身，而是专言事功之学，并极力强调经学在现实中的经世功能，而这与朱熹理学将史学作为经学的附庸完全不同。

另外，南宋时期，尤其在南宋理学官学化之后，由于史学受到理学的影响，浙东诸儒吕祖谦、叶适、陈傅良等人更强调史学对"理"或"道"的探究，并在经学解释中突出史学的地位和意义，史学思想的哲理性也越来越强。史学的旨趣，也由此改变了以往注

---

① ［宋］陈傅良：《春秋后传》卷十《昭公》，影印文渊阁《四库全书》本，台北：台湾商务印书馆，1986 年版，第 697 页。

重叙事的传统，而是强调义理精神，正如吕祖谦所言："看史非欲闻见该博，正是要识前言往行以蓄其德。"①吕祖谦强调史学旨在明理修德。叶适则认为经与史的关系，其实就是理与事的关系，两者不可分割，如果专言经则"理虚而无证"，专言史则"史碍而不通"，这其实对程颐体用合一、显微无间思想的继承和发展。在他看来，只有经史并重，经义、事功并举，两者统一看待，才是真正对圣人之道的体认和践履。叶适更是突出经学、史学并重以明理的精神，如其所言："经，理也；史，事也。《春秋》名经而实史也。专于经则理虚而无证，专于史则事碍而不通，所以难也""《诗》《书》《礼》所以纪尧、舜三代之盛，而《春秋》衰世之竭泽也，示不泯绝而已。或者遂谓一事一义，皆圣人之用，则余未敢从也。"②陈亮曾汲取《春秋》之精神，亲自撰写了《三国纪年》《汉论》《酌古论》《策问》《史传序》等历史与评论方面的著述，其中大多以汉唐之际的历史史实为依据，采用借古喻今的手法，针对现实的社会政治事务提出了自己的理解和见解，希望执政者与皇帝能够借鉴其说，将圣人治国安邦之理念贯注于历史叙述之中。他甚至将诸史与《六经》并提，他说：

> 《六经》、诸史，反复推究，以见天运人事流行参错之处，而识观想之妙、时措之宜，如长江大河，浑浑浩浩，尽收众流而万古不能尽也。③

---

① [宋]吕祖谦：《丽泽论说集录》卷十，影印文渊阁《四库全书》本，台北：台湾商务印书馆，1986年版，第448页。

② [宋]叶适：《水心集》卷十二《徐德操春秋解序》，影印文渊阁《四库全书》本，台北：台湾商务印书馆，1986年版，第247页。

③ [宋]陈亮：《龙川集》卷二十八《钱叔因墓志铭》，影印文渊阁《四库全书》本，台北：台湾商务印书馆，1986年版，第786页。

陈亮将史与经并重，实则是将史学与经学等同起来，将它们视为可以体道、明理，探究古今之变的重要载体，这种经史并重的观念充分体现了作为浙东学派为学注重现实事功的特色，也深刻地展现了陈亮与当时吕祖谦、陈傅良、叶适等浙东学者所强调的经史并举、经世致用的独特治学理路，也反映了自北宋以来，欧阳修、司马光、王安石等人倡导的经史兼重、经世致用的经学传统始终传承不绝。

不过，浙东诸儒对史学重视，相比于程颐、朱熹等理学家而言，更强调史学的经世致用的功能，而非单纯地明理修德，如吕祖谦所蕴含："看史须看一半便掩卷，料其后成败如何？其大要有六：择善、警戒、阃范、治体、议论、处事。"①从此可以看出，尽管吕祖谦认为史学在"择善""治体"修身明德方面具有重要性，但是他更强调读史的目的在于"议论""处事"，即实现圣人之道、社会治理。陈亮曾撰有《酌古论》，他就认为史学旨在明治乱兴衰、经世治国，其曰："能于前史间窃窥英雄之所未及，与夫既已及而前人未能别白者，乃从而论著之，使得失皎然，可以观、可以法、可以戒，大则兴王，小则临敌，皆可以酌乎此也。"②这就进一步表明，浙东学派对于史学功能的认知与界定，更强调其所蕴含的事功色彩，这相对于程朱等所强调的史学所具有的"立身修德"功能认知有很大的不同。

总之，宋代浙东学派始终将经世致用作为治学的基本旨趣，除了研究经学、百家之学之外，更是对史学颇为重视，故在经学解释

---

① ［宋］吕祖谦：《丽泽论说集录》卷十，影印文渊阁《四库全书》本，台北：台湾商务印书馆，1986 年版，第 447 页。

② ［宋］陈亮《龙川集》卷五《酌古论序》，影印文渊阁《四库全书》本，台北：台湾商务印书馆，1986 年版，第 538 页。

中极力凸显史学的辅助意义。南宋时期,史学受到理学的影响,尤其在南宋理学官学化之后,越来越多史家如吕祖谦、陈亮、叶适等人更强调史学对“理”或“道”的探究,史学的哲理性越来越强。史学的旨趣,也由此改变了以往注重叙事的传统,更强调义理精神,正如吕祖谦所言:“看史非欲闻见该博,正是要识前言往行以蓄其德。”①吕祖谦强调史学旨在明理修德。叶适更是突出经学、史学并重以明理的精神,如其所言:“经,理也;史,事也。《春秋》名经而实史也。专于经则理虚而无证,专于史则事碍而不通,所以难也”,“《诗》《书》《礼》所以纪尧、舜三代之盛,而《春秋》衰世之竭泽也,示不泯绝而已。或者遂谓一字一义,皆圣人之用,则余未敢从也。”②叶适认为经与史的关系,其实就是理与事的关系,两者不可分割,如果专言经则“理虚而无证”,专言史则“史碍而不通”,在他看来,只有经史并重,经义、事功并举,两者统一看待,才是真正对圣人之道的体认和践履。

三、浙东学派经史兼重的哲学意义及其深远影响

浙东学派注重历史,并强调经史并重的思想,这实际上是他们体用合一、道器合一、理事合一哲学观念的重要展现。如薛季宣就从道器、理事不可分离的哲学高度来论证经史并用的重要性,强调通经史以致用的必要性,他说:

> 上形下形,曰道曰器。道无形埒,舍器将安适哉?且道非器可名,然不远物,则常存乎形器之内。昧者离器于道,以为

---

① [宋]吕祖谦:《丽泽论说集录》卷十,影印文渊阁《四库全书》本,台北:台湾商务印书馆,1986年版,第448页。

② [宋]叶适:《水心集》卷十二《徐德操春秋解序》,影印文渊阁《四库全书》本,台北:台湾商务印书馆,1986年版,第247页。

非道遗之，非但不能知器，亦不知道矣。①

薛季宣认为道器本为一体，不能彼此分离开来，否则离开了道，则器无所从；而道离开了器，则不能真正理解道。在陈傅良也认为“器便有道，不是两样。须是识礼乐法度皆是道理”②，圣人之道实则是寓于事功之学之中。这其实与薛季宣道器不离的思想一脉相承。不过，他在薛季宣的基础上，更加强调史学与事功之学的重要性。叶适则更是强调经史并重，并认为这是理、事不可分的体现，他说：“笺传之学，惟《春秋》为难工。经，理也；史，事也。《春秋》名经而实史也。专于经则理虚而无证，专于史则事碍而不通，所以难也”“《诗》《书》《礼》所以纪尧、舜三代之盛，而《春秋》衰世之竭泽也，示不泯绝而已。或者遂谓一字一义，皆圣人之用，则余未敢从也。”③叶适认为经与史的关系，其实就是理与事的关系，两者不可分割，如果专言经则“理虚而无证”，专言史则“史碍而不通”，这其实对程颐体用合一、理事无碍思想的强调。

可以说，浙东诸儒薛季宣、陈傅良、叶适、吕祖谦、陈亮等在面对内忧外患之际，他们尽管和朱熹、陆九渊等人一样强调儒家之“道”，不过他们更认为“道”应当落实在具体的事情之中，而不是道德修身，如说：“天下岂有道外之事哉？……夫道非出于形气之表，而常行于事物之间者也。”④换言之，浙东诸儒强调在现实中落实

---

① ［宋］薛季宣《浪语集》卷二十三《答陈同父书》，影印文渊阁《四库全书》本，台北：台湾商务印书馆，1986 年版，第 369 页。

② ［宋］黎靖德编：《朱子语类》卷一百二十，北京：中华书局，1986 年版，第 2896 页。

③ ［宋］叶适：《水心集》卷十二《徐德操春秋解序》，影印文渊阁《四库全书》本，台北：台湾商务印书馆，1986 年版，第 247 页。

④ ［宋］陈亮：《龙川集》卷九《勉强行道大有功》，影印文渊阁《四库全书》本，台北：台湾商务印书馆，1986 年版，第 575 页。

"道",而不是空言格物明道,"通经穷理"。另外,他们在经典上,都注重在两宋之际以来被程朱学者们质疑和批判的《周礼》之学,这在某种程度上也是对当时政治制度的重视与关注。不仅如此,他们都表达了对历史的关注,并积极从历史中寻求相应的借鉴,以期服务于当时的社会政治需要。

即使浙东学派诸派之中代表程朱理学正宗的北山学派,他们对史学、百家之学也都非常重视,如王柏除了著有《四书》《五经》义理、性理之书之外,还著有《天文考》《地理考》《墨林考》《大尔雅》《六义字原》《正始之音》《帝王历数》等书。金履祥亦是如此,《元史》本传说他长大之后,"凡天文、地形、礼乐、田乘、兵谋、阴阳、律历之书,靡不毕究"①。许谦亦是如此,"若天文、地理、典章、制度、食货、刑法、字学、音韵、医经、术数之说,亦靡不该贯。旁而释、老之言,亦洞究其蕴"②。王柏甚至强调治经、为学不能离开史学,"圣贤,吾不得而见之矣,而得见圣贤于书;治乱,吾不得而见之矣,而得知治乱于史。事纪于言,理寓于事,非事则理不可见,非言则事不可传。大哉!书与史之功乎!所以关万世之光明,立人心之好恶也!"③北山四先生重视史学、百家之学,并在经学解释的过程中,大量地运用历史史实、百家之说来证明经学解释的正确性,来论证理学、哲学的合理性,经史互证由此成为他们治经的基本方法。

另外,就浙东学派之中颇为重要的一支——永嘉学派而言更

---

① [明]宋濂:《元史》卷一百八十九《金履祥传》,北京:中华书局,1976年版,第4316页。

② [明]宋濂:《元史》卷一百八十九《许谦传》,北京:中华书局,1976年版,第4319页。

③ [宋]王柏:《鲁斋集》卷九《通鉴託始论》,影印文渊阁《四库全书》本,台北:台湾商务印书馆,1986年版,第139页。

是如此，他们对于史学价值与意义的认知主要是建立在史鉴的功能之上，更是建立在史学是体悟天理、明道行道的重要手段的思考，所以“永嘉事功学派学者精于官制、兵制、财赋、刑法等制度史的研究，著述宏富，洞悉古今典制利弊。因此，面对各种现实社会危机时，他们在政治、经济、军事等方面都能提出切中时弊、切实可行的改革方案，尤其富有经济眼光，对财政、赋税、和买、榷酤等问题都有独到见解”①。进而言之，史学在南宋后期的发展也充分体现了程朱理学官学化之后，经学的发展开始跳出道德思辨框架的束缚，积极地从史学、子学、文学等领域汲取更加丰富的营养，以期进一步丰富完善官学的程朱之学，由此使得性理之学具有根柢、具有可资借鉴的历史验证。可以说，程朱理学在被立为官学之后，知识化的建构、躬行实践开始成为其学说的主要特征，而道德思辨开始被弱化，正如有的学者所言：“纵观看来，何基、王柏还主要是对义理的阐发，到金履祥开始重视历史考证，许谦则加大了名物制度、训诂的比重，但他们总体的思想格局，呈现出学术性知识旨趣优先于思辨性义理关怀的倾向。”②史学的发展，是当时程朱理学官学化后需要知识体系建构完善的必然趋向，也是南宋后期内忧外患、儒士经世致用身份意识凸显的必然结果。

浙东学派的这些思路和观点，在宋元之际得到进一步的发展，比如郝经、刘因等人就曾提出了“治经而不治史，则知理而不知迹；治史而不治经，则知迹而不知理”的观点，甚至在此基础上提出了“古无经史之分”的观点，等等。浙东学派的这种经史并重、经史合

① 鲍永军：《论永嘉事功学派的史学思想》，《史学史研究》，2003 年第 2 期。

② 高云萍：《北山学派研究》，浙江大学博士学位论文，2007 年 11 月。

一的观点,其实也是在极力弥合朱熹理学、陆九渊心学完全离析道器、理事二分的理论缺陷,以至于在宋元之际出现了一种合会朱、陆、浙三家的一种哲学倾向,在一定意义上可以说是对早期理学创始人二程经史并重、经史合一理论的一种回归。其实,不论是薛季宣、陈傅良、叶适,还是郝经、刘因等人,他们都在强调经史兼重、史学的重要性,这实际上是他们体用合一、道器合一、理事合一思想的具体展现,更是二程“体用一源,显微无间”思想的展现。也正是因为如此,近代以来学者们在探究浙东学派思想渊源的时候,一般都会将之追溯到二程。如现代著名史学家何炳松(1890—1946)就认为程颐才是浙东史学之先导。他说:

> 初辟浙东史学之蚕丛者,实以程颐为先导。程氏学说本以无妄与怀疑为主,此与史学之根本原理最为相近。加以程氏教人多读古书,多识前言往行,并实行所知,此实由经入史之枢纽。传其学者多为浙东人。故程氏虽非浙人,而浙学实渊源于程氏。浙东人之传程学者有永嘉之周行己、郑伯熊,及金华之吕祖谦、陈亮等,实创浙东永嘉、金华两派之史学,即朱熹所目为“功利之学”者也。金华一派又由吕祖俭传入宁波而有王应麟、胡三省等史家之辈出,金华本支则曾因由史入文,现中衰之象;至明初宋濂、王袆、方孝孺诸人出,一时乃为之复振。①

在他看来,浙东史学“实以程颐为先导”,程氏学说中的无妄与怀疑思想,即求真的精神与史学之根本原理最为接近。的确,程颐所提出来的“体用一源,显微无间”命题,并在经学理念中突出史学,并

① 何炳松:《浙东学派溯源·自序》,桂林:广西师范大学出版社,2005年版,第3页。

认为史学是经学的重要补充和辅助，也是天理的自然体现。在二程的思想中，注重体用一源，就反映了道器合一、体用合一、经史合一的倾向。浙东学派从道器、理事等关系上对经史合一的关系进行论证，这无疑是对二程体用思想的继承与发展。

可以说，浙东学派重视史学，这不仅是南宋时期特定历史条件下对史学的关注，更是对二程洛学思想继承与发展的必然产物。随后，浙东学派的后传弟子们也多秉承了经史兼重、注重史学的传统，比如王应麟的门人胡三省也非常推崇史学的经世作用，在《通鉴音注自序》中说：

> 世之论者率曰："经以载道，史以纪事，史与经不可同日而语也。"夫道无不在，散于事为之间。因事之得失成败，可以知道之万世亡弊，史可少欤？为人君者而不知《通鉴》，则欲治而不知自治之源，恶乱而不知防乱之术，为人臣者而不知《通鉴》，则上无以事君，下无以治民。为人子者而不知《通鉴》，则谋身必至于辱先，作事不足以垂后。乃如用兵行师，创法立制，而不知迹古人之所以得，鉴古人之所以失，则求胜而败，图利而害，此必然者也。

在胡三省看来，史学不仅是人君、人臣、人子所必须明知的，也是用兵行师，创制立法不可缺少的借鉴。相比较而言，浙东学派较湖湘学派、闽学派、江西学派更加注重史学，更加注重经制、事功之学，除了地域上的文化传承之外，更为切实的一点便是南宋的都城地处浙东，首都安危始终是这一地区学者所关心的问题，所以对现实的危机感较其他学派更加严重。

这一说，浙东学派基于是史学的重视，并进而注重经史互证、经史兼重，甚至提出了"六经皆史"的命题。后来，这个论调后来被浙东的王阳明作了进一步的发展，提出了"五经亦史"的观点。《传习录》卷一记载其语云：

> 以事言，谓之史；以道言，谓之经。事即道，道即事。《春秋》亦经，五经亦史。《易》是包牺氏之史，《书》是尧、舜下史，《礼》《乐》是三代史。其事同，其道同，安有所谓异？①

这里王阳明的"五经亦史"其实已经具有了"六经皆史"的意味。王阳明这种提法，不是为了提升史书的地位，而是强调《六经》本身的存在只是史，亦是"事"，它是"经"或"道"之表象。如果治经只是专注于这些表象，而没有完全体悟到其中所蕴含的"道"，依旧不能完成对良知的体认。所以他说："《六经》，吾心之记籍也。而《六经》之实则具于吾心，犹之产业库藏之实积，种种色色，具存于其家，其记籍者，特名状数目而已。"②这进一步表明了王阳明重视良知的体悟，而非外在于良知之外、以《六经》为代表的知识。当然，清代浙东学者章学诚做了折中表述，"《六经》皆史也，古人不著书，古人未尝离事而言理"③。尽管如此，浙东诸儒的观点中都体现了事与道、史与理的合一，从而体现了二程"体用一源，显微无间"的理本论思想，在思维方式上可以说是一脉相承。但由于王阳明、章学诚将心视为道，视为宇宙万物的本体，所以这也反映了他们心本论的思想。

总的来看，经学在宋代不仅是程颐、朱熹等理学家表达思想的

---

① ［明］王阳明：《王阳明全集》卷一《传习录上》，上海：上海古籍出版社，1992 年版，第 10 页。

② ［明］王阳明：《王阳明全集》卷七《稽山书院尊经阁记》，上海：上海古籍出版社，1992 年版，第 255 页。

③ ［清］章学诚：《文史通义》卷一《易教上》，北京：中华书局，2014 年版，第 1 页。

基本形式，也是浙东诸儒思想表达、参与政治的重要表现。浙东学派在宋代作为与洛学、湖湘学、闽学等学派相并立的学派之一，它充分展现了它自己的内涵与特征。尽管浙东诸儒在经学解释上与其他学派有相同之处，比如注重思想义理之学，关注性命道德之学，但他们较其他学派诸儒更加强调通经致用、经制事功等思想，由此他们不仅强调经学解释的现实取向性，更是注重史学在经学解释、思想表达中的重要地位和意义。换言之，由于浙东诸儒关注现实、关注社会政治问题的解决，所以没有将《四书》学、性命道德之学视为学术的重心，而是将制度建设、社会问题的解决视为为学的基本宗旨。正是因为如此，浙东诸儒不仅强调为学的现实意义，更是在经学解释上，将经学与社会政治、思想文化的建设紧密联系起来，更是突出史学在经学解释中的价值与意义，故“以史证经”是他们经学解释的基本特征。

不仅如此，浙东学派反复倡导重视史学，并将史学看成是与经学一样重要的学术领域，史学也可以穷理、经世。这在某种意义上而言，这进一步强化了史学的地位，也反映了他们对当时空言性理之学的鄙弃与经世致用精神的强调。可以说，以史证经、经史合一，是当时浙东学派的一个重要特征。正如有的学者评价浙东学派的重要代表——吕祖谦的学术时说道：“在他（吕祖谦）那里，治史与治经并重，内在德性的涵养与现实事业的开辟并重，治史的目的既在于多识前言往行以蕴蓄自己的德性，而尤在于通古今事势之变以达于当前之治体。融通经史，实现哲学与历史学的义阈整合，并将其作为一种学术的基本理念与方法而贯彻到一般研究之中，由是开辟了中国古代的历史哲学研究领域，既为祖谦之学术的重大特色与贡献，并且亦一般地体现为浙东学派的共同特征。”①

当然,我们也不能不说,浙东学派重视史学、强调经世致用的精神,这是南宋所面临的内忧外患的必然诉求。毕竟,在当时严重的社会危机面前,浙东诸儒所倡导的史学以其丰富的历史借鉴功就可以为现实提供直接帮助,而理学家所倡导的格物致知、修身明德就显得比较迂远。尽管如此,在经学、理学成为当时主导话语的时候,浙东诸儒并没有完全回避,而是兼采众家之长,经史兼重以致用为基本治学旨趣,而这些不能不说是当时特定历史情境下学术发展的必然结果。这较当时朱熹、陆九渊等理学家过于强调的格物致知、修身明德,其现实取向性更加明显,也更加的务实。

本章小结

浙东学派的经学作为其学术思想体系的基石和核心,随着宋代经学的发展、转型与成熟而变得更加圆融,所以相对汉唐注疏之学而言,宋代浙东学派的经学在解释思想、方法及思想建构方面更加的丰富、多样,也更加的富有哲理性。而浙东诸儒对史学的重视,则是其经学思想的重要组成部分,并由此上升到理论层面,促使了在理学话语为主导的南宋时期史学也备受时人的关注,并发挥着经世致用的重要作用。宋代之后,浙东学派所奠定的经学范式、史学观念直接影响到了元明清三代的浙学。换言之,即使相对元明清时期的浙东经学、史学,宋代浙东学派具有典范的意义,因为元明清时期的浙东诸儒尽管在很多具体的经学思想与方法上有

---

① 董平:《论吕祖谦的历史哲学》,《中国哲学史》,2005 年第 2 期。

所创新,但在整个经学范式方面基本上没有跳出宋代浙东诸儒所奠定的框架。也正是因为如此,宋代在浙东学派的发展历史上具有承上启下的重要地位。

总体来看,宋代是浙东学派在其历史上最重要的发展阶段,它的很多哲学思想、史学思想包括其他领域如政治、经济、思想、教育、文化等方面的观点也直接影响到了元明清三代,并成为中国近世浙东学派的思想基础。正如有的学者所言:“就浙东古代学术思想的发展过程而言,自汉唐以来,浙东学术已日益呈现求实致用和广论博议的倾向,尤其到了北宋时期,这种倾向更为明显,其内涵也趋于深化。南宋浙东事功学派承此倾向而对其作了全面的发挥,使之渗透到哲学、政治、经济、军事、文化教育和史学研究的各个方面,形成了具有强烈功利色彩的‘事功之学’,而这种‘事功之学’的许多内容又成为后世浙东学者的重要思想基础。”①

---

① 陈国灿:《论南宋浙东事功学派的历史地位》,《浙江师大学报》(社科版),1995年第6期。

结　语

浙东学派也叫作浙学，如果从中国近世经学史的角度来看，浙东学派显得非常具有特色，它始终以一种积极入世、注重社会治理的面目出现在世人面前，但也正是如此，被中国近世以来注重程朱理学的儒者们视为功利之学。如果从经学流派的传承来看，浙东学派更像是子夏、荀子那种注重经学、礼法建设的一派，相比较而言，程朱理学派则传承思孟学派注重内在自觉的心性之学，将其发展到极致。尽管如此，他们都实际上是儒家只是角度不同，一个注重外在约束、制度的建设，一个注重内在自觉、道德的建设，可谓一致而百虑、殊途而同归。

一、浙东经学的发生、传承及思想转型

浙东学派的发生与其他宋代学术流派并无二致，只是不同的是，在浙东这个特定的地域，始终保持着其学术的特色，并被元明清时期的后学所继承、发展，并最终经由王阳明、刘宗周、黄宗羲、万斯大、全祖望、章学诚等人的传扬，而得到世人的认知、肯定与更多关注。浙东学派以其务实而闻名于世，尽管他强调经世致用、强调"六经皆史"、注重史学传统，但究其根本，无疑是基于经学诠释而建构其思想，经学是其思想的核心与基石，没有经学就没有浙东史学，更没有浙东学术。

历史上曾有相当长的一段时间内都将浙东学派与程朱理学对立起来①,这无疑是历史认知与历史建构的方式,并不代表真实的历史。实际上,从历史的文献来看,浙东学派发源于理学一派,并形成了独具特色的思想体系,而且在其思想传承、建构的过程中,它与理学之间相互交融、各有侧重,正如何炳松在其《浙东学派》一书的论述那样:浙东各学派都可以导源于二程之学。尽管我们在某种程度上不能否认,这也是一种历史建构的一种方式,但从大的角度去讲,浙东学派诸儒所言无非儒家内圣外王、修齐治平之道,这与原始儒家孔、孟、荀等以及当时程朱理学诸派的思想多有契合之处,这不能不说浙东学派诸儒结合了时代的需要,基于经学诠释建构了属于当时社会政治、思想文化需要的思想观念,以此来传承儒家之道、以此来经世致用、以此来彰显自己的身份意识。正如学者杨太辛所言:

> 值得注意的是永嘉诸儒发轫于伊洛理学,致力于《周礼》制度,由虚返实,通经致用,而非一无傍依的事功之学。因此,"事功"不足以赅浙学……浙学与朱学异中有同:浙学重经制事功而归于性命义理,朱学重理气心性而不忘制度名物。概言之,浙学言事不离理,朱学言理不离事;浙学重事功而不能以事功限浙学,朱学崇性理而不能以虚无留朱子。这就是所谓天下一致而百虑,殊途而同归。②

的确,浙东学派尽管畅言事功,但其初期的周行己、许景衡、郑伯雄等人无一不言性理,即使是诸派的代表人物陈傅良、叶适、陈亮、吕

① 参见陈安金:《从对立到整合:永嘉学派研究的基本路向》,《哲学动态》,2004 年第 5 期。

② 杨太辛:《浙东学派的涵义及浙东学术精神》,《浙江社会科学》,1996 年第 1 期。

祖谦、杨简等人也都言及性理之学。而同时代，朱熹、陆九渊等人又何尝不言事功、经制，只是浙东诸儒与朱陆的侧重点不同而已。他们虽然同为儒家，但却思想旨趣不同，很大程度上源于各自的经学传统与对社会政治的认知、解决社会危机的角度不同罢了。

程朱、陆九渊等人汲取了佛老之学的内修之法，基于《四书》诠释，对传统儒家内圣外王治道做了全面的改造与重建，他们强调以皇帝为核心的统治阶层的道德自觉，希望他们能够以圣贤自期，进而认识到自己固有的仁义礼智信的高尚品质，进而提升自己的道德境界、努力以民为本、选贤任能，从而重建上古三代的理想社会。这种治道理念，具有一定的理想性。毕竟，其理论的预设和基础建立在皇帝自身的自觉自悟之上，这在实际的操作层面上并不容易。相比较而言，浙东各派诸儒，更强调礼法制度的建设，他们都注重《六经》、礼学，希望从制度规范的角度对以皇帝为核心的统治阶层加以规范，而这些思想尽管没有成为理学的典范，但是却极大地丰富、完善了程朱理学体系，为后来元明经学、理学的发展提供了重要的文献、思想储备。

整体来看，南宋后期，随着程朱理学的官学化与内忧外患的加剧，经学的发展开始转向知识建构、躬行实践，加上浙东学派一直所奉行的治学理念，促使了程朱理学的正宗嫡传、理学正宗之称的北山四先生开始强调对朱熹之学的丰富与完善，表现在经学上自然是疏解、考证，由此促使经学从道德化向知识化转向。正如有的学者所言："纵观看来，何基、王柏还主要是对义理的阐发，到金履祥开始重视历史考证，许谦则加大了名物制度、训诂的比重，但他们总体的思想格局，呈现出学术性知识旨趣优先于思辨性义理关怀的倾向。"①

① 高云萍：《北山学派研究》，浙江大学博士学位论文，2007年11月。

二、理学官学化后的浙东经学及思想演进

在宋理宗时期，朱熹之学被确立为官方学说，从而奠定了它在经学史、理学史上的正统地位。此后，朱熹一派经学及其思想的发展，基本上从学术层面上对之加以丰富、完善，进一步论证朱熹理学的合理性与系统性，在理论上鲜有创新。南宋后期，朱熹一派最有名的传承者黄震与北山四先生，他们在经学上主要以考据、经义梳理为主要趋向，注重经史子集多方向的发展，而鲜有言理，这无疑丰富、完善了朱熹经学之内涵，对于理学的合理性与适应性作了更为充分的论证。

在经学内容与方法上，经学考证学的重视与发挥。黄震、北山四先生、王应麟等人都极力突出知识层面的考察与梳理。可以说，经学考据学之所以在南宋中后期非常盛行，是有非常深厚的社会政治、思想文化背景，首先是社会政治日渐衰弱、财用日益匮乏、风俗日加颓坏，尤其是程朱理学被确立为官方学说之后，士大夫之中空谈性命之学成为当时的一种风潮，如王应麟所言："今人耳目有所不及，乃藉口性理，以自文其寡陋，恐渐成虚诞之风。"①朱学后传弟子黄震对此也颇有感慨，他曾说道：

> 圣人言语简易，而义理涵蓄无穷，凡人自通文义以上，读之无不犁然有当于心者，读之愈久则其味愈深。……故汉、唐诸儒不过诂训以释文义，而未尝敢赞一辞。自本朝讲明理学，脱去诂训，其说虽远过汉、唐，而不善学者求之过高，从而增衍新说，不特意味反浅，而失之远者或有矣。至晦庵为《集注》，

① ［清］黄宗羲原著，全祖望修补：《宋元学案》卷八十五《深宁学案》，北京：中华书局，1986 年版，第 2869 页。

复祖诂训，先明字义，使本文坦然易知，而后择先儒议论之精者一二语附之，以发其指要。……近世辟晦庵字义者，固不屑事此，其尊而慕之者又争欲以注解名家，浩浩长篇多自为之辞，于经渐相远，甚者或凿为新奇，反欲求胜，岂理固无穷耶？

可以看出，作为朱学后传的黄震秉承朱熹注重训诂、考据之学的传统，希望读经从字义、本义入手，从而探究经文之深意，反对脱离经义训诂而高谈经义、性理的做法。其实，南宋末年诸儒尤其是朱学后传弟子对经学考据的重视，来源于对程朱等理学家的经学思想的重视，他们继承了程朱理学诸儒注重章句训诂之学的传统，由此将它们视为体悟性理之学的基础与路径。可以说，程朱理学家在经学研究上始终章句训诂、义理性理兼重，汉宋兼采是他们基本的经学方法与思路。只是由于在南宋末年，程朱理学被确立为官方学说之后，越来越多的后学者不愿意花更多的时间和精力来作语言文字之类的训诂考据，只是空言天道性命，以此快捷地获得名利，这就使得程朱理学很快陷入了概念化、命题化乃至空虚的状态，这对于程朱理学的发展无疑是不利的。更为主要的是，这对于南宋末年现实具体问题的解决并没有多大益处，所以南宋末年的黄震、何基、王柏等人除了继承程朱理学的思想体系之外，把更多的精力放在探究章句训诂之学上，并以此来继续丰富完善程朱理学，以保持理学生命的活力，与此同时也积极汲取浙学、陆学中经世致用的精神思想资源，进一步发挥程朱理学在现实中的实践指导意义。

在两宋末年，随着程朱理学的官学化，事功、心学也开始面临着发展上的困境与抉择，于是在思想倾向上也开始有所转向，他们在经学研究上也越来越靠向程朱理学，并最终与之会通、合流，并在一定程度上保持自我的独立性。比如心学在陆九渊去世之后，经过杨简、袁燮等人的宣扬，开始大行于世。而这也与当时史氏家族的政治支持有直接关系，全祖望就曾说："史文惠（浩）教诸子孙从游于杨（简）、袁（燮）二先生之门，又延沈先生之弟季文于家。"①《宋元学案·絜斋学案》记载史氏家族从学于袁燮、杨简者，有史弥忠、史弥坚、史弥巩、史弥林、史守之、史定之多人②。可以看出，史氏家族对于杨简、袁燮之学颇为注重，并以之为宗。可以看出，作为陆九渊心学传承的正宗——"甬上四先生"，受到史氏家族的传承，使得陆九渊心学在南宋中期盛极一时。但从程朱理学被确立为官方学说之后不久，史氏家族从史蒙卿开始转习朱子之学。另外，又如永嘉后学弟子的代表陈埴、叶味道等人，在叶适去世之后，也纷纷汲取了朱熹性命之学的精髓，开始淡化对事功之学的关注，而大谈性命道德之学，这标志着永嘉事功之学开始衰落了。这些都说明在南宋末年，随着程朱理学的官学化，在南宋中期影响甚大的陆学、浙学纷纷在经学发展方向、解释方法、思想旨趣上都作以调整，主动迎合、靠近程朱理学，以迎合思想文化、意识形态的变迁，而这也标志着程朱理学的独尊地位在现实中开始真正形成，它所建立的经学范式也将开始在元明清三代发挥着主导的作用。

三、浙东学派的学术内涵及其历史意义

浙东学派的经学注重六经诠释与制度的建构，也注重历史的借鉴，更注重对现实问题的思考与解决。换言之，浙东学派的经学

---

① ［清］全祖望：《鲒埼亭集外编》卷四十五《答九沙先生问史学士诸公遗事帖子》，清嘉庆十六年刻本，第 507 页。

② ［清］黄宗羲原著，全祖望修补：《宋元学案》卷七十五《絜斋学案》，北京：中华书局，1986 年版，第 2523 页。

始终充满了刚健有为的精神，充满了儒家士大夫对身份意识的积极践行。这与同时代的朱熹、陆九渊等理学、心学的学者们有很大的差别。当然也正是因为如此，遭到了在宋代以及元明清时期理学诸儒的批驳与贬斥。这种差别究竟到底是什么？

如果从儒学自身的理论结构上来说，程朱、陆王等理学、心学家们更强调“内圣”修德的一面，他们更强调人文精神与道德伦理的敦化，更强调作为人之所以为人的内在自觉、人性的觉醒，希望能够积极彰显人性、以上配天道，进而成就圣人理想人格，从而实现王道社会的建构。这种思想的产生，既有一定的因缘，其很大程度上源于中古以来佛老之学对人性的重视与发掘，而这些又与思孟学派从人性的角度论证儒学有直接的关联。理学、心学家们的基本理论预设就是：人性本善，亦即人天生就具有仁义礼智等社会观念，只要人性得到了一定张扬，那么每个人都可以成为尧舜、都可以成就圣人品德，那么在不需要社会制度、规范的情况下，就可以实现大同社会，而且这种大同社会充满了人性的光辉、充满了无限的温情。另一个重要的因缘自然是社会历史因素，很大程度上取决于当时皇权独大的情况，在理学、心学家们看来，制度对于以皇帝为核心的统治阶层所起的作用非常有限，何况制度本身就是以皇帝为核心的统治阶层们所制定。这样一来，他们的理论预设就是，如果只是单纯地谈论制度，而制度本身又缺乏既有的权威性与稳定性，这对于社会控制而言就会陷入形式化的状态，正如孔子所言“道之以政，齐之以刑，民免而无耻”，人人之间缺乏应有的温情、缺乏对制度的敬畏，反而社会动力不足，人人陷入怠惰和虚伪之中，并最终陷入崩溃的境地。所以，理学、心学家们更强调以皇帝为核心的统治阶层的内在自觉，他们认为只要人人都彰显善、仁义，那么社会无疑处于无限的温情、和谐的状态中。

相比较而言,浙东各派诸儒,尽管也探讨“内圣”之学,但实际上他们更强调“外王”制度的一面,他们更强调社会秩序、礼法规则对人的引导与匡正,更强调外在的制度化的存在。在学术的属性上,浙东学派与朱熹等一样都是理学、儒学的一部分,而且在借助经学诠释与治国安邦方面他们具有十分的一致性。不仅如此,他们在面对当时内忧外患的时候,也有某种默契,所以永嘉学派的主要学者如陈傅良、叶适、吕祖谦等人都没有与朱熹发生正面公开的冲突与辩论。尽管如此,我们也不能否认,他们同样作为儒学的不同流派,在义利之争、王霸之辩、理事关系等具体问题上的争锋,甚至争夺儒学正宗嫡传流派时所产生的某种分歧。实际上而言,浙东学派的思想更符合当时历史社会的需要,毕竟,随着程朱理学的建构,理学完成了对佛老之学的应战,并取了胜利。换言之,理学实现了汉唐经学向宋明理学的转向,实现了儒学的当代转换。随着社会政治问题的转移,在南宋中后期“内忧外患”中内在秩序的紊乱、赤裸裸的金朝侵袭已经成为当时最为严重的社会政治问题,所以浙东学派的学说的存在颇具有现实指向性,从这个角度来说,浙学较朱学、陆学更具有现实意义。

另外,值得关注的是,在南宋后期程朱理学开始官学化,“道”开始成为一种神圣而不可更易的学说的同时,这就促使当时儒士大夫的治学开始由“道”向“学”的方向转化。也就是说,随着儒学新理论已完成,但知识体系的建构依旧还在进行之中,这就需要南宋诸儒尤其是朱陆后学们兼采当时一切可能的知识信息,进一步丰富完善官学化了的程朱之学。故除了朱熹后学如北山四先生等人积极汲取陆学、浙学的思想优长,进而丰富完善程朱理学的学术体系之外,当时并非极力排斥朱学的浙东诸儒也都开始积极地就“外王之学”、知识体系方面进行更多的探索与实践,所以浙东诸儒开始将道学向更广阔的史学、子学、文学等知识领域扩张，进一步丰富完善着程朱理学。从另一个角度，他们自然也推动了理学化史学、子学、文学的发展，由此促使了南宋后期道的一元化与学术知识的多元化倾向。

随着南宋中后期理学化史学、子学、文学的发展，这自然也为近世史学、子学、文学奠定了新的仪轨与范式，如王柏、金履祥的史学著述，极力突出史学在明理、致用方面的价值，使之成为经学、理学的重要辅助。另外，王柏编有《紫阳诗类》《诗准》《诗翼》《诗可言》，金履祥的《濂洛风雅》等，“标志着宋代理学家文学理论的正式成立”，为“理学家在文学领域树立了标准，开辟了疆域”①。总之，经学是浙东学派的根本和灵魂，围绕着这个根本又兼采史学、文学、地理、天文历算等多个方面，这不仅仅体现在宋代浙东诸儒身上，即使后来明清时期的诸儒也都是如此。所以，总体来看，如果简单地将浙东学派归结为事功之学就有些偏颇，也不符合历史史实。实际上，浙东学派尽管在积极探究经制事功之学以求经世致用的同时，并没有放弃对人文精神、人伦纲常敦化的追求。换言之，如果当时浙东学派仅仅只是追求实利、功利，缺乏基本的经学、理学的支撑，他们是很难与当时占统治地位的理学展开争论，并赢得时人的敬重与“同情”。也正是因为如此，基于浙东诸派的经学在当时独树一帜，并影响了后来数百年的历史。

---

① 高云萍：《北山学派研究》，浙江大学博士学位论文，2007年11月。

参考文献

一、基础文献

1. [宋]陈淳:《北溪大全集》,影印文渊阁《四库全书》本,台北:台湾商务印书馆,1986 版。

2. [宋]陈亮:《龙川集》,影印文渊阁《四库全书》本,台北:台湾商务印书馆,1986 年版。

3. [宋]陈振孙:《直斋书录解题》,影印文渊阁《四库全书》本,台北:台湾商务印书馆,1986 年版。

4. [宋]何基:《何北山先生遗集》,民国补刻《金华丛书》本。

5. [宋]黄震:《黄氏日抄》,影印文渊阁《四库全书》本,台北:台湾商务印书馆,1986 年版。

6. [宋]金履祥:《论孟集注考证》,影印文渊阁《四库全书》本,台北:台湾商务印书馆,1986 年版。

7. [宋]金履祥:《仁山金先生文集》,明钞本。

8. [宋]黎靖德:《朱子语类》,北京:中华书局,1986 年版。

9. [宋]李心传:《建炎以来朝野杂记 · 乙集》,清《武英殿聚珍版丛书》本。

10. [宋]李幼武编:《宋名臣言行录 · 外集》,影印文渊阁《四库全书》本,台北:台湾商务印书馆,1986 年版。

11. [宋]林駉:《新笺决科古今源流至论》,明嘉靖刻本。

12. [宋]刘安节:《刘左史集》,影印文渊阁《四库全书》本,台北:台湾商务印书馆,1986年版。

13. [宋]留正:《皇宋中兴两朝圣政》,清嘉庆宛委别藏本。

14. [元]柳贯:《柳待制文集》,《四部丛刊》本。

15. [宋]楼钥:《攻媿集》,影印文渊阁《四库全书》本,台北:台湾商务印书馆,1986年版。

16. [宋]陆九渊:《象山先生文集》,明正德刊本。

17. [宋]吕乔年:《丽泽论说集录》,影印文渊阁《四库全书》本,台北:台湾商务印书馆,1986年版。

18. [宋]吕祖谦:《东莱别集》,影印文渊阁《四库全书》本,台北:台湾商务印书馆,1986年版。

19. [宋]吕祖谦:《东莱先生左氏博议》,明刻本。

20. [宋]吕祖谦:《吕东莱文集》,《金华丛书》本。

21. [宋]吕祖谦:《书说》,清《通志堂经解》本。

22. [宋]吕祖谦:《左氏传说》,影印文渊阁《四库全书》本,台北:台湾商务印书馆,1986年版。

23. [宋]吕祖谦:《左氏传续说》,影印文渊阁《四库全书》本,台北:台湾商务印书馆,1986年版。

24. [宋]马端临:《文献通考》,明冯天驭刻本。

25. [宋]马廷鸾:《碧梧玩芳集》,民国胡氏《豫章丛书》本。

26. [宋]沈焕:《定川遗书》,民国刻《四明丛书》本。

27. [宋]舒璘:《舒文靖集》,影印文渊阁《四库全书》本,台北:台湾商务印书馆,1986年版。

28. [宋]舒璘:《舒文靖集》,民国刻《四明丛书》本。

29. [宋]司马光:《资治通鉴》,《四部丛刊》本。

30. [宋]唐仲友:《帝王经世图谱》,宋刻本。

31. [宋]唐仲友:《诗解钞》,民国刻《续金华丛书·金华唐氏遗书》本。

32. [宋]唐仲友:《悦斋文钞》,民国刻《续金华丛书·金华唐氏遗书》本。

33. [宋]王安石:《临川先生文集》,宋刻元明递修本。

34. [宋]王柏:《鲁斋集》,影印文渊阁《四库全书》本,台北:台湾商务印书馆,1986 年版。

35. [宋]王开祖:《儒志编》,影印文渊阁《四库全书》本,台北:台湾商务印书馆,1986 年版。

36. [宋]王应麟:《汉艺文志考证》,元至元庆元路儒学刻明递修本。

37. [宋]王应麟:《困学纪闻》,上海:上海古籍出版社,2008 年版。

38. [宋]王应麟:《诗考》,影印文渊阁《四库全书》本,台北:台湾商务印书馆,1986 年版。

39. [宋]王应麟:《四明文献集》,北京:中华书局,2010 年版。

40. [宋]王应麟:《玉海》,元至元庆元路儒学刻明递修本。

41. [宋]许景衡:《横塘集》,影印文渊阁《四库全书》本,台北:台湾商务印书馆,1986 年版。

42. [宋]薛季宣:《浪语集》,影印文渊阁《四库全书》本,台北:台湾商务印书馆,1986 年版。

43. [宋]杨简:《慈湖诗传》,影印文渊阁《四库全书》本,台北:台湾商务印书馆,1986 年版。

44. [宋]杨简:《慈湖先生遗书》,明嘉靖四年刻本。

45. [宋]杨简:《五诰解》,影印文渊阁《四库全书》本,台北:台湾商务印书馆,1986 年版。

46. [宋]杨简:《杨氏易传》,影印文渊阁《四库全书》本,台北:

台湾商务印书馆,1986 年版。

47.［宋］叶绍翁:《四朝闻见录》,影印文渊阁《四库全书》本,台北:台湾商务印书馆,1986 年版。

48.［宋］叶适:《水心集》,影印文渊阁《四库全书》本,台北:台湾商务印书馆,1986 年版。

49.［宋］叶适:《习学记言》,影印文渊阁《四库全书》本,台北:台湾商务印书馆,1986 年版。

50.［宋］袁甫:《蒙斋集》,影印文渊阁《四库全书》本,台北:台湾商务印书馆,1986 年版。

51.［宋］袁甫:《蒙斋中庸讲义》,影印文渊阁《四库全书》本,台北:台湾商务印书馆,1986 年版。

52.［宋］袁燮:《絜斋集》,影印文渊阁《四库全书》本,台北:台湾商务印书馆,1986 年版。

53.［宋］袁燮:《絜斋家塾书钞》,影印文渊阁《四库全书》本,台北:台湾商务印书馆,1986 年版。

54.［宋］袁燮:《絜斋毛诗经筵讲义》,影印文渊阁《四库全书》本,台北:台湾商务印书馆,1986 年版。

55.［宋］袁燮:《象山陆先生年谱》,明嘉靖三十八年晋江张乔相刻本。

56.［宋］张栻:《南轩集》,明嘉靖元年翠严堂慎思斋刻本。

57.［宋］真德秀:《西山读书记》,影印文渊阁《四库全书》本,台北:台湾商务印书馆,1986 年版。

58.［宋］真德秀:《西山文集》,《四部丛刊》本。

59.［宋］周行己:《浮沚集》,影印文渊阁《四库全书》本,台北:台湾商务印书馆,1986 年版。

60.［宋］朱熹:《晦庵集》,影印文渊阁《四库全书》本,台北:台湾商务印书馆,1986 年版。

61. [宋]朱熹:《晦庵先生文集》,宋刊浙本。

62. [宋]朱熹:《四书章句集注 · 大学章句》,宋刻本。

63. [宋]朱熹:《伊洛渊源录》,影印文渊阁《四库全书》本,台北:台湾商务印书馆,1986 年版。

64. [宋]吕祖谦:《东莱先生左氏博议》,明刻本。

65. [元]黄溍:《金华黄先生文集》,元刻本。

66. [元]刘壎:《隐居通议》,影印文渊阁《四库全书》本,台北:台湾商务印书馆,1986 年版。

67. [元]脱脱等:《宋史》,北京:中华书局,1977 年版。

68. [元]吴师道:《吴礼部文集》,民国《续金华丛书》本。

69. [元]袁桷:《延祐四明志》,清咸丰四年宋元四明六志本。

70. [明]黄淮:《历代名臣奏议》,明永乐十四年内府刻本。

71. [明]柯维骐:《宋史新编》,明嘉靖四十三年杜晴江刻本。

72. [明]宋濂:《元史》,北京:中华书局,1976 年版。

73. [明]谢肃:《密庵集》,《四部丛刊》本。

74. [明]徐象梅:《两浙名贤录》,明天启刻本。

75. [清]曾筠:《浙江通志》,影印文渊阁《四库全书》本,台北:台湾商务印务馆,1986 年版。

76. [清]戴殿江:《金华理学粹编》,清光绪刻本。

77. [清]黄宗羲著,全祖望补修:《宋元学案》,北京:中华书局,1986 年版。

78. [清]黄宗羲著,全祖望修补:《宋元学案》,清道光刻本。

79. [清]纪昀等:《四库全书总目》,北京:中华书局,1997 年版。

80. [清]陆心源:《皕宋楼藏书志》,清光绪万卷楼藏书本。

81. [清]钱维乔:《鄞县志》,清乾隆五十三年刻本。

82. [清]钱仪吉:《碑传集》,清道光刻本。

83. [清]庆桂:《国朝宫史续编》,清嘉庆十一年内府钞本。

84. [清]全祖望:《鲒埼亭集·外编》,清嘉庆十六年刻本。

85. [清]孙诒让:《温州经籍志》,民国十年刻本。

86. [清]孙衣言:《逊学宅文钞》,清同治刻增修本。

87. [清]王鸣盛:《蛾术编》,清道光二十一年世楷堂刻本。

88. [清]王鸣盛:《十七史商榷》,清《广雅书局丛书》本。

89. [清]章学诚:《文史通义》,清《粤雅堂丛书》本。

90. [清]章学诚:《校雠通义》,清《粤雅堂丛书》本。

91. [清]朱彝尊:《经义考》,北京:中华书局,1998年版。

92. [清]朱彝尊:《经义考》,影印文渊阁《四库全书》本,台北:台湾商务印书馆,1986年版。

二、研究著述

93. [美]田浩:《朱熹的思维世界》,北京:中华书局,1998年版。

94. 陈晓兰:《南宋四明地区教育和学术研究》,南京:凤凰出版社,2008年版。

95. 邓广铭:《陈龙川传》,北京:生活·读书·新知三联书店,2007年版。

96. 董平、刘宏章:《陈亮评传》,南京:南京大学出版社,1996年版。

97. 董平:《浙江思想学术史:从王充到王国维》,北京:中国社会科学出版社,2005年版。

98. 陈安金、王宇:《永嘉学派与温州区域文化崛起研究》,北京:人民出版社,2008年版。

99. 范立舟:《宋代思想学术史论稿》,澳门:澳亚周刊出版有限公司,2004年版。

100. 葛兆光:《中国思想史》(第2卷),上海:复旦大学出版社,2000年版。

101. 何俊、范立舟:《南宋思想史》,上海:上海古籍出版社,2008年版。

102. 关长龙:《两宋道学命运的历史考察》,上海:学林出版社,2001年版。

103. 何炳松:《浙东学派溯源》,桂林:广西师范大学出版社,2005年版。

104. 侯外庐主编:《中国思想通史》(第四卷下),北京:人民出版社,1960年版。

105. 李学勤主编,朱汉民、章启辉著:《中国学术史·宋元卷》,南昌:江西教育出版社,2000年版。

106. 李泽厚:《中国古代思想史论》,北京:生活·读书·新知三联书店,2008年版。

107. 李泽厚:《中国思想史论三部曲》,天津:天津社会科学院出版社,2007年版。

108. 梁启超:《中国近三百年学术史》,北京:东方出版社,1996年版。

109. 林政华:《宋代大儒黄震之生平与学术》,新北:花木兰文化出版社,2011年版。

110. 吕思勉:《理学纲要》,北京:东方出版社,1996年版。

111. 漆侠:《宋学的发展和演变》,石家庄:河北人民出版社,2004年版。

112. 钱穆:《黄东发学述》,《中国学术思想史论丛》(六),北京:生活·读书·新知三联书店,2009年版。

113. 钱穆:《宋明理学概述》,台北:学生书局,1984年版。

114. 束景南:《朱子大传》,北京:商务印书馆,2003 年版。

115. 王凤贤、丁国顺:《浙东学派研究》,杭州:浙江人民出版社,1993 年版。

116. 王锟:《朱学正传:北山四先生理学》,上海:上海三联书店,2010 年版。

117. 夏健文:《南宋永嘉永康学派之经世致用论》,新北:花木兰文化出版社,2009 年版。

118. 萧公权:《中国政治思想史》,北京:新星出版社,2005 年版。

119. 杨新勋:《宋代疑经研究》,北京:中华书局,2007 年版。

120. 张伟:《黄震与东发学派》,北京:人民出版社,2003 年版。

121. 周梦江、陈凡男:《叶适研究》,北京:人民出版社,2008 年版。

122. 周梦江:《叶适与永嘉学派》,杭州:浙江古籍出版社,1992 年版。

三、研究论文

123. [美]田浩:《陈亮论公与法》,载田浩编,杨立华、吴艳红等译:《宋代思想史论》,北京:社会科学文献出版社,2003 年版。

124. 方如金、姜鹏:《陈亮交游考》,载《温州大学学报》,2003 年第 1 期。

125. 陈国灿、吴锡标:《陈亮的反理学思想和“朱陈之辩”》,载《浙江学刊》,2009 年第 6 期。

126. 张三夕、杨毅:《论王应麟的学术渊源》,载《浙江学刊》,2010 年第 1 期。

127. 朱晓鹏:《论陈亮思想的特质及其意义》,载《浙江学刊》,2009 年第 1 期。